★★★ 반드시 내 것으로 ★★★

#MUSTHAVE

실무와 캐글에서 통하는 TOP 10 알고리즘으로 시작하라

데싸노트의
실전에서 통하는
머신러닝

Must Have 시리즈는 내 것으로 만드는 시간을 드립니다.
명확한 학습 목표와 핵심 정리를 제공하고, 간단명료한 설
명과 다양한 그림으로 학습 효과를 극대화합니다. 설명과
예제를 제공해 응용력을 키워줍니다. 할 수 있습니다. 포기
는 없습니다. 지금 당장 밑줄 긋고 메모하고 타이핑하세요!
Must Have가 여러분의 성장을 돕겠습니다.

GOLDEN RABBIT

골든래빗은 가치가 성장하는 도서를 함께 만드실 저자님을 찾고 있습니다.
내가 할 수 있을까 망설이는 대신, 용기 내어 골든래빗의 문을 두드려보세요.

apply@goldenrabbit.co.kr

우리는
가치가 성장하는
시간을
만듭니다.

GOLDEN RABBIT

추천의 말

"머신러닝 공부를 이제 막 시작하는 입문자 또는 머신러닝 알고리즘 학습에 어려움을 겪고 있는 개발자에게 추천합니다. 복잡한 수식보다는 이해하기 쉬운 예시와 예제, 그리고 이해를 돕는 그림으로 설명합니다. 파이썬 지식이 없는 사람을 위한 문법도 설명하고 있어 독학하기 좋습니다."

박가단 SMHRD 주니어 프로그래머

"머신러닝을 부담없이 시작할 수 있는 책입니다. 시작은 가벼웠지만 마지막 페이지를 덮을 때에는 많은 것을 얻어갈 겁니다. 이론으로는 몇 번이나 읽어봐도 알쏭달쏭한 머신러닝 개념을 예제를 통해 다질 수 있습니다. 저자가 제시하는 코드와 설명을 따라가다 보면 혼자서는 버거웠을 의미를 해석할 수 있게 됩니다. 이 책은 인터넷 강의에 버금가는 강의력이 있습니다. 덕분에 많은 시간을 절약해 머신러닝을 배울 수 있습니다."

박서현 순천대학교 졸업생

"데싸노트님의 영상을 본 사람이라면 알겠지만, 어려운 이론보다도 우선 코드부터, 예제부터 실행해보기를 권합니다. 이 책 역시 복잡한 설명보다 코드를 이용해서 감각을 키우는 훈련을 시켜줍니다. 이 책을 통해 머신러닝과 조금 더 친해질 수 있을 거라고 생각합니다."

송진영 빅인사이트 데이터분석가

"많은 분이 전공자가 아님에도 여러 방법으로 데이터 과학자에 도전합니다만 알아야 할 지식이 많아서 정말 쉽지가 않습니다. 이 책은 첫 단계를 비교적 쉽게 넘어갈 방법을 알려줍니다. 코드를 따라서 입력하고 설명을 읽으면 조금씩 길이 보입니다. 많은 분께 도움이 될 거라고 생각합니다."

정현준 매드업 CTO

"이 책을 한 줄로 요약하자면 'Learning By Doing'이라고 할 수 있습니다. 파이썬 입문자부터 머신러닝 알고리즘을 되짚어보고 싶은 현업 개발자까지, 모두에게 이 책을 추천합니다. 배우기 전에 실행하고, 실행하는 과정에서 배움에 대한 두려움을 없앨 수 있을 겁니다."

조동민 넥슨코리아 데이터 분석가

"머신러닝 모델들의 개념을 쉽게 익힐 수 있게 허들을 낮춘 책입니다. 입문자들이 모델 개념을 이해하고, 실제로 적용해볼 수 있도록 코드를 제공해 쉽게 실습해볼 수 있습니다. 생각날 때마다 찾아볼 수 있는 레퍼런스용으로도 좋습니다."

최선경 토스증권 데이터분석가

"머신러닝 알고리즘을 이해하고 실제 적용하는 일은 지루하고 어렵습니다. 이 책에 나오는 문제 해결 과정을 따라 하다 보면 왜 이렇게 하는지에 익숙해지고 필요한 기법을 빠르게 학습할 수 있습니다. 이 책을 통해 머신러닝을 빠르게 익히고 실무에 적용해보면서 더욱 발전하는 자신을 경험해보시기 바랍니다."

강점우 카카오페이 머신러닝 엔지니어

"머신러닝이 무엇인지 확실히 개념을 익히실 수 있습니다. 개념뿐만 아니라 가장 많이 사용되는 10가지 머신러닝 기법을 예제와 코드를 통해 익히고 나서 앞으로 무엇을 더 공부하면 좋을지 스스로 터득할 수 있게 하는 길잡이 같은 책입니다."

권순범 데이터 사이언티스트 《자연어 처리 쿡북 with 파이썬》 역자

"복잡한 머신러닝 알고리즘이 많지만 실무에 적용되는 알고리즘은 많지 않습니다. 이 책은 우수한 성능과 다양한 활용 사례로 유명한 10가지 머신러닝 알고리즘을 소개합니다. 알고리즘 개념에 대한 올바른 이해와 코드 실습을 통해 실무에 빠르게 머신러닝을 적용할 수 있게 돕는 입문서 겸 활용서입니다."

최우성 한전 전력연구원 책임연구원(AI프렌즈 운영진)

"인공지능 분야에서 첫 걸음마를 뗀 분들부터 오랜 시간 현업에서 종사하시는 분들에게 추천드립니다. 체계적으로 입문하는 용도로도 좋지만, 오랜 시간 실무에 집중하다가 기본을 다시 확인하고 정립하는 용도로도 좋습니다. 저도 인공지능 분야에서 종사하지만, 이 책을 통해 제가 놓치고 있던 부분을 채우는 시간을 가질 수 있었습니다. 다음에 다시 읽을 때도 같은 내용이지만 또 다른 부분을 채울 거라고 생각합니다. 인공지능의 세상에서 다음 스텝으로 넘어가기 전에 걸어오셨던 길을 이 책을 통해서 다시금 돌아보시길 바라봅니다."

황후순 아일리스프런티어 프로그래머

TOP 10 알고리즘의 선정 이유

이 책은 10가지 머신러닝 알고리즘을 다룹니다. 어떤 알고리즘은 성능면에서 매우 뛰어나서, 어떤 알고리즘은 꼭 이해할 필요가 있어서 선택했습니다. 8가지 알고리즘은 지도 학습, 나머지 2가지 알고리즘은 비지도 학습에 포함됩니다. 정형 데이터라면, 이 10가지 알고리즘만으로 현업과 캐글 컴피티션에서 충분히 좋은 성과를 낼 수 있습니다. 이제부터 알고리즘 선정 이유를 소개합니다.

▼ TOP 10 알고리즘 선정 이유

알고리즘	구분	문제 유형	적합한 데이터 유형	선정 이유
선형 회귀 (Linear Regression)	지도 학습	회귀	종속변수와 독립변수가 선형 관계에 있는 데이터	머신러닝 기초 알고리즘입니다. 복잡한 알고리즘에 비해서는 예측력이 떨어지지만 데이터 특성이 복잡하지 않을 때는 쉽고 빠른 예측이 가능하기 때문에 많이 사용됩니다. 다른 모델과의 성능을 비교하는 베이스라인으로 사용하기도 합니다.
로지스틱 회귀 (Logistic Regression)	지도 학습	분류	종속변수와 독립변수가 선형 관계에 있는 데이터	선형 회귀 분석과 마찬가지로, 너무나도 기본 알고리즘이라서 꼭 알고 있어야 합니다. 실제 이진분류가 필요한 상황이 많기 때문에 두 가지 범주를 구분하는 간단한 예측에 유용하며 딥러닝에서도 기본 지식입니다.
K-최근접 이웃 (KNN)	지도 학습	회귀/ 분류	아웃라이어가 적은 데이터	다중분류 문제에 가장 간편히 적용할 수 있는 알고리즘입니다. 물론 최신 알고리즘들도 다중분류 문제에 사용하나, 데이터가 크지 않고 예측이 까다롭지 않은 상황에서 KNN을 사용하면 신속하고 쉽게 예측 모델을 구현할 수 있습니다. 그래서 베이스라인 모델로도 사용합니다.

나이브 베이즈 (Naive Bayes)				
	지도 학습	분류	독립변수의 종류가 매우 많은 경우	범용성이 높지는 않지만 독립변수들이 모두 독립적이라면 충분히 경쟁력이 있는 알고리즘입니다. 특히나 딥러닝을 제외하고 자연어 처리에 가장 적합한 알고리즘입니다. 일반적인 데이터보다는 특수 상황을 고려해 배워두길 바랍니다.
결정 트리 (Decision Tree)				
	지도 학습	회귀/ 분류	일반적인 데이터	예측력과 성능으로만 따지면 결정 트리 모델을 사용할 일은 없습니다. 시각화가 매우 뛰어나다는 유일한 장점이 있을 뿐입니다. 하지만 앞으로 배울 다른 트리 기반 모델을 설명하려면 결정 트리를 알아야 합니다. 트리 기반 모델은 딥러닝을 제외하고는 현재 가장 유용하고 많이 쓰이는 트렌드이기 때문에 트리 모델을 필수로 알아둬야 합니다.
랜덤 포레스트 (Random Forest)				
	지도 학습	회귀/ 분류	일반적인 데이터	앙상블 기법을 사용한 트리 기반 모델 중 가장 보편적인 방법입니다. 이후에 다루게 될 부스팅 모델에 비하면 예측력이나 속도에서 부족한 부분이 있고, 시각화에서는 결정 트리에 못미치나, 다음 단계인 부스팅 모델을 이해하려면 꼭 알아야 할 필수 알고리즘입니다.
XG부스트 (XGBoost)				
	지도 학습	회귀/ 분류	일반적인 데이터	캐글 컴피티션 우승자가 많이 사용하는 성능이 검증된 부스팅 모델입니다. XGBoost 이후로도 다양한 부스팅 모델이 소개되었지만, 가장 인기 있는 모델이기 때문에 구글 검색에서 수많은 참고 자료(활용 예시, 다양한 하이퍼파라미터 튜닝)를 쉽게 접할 수 있습니다.

라이트GBM (LightGBM) 	지도 학습	회귀/ 분류	일반적인 데이터	표로 정리된 데이터(tabular data)에서 Catboost, XGBoost와 함께 가장 좋은 성능을 보여주는 알고리즘입니다. 성능을 비교하는 자료를 보면 대체로 LightGBM 과 Catboost가 XGBoost보다 나은 성능을 보여주며, LightGBM과 Catboost 는 상황에 따라 다른 결과를 보여주어 우 열을 가리기 어렵습니다. 다만, 사람들 에게 활용/언급되는 빈도는 아직까지는 LightGBM이 우위를 보입니다.
K-평균 군집화 (K Means Clustering) 	비지도 학습	–	–	수많은 데이터를 가지고 있을 때, 데이터를 하나하나 직접 살펴보기에는 시간적인 한계 가 따릅니다. 그렇다고 단순하게 통계적 정 보만 살펴보는 것은 데이터를 너무 단순화 하는 경향이 있습니다. 클러스터링은 이러 한 상황에서 데이터를 적절한 수의 그룹으 로 나누고 그 특징을 살펴볼 수 있는 장점을 제공합니다. 여러 클러스터링 기법 중에서 도 K-평균 군집화는 가장 보편적이고 무난 하게 사용됩니다.
주성분 분석 (PCA) 	비지도 학습	–	–	PCA는 차원 축소 방법 중 가장 인기 있으 며 구현하기 또한 쉬운 편입니다. 프로젝트 특성에 따라서 차원 축소가 필요하지 않은 경우도 많지만, 차원 축소를 시도해봄으로 써 시각화 내지 모델링 효율성을 개선할 여 지는 항상 있습니다. 따라서 알아두면 언젠 가 유용하게 쓰게 될 알고리즘입니다.

대상 독자께 드리는 편지

이 책은 기존 책과 큰 차이가 있습니다. 상세한 이론 설명을 코딩을 마친 후로 미루고, 일단 머신러닝 코드를 작성합니다. 그저 코드를 따라 치는 게 아니라 어떤 관점에서 문제를 풀어나가야 하는지 설명을 보태 실무에도 적용할 수 있게 했습니다. 이렇게 손으로 결과물을 만들어보고 나서 이론을 깊게 살펴봅니다. 전체 과정을 다시금 머리에 상기시키고, 핵심 개념과 용어를 복습합니다. **이 책은 적어도 객체지향 언어 중 하나로 프로그래밍을 할 줄 아는 분을 대상으로 합니다.**

 파이썬이 처음인 머신러닝 입문자께

파이썬을 모르는 분도 머신러닝을 익힐 수 있게 하는 데 중점을 두었습니다. 책에서 다루는 코드를 작성하며 공부하다 보면 모든 장을 마치실 때 쯤에 자연스럽게 머신러닝을 위한 코딩 지식까지 갖추게 될 겁니다.

 머신러닝이 처음인 파이썬 개발자께

TOP 10 알고리즘이면 출발점으로 충분합니다. 수학/통계보다는 그림을 사용해 알고리즘 개념을 쉽고 직관적으로 이해할 수 있도록 설명했습니다. 머신러닝 실무 프로세스를 충실히 따랐으므로 문제풀이 해법도 익힐 수 있습니다.

• 스킵 제안 : 2, 3장

 현직 데이터 사이언스께

더 나은 모델을 만드는 피처 엔지니어링 과정에 공을 들였습니다. XGBoost와 LightGBM 같은 최신 알고리즘도 충실히 다뤘습니다. 당장 실무에 활용하는 데 도움이 될 겁니다.

• 스킵 제안 : 1, 2, 3장

이 책을 보는 방법

1 학습 목표

학습 목표와 순서를
일목요연하게
제시합니다.

2 알고리즘 소개

TOP 알고리즘 선정 이유, 장단점,
유용한 경우를 정리해 알려줍니다.

3 한눈에 보는
예측 목표

문제 정의와
예측 목표를 확실하게
알려줍니다.

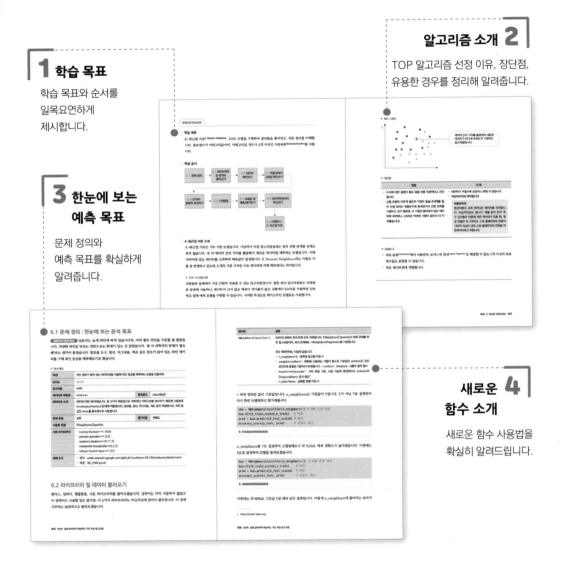

4 새로운
함수 소개

새로운 함수 사용법을
확실히 알려드립니다.

되짚어보기 5

분석 과정을 다시 한 번
정리해 알려드립니다.

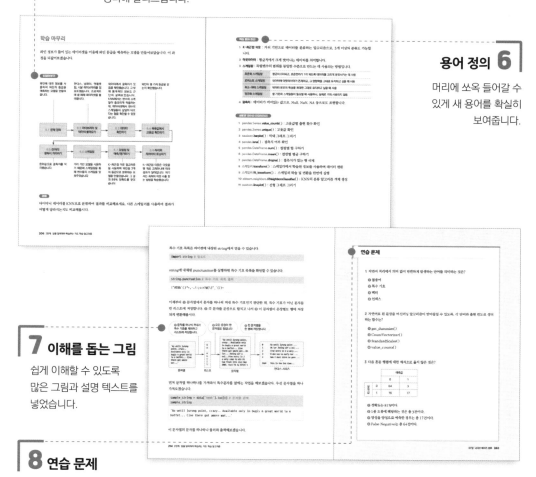

용어 정의 6

머리에 쏘옥 들어갈 수
있게 새 용어를 확실히
보여줍니다.

7 이해를 돕는 그림

쉽게 이해할 수 있도록
많은 그림과 설명 텍스트를
넣었습니다.

8 연습 문제

제대로 학습했는지
확인할 수 있게 문제를
제공합니다.

이 책의 구성

알고리즘은 달라도 머신러닝 실행 순서는 학습 → 예측 → 평가로 진행됩니다. 이 부분은 거의 정형화되어 있어 성능에 큰 영향을 미치지 않습니다. 쓰레기가 들어가면 쓰레기가 나온다고 합니다. 머신러닝에 딱맞는 말입니다. 좋은 데이터가 좋은 머신러닝 모델을 만듭니다. 그래서 이 책은 TOP 10 알고리즘을 공략하면서 무엇보다 데이터 분석과 가공에 공을 들입니다. 데이터에 어떤 가공 기법이 필요한지 하나하나 분석하며 클리닝, 피처 엔지니어링, 차원 축소 등의 기법을 사용할 겁니다. 이렇게 데이터 분석 능력을 기르며 알고리즘을 익히면 현업과 캐글에서도 통하는 실력을 갖추게 됩니다.

이런 식으로 TOP 10 알고리즘을 모두 학습하고 나면, 머신러닝 알고리즘에 대한 이해뿐만 아니라, 파이썬 코딩에 대한 기초 지식도 자연스럽게 갖출 수 있습니다. 무엇보다 큰 장점은, 결과물을 바로 확인하고 본인이 무엇을 하고 있는지 직관적으로 알 수 있기 때문에, 의욕을 고취시킨다는 데 있습니다.

이 책은 학습 흐름을 끊지 않기 위해 개발 환경부터 설명한 후, 총 3단계에 걸쳐 머신러닝 알고리즘을 공략해나갑니다.

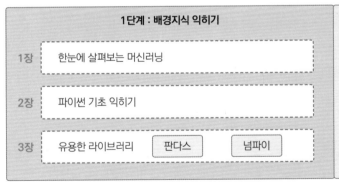

1단계 : 배경지식 익히기

1장 | 한눈에 살펴보는 머신러닝

2장 | 파이썬 기초 익히기

3장 | 유용한 라이브러리　　판다스　　넘파이

머신러닝을 본격적으로 다루기 전에 알아야 하는 기초 지식을 다룹니다. 1장에서는 머신러닝 알고리즘, 그래프, 라이브러리를 일목요연하게 소개합니다. 머신러닝 입문자가 큰 그림을 파악하는 데 도움이 될 겁니다. 이어서 프로그래밍에 사용할 파이썬 기본 지식(2장), 데이터 분석에 사용할 데이터 구조인 판다스와 넘파이(3장)도 다룹니다.

지도 학습과 관련된 8가지 알고리즘을 알아봅니다. 지도 학습은 학습 데이터에 답(종속변수)이 포함되어 있습니다. 그 답을 잘 예측할 수 있도록 모델을 훈련시키는 방법을 문제해결 관점에서 알아보겠습니다. 가장 기초 알고리즘인 선형 회귀부터 캐글 컴피티션 및 실무에서도 유용한 최신 기법인 XGBoost와 LightGBM까지 폭넓게 다룹니다.

비지도 학습 알고리즘 두 개를 다룹니다. 비지도 학습은 답이 주어져 있지 않다 보니, 학습 결과가 좋은지 나쁜지 평가할 만한 답안 또한 가지고 있지 않아서 목적이 모호할 수 있습니다. 그래서 다양한 시도를 할 때 활용될 수 있습니다. 지도 학습과 달리 비지도 학습에서 압도적으로 많이 사용되는 알고리즘이 한정적입니다. 그래서 가장 유명한 두 알고리즘만 다룹니다.

목차

2 단계 답을 알려줘야 학습하는 지도 학습 알고리즘 105

목차

목차

3 단계 — 답을 스스로 찾는 비지도 학습 알고리즘 — 407

실습 환경 안내

☐ 학습 목표

이 책은 실습 환경으로 구글 코랩을 사용합니다. 코랩에 가입해 기본적인 사용법을 익히고 나서 예제 코드를 내려받는 방법을 알아보겠습니다.

☐ 학습 순서

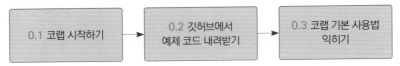

0.1 코랩 시작하기 → 0.2 깃허브에서 예제 코드 내려받기 → 0.3 코랩 기본 사용법 익히기

☐ 구글 코랩 소개

코랩^{Colab}은 구글에서 제공하는 파이썬 코드를 작성/실행할 수 있는 온라인 서비스입니다. 오프라인 파이썬 주피터 노트북을 클라우드에 올려놓은 형태로써, 사용 방법은 주피터 노트북과 거의 유사합니다. 온라인 기반이기 때문에 별도 설치가 필요 없고, 클라우드 리소스를 사용합니다. 또한 대화형 인터프리터로, 각 셀에 코드를 입력/실행하고 바로 결과를 확인할 수 있어 학습용으로 매우 유용합니다.

☐ 테스트 환경 안내

집필 시점에 코랩은 다음과 같은 실습 환경을 제공합니다. 소프트웨어는 지속적으로 업데이트되기 때문에 버전이 상이하면 UI가 달라지거나 다르게 동작할 수 있습니다.

- **파이썬** : 3.7.12
- **판다스** : 1.3.5
- **넘파이** : 1.19.5
- **사이킷런** : 1.0.2
- **맷플롯립** : 3.2.2
- **시본** : 0.11.2

0.1 코랩 시작하기

`To Do` **01** 구글에서 Colab을 검색하거나, 아래의 주소로 접속합니다.

- https://colab.research.google.com

02 구글 계정으로 처음 로그인하면 아래와 같은 시작 화면을 볼 수 있습니다. 여기서 ❶ [새 노트]를 클릭하면 새로운 노트북 파일이 열립니다. 이미 작업한 파일은 ❷ [최근 사용]이나 ❸ [Google Drive] 탭에서 찾아볼 수 있습니다. ❶ [새 노트]를 클릭해 노트북을 생성해보세요.

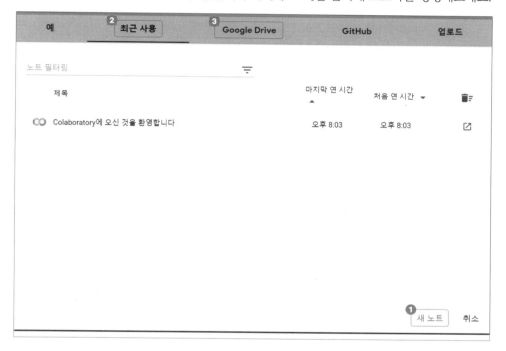

> `Note` 여기서 노트는 주피터 노트북에서 사용되는 파일 형식입니다. 엑셀에서 저장된 문서를 엑셀 파일이라고 하듯, 여기에서 저장된 문서를 편하게 노트북 파일이라 부릅니다. 확장자는 ipynb로 저장됩니다.

그러면 오른쪽 그림처럼 새 노트(노트북 파일)이 생성됩니다.

03 구글 코랩에서 생성된 노트북 파일은 해당 구글 계정의 구글 드라이브에 저장됩니다. 코랩으로 작업한 뒤 구글 드라이브에 들어가보면 [Colab Notebooks] 폴더가 생성되어 있을 겁니다.

04 구글 드라이브에서 곧바로 노트북 파일을 생성할 수도 있습니다. 드라이브 화면에서 ❶ [새로 만들기] 클릭(또는 여백에서 우클릭) → ❷ [더보기] 클릭 → ❸ [Google Colaboratory]를 선택하면 노트북 파일을 생성할 수 있습니다.

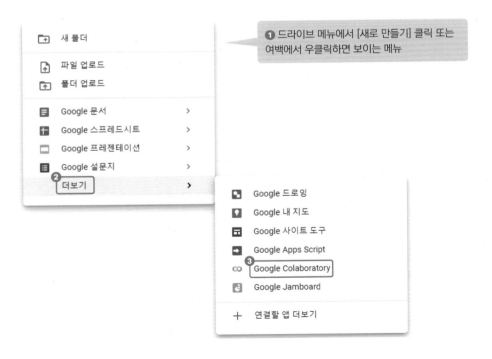

0.2 코랩에 깃허브 예제 코드 저장하기

이 책은 모든 예제를 깃허브에서 제공합니다.

- **깃허브 username** : musthave-ML10
- **깃허브 URL** : https://github.com/musthave-ML10/

구글 코랩 시작 화면에서 깃허브의 데이터 저장소에 접근할 수 있습니다.

To Do 01 ❶ [GitHub] 탭을 클릭하고 ❷ 검색창에 musthave-ML10을 입력 후 ❸ 돋보기 버튼을 눌러주세요. 그러면 ❹ 해당 저장소가 검색됩니다.

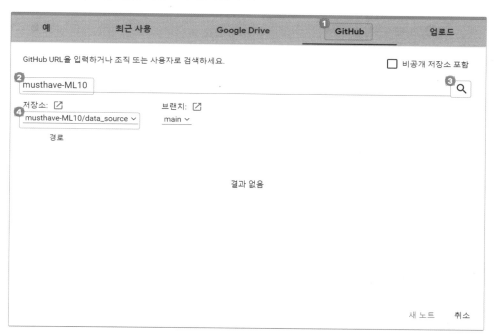

TIP https://github.com을 https://colab.research.google.com/github/로 바꿔 호출하면 바로 colab을 열고 실행할 수 있습니다.
- https://colab.research.google.com/github/musthave-ML10

02 ❶ 검색된 저장소를 클릭해봅니다. 저장소 2개가 보입니다. ❷ musthave-ML10/note books를 선택하면 이 책에서 다루는 ❸ 노트북 파일 목록이 보입니다. 원하는 파일을 클릭하여 오픈해보세요.

03 오픈한 파일을 수정하고 나서는 메뉴에서 ❶ [파일] → [드라이브에 사본 저장]을 클릭해 여러분의 드라이브에 저장하세요.

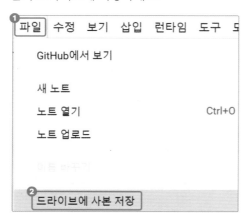

0.3 코랩 기본 사용법 익히기

코랩에서 노트북 파일을 열면 다음과 같은 화면을 볼 수 있습니다.

To Do **01** ❶ [+코드](영문 버전에서는 [+Code])를 클릭하면 ❷ 코드 영역이 나타납니다. ❸ 버튼을 클릭하거나 단축키인 `Ctrl + Enter` 를 입력하면 코드가 실행됩니다. ❹를 클릭하면 파일명을 바꿀 수 있습니다.

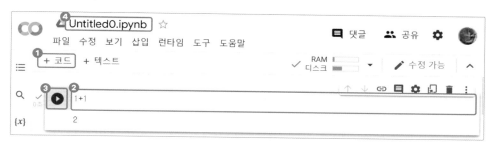

02 코랩에서는 전체 셀을 모두 실행시킬 수 있고, 특정 위치 이전/이후의 셀을 실행시킬 수도 있습니다. 상단 메뉴에서 ❶ [런타임]을 클릭하면 → ❷ 다양한 실행 방법이 나타납니다.

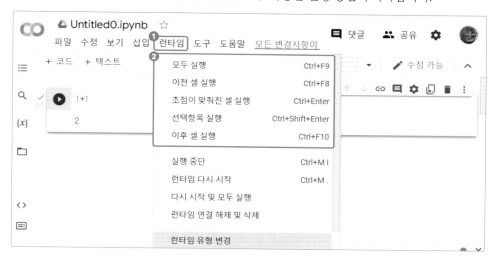

03 코드를 실행해봅시다. ❶ 코드 셀에 1+1을 입력하고 실행 버튼을 눌러 실행합니다. ❷가 해당 코드를 실행한 결과물입니다. 그리고 ❸ 노란색 화살표가 가리키는 숫자는 해당 셀이 완료되는 데까지 소요된 시간입니다.

04 코드를 작성하다가 설명 등의 목적으로 특정 부분의 실행을 막고 싶을 때는 #을 사용해 주석 처리하면 됩니다. # 뒤에 붙은 글자들은 코드를 실행해도 작동하지 않습니다.

이 책에서 사용하는 예제를 실습하면서 이 이상의 특별한 설정을 사용하지 않습니다. 나머지는 공부하면서 차근차근 알아가기 바랍니다. 마지막으로 단축키를 알려드리겠습니다.

05 코랩은 다양한 단축키를 제공합니다. 자주 사용되는 단축키를 익혀두면 코딩에 더욱 속도가 붙습니다. 메뉴에서 ❶ [도구] → ❷ [단축키]를 클릭하면 단축키 목록을 볼 수 있습니다 (Ctrl + M + H 단축키로 볼 수 있습니다).

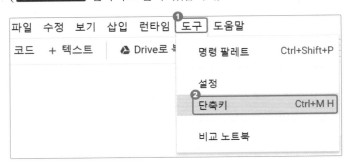

다음은 자주 사용되는 단축키 리스트입니다. 맥OS에서는 Ctrl 를 command 로 대체해 사용해주세요.

▼ 자주 쓰는 구글 코랩 단축키

단축키	명령	비고
Ctrl + Enter	셀 실행	
Shift + Enter	셀 실행 후 다음 셀로 이동	다음 셀이 없을 때 새로 만들어서 이동
Alt + Enter	셀 실행 후 아래에 새로운 셀 생성	
Ctrl + M + A	현재 위치 위에 새로운 셀 생성	셀에서 esc 를 눌러 커서를 없앤 뒤 A만 눌러서 실행 가능
Ctrl + M + B	현재 위치 아래에 새로운 셀 생성	셀에서 esc 를 눌러 커서를 없앤 뒤 B만 눌러서 실행 가능
Ctrl + M + D	셀 삭제	
Ctrl + M + M	마크다운 셀로 변환	
Ctrl + M + Y	코드 셀로 변환	
Ctrl + /	주석 처리	
Ctrl + M + H	찾기 및 바꾸기	

라이브러리 설치 방법

라이브러리란 파이썬에서 사용할 수 있는 기능들, 즉 프로그램입니다. 파이썬 자체에서 제공하는 사칙연산 같은 기본적인 기능은 라이브러리를 불러오지 않고 사용할 수 있으나, 데이터 분석을 하려면 추가로 라이브러리를 불러와야 합니다. 코랩에서는 상당히 많은 라이브러리를 지원하고 있어서 이 책에서 다루는 내용을 실행하는 데 추가로 라이브러리를 설치할 필요는 없습니다. 다만 학습 목적으로 라이브러리를 설치하는 방법을 설명드리겠습니다.

웨이페어Wayfair에서 개발한 업리프트 분석용 라이브러리인 파이리프트pylift를 예제로 설명해보겠습니다. 노트북 화면의 코드 셀에 아래와 같이 입력한 후 실행하면 설치됩니다(pip 앞에 ! 기호를 꼭 붙여야 합니다).

```
!pip install pylift
```

이상으로 실습 환경 안내를 모두 마쳤습니다.

머신러닝을 본격적으로 다루기 전에 알아야 하는 기초 지식을 다룹니다. 1장에서는 머신러닝 알고리즘, 그래프, 라이브러리를 일목요연하게 소개합니다. 머신러닝 입문자가 큰 그림을 파악하는 데 도움이 될 겁니다. 이어서 프로그래밍에 사용할 파이썬 기본 지식(2장), 데이터 분석에 사용할 데이터 구조 판다스와 넘파이(3장)도 다룹니다.

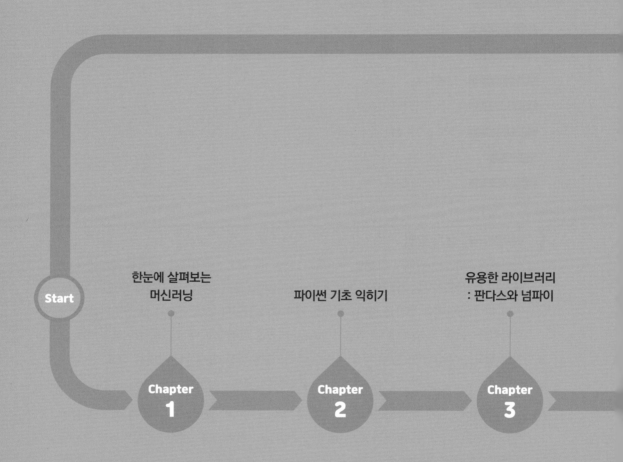

한눈에 살펴보는
머신러닝

파이썬 기초 익히기

유용한 라이브러리
: 판다스와 넘파이

Start

Chapter
1

Chapter
2

Chapter
3

배경지식
익히기

Finish

한눈에 살펴보는
머신러닝

□ **학습 목표**

본격적으로 머신러닝 알고리즘을 다루기 전에 머신러닝이란 무엇이고, 어떤 과정을 거쳐 결과를 도출하는지, 어떤 도구를 사용하는지 살펴보겠습니다. 큰 그림을 이해하면 이후 상세 설명을 이해하는 데 도움이 될 겁니다.

□ **학습 순서**

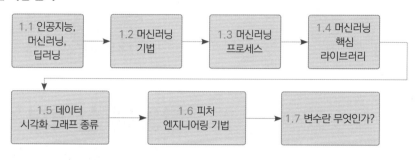

1.1 인공지능, 머신러닝, 딥러닝

'머신러닝, 인공지능, 딥러닝' 중에서 인공지능이 가장 큰 개념입니다. 인공지능을 쉽게 말하자면 인간의 뇌를 모방하는 프로그램입니다. 자율주행, 알파고, 쇼핑몰 추천 알고리즘 등이 모두 인공지능에 해당합니다. 많은 서비스에서 인공지능이라는 단어를 사용하기 때문에 인공지능이라고 하면 머신러닝을 떠올리는 경우가 많지만, 예를 들어 챗봇은 전통적인 규칙 기반 프로그램인 경우가 많습니다.

▼ 인공지능, 머신러닝, 딥러닝 관계

인공지능	머신러닝	딥러닝
인간의 뇌를 모방하는 모든 프로그램	데이터를 기반으로 학습해 무언가를 예측하거나, 데이터 자체의 어떤 특성을 찾아내는 프로그램	머신러닝 알고리즘 중 하나로, 인공 신경망에서 진화한 형태. 주로 이미지, 비디오, 자연어 분석에 쓰임

1.1.1 머신러닝

머신러닝^{machine learning}을 줄여서 ML, 우리말로 기계학습이라고도 합니다. 의미만 살펴보면 머신이 학습을 하는 걸 말합니다. 어떻게 학습을 하는지 전통적인 프로그램과 머신러닝을 비교하며 알아보겠습니다.

다음 그림은 전통적인 프로그램의 예입니다.

▼ 전통적인 프로그램

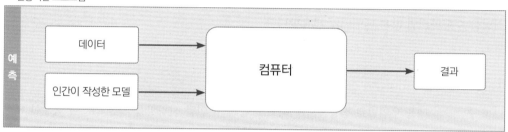

예를 들어 입력값에 10을 더하는 프로그램을 사람이 만듭니다. 입력값으로 3으로 주면 출력값은 13이 됩니다. 이처럼 전통적인 프로그램에서는 사람이 모델을 만듭니다. 이번에는 머신러닝을 살펴보겠습니다.

▼ 머신러닝

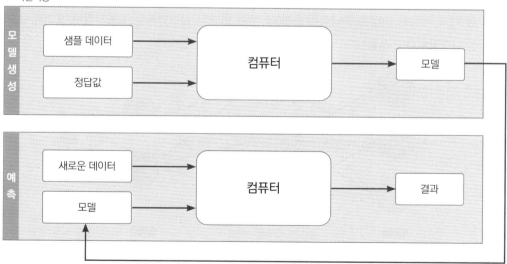

사람이 만든 분석 프로그램인 머신러닝 알고리즘에 입력값과 해당 정답값에 대한 결괏값을 입력해주면, 입력값과 정답값 간의 관계를 찾아서 머신러닝 알고리즘이 새로운 프로그램(모델)을 만듭니다. 그후 새로운 프로그램에 데이터를 입력해서 값을 예측합니다. 즉 머신러닝은 머신러닝 알고리즘으로 입력된 데이터(입력값과 정답값) 간의 관계를 밝혀내서 → 그 관계를 새로운 프로그램(머신러닝 모델)으로 만들어 → 새로운 데이터가 주어졌을 때 결과를 예측하는 일련의 과정입니다. 머신러닝을 수행하려면 많은 데이터가 필요합니다.

> **모델**
> 머신러닝 알고리즘에 의해 학습된 결과를 저장하고 있는 결과물입니다. 주어진 데이터셋에 대해 훈련을 진행해 얻은 (예측에 사용할) 규칙과 패턴 등을 지니고 있습니다.

1.1.2 딥러닝

딥러닝^{deep learning}을 우리말로 심층 학습이라고도 합니다. 인공 신경망을 기반으로 한 특수한 머신러닝 기법으로, 빅데이터 기술과 하드웨어 발전, 새로운 알고리즘 등장으로 각광받게 되었습니다. 딥러닝은 이 책에서 다루는 머신러닝 알고리즘과는 달리, 주로 자연어 처리나 이미지, 비디오 분석 같은 목적으로 사용됩니다. 물론 딥러닝도 엑셀 같은 형태의 데이터들을 더 잘 다룰 수 있게 진화하고 있으나, 아직까지는 해당 분야에서 성능이 탁월하지는 못합니다.

딥러닝은 인간의 두뇌 작동 방식을 본떠 개발된 것으로 아래와 같이 입력층과 출력층 사이에 은닉층(보통 하나 이상의 수많은 은닉층이 존재)을 두어 인간의 신경망처럼 작동시킵니다(그래서 이를 인공 신경망이라고 부릅니다).

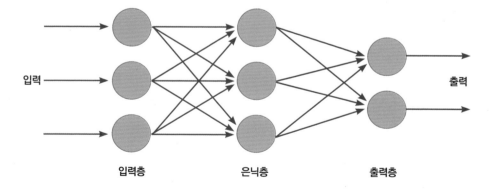

입력   입력층   은닉층   출력층   출력

딥러닝은 머신러닝 방법 중 하나입니다. 즉, 머신러닝이 딥러닝을 포함할 수는 있지만, 반대로 딥러닝은 딥러닝 이외의 다른 머신러닝 방법을 포함하지 않으므로 용어 사용에 주의해주세요.

1.2 머신러닝 기법 : 지도 학습, 비지도 학습, 강화 학습

머신러닝에는 지도 학습^{supervised learning}, 비지도 학습^{unsupervised learning}, 강화 학습^{reinforcement learning}이라는 세 가지 범주가 있습니다.

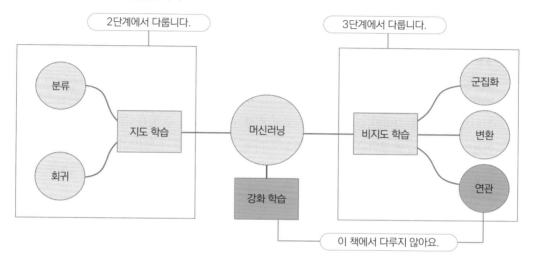

지도 학습은 입력값과 그에 대한 정답을 사용해 이 둘의 관계를 분석하고 예측 모델을 만들어냅니다. 예를 들어 자동차의 특성(연식, 주행거리, 배기량, 연료 타입 등)과 가격을 입력해 중고차 가격을 예측하는 모델을 만들어, 해당 모델로 자동차의 특성이 입력되었을 때 가격을 예측하는 문제 풀이 과정을 들 수 있습니다. 이 책의 2단계에서 지도 학습을 다룹니다.

목적에 따라서 지도 학습을 회귀 문제와 분류 문제로 구분할 수 있습니다. 회귀 문제는 예측 결괏값이 연속성을 지니는 경우입니다. 실수형으로 결과를 표현합니다. 매출액 예측, 부동산 가격 예측, 거래량 예측을 들 수 있습니다. 반면 분류 문제는 예측 결괏값이 비연속적인 경우입니다. 예/아니오처럼 답변을 얻게 됩니다. 이때 얻을 수 이는 분류 종류를 클래스^{class}라고 합니다. 클래스가 2개뿐일 때 이진분류라고 합니다. 머신러닝에서 얻고자 하는 결괏값을 목적값 또는 타깃값이라고 합니다. 성능 비교는 주관적인 견해이므로 참고만 하시기 바랍니다.

- **회귀** : 연속된 값을 측정하는 문제를 회귀라고 합니다. 중고차 가격 예측과 같은 것이 해당됩니다.
- **분류** : 범주형 값을 측정하는 문제를 분류형 문제라 합니다. 예를 들어 마케팅 문자를 보냈을 때 구매할 것 같은 고객을 예측하는 문제는 Yes/No 두 가지 범주로 표현되므로 분류형 문제에 속합니다.

비지도 학습은 정답이 없는 데이터만으로 학습합니다. 애초에 정답이 제공되지 않기 때문에, 찾으려고 하는 답도 명확하지 않습니다. 예를 들어 신용카드 회사에서 고객 데이터를 가지고 최대한 특징이 비슷한 부류끼리 묶는 행위를 들 수 있습니다. 이 책의 3단계에서 다룹니다.

- **군집화**clustering : 비슷한 데이터끼리 묶어주는 비지도 학습 방법입니다. 소비 패턴이 유사한 카드 고객을 묶어주는 것과 같은 용도로 사용할 수 있습니다.
- **변환**transformation : 목적에 따라 데이터를 다른 형태로 변환하는 방법입니다. 예를 들어 변수 100개의 특성을 최대한 살려 변수 2개로 압축하는 용도로 쓸 수 있습니다.
- **연관**association : 일명 장바구니 분석이라고도 하며, 유사한 구매 목록을 가진 고객끼리 비교하여, 서로의 장바구니에 담지 않은 새로운 아이템을 추천을 하는 목적 등으로 사용할 수 있습니다(이 책에서는 다루지 않습니다).

강화 학습은 행동에 대한 보상/처벌을 기반으로 하는 방법입니다. 보상을 받는 행동을 유도하고, 처벌을 받는 행동을 피하게끔 합니다. 유명한 강화 학습 알고리즘으로 알파고를 들 수 있습니다. 수를 잘 두면 보상을 하고, 잘못 두면 처벌하는 방법으로 바둑 고수가 된 겁니다.

1.3 머신러닝 프로세스

머신러닝은 주어진 문제를 푸는 일련의 과정을 통틀어 말합니다. 머신러닝 알고리즘으로 문제를 풀려면 데이터가 주어져야 합니다. 전체 과정은 ❶ 데이터 수집 → ❷ 데이터 전처리 → ❸ 모델 학습 → ❹ 모델 평가 → ❺ 모델 배포 순서로 이뤄집니다. 데이터는 수시로 바뀔 수 있어서 한 번 배포한 모델이더라도 지속적으로 학습해 사용하게 됩니다.

반복(MLOps)

❶ 데이터 수집은 머신러닝에 활용할 데이터를 수집하는 단계입니다. 내부뿐만 아니라 필요에 따라서 외부 데이터를 추가로 확보할 수도 있습니다. 캐글(kaggle.com)이나 오픈엠엘(openml.org)과 같은 사이트에서 공개 데이터를 쉽게 구할 수 있습니다.

❷ 수집된 데이터를 곧바로 사용할 수 있으면 좋겠으나 대개는 잘못된 값이 들어 있거나 활용하기 불편하게 정리되어 있습니다. 이러한 부분을 수정 및 정리하고 기존 데이터들을 활용해 데이터를 추가로 만들어내는 과정을 데이터 전처리라고 합니다. 피처 엔지니어링도 전처리의 한 과정입니다. 현업에서 좋은 성과를 내려면 이 과정은 필수입니다. 그래서 이 책은 피처 엔지니어링을 각 데이터셋마다 비중 있게 다룹니다. 주로 이 과정에서 실전 노하우를 풀어놓겠습니다.

❸ 모델 학습은 준비된 데이터를 머신러닝 알고리즘에 반영해 학습시키는 과정입니다. 하이퍼파라미터[1]를 조절해 모델의 성능을 극대화시키는 과정도 포함됩니다. 이 책에서는 10가지 주요 모델(알고리즘)을 다룹니다.

❹ 모델 평가는 학습이 완료된 모델을 사용해 예측해보고, 결과를 평가하는 단계입니다. 보통 학습된 모델 여러 개를 준비해 비교해보고 가장 좋은 모델을 선정합니다.

❺ 모델 배포는 머신러닝 결과물을 활용하는 단계입니다. 예를 들어 예측 모델을 배포해 서비스에 직/간접적으로 활용하거나, 예측 결과물을 대시보드 형태로 시각화해 공개하거나, 모델링을 통해 얻은 인사이트를 유관부서에 전달하는 방식이 될 수도 있습니다.

끝으로 머신러닝 모델이 힘을 발휘하려면 지속적으로 최신 데이터로 재학습하는 작업을 잊으면 안 됩니다. 예를 들어 최신 패션을 학습해 추천하는 모델이 있다고 합시다. 패션은 계절에 따라 해마다 변합니다. 최신 유행 데이터로 학습하지 않으면 더는 최신 패션을 추천하는 능력을 발휘하기 어렵습니다. 따라서 머신러닝 전 과정을 안정적이고 효율적으로 배포 및 유지 관리해야 하는데, 이를 MLOps^Machine Learning Operations라고 합니다(이 책에서는 MLOps 과정을 다루지 않습니다).

---

1 사람이 직접 값을 정해줘야 하는 매개변수

1.4 TOP 10 알고리즘의 성능 비교

지도 학습에 해당하는 8개 알고리즘만 수치화해서 표로 만들어봤습니다. 비지도 학습 알고리즘은 분석 목적이 달라서 지도 학습 알고리즘과는 비교 자체가 불가능해 제외했습니다.

▼ 지도 학습 알고리즘 비교

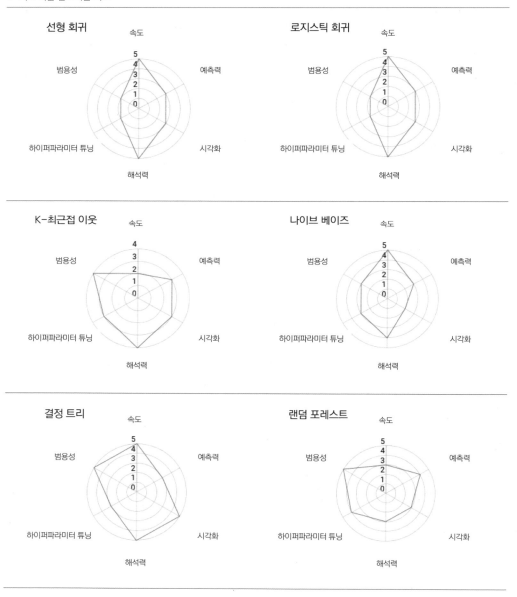

각 지표의 의미는 다음과 같습니다. 성능 비교는 주관적인 견해이므로 참고만 하시기 바랍니다.

- **범용성** : 다양한 케이스에 적용할 수 있지에 대한 척도
- **속도** : 모델링 및 예측 속도
- **예측력** : 예측 결과의 정확도
- **하이퍼파라미터 튜닝** : 모델링에서 튜닝 가능한 옵션의 종류와 기능
- **시각화** : 모델링 결과에 대한 시각화 가능 수준
- **해석력** : 모델에 대한 해석의 용이성

1.5 머신러닝 핵심 라이브러리

파이썬으로 머신러닝을 수행할 때 유용한 라이브러리가 많습니다. 이 책은 넘파이Numpy, 판다스Pandas, 사이킷런Sklearn, 맷플롯립Matplotlib, 시본Seaborn을 사용합니다. 참고로 딥러닝 분야에서는 텐서플로, 파이토치, 케라스를 사용합니다.

▼ 유용한 머신러닝 라이브러리

구분	설명	이 책에서 사용 여부
넘파이	다차원 배열에 대한 빠른 처리를 지원하는 라이브러리	○
판다스	넘파이 기반으로 구현한 라이브러리. 인간 친화적인 자료구조를 제공해 데이터를 넘파이보다 쉽게 읽고 변형할 수 있음	○

사이킷런	데이터 분석과 머신러닝 관련 다양한 기능을 지원하는 강력한 라이브러리. 데이터 전처리, 모델링, 모델 평가 등 굉장히 광범위한 분야 지원	○
맷플롯립	시각화 라이브러리	○
시본	맷플롯립 기반으로 구현한 라이브러리. 맷플롯립보다 사용이 쉽고 더 깔끔한 결과물을 보여줌	○
사이파이	수학, 통계, 신호 처리, 이미지 처리, 함수 최적화에 사용되는 강력한 데이터 과학 라이브러리	✕
테아노	수학 표현식, 특히 행렬 값을 조작하고 평가하는 라이브러리	✕

1.6 데이터 시각화 그래프 종류

이 책에서는 대부분 시본 라이브러리를 사용해 그래프를 그리고 나서, 그래프 크기나 폰트 등을 변경하는 데 맷플롯립을 사용합니다. 따라서 시본에서 지원하는 그래프를 살펴보겠습니다. 다음 코드를 실행하면 표에 소개된 그래프를 출력하는 실습을 할 수 있습니다. 어렵지 않으니 직접 따라 하며 확인해보세요.

▼ 예제 데이터 로딩 코드

```
import seaborn as sns
data = sns.load_dataset('tips')
```

▼ 시본에서 지원하는 시각화 그래프

구분	예시	설명	사용하는 장
선형 그래프			

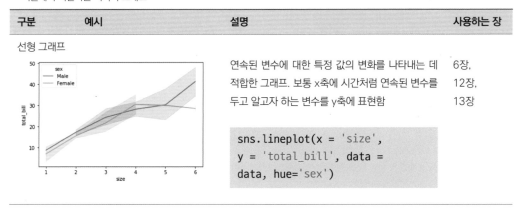

연속된 변수에 대한 특정 값의 변화를 나타내는 데 적합한 그래프. 보통 x축에 시간처럼 연속된 변수를 두고 알고자 하는 변수를 y축에 표현함

6장,
12장,
13장

```
sns.lineplot(x = 'size',
y = 'total_bill', data =
data, hue='sex')
```

산점도

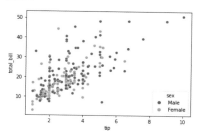

두 변수 간의 전체적인 관계 및 그에 대한 분포를 표현하는 그래프. 각 데이터를 하나의 점으로 표현함

4장, 12장, 13장

```
sns.scatterplot(x = 'tip',
y = 'total_bill', data =
data, hue='sex')
```

히스토그램

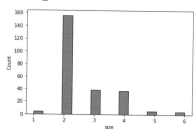

도수분포표를 나타내는 그래프. x축의 값은 실제로 연속된 값이나, 이를 일정 간격으로 나누어 각 구간에 대한 도수를 y축으로 표현

```
sns.histplot(data['size'])
```

박스 플롯

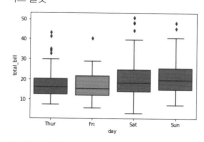

데이터의 대략적인 분포(25%, 50%, 75% 지점)와 이상치 등을 간결하게 보여주는 그래프

```
sns.boxplot(x = 'day', y =
'total_bill', data = data)
```

히트맵

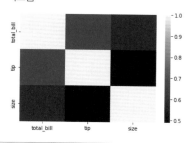

데이터를 색상으로 표현하는 그래프. 다른 그래프들과 달리 여러 변수를 동시에 반영할 수 있음. 예를 들어 여러 변수 간의 상관관계를 그래프로 표현하는 데 유용함

5장, 7장, 13장

```
sns.heatmap(data.corr())
```

막대 그래프

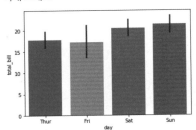

히스토그램과 달리 특정 구간이 아닌 특정 범주에 대한 그래프를 그리는 그래프. 예를 들어 성별에 따른 마케팅 반응률을 표현할 때 사용할 수 있음

6장,
10장,
11장

```
sns.barplot(x = 'day', y =
'total_bill', data = data)
```

1.7 피처 엔지니어링 기법

피처 엔지니어링은 모델 학습에 입력할 데이터를 더 풍성하고 가치 있게 만드는 작업입니다. "Garbage in, garbage out"이라는 말이 있는데, 쓰레기 같은 데이터가 들어가면 쓰레기 같은 결과가 나온다는 의미입니다. 반대로 생각하면, 데이터가 좋을수록 더 좋은 결과를 얻을 수도 있습니다. 그래서 피처 엔지니어링은 머신러닝 프로세스에서 가장 중요한 과정이라고 해도 무리가 없으며, 그만큼 많은 시간과 노력을 들여야 합니다. 방법 또한 무궁무진하기 때문에 여기에서는 간단히 목록만 살펴보고, 추후 실습하며 구체적으로 살펴보겠습니다.

▼ 피처 엔지니어링 기법

기법	설명	유용한 곳	사용하는 장
결측치 처리	데이터가 누락된 부분을 평균, 특정값 등으로 채우는 기법	데이터 누락으로 인해 많은 데이터를 사용하지 못할 때	6장, 8장, 10장
아웃라이어 처리	다른 데이터 무리들과는 크게 벗어나는 아웃라이어를 제거하거나 값을 조정해 튀는 데이터가 없도록 하는 기법	선형 모델과 같이 아웃라이어의 영향에 민감한 모델	6장에서 소개만 하고 사용하지는 않음
바이닝 (Binning)	연속된 수치로 된 데이터를 특정 구간으로 묶는 기법. 예를 들어 나이를 10대, 20대, 30대 등으로 묶는 경우	오버피팅으로 인해 모델 성능이 문제될 때	✕
로그 변환	데이터에 로그를 씌워 왜곡된 데이터를 정규화하는 방법	데이터 형태가 왜곡되어 변환이 필요한 경우. 특히 선형 모델에 유용	✕
더미 변수 (원-핫-인코딩)	문자로 된 범주형 데이터를 0과 1을 사용하는 숫자형 데이터로 변경하는 기법	범주형 데이터	5장, 8장

그룹핑 (Grouping)	고윳값이 너무 많은 범주형 데이터를 특정 그룹으로 묶는 기법. 예를 들어 국가명을 유럽, 아시아, 북아메리카 등으로 그룹화	범주형 데이터에서 고윳값이 너무 많아 더미 변수를 쓰기 곤란할 때	✕
스케일링	각 변수의 데이터 범위(스케일)가 다를 때, 이를 일정하게 맞춰주는 기법	거리 기반으로 작동하는 모델(K-최근접 이웃, K-평균 군집화)	6장, 12장
날짜 추출	날짜 데이터에서 연/월/일 혹은 요일 등을 추출해 필요한 정보만 사용하는 기법	날짜 데이터의 특정 속성이 중요한 역할을 할 때	11장
텍스트 분할	텍스트로 된 변수에서 특정 부분의 단어를 빼오거나, 특정 기호가 들어간 부분을 기준으로 나누어, 필요한 항목만을 추출하는 기법	텍스트 변수에 불필요한 정보가 많이 뒤섞여 있을 때	9장
새로운 변수 창출	주어진 변수들을 사용해 새로운 변수를 계산해내는 기법. 단순하게는 변수 간의 합과 곱 등을 활용할 수도 있음. 예를 들어 두 지점에 대한 위도/경도가 있는 경우 두 점 간의 거리를 계산하는 등 경우에 따라 다양하게 활용할 수 있음	데이터에 대한 백그라운드 지식이 있을 때	10장, 11장

1.8 변수란 무엇인가?

프로그래밍과 통계에서 '변수'라는 용어를 사용합니다. 각 분야에서 의미가 다르게 쓰는데, 머신러닝에서는 프로그램과 통계를 활용합니다. 이에 따른 혼동을 사전에 방지하고자 그 개념을 명확하게 정의하고 넘어가겠습니다.

프로그래밍에서의 변수는 어떠한 데이터/정보를 저장하는 공간을 의미합니다. 아래의 코드는 3이라는 데이터를 a라는 변수에 저장하는 예시입니다.

```
a = 3
```

이렇게 변수에 데이터가 저장되면, 변수 이름(여기서는 a)으로 변수가 가진 데이터를 사용할 수 있습니다.

통계에서 변수란 관찰하려는 대상의 '특성'을 의미합니다. 예를 들어 학생들의 신체적 정보를 활용해 학교 성적을 예측하는 프로젝트라고 가정하면, 신체적 정보에 해당하는 키, 몸무게, 체질량 지수 등이 변수입니다. 물론, 성적도 하나의 변수가 됩니다. 여러분이 학생 1000명을 대상으로 이러한 데이터를 얻어서 컴퓨터에 정리한다고 상상해보세요. 어떻게 정리하시겠습니까? 아마도 엑셀이 가장 먼저 떠오를 겁니다. 앞으로 만나게 될 데이터도 엑셀에서 볼 수 있는 데이터와 형태가 유사합니다. 다음은 학생 데이터를 엑셀 형태로 표현했을 때의 예시입니다.

	키	몸무게	체질량 지수	성적
0	165	60	22	95
1	170	75	26	78
2	175	70	23	99
3	180	80	24	86

위 표에서 변수는 열 단위이며, 학생 한 명 한 명은 행 단위로 기록됩니다. 따라서 키, 몸무게, 체질량지수, 성적은 통계적 관점에서 '변수'이며, 테이블 그 자체로 보았을 때에는 '컬럼'이기도 합니다. 이 책에서는 필요에 따라 적절하게 두 용어를 병행해 사용합니다.

또한 변수에 대한 특성에 따라 독립변수(원인), 종속변수(결과)로 구분할 수 있습니다. 종속변수는 우리가 예측하려는 대상이고, 독립변수는 예측에 활용하는 변수입니다. 위의 예시에서 키, 몸무게, 체질량지수가 독립변수이고, 성적이 종속변수입니다.

- **독립변수**Independent Variable는 예측에 사용되는 재료와 같은 변수들입니다. 피처 변수Feature variable(혹은 그냥 피처feature)라고도 부릅니다.
- **종속변수**Dependent Variable는 예측을 하려는 대상 변수이며, 목표 변수Target variable라고도 합니다. 타깃이라고도 부릅니다.

또 다른 예시로 키, 몸무게, 성별을 이용하여 보험료를 예측하는 머신러닝 모델을 만든다고 합시다. 이때 키, 몸무게, 성별은 독립변수이고, 보험비는 종속변수입니다. 결과에 영향을 주는 매개변수로 사고발생율을 입력할 수 있습니다.

▼ 독립변수와 종속변수 관계

학습 마무리

본격적으로 머신러닝 알고리즘을 학습하기 전에 거시적인 관점에서 머신러닝을 알아봤습니다. 지금 당장 모두 이해되지 않더라도 '내가 지금 무얼 하지? 어디쯤 와 있는 걸까? 앞으로 무얼 공부하면 좋을까?' 의문이 들 때 다시 한번 살펴보면 도움이 될 겁니다. 2단계부터 TOP 10 알고리즘을 다루면서 데이터 전처리 많은 시간과 노력을 쏟게 됩니다. 이는 현업 프로젝트에서도 마찬가지입니다. '모델'도 매우 중요하지만 결국 좋은 데이터가 좋은 결과를 도출할 수 있기 때문입니다.

핵심 요약

- **머신러닝**은 지도 학습, 비지도 학습, 강화 학습으로 나눌 수 있으며, 이 책에서는 8개의 지도 학습과 2개의 비지도 학습 알고리즘을 다룹니다.
- **머신러닝 프로세스**는 데이터 수집 → 데이터 전처리 → 모델 학습 → 모델 평가 → 모델 활용 (배포/시각화 등)으로 이루어집니다.
- **피처 엔지니어링**은 모델 학습에 입력할 데이터를 더 풍성하고 가치 있게 만드는 작업입니다. 예를 들어 더미 변수를 생성하는 작업이 여기에 속합니다.
- **독립변수**는 예측에 사용되는 재료와 같은 변수들입니다. 피처 변수(혹은 그냥 피처)라고도 부릅니다.
- **종속변수**는 예측을 하려는 대상 변수이며, 목표 변수라고도 합니다. 타깃이라고도 부릅니다.

파이썬 기초 익히기

☐ **학습 목표**

데이터 분석을 하려면 알아야 하는 파이썬 기본 문법과 함수를 최소한으로 소개합니다. 프로그래밍 언어를 눈으로만 익히면 실제로 사용할 수 없습니다. 가능하면 코드를 타이핑하면서 공부하세요. 그러면 파이썬과 조금 더 친숙해질 겁니다. 파이썬에 익숙한 분은 이 장을 건너뛰어 3장으로 이동하세요.

☐ **학습 순서**

```
2.1 프로그래밍      2.2 자료형과        2.3 반복문        2.4 조건문
입문            자료구조
```

```
2.5 내장 함수        2.6 나만의 함수 만들기
```

☐ **파이썬**

1991년 귀도 반 로섬이 발표한 고급 프로그래밍 언어입니다. 문법이 간단하고 라이브러리가 풍부합니다. 인터프리터식, 객체지향적, 동적 타이핑dynamically typed 대화형 언어로서 백엔드와 머신러닝 분야를 비롯한 다양한 영역에서 사용됩니다. 프로그래밍 언어 사용 랭킹을 제공하는 티오베 발표에 따르면 2022년 1월 파이썬은 1위를 차지했습니다.

▼ TIOBE Index for January 2022

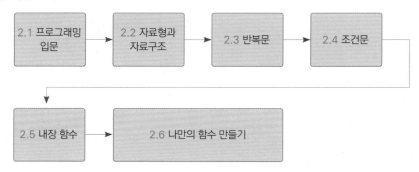

May 2022	May 2021	Change	Programming Language	Ratings	Change
1	2	⌃	Python	12.74%	+0.86%
2	1	⌄	C	11.59%	-1.80%
3	3		Java	10.99%	-0.74%

2.1 프로그래밍 기본 : 산술 연산, 변수, 출력

파이썬 프로그램을 작성하려면 연산, 변수, 출력 개념을 알아야 합니다. 간단히 알아봅시다.

2.1.1 산술 연산

파이썬이 지원하는 산술 연산자는 다음과 같이 7가지입니다. 더하기/빼기/곱하기/나누기는 수학과 같습니다. 거듭제곱은 **, 나누기 연산 후 소수점 이하 수를 버린 정수는 //, 나누기 연산 후 나머지만 구하는 %만 알아두면 파이썬으로 수를 계산하는 데 문제가 없을 겁니다.

▼ 산술 연산자

연산자	설명	예문
+	더하기	`3+2    # 출력 : 5`
-	빼기	`3-2    # 출력 : 1`
*	곱하기	`3*2    # 출력 : 6`
**	거듭제곱	`3**2   # 출력 : 9`
/	나누기	`3/2    # 출력 : 1.5`
//	나누기 연산 후 소수점 이하 수를 버린 정수	`3//2   # 출력 : 1`
%	나누기 연산 후 나머지	`3%2    # 출력 : 1`

2.1.2 변수

변수는 값을 담는 공간입니다. 산술 연산에 사용할 a와 b에 각각 3과 2를 넣어 산술 연산을 해보겠습니다.

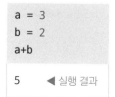

a와 b를 더한 결과인 5가 출력되었습니다. 여기서는 a+b만 사용해도 원하는 결과를 볼 수 있습니다만, 경우에 따라 별도의 출력 함수를 사용해야 보기 좋은 출력 결과를 얻을 수 있습니다.

2.1.3 출력 함수

파이썬에서는 print( ) 함수를 사용해 출력을 합니다.

```
a = 3
b = 2
print(a+b)

5
```

앞의 코드에 print( ) 함수를 적용해보겠습니다. print( )를 사용하지 않았을 때와 같은 결과가 나왔습니다. 대부분의 경우 print( )를 사용하지 않아도 동일한 결과를 볼 수 있지만, 종종 print( )를 써야만 가독성 있는 결과물이 나오므로 숙지해두는 것이 좋습니다.

2.2 자료형과 자료구조

파이썬은 크게 숫자형, 논리형, 군집형을 제공합니다. 사칙연산과 같은 계산을 할 수 있는 숫자형으로는 정수형, 실수형, 복소수형이 있습니다. 하나 이상의 값을 가질 수 있는 군집형으로는 문자열, 딕셔너리, 리스트, 세트, 튜플이 있습니다.

▼ 파이썬 자료형

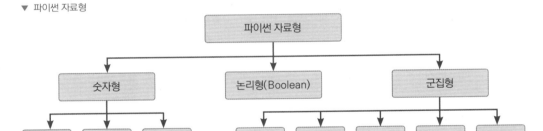

2.2.1 숫자형

숫자와 관련된 자료형으로, 기본적인 연산이 가능한 데이터입니다.

▼ 숫자형

연산자	설명	예문
정수형(Integer)	소수점이 없는 숫자	1, 100
실수형(Float)	소수점이 있는 숫자	1.1, 3.14
복소수형(Complex)	실수와 허수로 이루어진 숫자	2 + 5j

2.2.2 논리형

논리형 자료형을 불리언/불린^{Boolean} 혹은 부울^{Bool}이라고 부릅니다. True는 참, False는 거짓을 나타냅니다. 따옴표 없이 True와 False를 입력해 정의할 수 있고, 아래와 같이 비교 연산을 하면 불리언값이 결과로 나타납니다.

```
3 > 1
```
```
True
```

```
3 > 7
```
```
False
```

2.2.3 군집형

하나 이상의 값을 가질 수 있는 자료형으로 리스트, 튜플, 딕셔너리, 세트, 문자열이 있습니다.

▼ 군집형

연산자	설명	순서	수정	생성자	예문

리스트	순서가 있는 데이터의 모음으로, 정의된 리스트라도 후에 삭제, 추가 등 변경할 수 있습니다.	○	○	`[ ]`
				or
				`list()`
					`[1, 2, 3]`

튜플	리스트와 마찬가지로 순서가 있는 데이터이나, 한 번 정의되면 수정이 불가능합니다.	○	×	`( )`
				or
				`tuple()`
					`(4, 5, 6)`

딕셔너리	키와 값으로 구성된 자료구조로, 하나의 키에 여러 가지 값들을 매핑할 수도 있습니다. 또한 딕셔너리에서는 키를 사용해 그에 해당하는 값들을 쉽게 불러올 수 있습니다.	×	○	`{ }`
				or
				`dict()`
					`{'name': 'Sam', 'age': 20}`

세트	중복된 값을 보유하지 않는 자료구조로, 리스트나 튜플과는 달리 순서가 없는 형태입니다.	×	○	`{ }`
				or
				`set()`
					`{1, 3, 5}`

문자열	따옴표 안에 들어 있는 자료 형태를 말하며, 문자형이기 때문에 숫자형 같은 사칙연산은 불가능합니다. 숫자 데이터라도 '10'과 같이 따옴표 안에 들어 있으면 숫자형이 아닌 문자형으로 인식됩니다.	○	×	`' '`
				or
				`str()`
					`'string'`

파이썬 자료형에서 '순서가 있다'는 말은 각 값마다 특정 위치가 정해져 있다는 의미입니다. 그래서 위칫값(인덱스)을 지정해 해당 위치의 값을 불러올 수 있습니다.

리스트와 튜플

리스트는 데이터들의 배열입니다. [ ]를 사용해 정의하며, 1~10까지 숫자를 담은 리스트를 다음과 같이 만들 수 있습니다.

```
[1, 2, 3, 4, 5, 6, 7, 8, 9, 10]
```

위의 리스트를 sample_list라는 변수에 저장하고 sample_list를 실행하면 다음과 같이 저장된 리스트를 확인할 수 있습니다.

```
sample_list = [1, 2, 3, 4, 5, 6, 7, 8, 9, 10]
sample_list
```

```
[1, 2, 3, 4, 5, 6, 7, 8, 9, 10]
```

튜플은 리스트와 매우 흡사하며 ( )으로 정의합니다. 1~10까지 숫자를 담은 튜플을 만들어서 sample_tuple에 저장해봅시다.

```
sample_tuple = (1, 2, 3, 4, 5, 6, 7, 8, 9, 10)
sample_tuple
```

```
(1, 2, 3, 4, 5, 6, 7, 8, 9, 10)
```

리스트와 튜플에서는 특정 자리의 값들을 가져오는 인덱싱이 가능합니다. sample_list에서는 첫 번째 자리(인덱스 0)를, sample_tuple에서는 네 번째 자리(인덱스 3)를 인덱싱해보겠습니다.

> **Warning** 파이썬에서는 첫 번째 인덱싱 위치를 1이 아닌 0으로 표기하므로, 혼동하지 않도록 주의합시다.

```
sample_list[0]
```

```
1
```

```
sample_tuple[3]
```

```
4
```

리스트는 저장된 값들을 수정/삭제할 수 있는 반면, 튜플은 정의된 이후에 변경이 불가능하다는 결정적인 차이가 있습니다. 리스트에서 특정값을 제거하는 데 remove() 함수를 사용합니다. sample_list에서 10을 제거해봅시다.

```
sample_list.remove(10)
sample_list
```

```
[1, 2, 3, 4, 5, 6, 7, 8, 9]
```

이번에는 sample_tuple에서 10을 제거하겠습니다.

```
sample_tuple.remove(10)
```

```
---------------------------------------------------------------------------
AttributeError                            Traceback (most recent call last)
<ipython-input-6-5e9ff8210e66> in <module>
----> 1 sample_tuple.remove(10)

AttributeError: 'tuple' object has no attribute 'remove'
```

튜플에서는 에러가 발생합니다. 이처럼 한 번 정의된 튜플은 변경이 불가합니다.

리스트에서 유용하게 쓰일 append() 함수를 소개하겠습니다. append()는 리스트에 새로운 값을 추가할 때 사용합니다. sample_list에 100을 추가하겠습니다.

```
sample_list.append(100)
sample_list
```

```
[1, 2, 3, 4, 5, 6, 7, 8, 9, 100]
```

딕셔너리

딕셔너리는 키^{key}와 값^{value}의 조합으로 이루어졌습니다. { }로 정의하며 키와 값은 :로 구분해줍니다. 여러 쌍의 키/값을 넣을 수 있으며 ,(쉼표)로 구분해주면 됩니다. 아래의 예시 데이터를 딕셔너리 형태로 만들어봅시다.

Name	Age
John	23
Ann	22
Kevin	21

```
sample_dic = {'name': ['John', 'Ann', 'Kevin'], 'age': [23, 22, 21]}
sample_dic
```

```
{'name': ['John', 'Ann', 'Kevin'], 'age': [23, 22, 21]}
```

하나의 값^{value}에 여러 데이터를 넣어줄 때는 위의 예시처럼 리스트(혹은 튜플)를 이용해주면 됩니다.

딕셔너리는 정렬된 형태의 데이터가 아니기 때문에, 특정 위치의 숫자를 지정하여 데이터를 불러올 수 없습니다. 하지만 딕셔너리는 키를 가지고 있기 때문에, 특정 키를 [ ] 안에 넣어주면 해당 키에 해당하는 값들만 불러올 수 있습니다. sample_dic에서 name 키에 해당하는 값들만 불러봅시다.

```
sample_dic['name']
```

```
['John', 'Ann', 'Kevin']
```

세트

세트는 수학에서의 '집합'을 의미합니다. 세트는 유용한 자료형이지만, 이 책에서는 사용할 일이 없기 때문에 여기서는 가볍게 소개만 하고 넘어가겠습니다. 세트는 중복되는 값이 없도록 표현되는 특징이 있습니다. 실습을 위해, 아래와 같이 3이 여러 번 포함된 리스트를 만들어보겠습니다.

```
set_list = [1, 2, 3, 3, 4, 5, 3, 3]
```

이 리스트를 세트 형식으로 변경해보겠습니다.

```
set(set_list)
```

```
{1, 2, 3, 4, 5}
```

보시는 바처럼 4개였던 3이 하나로 줄었습니다.

세트 역시는 순서가 있는 데이터가 아니기 때문에 인덱싱이 불가능합니다. 실습을 위해, 위에서 정의한 세트를 sample_set이라는 이름으로 저장해봅시다.

```
sample_set = set(set_list)
```

리스트에서처럼 [0]을 사용하여 첫 번째 자리를 인덱싱해보겠습니다.

```
sample_set[0]
```

```
TypeError                                 Traceback (most recent call last)
<ipython-input-34-aac88c932db3> in <module>
----> 1 sample_set[0]

TypeError: 'set' object is not subscriptable
```

에러가 발생합니다. 또한 세트는 딕셔너리와 달리 키도 없기 때문에 [ ]를 사용한 인덱싱도 불가능합니다.

마지막으로 세트는 수정이 가능합니다. add( ) 함수를 사용해 추가할 수 있습니다(리스트에서는 append( ) 함수를 사용했습니다). sample_set에 6을 추가하고 결과를 확인해보겠습니다.

```
sample_set.add(6)
sample_set
```

```
{1, 2, 3, 4, 5, 6}
```

2.3 반복문 : for문, while문

for문과 while문은 코드를 반복시킵니다. for문은 대상 리스트의 모든 원소가 반환될 때까지,
while문은 조건식이 참인 동안 반복합니다.

2.3.1 for문

for문 원형은 다음과 같습니다.

```
for i in {대상 리스트}:
        {원하는 연산}
```

위와 같이 작성하면 대상 리스트에 있는 값들이 하나하나 i에 대입됩니다. 예를 들어 1~3까지의
숫자들에 각각 5를 더하는 코드를 반복문 없이 다음과 같이 만들 수 있습니다.

```
1+5
2+5
3+5
```

for문으로 구현하면 이렇습니다.

```
for i in [1, 2, 3]:
    print(i+5)

6
7
8
```

대상 리스트인 [1, 2, 3]의 숫자들이 순서대로 하나씩 i에 대입되어 print(i+5) 연산이 수행됩니
다. 대상 리스트의 길이가 3이기 때문에 for 구문이 총 3번 반복됩니다. 3번 반복이라 코드가 더
간단하다는 생각이 안 드는군요. 하지만 100번 반복일 때를 생각해보세요. 훨씬 간단할 겁니다.
게다가 for문을 사용하면 유지보수도 더 쉬워지죠.

2.3.2 while문

while문 원형은 다음과 같습니다.

```
while {조건}:
    {원하는 연산}
```

조건을 만족하면 계속 while문이 돌아가고, 조건을 만족하지 않으면 while문에서 빠져나가게 됩니다. 바로 코드를 통해 살펴보겠습니다.

우선 a라는 변수를 3으로 정해볼게요. a에서 1씩 줄어드는 숫자를 출력하는 while문을 만들겠습니다. a가 0보다 클 때만 while문이 돌아가도록 조건을 걸겠습니다.

```
a = 3
while a > 0:
    print(a)
    a = a-1
```
```
3
2
1
```

3부터 1까지 출력이 되면, a값은 0이 되므로 a > 0 조건을 만족하지 못해 while문이 종료됩니다. 의도치 않게 무한으로 반복되는 while문을 만드는 경우가 빈번하니 작성에 주의하기 바랍니다.

2.4 조건문 : if문

if문은 특정 조건을 만족할 때 특정 코드를 실행하는 데 사용합니다. 예를 들어 홀수/짝수 여부를 판단해서 even, odd를 출력하게 할 수 있습니다. 코드로 확인해보겠습니다.

```
x = 3                # ❶ 테스트할 값
if x % 2 == 0:       # ❷ 기본 조건 : even 출력
    print('even')
else:                # ❸ 나머지 : odd 출력
    print('odd')
```

```
odd
```

❶ 변수 x에 테스트할 값 3을 지정해놓았습니다. ❷ 짝수일 때 even을 출력하는 코드입니다. x를 나누고 나머지를 구하는 % 연산을 수행합니다. ==는 **같다/아니다**를 판별하는 연산자입니다. 결과적으로 2로 % 연산한 나머지가 0이면 짝수이고, 1이면 홀수인 겁니다. ❸ 홀수일 때 odd를 출력합니다. 앞의 조건에 들지 않을 때 수행할 코드를 지정하는 데 else를 사용합니다.

조건식에 사용할 수 있는 비교 연산자는 다음과 같습니다.

▼ 파이썬 비교 연산자

연산자	설명	예시
==	값이 같음	(a == b)
!=	값이 같지 않음	(a != b)
>	왼쪽 값이 오른쪽 값보다 큼	(a > b)
<	왼쪽 값이 오른쪽 값보다 작음	(a < b)
>=	왼쪽 값이 오른쪽 값보다 크거나 같음	(a >= b)
<=	왼쪽 값이 오른쪽 값보다 작거나 같음	(a <= b)

이번에는 for문과 결합해 if문을 사용해보겠습니다. for문에 사용할 대상 리스트를 먼저 정하겠습니다.

```
sample_list = [-3, 5, 0, -1, 2]
```

양수면 positive, 음수면 negative, 0이면 zero를 출력하는 if문을 작성해봅시다. 기존에는 if와 else만 사용했는데, 이번에는 elif까지 사용합니다. elif는 원하는 만큼 계속 추가할 수 있습니다.

```
for i in sample_list:
    if i > 0:          # 기본 조건: i가 0보다 크면 positive를 출력
        print('positive')
    elif i < 0:        # 추가 조건: i가 0보다 작으면 negative를 출력
        print('negative')
    else:              # 나머지: 위의 두 경우 모두 해당하지 않으면 zero를 출력
        print('zero')
```

```
negative
positive
zero
negative
positive
```

파이썬에서는 코드 들여쓰기에 유의해야 합니다. 콜론 아래부터 들여쓰기로 들어간 부분은 코드가 해당 구문에 귀속된다는 의미입니다. for보다 if와 elif는 한 단계 더 들여쓰기되어 있습니다. for문에 귀속되는 구문이라는 뜻입니다. if/elif/else 바로 아래에 있는 print문은 한 단계 더 들여쓰기되어 있습니다. if/elif/else 각각에 print문 한 줄이 귀속되어 있네요.

들여쓰기가 잘못되면 원하는 결과를 내지 못합니다. 예를 들어 살펴보겠습니다.

```
for i in sample_list:
    if i > 0:            # 기본 조건: i가 0보다 크면 positive를 출력
        print('positive')
    elif i < 0:          # 추가 조건: i가 0보다 작으면 negative를 출력
        print('negative')
    else:                # 나머지: 위의 두 경우 모두 해당하지 않으면 zero를 출력
    print('zero')

File "main.py", line 8
    print('zero')
    ^
IndentationError: expected an indented block
```

마지막 코드인 print('zero')의 들여쓰기가 잘못되어 에러가 발생했습니다. 파이썬에서는 이처럼 들여쓰기가 중요합니다.

2.5 파이썬 내장 함수

함수는 특정 작업을 수행하는 이름이 붙은 코드 블록입니다. 예를 들어 print( ) 함수는 출력 작업을 수행하는 print라는 이름이 붙은 코드 블록입니다. 파이썬은 70개가 넘는 내장 함수를 제공합

니다.[1]

모든 함수를 알고 있을 필요는 없습니다. 여기에서는 이 책에서 자주 사용하는 몇 가지만 정리하고 넘어가겠습니다.

▼ 유용한 파이썬 내장 함수

함수명	설명	예문
abs()	절댓값	abs(-3) # 출력 : 3
len()	데이터의 길이 확인	len([1, 3, 5, 7, 9]) # 출력 : 5
max()	최댓값 호출	max([1, 3, 5, 7, 9]) # 출력 : 9
min()	최솟값 호출	min([1, 3, 5, 7, 9]) # 출력 : 1
range()	데이터의 범위 지정	list(range(1, 10)) # 출력 : [1, 2, 3, 4, 5, 6, 7, 8, 9]
round()	반올림	round(3.8) # 출력 : 4
sum()	합	sum([1, 3, 5]) # 출력 : 9

2.6 나만의 함수 만들기 : def

def 키워드를 사용하면 나만의 함수(사용자 정의 함수)를 만들 수 있습니다. 원형은 다음과 같습니다.

```
def 함수명(매개변수)
    # 수행할 코드
    return 반환값        # return 코드는 생략 가능
```

---

1 파이썬 3.10.2 버전 기준. https://docs.python.org/3/library/functions.html

숫자를 넣으면 10을 더한 결과를 출력하는 간단한 함수를 만들겠습니다.

```
def plus_ten(x):        # plus_ten은 함수 이름, x는 이 함수에 들어갈 매개변수
    return x + 10       # 함수가 x에 10을 더하는 연산
```

이제 만든 함수를 사용하겠습니다. plus_ten() 함수 안에 5를 넣어봅시다.

```
plus_ten(5)
```
```
15
```

예상한 대로 15를 얻게 되었습니다.

이번에는 매개변수 2개를 받아 더한 값을 반환하는 함수를 만들겠습니다.

```
def my_sum(a, b):          # my_sum이라는 이름의 함수로, 매개변수는 a와 b
    return a+b             # a와 b의 합을 구하는 연산
```

만든 my_sum() 함수에 10과 5를 넣어봅시다.

```
my_sum(10, 5)
```
```
15
```

이번에도 예상된 결과를 얻게 되었습니다. 마지막으로 매개변수에 기본값을 설정하는 함수를 만들겠습니다. 이번에도 매개변수는 a와 b 두 개인데, b에 특정값을 넣지 않으면 5가 자동으로 적용되게 하겠습니다.

```
def sum_five(a, b=5):   # b에 5라는 기본값이 설정됨
    return a+b
```

여기에서 10을 넣으면 과연 15를 구할 수 있을까요?

```
sum_five(10)
```
```
15
```

b값으로 기본값 5가 적용된 결과입니다.

그럼 10과 7을 인수로 넣어주면 어떻게 될까요?

```
sum_five(10, 7)
```

```
17
```

17이 나왔습니다. 이처럼 호출할 때 기본값이 정의된 매개변수에 인수를 주지 않으면 기본값이 반영되지만, 인수를 주면 입력된 인수가 적용됩니다.

학습 마무리

파이썬에 대한 아주 기초적인 내용을 살펴보았습니다. 기초적인 내용이지만 이 시점에 모두 숙지하기보다는, 앞으로 직접 사용해보면서 차차 익혀나가는 걸 추천합니다. 여기서 소개한 파이썬 문법은 극히 일부에 불과합니다. 머신러닝까지 이르는 허들을 낮추고자 의도적으로 간단히 파이썬 문법을 다뤘습니다. 처음부터 너무 심도 있게 파이썬을 공부하면 정작 힘을 쏟아야 할 때 기운이 빠집니다. 더 깊은 내용은 머신러닝 알고리즘을 다루면서 필요할 때마다 다루겠습니다. 파이썬 문법을 깊이 공부하실 분은 별도의 책을 선정해 공부하시기 바랍니다.

유용한 라이브러리
판다스와 넘파이

☐ 학습 목표

판다스와 넘파이는 파이썬에서 데이터를 다루는 데 사용되는 가장 대표적인 라이브러리입니다. 파이썬 머신러닝에서도 일반적으로 판다스와 넘파이를 이용하여 데이터를 다룹니다. 이 장에서는 판다스와 넘파이에 대한 기초를 학습합니다. 더 다양한 내용은 머신러닝 알고리즘을 배우면서 알려드리겠습니다. 판다스와 넘파이에 익숙한 분은 이 장을 건너뛰어 4장으로 이동해주세요.

☐ 학습 순서

☐ 판다스 소개

데이터 분석에서 가장 많이 쓰이는 라이브러리인 판다스는 데이터프레임과 시리즈라는 두 가지 자료구조를 제공합니다. 열이 하나면 시리즈, 둘 이상이면 데이터프레임입니다. 그래서 행이 10개 있는 데이터프레임에서 첫 번째 행만 불러오면 기본적으로 판다스 시리즈로 불러옵니다.

☐ 넘파이 소개

판다스가 사람이 읽기 쉬운 형태의 자료구조를 제공한다면, 넘파이는 컴퓨터가 계산하기 좋은 형태로 제공합니다(컬럼명이 없습니다). 그래서 판다스에 비해 사람이 눈으로 읽기에는 다소 불편하지만 메모리가 덜 들고 계산도 더 빠릅니다.

☐ 판다스와 넘파이 비교

판다스	구분	넘파이
• 하나 이상의 자료형을 원소로 가질 수 있음 • 테이블 형식의 작업(SQL과 같은 쿼리나 조인) 가능 • 2차원 이하 배열의 데이터	특징	• 같은 자료형만 원소로 가질 수 있음 • 행렬 및 벡터 연산 기반 • 3차원 이상의 배열도 가능
• 상대적으로 더 많이 필요	메모리	• 상대적으로 더 조금 필요
• 느림	속도	• 빠름

입출력	• SQL, 엑셀 파일, CSV 파일, 데이터베이스에서 데이터를 읽어들이고, 반대로 데이터를 파일 형식으로 만들거나 데이터베이스에 올릴 수 있음
	• npy, npz와 같은 확장자 혹은 텍스트 파일로 입출력

3.1 판다스

판다스는 pandas 라이브러리를 임포트해야 사용할 수 있습니다. 다음과 같이 import를 이용해 불러옵시다.

```
import pandas
```

불러온 라이브러리는 해당 이름을 사용합니다. 여기에서는 pandas라는 이름을 써서 판다스 라이브러리를 사용하는데, 불러오는 시점에서 as를 사용하면 불러온 라이브러리의 이름을 별도로 지정할 수 있습니다. 판다스는 보통 pd라는 약자(별칭)로 불러와서 사용합니다.

```
import pandas as pd
```

판다스는 데이터프레임과 시리즈라는 두 가지 자료구조를 제공하는데, 데이터프레임의 한 열만 떼어내면 시리즈가 됩니다. 반대로 시리즈를 하나 이상 병합한 형태가 데이터프레임입니다.

▼ 시리즈와 데이터프레임 관계

시리즈

	apples
0	3
1	2
2	0
3	1

+

시리즈

	oranges
0	0
1	3
2	7
3	2

=

데이터프레임

	apples	oranges
0	3	0
1	2	3
2	0	7
3	1	2

컬럼(열)명 → apples oranges

데이터(값)

인덱스(로우형)

컬럼이 하나만 있는 데이터(apple 컬럼과 orange 컬럼 각각)는 시리즈이고, 이 둘을 합치면 데이터프레임입니다. 필요하다면 시리즈를 데이터프레임으로 강제 변환도 가능하지만, 기본적으로 판다스에서는 한 컬럼으로 된 데이터를 시리즈로 읽습니다.

3.1.1 판다스로 csv 파일 불러오기

판다스를 사용해서 sample.csv 파일을 불러오겠습니다. 해당 파일의 URL을 file_url이라는 이름으로 저장하고, 이를 read_csv( ) 함수 안에 써주면 됩니다. 그러면 판다스 데이터프레임 형태로 데이터를 불러옵니다. 이를 원하는 객체에 저장하면 해당 객체를 이용해 데이터를 사용할 수 있습니다. 여기서는 sample이라는 객체로 저장하겠습니다.

```
file_url = 'https://media.githubusercontent.com/media/musthave-ML10/data_source/
main/sample.csv'

sample = pd.read_csv(file_url)
```

이제 sample을 실행하면 저장된 데이터의 출력물을 볼 수 있습니다.

sample

	Var_1	Var_2
0	1	2
1	3	4
2	2	5
3	5	6
4	3	2
5	1	1
6	2	6
7	5	7
8	6	8
9	7	4

10	7	7
11	8	3
12	9	7
13	3	9
14	2	2
15	1	3
16	2	6
17	2	4
18	3	3

19행 2열 데이터가 출력되었습니다. 가장 왼쪽의 숫자는 인덱스라고 하며 행의 이름입니다. 기본적으로 0부터 시작하는 숫자가 부여되며, 변경도 가능합니다.

3.1.2 데이터프레임을 살펴보는 다양한 함수

데이터프레임을 살펴보는 다양한 함수를 알아봅시다. 앞에서는 총 19행이 전부 출력되었는데, 데이터의 앞부분 혹은 뒷부분만 간략하게 살펴보는 함수가 있습니다. 바로 head( )와 tail( )입니다. 이 두 함수는 기본적으로 5줄만 출력합니다. 더 많거나 적은 줄을 출력하려면 괄호 안에 원하는 숫자를 넣어주면 됩니다. 사용 예제를 몇 가지 보여드리겠습니다.

```
sample.head()
```

	Var_1	Var_2
0	1	2
1	3	4
2	2	5
3	5	6
4	3	2

```
sample.head(3)
```

	Var_1	Var_2
0	1	2
1	3	4
2	2	5

```
sample.tail()
```

	Var_1	Var_2
14	2	2
15	1	3
16	2	6
17	2	4
18	3	3

```
sample.tail(10)
```

	Var_1	Var_2
9	7	4
10	7	7
11	8	3
12	9	7
13	3	9
14	2	2
15	1	3
16	2	6
17	2	4
18	3	3

다음은 info( ) 함수를 사용해 데이터를 확인해봅시다. info( ) 함수는 데이터에 대한 요약 정보를 출력합니다.

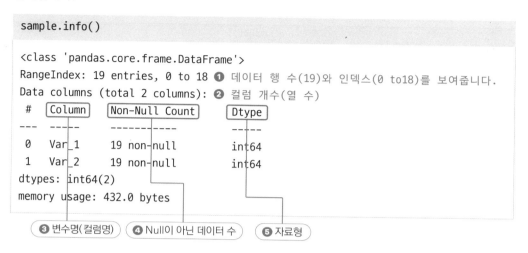

❶ 데이터 행 수(19)와 인덱스(0 to18)를 보여줍니다.

❷ 컬럼 개수를 보여줍니다.

❸ 데이터가 가지고 있는 컬럼명을 보여줍니다.

❹ Non-Null Count는 Null이 아닌 데이터 수입니다. 여기서 Null이란 데이터가 비어 있다는 뜻입니다. 이 데이터에는 비어 있는 값이 없으므로 Var_1과 Var_2 모두에서 19를 출력합니다.

❺ 자료형을 의미합니다. Var_1과 Var_2 모두 int64라는 자료형입니다.

판다스에서 볼 수 있는 주요 자료형은 다음과 같습니다.

▼ 판다스 자료형

자료형	설명
object	텍스트와 같은 문자 형태입니다. ' '혹은 " "으로 감싸졌습니다. 숫자도 따옴표로 감싸면 object 타입으로 인식됩니다.
int64	소수점이 없는 숫자입니다.
float64	소수점이 있는 숫자입니다.
bool	불리언이라고 하며, True/False 두 가지 형태의 값을 지닌 자료형입니다.
datetime64	날짜/시간을 다루는 자료형입니다.

마지막으로 데이터의 통계 정보를 출력하는 describe( ) 함수를 사용해봅시다.

```
sample.describe()
```

	Var_1	Var_2
count	19.000000	19.000000
mean	3.789474	4.684211
std	2.529360	2.310667
min	1.000000	1.000000
25%	2.000000	3.000000
50%	3.000000	4.000000
75%	5.500000	6.500000
max	9.000000	9.000000

이 함수는 각 변수(컬럼)별로 통계적 정보를 요약해 보여줍니다. 보여주는 통계적 정보는 다음과 같습니다.

▼ 통계적 정보

용어	설명
count	데이터 개수를 보여줍니다.
mean	각 변수에 속하는 데이터의 평균값입니다.
std	각 변수에 속하는 데이터의 표준편차입니다.
min, max	각 변수에 속하는 최솟값과 최댓값입니다.
25%, 50%, 75%	각 변수의 사분위수입니다. 사분위수란 데이터를 오름차순으로 정리해 25%, 50%, 75%가 되는 지점을 의미합니다.

3.1.3 데이터프레임 직접 만들기

이 책에서는 대부분 csv 파일을 데이터프레임 형태로 불러옵니다. 하지만 분석을 하다 보면 종종 직접 데이터프레임을 만들어야 하는 상황도 있습니다. 이번에는 직접 데이터프레임을 만드는 법을 알아보겠습니다.

우선 데이터프레임에 들어갈 데이터가 필요합니다. 위에서 배운 딕셔너리 형태로 정의하면 쉽게 데이터프레임을 만들 수 있습니다. 다음과 같이 sample_dic이라는 이름의 딕셔너리를 만들고, 판다스의 DataFrame( ) 함수 안에 넣어줍니다(대소문자 구분해주세요).

```
sample_dic = {'name': ['John', 'Ann','Kevin'], 'age': [23, 22, 21]}
pd.DataFrame(sample_dic)
```

	name	age
0	John	23
1	Ann	22
2	Kevin	21

데이터프레임 형태로 변환되었습니다. 이번에는 컬럼명과 인덱스명을 별도로 지정하기 위해, 리스트를 이용해 데이터프레임을 만들어봅시다. 리스트는 한 줄이고 데이터프레임은 행과 열이 있기 때문에, 리스트 안에 리스트를 넣는 방법으로 데이터를 만들겠습니다.

```
[[1, 2],
 [3, 4],
 [5, 6],
 [7, 8]]
```

```
[[1, 2], [3, 4], [5, 6], [7, 8]]
```

4개의 리스트 [1, 2], [3, 4], [5, 6], [7, 8]을 또 하나의 [ ]가 감싸고 있습니다. 리스트 안에 리스트가 포함된 형태로, 데이터프레임으로 불러오면 4행 2열의 형태로 인식됩니다. 위의 예시는 이해하기 쉽게 네 줄로 나누어 썼으나 한 줄로 써도 같은 결과를 보입니다. 그럼 이 리스트를 사용해 데이터프레임을 만들겠습니다.

```
pd.DataFrame([[1, 2],[3, 4],[5, 6],[7, 8]])
```

	0	1
0	1	2
1	3	4
2	5	6
3	7	8

기대한 대로 데이터프레임이 만들어졌습니다. 이번에는 columns와 index 매개변수를 추가해, 컬럼명을 var_1, var_2로, 인덱스를 a, b, c, d로 설정해 데이터프레임을 만들겠습니다.

```
pd.DataFrame([[1, 2],[3, 4],[5, 6],[7, 8]], columns = ['var_1', 'var_2'],
index=['a', 'b', 'c', 'd'])
```

	var_1	var_2
a	1	2
b	3	4
c	5	6
d	7	8

위와 같이 columns와 index 매개변수에 원하는 이름을 리스트 형태로 지정해주면 됩니다.

3.1.4 데이터프레임 인덱싱

데이터프레임의 특정 행과 열에서 데이터의 일부를 선택하는 것을 인덱싱이라고 합니다. sample_df.csv를 불러와서 인덱싱을 하겠습니다. 이번에는 csv 파일을 불러올 때 index_col 이라는 매개변수를 추가합니다. index_col은 특정 컬럼을 인덱스로 지정하는 역할을 합니다. 이 데이터에서는 0번째 컬럼을 인덱스로 사용합니다.

```
file_url = 'https://media.githubusercontent.com/media/musthave-ML10/data_source/
main/sample_df.csv'

sample_df = pd.read_csv(file_url, index_col=0)
```

sample_df를 확인하면 다음과 같은 형태입니다.

sample_df

	var_1	var_2	var_3	var_4	var_5
a	2	2	1	4	3
b	4	3	3	7	1
c	5	4	6	3	5
d	1	4	5	6	7
e	4	5	7	8	3
f	5	4	8	9	4
g	7	5	2	0	6
h	8	8	1	7	8
i	2	3	5	2	1
j	9	3	7	6	5

컬럼 기준으로 인덱싱하기

우선 컬럼 기준으로 인덱싱하겠습니다. 변수를 인덱싱하려면 [ ] 안에 인덱싱할 컬럼명을 써서 붙여주면 됩니다. var_1을 인덱싱하는 코드는 다음과 같습니다.

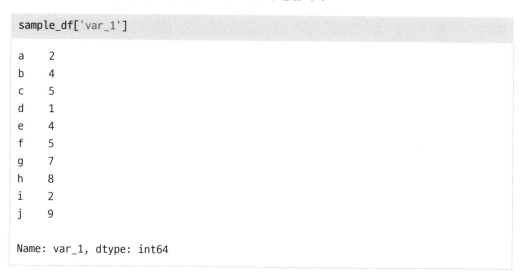

```
sample_df['var_1']

a    2
b    4
c    5
d    1
e    4
f    5
g    7
h    8
i    2
j    9

Name: var_1, dtype: int64
```

var_1에 해당하는 한 줄의 데이터가 나왔습니다. 한 줄짜리 데이터이다보니 판다스 시리즈 형태로 출력됩니다. 시리즈는 데이터프레임과는 다르게 위에 컬럼명이 표기되지 않습니다.

이번에는 var_1과 var_2를 함께 인덱싱해보겠습니다. 우선 다음과 같이 시도하겠습니다.

```
sample_df['var_1', 'var_2']
```

```
KeyError                              Traceback (most recent call last)
~\anaconda3\lib\site-packages\pandas\core\indexes\base.py in get_loc(self, key,
method, tolerance)
   3079             try:
-> 3080                 return self._engine.get_loc(casted_key)
   3081             except KeyError as err:

... 중략 ...

KeyError: ('var_1', 'var_2')
```

KeyError가 발생했습니다. 이 코드가 작동하지 않는 이유는 컬럼을 인덱싱할 때 [ ] 안에는 단 하나의 값만 넣을 수 있기 때문입니다. var_1과 var_2는 두 개이므로 이를 하나의 값으로 합쳐주어야 합니다. 리스트, 즉 [ ] 기호를 사용해서 [var_1, var_2]와 같이 만들면 하나의 값으로 인식되게 만들 수 있습니다.

```
sample_df[['var_1', 'var_2']]
```

	var_1	var_2
a	2	2
b	4	3
c	5	4
d	1	4
e	4	5
f	5	4
g	7	5
h	8	8

i	2	3
j	9	3

원하는 대로 인덱싱되었습니다. 여기서 [[ ]]의 형태를 다시 한번 설명드리면, 바깥쪽의 [ ]는 인덱싱을 위한 것이고, 안쪽의 [ ]는 컬럼명들을 하나의 값으로 합칠 리스트를 정의하는 용도입니다. 변수 개수가 3개든 4개든 리스트 하나로 묶어주면 됩니다.

행 기준으로 인덱싱하기

다음은 행(인덱스) 기준으로 인덱싱하겠습니다. 이 데이터에서는 행에도 a, b, c, d, e와 같은 이름이 붙어 있으므로 loc[ ]을 사용하면 이름을 기준으로 인덱싱할 수 있습니다. a행을 인덱싱하겠습니다.

```
sample_df.loc['a']

var_1    2
var_2    2
var_3    1
var_4    4
var_5    3
Name: a, dtype: int64
```

로/컬럼 vs 행/열 용어 사용
외래어 표기법에 의하면 row는 '로'가 맞는 표기법입니다. 앞에서 컬럼이라는 단어를 싸용했으므로 '로'를 사용해야 하지만 '하나의 로로'처럼 사용될 때가 있어서 이를 피하고자 의도적으로 컬럼과 행을 사용합니다.

a행의 데이터가 시리즈 형태로 출력되며, 시리즈 형태이기 때문에 기존의 가로 배열이 아닌 세로 배열로 출력되었습니다. 이번에는 a, b, c 행을 인덱싱해봅시다. 컬럼 때와 마찬가지로 a, b, c를 리스트로 묶어주어야 합니다.

```
sample_df.loc[['a','b','c']]
```

	var_1	var_2	var_3	var_4	var_5
a	2	2	1	4	3
b	4	3	3	7	1
c	5	4	6	3	5

조금 다른 형식으로 "a부터 c까지"라는 의미인 'a' : 'c'를 이용할 수도 있습니다. 'a' : 'c'는 자체가 하나의 값으로 인식되므로 리스트를 사용할 필요가 없습니다.

```
sample_df.loc['a':'c']
```

	var_1	var_2	var_3	var_4	var_5
a	2	2	1	4	3
b	4	3	3	7	1
c	5	4	6	3	5

같은 결과가 출력되었습니다. iloc[ ]를 이용하면 인덱스 이름이 아닌 행 위치를 기준으로 인덱싱할 수도 있습니다. 파이썬에서 행은 1이 아닌 0번째부터 시작하므로 0, 1, 2 행을 인덱싱하겠습니다.

```
sample_df.iloc[[0, 1, 2]]
```

	var_1	var_2	var_3	var_4	var_5
a	2	2	1	4	3
b	4	3	3	7	1
c	5	4	6	3	5

이번에는 행 순서를 하나씩 입력하지 말고 0 : 2를 이용해봅시다.

```
sample_df.iloc[0:2]
```

	var_1	var_2	var_3	var_4	var_5
a	2	2	1	4	3
b	4	3	3	7	1

예상과 다르게 단 두 줄만 출력되었습니다. [시작 : 끝] 형태로 인덱싱할 때 끝 숫자 이전 데이터까지 인덱싱합니다. 숫자 형태로 지정할 때 해당하는 것이기 때문에 위에서 사용한 ['a' : 'c']에서는 적용되지 않습니다. 0 ~ 2 행을 인덱싱하려면 [0 : 3]으로 정의해야 합니다.

```
sample_df.iloc[0:3]
```

	var_1	var_2	var_3	var_4	var_5
a	2	2	1	4	3
b	4	3	3	7	1
c	5	4	6	3	5

iloc[ ]에서는 행뿐만 아니라 컬럼까지 동시에 인덱싱할 수 있습니다. 인덱싱할 행 뒤에 ,를 사용해 인덱싱할 컬럼을 정의하면 됩니다. 그럼 0~2 행, 2~3 열을 인덱싱해봅시다.

```
sample_df.iloc[0:3, 2:4]
```

	var_3	var_4
a	1	4
b	3	7
c	6	3

컬럼 제거하기

만약 총 5개 컬럼 중 4개 컬럼을 인덱싱한다면, 오히려 선택하지 않은 한 개 컬럼을 제거하는 것이 편합니다. drop( ) 함수를 사용해 var_1 컬럼을 제거하겠습니다. 컬럼을 제거하려면 반드시 axis 매개변수에 1을 지정해야 합니다.

```
sample_df.drop('var_1', axis=1)
```

	var_2	var_3	var_4	var_5
a	2	1	4	3
b	3	3	7	1
c	4	6	3	5
d	4	5	6	7
e	5	7	8	3

f	4	8	9	4
g	5	2	0	6
h	8	1	7	8
i	3	5	2	1
j	3	7	6	5

두 개 이상의 컬럼을 제거하려면 여기에서도 리스트 형식으로 컬럼명을 묶어주어야 합니다. var_1과 var_2를 제거하겠습니다.

```
sample_df.drop(['var_1','var_2'], axis=1)
```

	var_3	var_4	var_5
a	1	4	3
b	3	7	1
c	6	3	5
d	5	6	7
e	7	8	3
f	8	9	4
g	2	0	6
h	1	7	8
i	5	2	1
j	7	6	5

여기에서 axis 매개변수에 1을 지정하는 이유는 drop( ) 함수가 기본적으로 행을 제거하도록 설정되어 있기 때문입니다(axis=0). 즉, 아무것도 써주지 않으면 axis=0으로 반영되어 행 단위에서 해당 이름을 찾아 제거하고, axis=1을 쓰면 컬럼 단위에서 해당 이름을 찾아서 제거하게 됩니다. 위의 경우는 컬럼에서 var_1과 var_2를 찾아서 지우는 것이기 때문에 axis=1이 꼭 들어가야 합니다. 그럼 이번에는 a, b, c 행을 제거하는 코드를 작성하겠습니다.

```
sample_df.drop(['a','b','c'])
```

	var_1	var_2	var_3	var_4	var_5
d	1	4	5	6	7
e	4	5	7	8	3
f	5	4	8	9	4
g	7	5	2	0	6
h	8	8	1	7	8
i	2	3	5	2	1
j	9	3	7	6	5

3.1.5 데이터프레임의 인덱스 변경

데이터프레임에 있는 인덱스를 특정 변수로 대체할 수도 있고, 인덱스를 별도의 변수로 빼내올 수 있습니다.

앞에서 다룬 sample_df에서 인덱스를 별도의 변수로 빼내는 방법부터 살펴보겠습니다. reset_index() 함수를 사용하면 됩니다.

```
sample_df.reset_index()
```

	index	var_1	var_2	var_3	var_4	var_5
0	a	2	2	1	4	3
1	b	4	3	3	7	1
2	c	5	4	6	3	5
3	d	1	4	5	6	7
4	e	4	5	7	8	3
5	f	5	4	8	9	4
6	g	7	5	2	0	6
7	h	8	8	1	7	8
8	i	2	3	5	2	1
9	j	9	3	7	6	5

index라는 새로운 변수가 추가되었고, 인덱스에 기본값인 숫자로 대체되었습니다. 만약 기존 인덱스를 제거하되 새로운 컬럼을 추가하고 싶지 않다면, reset_index( )에 drop이라는 매개변수를 사용하면 됩니다.

```
sample_df.reset_index(drop=True)
```

	var_1	var_2	var_3	var_4	var_5
0	2	2	1	4	3
1	4	3	3	7	1
2	5	4	6	3	5
3	1	4	5	6	7
4	4	5	7	8	3
5	5	4	8	9	4
6	7	5	2	0	6
7	8	8	1	7	8
8	2	3	5	2	1
9	9	3	7	6	5

기존 인덱스값인 a, b, c, d, e가 숫자로 바뀌었고 새로운 변수는 추가되지 않았습니다.

이번에는 var_1을 인덱스로 집어넣는 방법을 소개합니다. set_index( ) 함수를 사용하며 괄호 안에 컬럼명을 넣어주면 됩니다.

```
sample_df.set_index('var_1')
```

	var_2	var_3	var_4	var_5
var_1				
2	2	1	4	3
4	3	3	7	1
5	4	6	3	5
1	4	5	6	7

출력하면 var_1이 정말로 이 위치에 나옵니다.

4	5	7	8	3
5	4	8	9	4
7	5	2	0	6
8	8	1	7	8
2	3	5	2	1
9	3	7	6	5

3.1.6 데이터프레임의 변수별 계산

데이터프레임에서는 간단하게 변수별 합, 평균, 표준편차 등을 계산할 수 있습니다. 데이터프레임 이름 뒤에 sum( ) 함수를 추가하면 sample_df의 변수별 합을 구할 수 있습니다.

```
sample_df.sum()

var_1    47
var_2    41
var_3    45
var_4    52
var_5    43
dtype: int64
```

데이터프레임의 변수별 계산에 사용하는 주요 함수는 다음과 같습니다.

▼ 데이터프레임이 제공하는 주요 통계 함수

데이터 개수	count( )
합	sum( )
평균	mean( )
중윗값	median( )
분산	var( )
표준편차	std( )

변수별 합과 평균을 함께 볼 수 있는 방법도 있습니다. aggregate( ) 함수의 괄호 안에 합과 평균을 뜻하는 sum과 mean을 입력하면 됩니다. 단, 하나의 값으로 입력되도록 sum과 mean을 리스트로 묶어주어야 합니다.

```
sample_df.aggregate(['sum','mean'])
```

	var_1	var_2	var_3	var_4	var_5
sum	47.0	41.0	45.0	52.0	43.0
mean	4.7	4.1	4.5	5.2	4.3

3.1.7 그룹별 계산

판다스에서는 특정 변수를 기준으로 그룹을 만들어 계산할 수 있습니다. 우선 예제 데이터 iris.csv를 불러오겠습니다. 이 파일에는 붓꽃[iris]의 종마다 꽃받침과 꽃잎의 크기가 어떻게 다른지를 보여주는 데이터가 들어 있습니다.

```
file_url = 'https://media.githubusercontent.com/media/musthave-ML10/data_source/
main/iris.csv'
iris = pd.read_csv(file_url)
```

head( ) 함수를 사용해 데이터의 전반적인 모습을 살펴봅시다.

```
iris.head()
```

	sepal length (cm)	sepal width (cm)	petal length (cm)	petal width (cm)	class
0.0	6.1	3.0	4.6	1.4	versicolor
1	7.2	3.0	5.8	1.6	virginica
2	7	3	4	1	versicolor
3	6	3	4	1	versicolor
4	5	3	1	0	setosa
5	5	4	8	9	4

가장 우측의 변수 class는 붓꽃(iris)의 종류로 'versicolor', 'virginica', 'setosa'가 있습니다. 나머지 4개의 변수는 꽃받침(sepal)과 꽃잎(petal)의 길이와 너비입니다. 이 데이터에서 붓꽃의 종류별 꽃받침 길이와 너비, 꽃잎 길이와 너비의 평균값을 간단히 계산할 수 있습니다. groupby( ) 함수를 사용해 그룹을 만들 변수를 지정하고, 이어서 평균을 내주는 함수 mean( ) 을 붙여주면 됩니다.

```
iris.groupby('class').mean()
```

class	sepal length(cm)	sepal width(cm)	petal length(cm)	petal width(cm)
setosa	5.006	3.428	1.462	0.246
versicolor	5.936	2.770	4.260	1.326
virginica	6.588	2.974	5.552	2.026

그룹별 합이나 표준편차 등을 구할 수도 있습니다. 또한 groupby( ) 뒤에 agg( ) 함수를 사용하면 여기서도 여러 가지 계산을 한 번에 할 수 있습니다. 붓꽃의 종류별로 전체 데이터 개수 (count)와, 평균(mean)을 동시에 확인하겠습니다.

```
iris.groupby('class').agg(['count','mean'])
```

class	sepal length (cm)		sepal width (cm)		petal length (cm)		petal width (cm)	
	count	mean	count	mean	count	mean	count	mean
setosa	50	5.006	50	3.428	50	1.462	50	0.246
versicolor	50	5.936	50	2.770	50	4.260	50	1.326
virginica	50	6.588	50	2.974	50	5.552	50	2.026

3.1.8 변수 내 고윳값 확인하기

iris 데이터의 class 컬럼값으로 'versicolor', 'virginica', 'setosa' 3가지 종류가 있다고 설명 드렸습니다. 하지만 누군가 이렇게 알려주지 않는다면 해당 컬럼에 어떤 종류가 있는지 어떻게 알 수 있을까요? unique()를 사용하면 데이터를 일일히 확인하지 않고 고유한 값들만 볼 수 있습니다.

```
iris['class'].unique()
```

```
array(['versicolor', 'virginica', 'setosa'], dtype=object)
```

class에 등장하는 종류가 잘 정리되었네요.

nunique( )를 이용하면 간단하게 몇 가지 종류인지 숫자로 확인할 수도 있습니다.

```
iris['class'].nunique()
```

```
3
```

예상한 대로 3가지 종류라는 결과를 출력했네요.

마지막으로 각 종류별로 몇 건의 데이터가 있는지도 value_counts( )를 통해 확인할 수 있습니다.

```
iris['class'].value_counts()
```

```
setosa          50
virginica       50
versicolor      50
Name: class, dtype: int64
```

종류별로 각각 50개의 데이터가 있습니다. 이 함수들은 일종의 범주를 확인하는 역할을 하기 때문에 주로 object 타입, 즉 텍스트 형태로 된 변수에 사용합니다. int와 float 형태 같은 숫자형 데이터에도 사용할 수 있지만, 고윳값 종류가 너무 많다면 의미 있는 정보를 얻기 힘듭니다.

3.1.9 데이터프레임 합치기

이번에는 다양한 방법으로 데이터프레임을 합쳐보겠습니다. 데이터를 결합하는 방법으로 크게 내부 조인(INNER JOIN), 전체 조인(FULL JOIN), 왼쪽 조인(LEFT JOIN), 오른쪽 조인(RIGHT JOIN)이 있습니다.

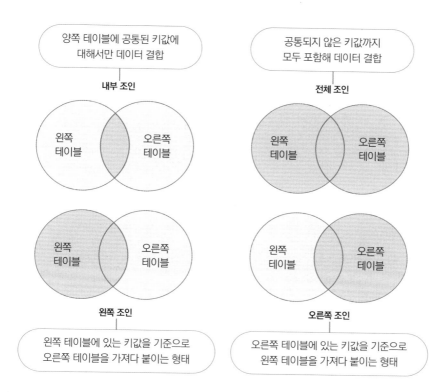

아직 명확히 이해가 안 됐다 해도 괜찮습니다. 이제부터 실습하면 금방 이해할 수 있을 겁니다. 실습에 사용할 left.csv와 right.csv 파일을 불러옵니다.

```
left_url =
'https://media.githubusercontent.com/media/musthave-ML10/data_source/main/left.csv'
right_url =
'https://media.githubusercontent.com/media/musthave-ML10/data_source/main/right.csv'

left = pd.read_csv(left_url)
right = pd.read_csv(right_url)
```

left와 right 테이블을 각각 살펴보겠습니다.

```
left
```

	key	var_1	var_2
0	a	1	1
1	b	3	2
2	c	4	4
3	d	2	3
4	e	1	0

right

	key	var_3	var_4
0	b	4	3
1	c	6	5
2	e	3	8
3	f	2	7
4	g	3	4

여기서 key에 주목하세요. 앞으로 이 key값을 기준으로 데이터를 합쳐줄 겁니다. left는 a, b, c, d, e, right는 b, c, e, f, g라는 key를 가지고 있습니다. 겹치는 key는 b, c, e입니다.

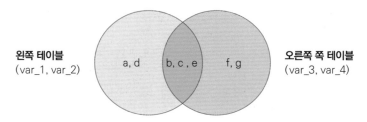

merge() 함수로 결합하기

처음에는 merge() 함수를 사용해 두 데이터를 결합하겠습니다. merge() 함수에는 괄호 안에 합치려는 데이터 이름을 넣어주면 됩니다.

```
left.merge(right)
```

	key	var_1	var_2	var_3	var_4
0	b	3	2	4	3
1	c	4	4	6	5
2	e	1	0	3	8

merge( ) 함수는 기본적으로 내부 조인을 수행합니다. 따라서 두 테이블에 공통된 key인 b, c, e 만 결합되고, 나머지 데이터는 버려졌습니다.

또한 merge( ) 함수는 자동적으로 두 테이블에 공통으로 존재하는 컬럼명을 찾아 키값으로 활용합니다. 만약 특정 변수를 지정해 키값으로 활용하시고 싶으시면 on이라는 매개변수에 컬럼명을 지정해주면 됩니다.

```
left.merge(right, on = {'원하는 변수'})
```

이번에는 전체 조인을 해볼 텐데, 매개변수 how에 결합 방법을 'outer'로 지정해주면 됩니다.

```
left.merge(right, how = 'outer')
```

	key	var_1	var_2	var_3	var_4
0	a	1.0	1.0	NaN	NaN
1	b	3.0	2.0	4.0	3.0
2	c	4.0	4.0	6.0	5.0
3	d	2.0	3.0	NaN	NaN
4	e	1.0	0.0	3.0	8.0
5	f	NaN	NaN	2.0	7.0
6	g	NaN	NaN	3.0	4.0

양쪽 테이블의 모든 키값 a~g에 대해서 데이터가 결합되었으며, 이때 키값에 해당하는 데이터가 없으면 NaN(빈 값)으로 표시됩니다.

왼쪽 조인과 오른쪽 조인도 마찬가지로, 특정 테이블에 결합에 반영된 키값이 없으면 NaN으로 표시됩니다. 왼쪽 조인 예시만 살펴보겠습니다.

```
left.merge(right, how = 'left')
```

	key	var_1	var_2	var_3	var_4
0	a	1	1	NaN	NaN
1	b	3	2	4.0	3.0
2	c	4	4	6.0	5.0
3	d	2	3	NaN	NaN
4	e	1	0	3.0	8.0

키값은 왼쪽 테이블에 있는 키값들로만 되어 있고, 그중 오른쪽 테이블에 없는 키값에 대해서는 var_3, var_4가 NaN으로 처리되었습니다.

join() 함수로 결합하기

join() 함수는 인덱스를 key로 삼아서 테이블을 결합합니다. 그러나 아래와 같이 left와 right에 join()을 사용하면 에러가 발생합니다.

```
left.join(right)
```

```
---------------------------------------------------------------------------
ValueError                                Traceback (most recent call last)
<ipython-input-121-894480a0fafb> in <module>()
----> 1 left.join(right)


                              ———— 4 frames ————
/usr/local/lib/python3.7/dist-packages/pandas/core/reshape/merge.py in _items_
overlap_with_suffix(left, right, suffixes)
   2312
   2313        if not lsuffix and not rsuffix:
-> 2314            raise ValueError(f"columns overlap but no suffix specified:{to_
rename}")
   2315
   2316        def renamer(x, suffix):
```

```
ValueError: columns overlap but no suffix specified: Index(['key'],
dtype='object')
```

에러 메시지를 살펴보면 ['key']라는 이름의 컬럼이 겹쳐서 안 된다고 말하고 있습니다. 즉, join( )에서는 인덱스를 기준으로 합치기 때문에 left와 right에 있는 key 컬럼은 key 역할이 아 닌 그저 변수의 역할로 합쳐지게 되는데, 이 이름이 겹치기 때문에 합칠 수 없다는 에러가 발생한 겁니다. 이 에러를 피하기 위하여 각 데이터에서 key 컬럼을 제외하고 합쳐보겠습니다.

```
left.drop('key', axis=1).join(right.drop('key', axis=1))
```

	var_1	var_2	var_3	var_4
0	1	1	4	3
1	3	2	6	5
2	4	4	3	8
3	2	3	2	7

이번에는 key 컬럼을 기준으로 합쳐보겠습니다. key 컬럼이 진짜 key 역할을 하려면 인덱스로 들 어가줘야 합니다. 아래와 같이 set_index( ) 함수를 사용해서 key 컬럼을 인덱스로 설정하겠습니다.

```
left = left.set_index('key')
right = right.set_index('key')
```

join( ) 함수는 기본적으로 왼쪽 조인을 실행합니다. 사용 방법은 merge( ) 함수와 거의 유사합니다.

```
left.join(right)
```

	var_1	var_2	var_3	var_4
key				
a	1	1	NaN	NaN
b	3	2	4.0	3.0
c	4	4	6.0	5.0
d	2	3	NaN	NaN

		e	1	0	3.0	8.0

인덱스에 key가 들어 있는 점을 제외하면 merge( )를 사용해 왼쪽 조인을 수행했을 때와 같습니다. join( ) 함수에도 on과 how 매개변수가 존재하기 때문에, 원하면 특정 컬럼명을 기준으로 결합할 수도 있고, 왼쪽 조인 외에 다른 형태도 가능합니다. 연습 삼아 내부 조인을 만들겠습니다.

```
left.join(right, how='inner')
```

	var_1	var_2	var_3	var_4
key				
b	3	2	4	3
c	4	4	6	5
e	1	0	3	8

concat() 함수로 결합하기

concat( ) 함수 괄호 안에 리스트 형태로 결합할 데이터들을 넣어주면, 행 기준으로 결합됩니다. merge( )나 join( )과는 다르게 데이터 이름 뒤에 붙여서 쓰지 않고, 판다스(pd) 뒤에 붙여서 사용합니다.

```
pd.concat([left, right])
```

	var_1	var_2	var_3	var_4
key				
a	1.0	1.0	NaN	NaN
b	3.0	2.0	NaN	NaN
c	4.0	4.0	NaN	NaN
d	2.0	3.0	NaN	NaN
e	1.0	0.0	NaN	NaN
b	NaN	NaN	4.0	3.0
c	NaN	NaN	6.0	5.0

e	NaN	NaN	3.0	8.0
f	NaN	NaN	2.0	7.0
g	NaN	NaN	3.0	4.0

왼쪽 테이블이 위에, 오른쪽 테이블이 아래에 있는 모습이 보이나요? 두 테이블이 가지고 있는 컬럼명이 서로 달라서 수많은 NaN이 보입니다. 이렇게 concat()은 기본적으로 마지막 행 아래에 결합시킵니다. axis 매개변수를 1로 두면 열 기준으로도 결합할 수 있습니다.

```
pd.concat([left, right], axis=1)
```

	var_1	var_2	var_3	var_4
key				
a	1	1	NaN	NaN
b	3	2	4	3
c	4	4	6	5
d	2	3	NaN	NaN
e	1	0	3	8
f	NaN	NaN	2	7
g	NaN	NaN	3	4

보시는 것처럼 인덱스를 기준으로 전체 조인이 되었습니다.

merge(), join(), concat()은 이처럼 조금씩 다르면서도, 어떻게 사용하느냐에 따라 같은 결과를 만들어낼 수도 있습니다.

▼ 판다스에서 결합을 수행하는 3가지 함수

함수명	설명	예시
merge()	특정 컬럼을 기준으로 데이터를 합침	left.merge(right, how='left')
join()	인덱스를 기준으로 데이터를 합침	left.join(right)

concat()	기본적으로 행을 기준으로 합치게 되며, axis=1을 사용하여 열 기준으로 합칠 수도 있음. 왼쪽/오른쪽 조인은 지원하지 않고, 내부/외부 조인만 가능	`pd.concat([left, right], axis=1)`

3.2 넘파이

넘파이Numpy도 판다스와 마찬가지로 라이브러리를 임포트해야 합니다. 보통 np라는 이름으로 줄여서 사용합니다.

```
import numpy as np
```

넘파이를 사용하려면 배열을 알아야 합니다.

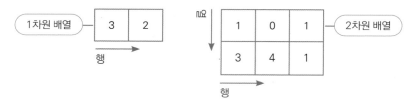

1차원 배열은 리스트나 튜플처럼 한 줄로 이루어진 형태의 배열입니다. 다음과 같은 방식으로 정의할 수 있습니다.

```
np.array([1, 2, 3])
```

```
array([1, 2, 3])
```

2차원 배열은 행과 열이 있는 엑셀 스프레드시트와 같은 형태의 배열이라고 보시면 됩니다. 다음과 같이 각각의 행을 하나로 묶어서 정의해주고, 이들 전체를 리스트로 한번 더 감싸주면 됩니다.

```
np.array([[1, 2, 3],
          [4, 5, 6],
          [7, 8, 9]])
```

```
array([[1, 2, 3],
```

```
      [4, 5, 6],
      [7, 8, 9]])
```

3.2.1 배열 생성

아주 간단한 넘파이 배열부터 만들겠습니다. np.array( ) 함수에 리스트를 넣어주면, 해당 리스트를 넘파이 배열로 변환할 수 있습니다.

```
np.array([1, 2, 3, 4, 5])
```

```
array([1, 2, 3, 4, 5])
```

판다스 형태 같은 2차원 데이터도 넘파이 배열로 가능합니다. 판다스 설명에서 썼던 sample_df를 넘파이 배열로 변환해봅시다.

```
np.array(sample_df)
```

```
array([[2, 2, 1, 4, 3],
       [4, 3, 3, 7, 1],
       [5, 4, 6, 3, 5],
       [1, 4, 5, 6, 7],
       [4, 5, 7, 8, 3],
       [5, 4, 8, 9, 4],
       [7, 5, 2, 0, 6],
       [8, 8, 1, 7, 8],
       [2, 3, 5, 2, 1],
       [9, 3, 7, 6, 5]])
```

판다스와 달리 인덱스명이나 컬럼명이 없습니다. 이처럼 판다스 데이터를 넘파이 배열로 변환할 수 있고, 반대로 넘파이 배열을 판다스 형식으로 변환할 수도 있습니다. 넘파이 배열에서는 인덱스나 컬럼명이 없기 때문에, 판다스 형식으로 변환하면 임의의 컬럼명으로 만들어집니다.

그럼 위의 넘파이 배열을 sample_np로 저장한 뒤, 데이터프레임으로 변경하겠습니다.

```
sample_np = np.array(sample_df)
pd.DataFrame(sample_np)
```

	0	1	2	3	4
0	2	2	1	4	3
1	4	3	3	7	1
2	5	4	6	3	5
3	1	4	5	6	7
4	4	5	7	8	3
5	5	4	8	9	4
6	7	5	2	0	6
7	8	8	1	7	8
8	2	3	5	2	1
9	9	3	7	6	5

컬럼명이 0, 1, 2, 3, 4로 되었습니다. 그럼 컬럼명을 추가해볼까요? 일단 기존의 sample_df 뒤에 columns를 붙이면 컬럼명을 받아올 수 있습니다.

```
sample_df.columns
```

```
Index(['var_1', 'var_2', 'var_3', 'var_4', 'var_5'], dtype='object')
```

이 값을 DataFrame의 columns 매개변수에 넣어줍니다.

```
pd.DataFrame(sample_np, columns = sample_df.columns)
```

	var_1	var_2	var_3	var_4	var_5
0	2	2	1	4	3
1	4	3	3	7	1
2	5	4	6	3	5
3	1	4	5	6	7
4	4	5	7	8	3
5	5	4	8	9	4

6	7	5	2	0	6
7	8	8	1	7	8
8	2	3	5	2	1
9	9	3	7	6	5

이제 기존 데이터프레임과 같은 형태로 돌아왔습니다. 이렇게 데이터프레임과 넘파이 배열은 상호 변환이 가능합니다. 함수 혹은 목적에 따라 다른 형태의 데이터가 필요하니 숙지해두는 것이 좋습니다.

3.2.2 배열 탐색(인덱싱)

넘파이 배열에서도 [ ]를 사용해 인덱싱할 수 있습니다. 바로 앞에서 사용한 sample_np를 가지고 인덱싱 연습을 해봅시다. 우선 sample_np가 어떻게 생겼는지 한 번 더 확인하겠습니다.

```
sample_np
```

```
array([[2, 2, 1, 4, 3],
       [4, 3, 3, 7, 1],
       [5, 4, 6, 3, 5],
       [1, 4, 5, 6, 7],
       [4, 5, 7, 8, 3],
       [5, 4, 8, 9, 4],
       [7, 5, 2, 0, 6],
       [8, 8, 1, 7, 8],
       [2, 3, 5, 2, 1],
       [9, 3, 7, 6, 5]])
```

여기서 가장 첫 번째 행인 [2, 2, 1, 4, 3]을 인덱싱하겠습니다. [ ] 안에 행 숫자를 넣으면 간단하게 해당 행만 출력할 수 있습니다.

```
sample_np[0]
```

```
array([2, 2, 1, 4, 3])
```

이번에는 위의 결과에서 세 번째 숫자에 해당하는 1을 인덱싱하겠습니다. 즉 첫 번째 행의 세 번째 숫자를 인덱싱하는 것으로, 행과 열을 동시에 인덱싱하는 방법입니다. 동일하게 [ ]를 사용하되, **[행번호, 열번호]** 순으로 기입해줍니다(파이썬에서는 1이 아닌 0부터 시작하는 점 유의하세요).

```
sample_np[0, 2]
```

```
1
```

왜 1인지는 다음 그림을 살펴보면 금방 알 수 있습니다.

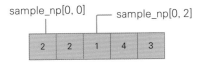

하나의 행, 하나의 열이 아닌 다수의 행과 열도 인덱싱할 수 있습니다. [ ]에 :를 사용해 시작번호와 끝번호를 입력해주시되, 끝번호는 인덱싱에 포함이 안 되는 점에 주의해야 합니다.

즉 행 번호를 0:3으로 인덱싱하면 3은 포함이 안 되고 0, 1, 2 행이 인덱싱됩니다. 그럼 0~2행과 2~3 열을 인덱싱하겠습니다.

```
sample_np[0:3, 2:4]
```

```
array([[1, 4],
       [3, 7],
       [6, 3]])
```

특정 열만 인덱싱하려면 어떻게 할까요? 위의 방법에서 : 앞뒤를 빈값으로 넣어주면 모든 행/열이 출력됩니다. 이 방법으로 모든 행에 대한 3번째 열을 인덱싱하겠습니다.

```
sample_np[:, 2]
```

```
array([1, 3, 6, 5, 7, 8, 2, 1, 5, 7])
```

3.2.3 배열의 연산

넘파이 배열에서의 기본적인 사칙연산은 아주 간단합니다. 우선 실습을 위해 다음과 같이 np_a 라는 이름의 2×2 행렬의 배열을 만들고, 출력까지 하겠습니다.

```
np_a = np.array([[1, 3], [0, -2]])
np_a
```

```
array([[ 1,  3],
       [ 0, -2]])
```

그리고 여기에 일괄적으로 10을 더하겠습니다.

```
np_a + 10
```

```
array([[11, 13],
       [10,  8]])
```

각 원소에 10이 더해진 모습입니다. 나머지 사칙연산도 마찬가지입니다. 이 부분은 매우 직관적이니 임의의 숫자를 넣어 테스트해보고 빠르게 넘어가겠습니다.

```
np_a - 5
```

```
array([[-4, -2],
       [-5, -7]])
```

```
np_a * 2
```

```
array([[ 2,  6],
       [ 0, -4]])
```

```
np_a+10 / 3
```

```
array([[4.33333333, 6.33333333],
       [3.33333333, 1.33333333]])
```

이번에는 넘파이 배열끼리를 계산을 해보겠습니다. 우선 실습에 사용할 2×2 넘파이 배열을 하나 더 만들어봅시다.

```
np_b = np.array([[1, 0], [0, 1]])
np_b
```

```
array([[1, 0],
       [0, 1]])
```

그럼 이제 np_a와 np_b에 대한 덧셈과 뺄셈을 하겠습니다.

```
np_a + np_b
```

```
array([[ 2,  3],
       [ 0, -1]])
```

```
np_a - np_b
```

```
array([[ 0,  3],
       [ 0, -3]])
```

덧셈과 뺄셈에 대해서는 직관적으로 이해가 가능합니다. 각 넘파이 배열에서 같은 자리에 있는 원소들끼리 덧셈/뺄셈이 이루어졌습니다. 그렇다면 곱셈은 어떨까요?

```
np_a * np_b
```

```
array([[ 1,  0],
       [ 0, -2]])
```

이번에도 마찬가지로 같은 위치에 있는 원소끼리 계산되었습니다. 그런데 우리가 고등학교 수학 과정에서 배운 행렬의 곱셈은 이와는 조금 다릅니다. 행렬의 곱셈은 다음과 같은 방식으로 계산되어야 합니다.

```
[[a, b],        [[e, f],        [[a*e + b*g,  a*f + b*h],
 [c, d]]    *    [g, h]]    =     [c*e + d*g,  c*f + d*h]]
```

파이썬에서 이렇게 계산하려면 * 가 아닌 @을 사용해 곱해야 합니다.

```
np_a @ np_b
```

```
array([[ 1,  3],
       [ 0, -2]])
```

3.2.4 임의의 숫자를 뽑는 random.XXX( ) 함수

이번에는 넘파이에서 랜덤 셀렉션과 관련된 함수들을 소개하겠습니다. 우선 지정된 범위 안에서 임의의 숫자를 뽑는 데 random.randint( )를 사용할 수 있습니다. random.randint( ) 안에 숫자 하나(시드값이라고 합니다)를 지정해주면 0부터 지정된 숫자 직전까지의 숫자 중 임의로 한 개를 불러옵니다. 랜덤하게 진행되기 때문에 실행할 때마다 매번 다른 숫자를 얻게 됩니다. 0~10 사이에서 임의의 숫자를 불러와보겠습니다.

```
np.random.randint(11)
```

```
9
```

임의로 9가 선택되었습니다. 콤마를 사용해 숫자 2개를 지정해주면 시작과 끝지점을 지정할 수 있습니다. 역시 끝지점의 숫자는 포함이 안 되고 그 직전까지 반영됩니다. 그럼 50~70 사이의 숫자 중 하나를 랜덤으로 불러보겠습니다.

```
np.random.randint(50, 71)
```

```
58
```

여기에 콤마를 하나 더해 여러 개의 숫자를 선택할 수 있습니다. 50~70 사이의 숫자 중 5개를 랜덤하게 선택하겠습니다.

```
np.random.randint(50, 71, 5)
```

```
array([68, 64, 59, 53, 62])
```

이번에는 주어진 목록 중 랜덤으로 선택하는 방법입니다. random.choice( ) 함수를 쓰면 되며, 선택될 대상의 리스트와 크기를 매개변수로 입력합니다. 예를 들어 ['red', 'green', 'white', 'black', 'blue']에서 임의의 3개를 뽑아보겠습니다.

```
np.random.choice(['red', 'green','white','black','blue'], size=3)
```

```
array(['black', 'black', 'blue'], dtype='<U5')
```

black, black, blue가 뽑혔습니다. 이 함수는 복원 추출이기 때문에 같은 값들이 여러 번 등장할 수 있습니다. 만약 같은 값이 중복 추출되는 것을 원하지 않는다면 replace 매개변수를 이용하셔서 비복원 추출을 하면 됩니다.

```
np.random.choice(['red', 'green','white','black','blue'], size=3, replace=False)
```

```
array(['black', 'white', 'red'], dtype='<U5')
```

3.2.5 그외 유용한 함수

넘파이에서 제공하는 두 가지 유용한 함수를 살펴보겠습니다.

일련의 숫자를 만드는 arange() 함수

첫 번째로 arange( )를 사용하면 쉽게 일련의 숫자를 만들 수 있습니다. 예를 들어 1부터 10까지의 숫자를 arange( )로 만들겠습니다. 괄호 안에 시작점과 끝점을 콤마로 구분해 써주면 되고, 인덱싱에서 배운 [시작 : 끝]과 같이, 끝 지점은 포함이 안 되고 그 직전까지 불러옵니다. 즉, 10까지 숫자를 불러오려면 11을 입력해주세요.

```
np.arange(1, 11)
```

```
array([ 1,  2,  3,  4,  5,  6,  7,  8,  9, 10])
```

그리고 1부터 10까지 숫자 중 1, 3, 5, 7, 9와 같이 2칸씩 건너뛴 값을 얻고 싶으면, 콤마를 하나 추가해 얼만큼 건너뛸지 숫자를 입력하면 됩니다.

```
np.arange(1, 11, 2)
```

```
array([1, 3, 5, 7, 9])
```

시작점과 끝점을 균등한 간격으로 나누는 linspace() 함수

linspace( ) 함수는 시작점과 끝점을 균등한 간격으로 나눈 지점들을 보여줍니다. arange( )와 달리 끝점에 입력되는 숫자가 포함되니 주의해주세요. 그럼 1부터 10까지의 숫자에서 같은 간격으로 나눈 4개의 지점을 찾아봅시다.

```
np.linspace(1, 10, 4)
```

```
array([ 1.,  4.,  7., 10.])
```

학습 마무리

판다스와 넘파이는 데이터 분석에 가장 많이 쓰이는 라이브러리입니다. 판다스는 사람에 친화적인, 넘파이는 컴퓨터 계산에 더 친화적인 자료구조를 제공합니다. 앞으로 머신러닝 알고리즘을 다루면서 각 라이브러리에서 제공하는 다양한 함수를 사용해보겠습니다.

핵심 요약

- **판다스**는 데이터프레임과 시리즈를 자료구조로 제공합니다. 데이터프레임과 시리즈에는 인덱스와 컬럼명(변수명)이 있습니다. 데이터프레임은 여러 시리즈를 합친 형태입니다.
- **넘파이**는 배열을 자료구조로 제공합니다. 배열을 이용하면 빠른 수치 계산이 가능합니다. 배열에는 인덱스와 컬럼명이 없습니다.

지도 학습과 관련된 8가지 알고리즘을 알아봅니다. 지도 학습은 학습 데이터에 답(종속변수)이 포함되어 있습니다. 그 답을 잘 예측할 수 있도록 모델을 훈련시키는 방법을 문제해결 관점에서 알아보겠습니다. 가장 기초 알고리즘인 선형 회귀부터 캐글 컴피티션 및 실무에서도 유용한 최신 기법인 XGBoost와 LightGBM까지 폭넓게 다룹니다.

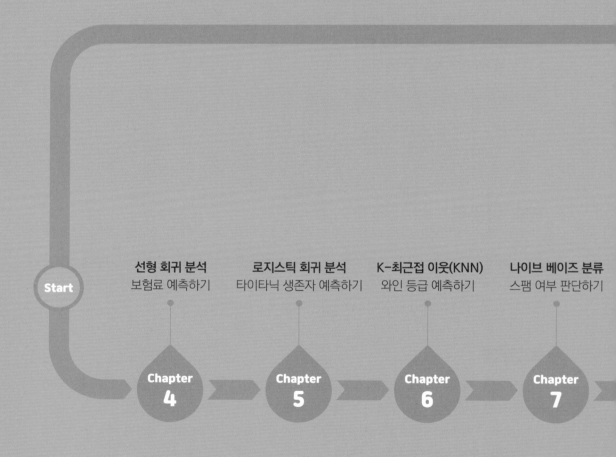

선형 회귀 분석
보험료 예측하기

로지스틱 회귀 분석
타이타닉 생존자 예측하기

K-최근접 이웃(KNN)
와인 등급 예측하기

나이브 베이즈 분류
스팸 여부 판단하기

Start

Chapter
4

Chapter
5

Chapter
6

Chapter
7

답을 알려줘야 학습하는
지도 학습 알고리즘

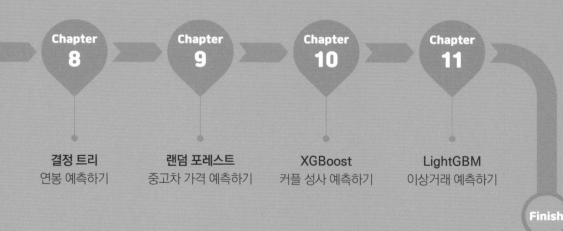

선형 회귀
보험료 예측하기

☐ **학습 목표**

선형 회귀 모델로 보험 데이터셋을 학습해 보험료를 예측하고, 선형 회귀의 작동 원리를 이해합니다.

☐ **학습 순서**

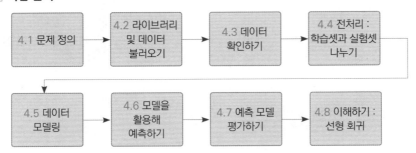

☐ **선형 회귀 소개**

선형 회귀Linear Regression는 가장 기초적인 머신러닝 모델입니다. 여러 가지 데이터를 활용하여 연속형 변수인 목표 변수를 예측해 내는 것이 목적입니다. 예를 들어 몸무게, 나이, BMI, 성별 등을 데이터로 활용하여 키와 같은 연속형 변수를 예측하는 겁니다. 연속형 변수는 165.5cm, 172.3cm, 182.9cm와 같이 연속적으로 이어질 수 있는 변수를 의미합니다. 반면 남성/여성으로 구분되는 성별은 연속형 변수가 아닙니다. 선형 회귀 모델에서는 예측할 종속변수만 연속형 변수면 족합니다. 예측하는 데 사용되는 그외 변수들은 연속형일 필요는 없습니다.

▼ TOP 10 선정 이유

머신러닝 기초 알고리즘입니다. 복잡한 알고리즘에 비해서는 예측력이 떨어지지만 데이터의 특성이 복잡하지 않을 때는 쉽고 빠른 예측이 가능하기 때문에 많이 사용됩니다. 다른 모델과의 성능을 비교하는 베이스라인으로 사용하기도 합니다.

▼ 예시 그래프

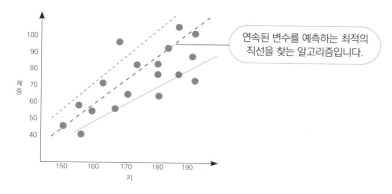

연속된 변수를 예측하는 최적의
직선을 찾는 알고리즘입니다.

▼ 장단점

장점	단점
• 모델이 간단하기 때문에 구현과 해석이 쉽습니다. • 같은 이유로 모델링하는 데 오랜 시간이 걸리지 않습니다.	• 최신 알고리즘에 비해 예측력이 떨어집니다. • 독립변수와 예측변수의 선형 관계를 전제로 하기 때문에, 이러한 전제에서 벗어나는 데이터에서는 좋은 예측을 보여주기 어렵습니다(선형 관계를 전제로 한다는 부분은 이 장의 마지막까지 보면 이해할 수 있습니다).

▼ 유용한 곳

• 연속된 변수를 예측하는 데 사용됩니다. 예를 들어 BMI(체질량지수), 매출액, 전력 사용량과 같은 변수를 떠올리시면 됩니다.

4.1 문제 정의 : 한눈에 보는 예측 목표

문제 정의

사람마다 각각 다르게 책정되는 보험료, 과연 어떻게 계산되는 걸까요? 간단하게는 아플 가능성이 더 높아 보이는 사람에게 더 높은 보험료가 책정된다고 생각할 수 있지만, 실제로 이를 계산은 상당히 복잡합니다. 이번에 다룰 데이터셋에는 연령, 성별, BMI, 등의 정보가 담겨 있습니다. 이 데이터를 활용하여 보험료를 예측해보겠습니다.

미션	보험 데이터셋을 이용하여 보험사에서 청구할 보험료를 예측하라.		
난이도	★☆☆		
알고리즘	선형 회귀(Linear Regression)		
데이터셋 파일명	insurance.csv	종속변수	charges(청구비용)
데이터셋 소개	보험과 관련된 데이터입니다. 보험사에서 청구하는 병원 비용이 종속변수이며, 나이, 성별, BMI, 자녀 수, 흡연 여부를 독립변수로 사용합니다.		
문제 유형	회귀	평가지표	RMSE(평균 제곱근 편차)
사용한 모델	LinearRegression		
사용 라이브러리	• numpy (numpy==1.19.5) • pandas (pandas==1.3.5) • seaborn (seaborn==0.11.2) • matplotlib (matplotlib==3.2.2) • sklearn (scikit-learn==1.0.2)		
예제 코드	• 위치 : colab.research.google.com/github/musthave-ML10/notebooks/blob/main/ • 파일 : 04_Linear Regression.ipynb		

4.2 라이브러리 및 데이터 불러오기

파이썬에서 데이터를 다룰 때 기본으로 사용되는 라이브러리인 판다스pandas를 불러오겠습니다. 라이브러리를 불러오는 걸 프로그래밍 용어로 '임포트(한다)'라고 합니다.

```
import pandas as pd # 판다스 라이브러리 임포트
```

판다스를 불러왔으니 데이터를 불러오는 코드를 작성하겠습니다. 이번에 사용할 데이터는 insurance.csv 파일입니다. URL을 사용하여 불러오겠습니다. pd.read_csv( )를 사용하면 판다스 데이터프레임 형태로 데이터를 불러오게 됩니다.

```
file_url = 'https://media.githubusercontent.com/media/musthave-ML10/data_source/
main/insurance.csv'
data  = pd.read_csv(file_url) # 데이터셋 읽기
```

4.3 데이터 확인하기

데이터를 불러왔으니, 불러온 데이터가 어떻게 생겼는지부터 다양한 방법으로 확인하겠습니다. 가장 직관적이고 단순한 방법은 저장한 데이터(data)를 그대로 입력해 출력하는 방식입니다.

```
data # 전체 데이터 출력
```

그럼 다음과 같은 결과물을 볼 수 있습니다.

❷ 변수 6개

	연령	성별	체질량지수	자녀수	흡연여부	청구 비용
	age	sex	bmi	children	smoker	charges
0	19	0	27.900	0	1	16,884.92400
1	18	1	33.770	1	0	1,725.55230
2	28	1	33.000	3	0	4,449.46200
3	33	1	22.705	0	0	21,984.47061
4	32	1	28.880	0	0	3,866.85520
...	...	...	...	...	...	...
1,333	50	1	30.970	3	0	10,600.54830
1,334	18	0	31.920	0	0	2,205.98080
1,335	18	0	36.850	0	0	1,629.83350
1,336	21	0	25.800	0	0	2,007.94500
1337	61	0	29.070	0	1	29,141.36030

❸ 인덱스 1338개

❶ 1338 rows × 6 columns

엑셀에서 보는 테이블과 비슷합니다. 테이블 하단 ❶ 1338 rows × 6 columns에서 볼 수 있듯이 data에는 총 1338줄, 즉 1338명에 대한 데이터가 있습니다. 각 데이터에는 ❷ 6개의 변수가 있습니다. ❸ 0부터 1337까지 있는 왼쪽 숫자를 인덱스라고 부르며, 기본값은 줄 번호입니다. 파이썬에서는 대부분 0부터 시작하는 것이 특징입니다. 1338줄 모두를 출력하지 않고 중략되었습니다.

이번에는 판다스에서 제공하는 여러 함수를 사용하여 데이터를 확인하겠습니다. 우선 head( ) 함수로 상위 5줄을 확인해보겠습니다.

```
data.head( ) # 상위 5줄 출력
```

	age	sex	bmi	children	smoker	charges
0	19	0	27.900	0	1	16,884.92400
1	18	1	33.770	1	0	1,725.55230
2	28	1	33.000	3	0	4,449.46200
3	33	1	22.705	0	0	21,984.47061
4	32	1	28.880	0	0	3,866.85520

data를 출력했을 때와 같은 형태이지만 5줄만 출력해 더 간결하게 볼 수 있다는 장점이 있습니다. sex와 smoker는 사실 숫자로 표현되는 연속형 변수가 아닌, 범주형 변수입니다. sex는 남성/여성으로 표시되어야 하고, smoker는 흡연자/비흡연자로 표시되어야 하는데, 컴퓨터로 학습하려면 (문자가 아니라) 숫자여야 해서 위와 같이 표기한 겁니다. sex에서는 1이 남자, 0이 여자를 뜻합니다. smoker에서는 1이 흡연자, 0이 비흡연자입니다.

> ### 연속형 변수와 범주형 변수
>
> 연속형 변수는 나이, 키와 같이 연속적으로 이어지는 변수입니다. 반면 범주형 변수는 이어지는 숫자가 아닌 각 범주로 구성된 변수입니다. 예를 들어 계절이나 성별은 범주형 변수에 속합니다. 연속형 변수에서는 데이터 간의 크고 작음을 비교하거나 사칙연산 등을 할수 있습니다. 예를 들어 키 180은 170보다 크다고 할 수 있고, 둘 사이의 평균도 구할 수 있습니다. 반면 범주형 데이터에서는 (예를 들어 겨울이 여름보다) 크거나 작다고 할 수 없으며, 평균이라는 개념 또한 존재할 수 없습니다.
>
>

이번에는 info( ) 함수로 데이터가 가지고 있는 변수를 확인해봅시다.

```
data.info() # 컬럼 정보 출력
```

```
        ❶ 변수 이름        ❷ 결측치        ❸ 자료형
<class 'pandas.core.frame.DataFrame'>
RangeIndex: 1338 entries, 0 to 1337
Data columns (total 6 columns):
 #   Column    Non-Null Count   Dtype
---  ------    --------------   -----
 0   age       1338 non-null    int64
 1   sex       1338 non-null    int64
 2   bmi       1338 non-null    float64
 3   children  1338 non-null    int64
 4   smoker    1338 non-null    int64
 5   charges   1338 non-null    float64
dtypes: float64(2), int64(4)
memory usage: 62.8 KB
```

❶ Column에서는 data가 가진 변수 이름을 보여줍니다. 이미 앞에서 확인한 내용이라 특이사항은 없습니다.

❷ Non-Null Count에서는 결측치를 보여줍니다. Non-Null Count에서 Null은 결측치, 즉 비어 있는 값을 말합니다. non-null은 빈 값이 없다는 뜻입니다. 모든 변수가 1338입니다. 따라서 모든 변수에 빈 값이 없다는 사실을 확인할 수 있습니다.

> **Null**
> 값이 비어 있는 것을 뜻합니다. 널값, Null value, 결측치 등으로도 부르며, N/A, NA, NaN 등 다양한 방식으로 표현됩니다. Null값은 비어 있어서 알 수 없는 값이지, 0이 아니니 주의하시기 바랍니다.

마지막 ❸ Dtype은 자료형입니다. 모든 변수가 숫자형 데이터이기 때문에 float과 int로만 구성되어 있습니다. 여기에서는 딱히 자료형에 대해서 고려해야 할 사항은 없으니 확인만 하고 넘어가도록 합시다.

마지막으로 describe( )를 사용해 통계 정보를 살펴보겠습니다.

```
data.describe() # 통계 정보 출력
```

	age	sex	bmi	children	smoker	charges
count	1338.000000	1338.000000	1338.000000	1338.000000	1338.000000	1338.000000
mean	39.207025	0.505232	30.663397	1.094918	0.204783	13270.422265
std	14.049960	0.500160	6.098187	1.205493	0.403694	12110.011237
min	18.000000	0.000000	15.960000	0.000000	0.000000	1121.873900
25%	27.000000	0.000000	26.296250	0.000000	0.000000	4740.287150
50%	39.000000	1.000000	30.400000	1.000000	0.000000	9382.033000
75%	51.000000	1.000000	34.693750	2.000000	0.000000	16639.912515
max	64.000000	1.000000	53.130000	5.000000	1.000000	63770.428010

불필요하게 긴 소수점 아래 숫자가 눈에 들어옵니다. 읽기에 편하지 않으니 파이썬에서 기본적으로 제공되는 round( ) 함수를 이용해 반올림해서 읽기 쉬운 형태로 다시 불러오겠습니다. 우리가 반올림할 데이터 테이블은 data.describe( )이니, 다음과 같은 코드로 소수점 2자릿수까지 반올림하겠습니다.

```
round(data.describe(), 2) # 소수점 2째자리까지만 표시해 통계 정보 출력
```

다음으로 describe( ) 함수의 결과물을 살펴보겠습니다.

		age	sex	bmi	children	smoker	charges
❶ 개수	count	1,338.00	1,338.00	1,338.00	1,338.00	1,338.00	1,338.00
❷ 평균	mean	39.21	0.51	30.66	1.09	0.20	13,270.42
❸ 표준편차	std	14.05	0.50	6.10	1.21	0.40	12,110.01
❹ 최솟값	min	18.00	0.00	15.96	0.00	0.00	1,121.87
❺ 사분위수	25%	27.00	0.00	26.30	0.00	0.00	4,740.29
	50%	39.0	1	30.4	1.0	0	9382.033
	75%	51.0	1	34.69375	2.0	0	16639.91252
❻ 최댓값	max	64.0	1	53.13	5.0	1	63770.42801

각 변수에 대해 count부터 max까지 다양한 정보를 일목요연하게 확인할 수 있습니다. 우선 ❶ 개수(count)는 모든 변수가 1338로 같은데, 여기에서도 데이터에 결측치가 없음을 확인할 수 있습니다. 그 밑으로는 각각 ❷ 평균(mean), ❸ 표준편차(std), ❹ 최솟값(min), ❺ 사분위수 25%, 50%, 75% 그리고 ❺ 최댓값(max)을 보여줍니다.

> **사분위수(Quantile)**
> 데이터를 오름차순으로 정리했을 때 25%, 50%, 75% 위치에서 확인한 값입니다. 예를 들어 100개의 값들이 있다고 하면 가장 낮은 숫자부터 하나씩 세어 25번째 데이터, 50번째 데이터, 75번째 데이터가 각각 사분위수 25%, 50%, 75%에 해당합니다. Q1, Q2, Q3라고도 표현합니다.

4.4 전처리 : 학습셋과 시험셋 나누기

일반적으로 데이터를 손보는 데에 상당한 시간을 들여야 하지만 첫 장이니만큼 이미 정리된 데이터를 사용하겠습니다(그래서 데이터를 정제하는 작업인 데이터 클리닝 및 피처 엔지니어링을 생략합니다). 모델링에 들어가기 앞서 데이터를 나누는 작업을 할 것인데, 우선 왜 굳이 데이터를 나누어야 하는지를 알아보겠습니다.

> **데이터 클리닝 및 피처 엔지니어링**
> 데이터 클리닝은 지저분한 데이터를 정리하는 과정입니다. 이는 결측치를 처리하는 과정부터, 오탈자 수정, 불필요한 문자 제거 등을 포괄합니다. 피처 엔지니어링은 가지고 있는 독립변수들을 활용해서 더욱 풍성하고 유용한 독립변수들을 만들어내는 작업입니다.

데이터를 나누는 작업은 크게 2가지 차원으로 진행됩니다. 첫째는 종속변수와 독립변수 분리입니다. 둘째는 학습용 데이터셋인 학습셋^{Train set}과 평가용 시험셋^{Test set}을 나누는 겁니다. 이렇게 2×2 조합으로 총 4개 데이터셋으로 나눕니다.

	독립변수	종속변수
학습셋	X_train	y_train
시험셋	X_test	y_test

4.4.1 변수와 데이터셋을 나누는 이유

기본적으로 지도 학습에 속하는 머신러닝 모델은 독립변수를 통하여 종속변수를 예측하는 것이므로, 모델링할

 독립변수와 종속변수로 구분해서 줘야 내가 학습할 수 있어!

때 어떤 변수가 종속변수인지 명확히 알려주어야 합니다. 이런 이유로 많은 머신러닝 알고리즘이 독립변수와 종속변수를 각각 별도의 데이터로 입력받습니다.

그렇다면 학습셋과 시험셋을 나누는 이유는 무얼까요? 예를 들어 학습셋과 시험셋을 구분하지 않고 예측 모델을 만든다고 가정해보겠습니다. 전체 데이터를 가지고 모델링(학습)을 하고, 또 다시 전체 데이터에 대해서 예측값을 만들어서 종속변수와 비교해 예측이 잘 되었는지 평가한다고 합시다. 그 평가 결과가 어느 정도 괜찮았다고 해서 새로운 데이터에 대해서도 좋은 예측력을 보일까요? 보험 청구비를 예측하는 모델을 만들고 새로운 고객 정보(독립변수들)를 받아서 예측을 했을 때, 실제 발생하는 보험 청구비를 제대로 잘 예측할 수 있을지는 장담할 수 없습니다.

왜 장담할 수 없냐하면 학습에 사용한 데이터와 평가용으로 사용한 데이터가 동일하다는 것은 모델을 만들고 나서 새로운 데이터에도 맞는지 검증하지 않은 거나 다름 없기 때문입니다.

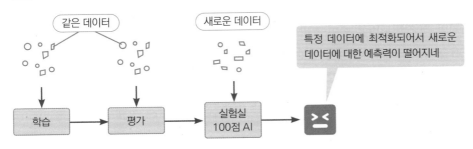

이러한 (검증하지 않은 상태라는) 불확실성을 줄일 목적으로 준비하는 것이 시험셋입니다. 예를 들어 1338개 데이터 중 1000개는 학습셋으로 나누어서 모델을 학습시키는 데 사용하고, 나머지 338개 데이터는 모델 학습이 완료된 이후에 평가용으로 사용할 수 있습니다. 이렇게 하면 학습된 모델에 있어 시험셋의 338개 데이터는 처음 만나게 되는 데이터인 겁니다. 시험셋으로 예측/평가를 했을 때도 예측력이 좋게 나타난다면, 향후 예측하게 될 새로운 데이터에 대해서도 잘 작동할 거라는 기대를 가질 수 있습니다.

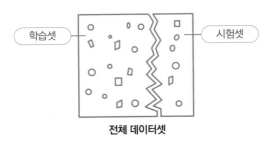

전체 데이터셋

이와 같은 이유로 학습셋과 시험셋을 나눕니다. 일반적으로 **학습셋:시험셋**을 각각 7:3 혹은 8:2 정도 비율로 나눕니다. 비율은 데이터 크기에 따라 달라지기 마련인데, 전체 데이터 크기가 작을수록 시험셋 비율을 낮게 잡습니다. 두 데이터셋 중에 더 중요한 쪽을 따지자면 학습셋입니다. 실제 모델을 만드는 데 사용되는 데이터이기 때문에 충분한 양이 보장되지 않으면 모델 학습이 제대로 진행되지 않을 수 있습니다.

따라서 전체 데이터 크기가 작다면, 학습셋의 비율을 높여서 최대한 학습셋을 많이 확보해야 합니다. 때에 따라서는 9:1의 비율도 가능하며, 반대로 데이터가 아주 방대할 때는 6:4나 5:5로 나눌 수도 있습니다. 비율은 경험적으로 판단하는 영역이기 때문에 정답을 말씀드릴 순 없습니다. 앞으로 이 책으로 공부하다 보면 적당한 비율에 대한 감을 잡을 수 있게 될 겁니다. 정답이 없기 때문에, 실제 분석을 하면서 비율을 수정해가며 다양한 시도를 해야 합니다.

4.4.2 데이터셋 나누기

이제 데이터셋을 나누어보겠습니다. 우선 종속변수와 독립변수를 나눈 후에 학습셋과 시험셋으로 나누겠습니다.

우선 독립변수를 X, 종속변수를 y로 나누겠습니다.

```python
X = data[['age', 'sex', 'bmi', 'children', 'smoker']] # 독립변수
y = data['charges'] # 종속변수
```

통상적으로 이런 상황에서 X는 대문자, y는 소문자로 쓰는데, X는 변수가 여러 개 있는 데이터프레임DataFrame이기 때문에 대문자로, y는 변수가 하나인 시리즈Series이기 때문에 소문자로 씁니다. 관용적인 표현일 뿐, 다르게 쓴다고 해도 코드에서 문제는 없습니다.

그럼 이제 학습셋과 시험셋을 나누어줄 텐데 사이킷런sklearn에서는 관련 모듈(train_test_split)을 제공하므로 모듈을 불러옵시다.

```python
from sklearn.model_selection import train_test_split # 사이킷런 임포트
```

데이터셋을 분할합시다.

```python
X_train, X_test, y_train, y_test = train_test_split(X, y, test_size = 0.2,
```

```
random_state=100)  # 데이터셋 분할
```

독립변수/종속변수, 그리고 학습셋/시험셋 조합으로 총 4개 데이터셋(X_train, X_test, y_train, y_test)이 나왔습니다.

= 왼쪽(좌항)에 보통은 변수가 하나이기 마련인데 여기에서는 4개나 들어 있습니다. 이런 형태 코드가 조금 낯설 수 있습니다. 이 부분은 나중에 함수를 만드는 연습을 할 때 더 구체적으로 설명하겠지만, 여기서 간단히 말씀드리자면, train_test_split( )이라는 함수가 데이터셋 4개를 결과물로 내보내므로, 이를 받아줄 변수 4개가 필요합니다.

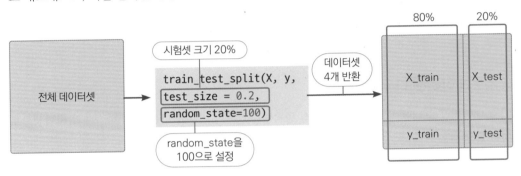

= 오른쪽 코드(우항)를 살펴보겠습니다. 괄호 안에 독립변수(X)와 종속변수(y)를 순서대로 입력해야 합니다. 다음은 test_size인데, 시험셋의 비율을 의미합니다. 여기에서는 0.2를 넣었으므로 20%, 즉 8:2로 데이터를 나누겠다는 의미입니다. 마지막으로 random_state는 랜덤 샘플링과 관련이 있는데, 우선 랜덤 샘플링을 알아봅시다.

기본적으로 train_test_split( ) 함수는 랜덤 샘플링을 지원합니다. 랜덤 샘플링은 데이터를 특정 비율로 나눌 때 마구잡이로 뒤섞어서 나누는 겁니다. 만약 랜덤 샘플링을 사용하지 않으면 데이터를 있는 순서 그대로 분할합니다. 예를 들어 1338개 데이터의 앞에서부터 80%가 학습셋이 되고, 뒷부분인 나머지 20%가 시험셋이 됩니다. 이 데이터에서는 크게 문제가 없을 수 있습니다만, 종종 데이터가 특정 순서로 정렬된 경우도 있습니다. 예를 들어 데이터 앞쪽에는 여자, 뒷쪽에는 남자를 두는 식으로 정리를 해둘 수 있죠. 이런 식으로 특정 기준에 따라 정렬된 데이터를 순서대로 분류해버리면 학습셋과 시험셋의 특징이 확연히 다를 수밖에 없습니다. 샘플링된 데이터셋은 그특성이 최대한 전체 데이터셋과 비슷하게 유지되어야 하기 때문에 위험한 방식입니다. 이와 같은 이유로 랜덤 샘플링을 일반적으로 널리 사용합니다. train_test_split( ) 함수는 기존 데이터의 순서와 상관없이 마구잡이로 섞어서 데이터를 분류시킵니다. 그렇기 때문에 매번 실행할 때마다 train_set과 test_set에 들어가는 데이터가 달라집니다.

학습셋과 시험셋 각각에 들어가는 데이터가 매번 달라져도 랜덤 샘플링만 잘됐다면 크게 상관없을 수도 있습니다. 하지만 우리가 분석을 하다 보면 결과의 일관성을 유지해야 할 필요가 있습니다. 내가 작성한 코드를 동료에게 공유했는데, 동료가 같은 코드를 돌리고 나와 다른 결과를 보게 된다면 뭔가 이상할 수밖에 없습니다. train_test_split( ) 함수는 랜덤하게 샘플링하면서도, 지속적으로 같은 데이터 분류를 지원합니다. 바로 random_state 옵션을 사용하면 됩니다. 여기에는 그 어떤 임의의 숫자를 넣어도 상관없습니다. 같은 숫자라면 같은 형태로 분류된 데이터셋들을 얻게 됩니다. 여기에서는 100을 넣어서 나누었습니다. 여러분이 다른 숫자를 넣는다면, 결괏값이 책과 조금 다르게 나타날 겁니다. 똑같이 100을 입력하면 같은 결과를 볼 수 있습니다(간혹 패키지 버전 차이로 결과가 미세하게 다른 경우도 있습니다).

4.5 모델링

모델링은 머신러닝 알고리즘으로 모델을 학습시키는 과정이며, 그 결과물이 머신러닝 모델이 됩니다. 모델링에 사용할 머신러닝 알고리즘을 선택하고, 독립변수와 종속변수를 fit( ) 함수에 인수로 주어 학습합니다.

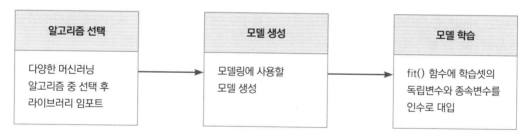

이번 데이터셋에는 선형 회귀 알고리즘을 사용합니다. 따라서 sklearn.linear_model에서 선형 회귀 라이브러리를 불러옵니다.

Notice 파이썬은 대소문자에 민감하므로 반드시 대소문자 구분해 사용해주세요.

```
from sklearn.linear_model import LinearRegression
```

이제 모델을 만들어주어야 합니다. 여기서는 model이라는 이름의 객체에 선형 회귀의 속성을 부여하겠습니다.

```
model = LinearRegression()
```

선형 회귀에 사용할 model 객체를 생성했으니 model 객체를 사용해서 선형 회귀로 학습하고 예측할 수 있게 됩니다(물론 객체 이름을 model 대신 다른 이름으로 지어도 됩니다).

모델을 학습시킬 객체가 준비가 되었으니 학습을 시키는 fit() 함수를 알아보겠습니다.

```
model.fit(독립변수, 종속변수)
```

fit() 함수의 인수로 독립변수와 종속변수를 입력합니다. 이미 데이터를 나누었기 때문에 쉽게 독립변수와 종속변수를 나눠 입력할 수 있습니다. 학습 과정이므로 학습셋을 사용합니다.

```
model.fit(X_train, y_train)
```

여기서 '학습시킨다'함은, 데이터를 모델 안에 넣어서 독립변수와 종속변수 간의 관계들을 분석해 새로운 데이터를 예측할 수 있는 상태로 만드는 겁니다. 이로써 model은 데이터를 통해 학습을 완료해 예측을 할 수 있게 되었습니다.

4.6 모델을 활용해 예측하기

이제 예측하는 실습을 하겠습니다. 원래는 예측 및 평가에서 학습셋과 시험셋을 각각 사용해 오버피팅 문제를 확인하는데, 이번 장에서는 간단하게 시험셋만 가지고 예측/평가를 하겠습니다.

> **오버피팅(overfitting)**
> 모델이 학습셋에 지나치게 잘 맞도록 학습되어서 새로운 데이터에 대한 예측력이 떨어지는 현상을 의미합니다. 과적합, 과학습으로도 부릅니다. 5장에서 더 자세하게 다룹니다.

```
모델을 사용한 예측

train_test_split()
함수에 평가셋의 독립변
수를 인수로 대입
```

```
pred = model.predict(X_test)
```

predict( ) 함수로 예측을 할 수 있으며, 괄호 안에는 예측 대상을 넣어주면 됩니다. 목표 변수가 예측 대상이라고 했죠? 목표 변수를 예측해야 하므로 여기에 들어가는 데이터에는 당연히 목표 변수가 포함되어서는 안 됩니다. 그러면 정답을 알려주는 꼴이 되기 때문입니다. 따라서 학습 때 사용했던 독립변수들을 가진 데이터를 넣어주어야 합니다. train_test_split( ) 함수를 사용하면 X_train과 X_test가 같은 변수를 가지기 때문에 이 부분은 염려할 필요가 없습니다만, 향후 정말 새로운 데이터로 예측할 때는 주의해야 합니다. 독립변수 중 하나라도 빠진 나머지 데이터로 예측을 시도한다면 모델은 예측 과정에서 오류를 발생하게 됩니다.

4.7 예측 모델 평가하기

모델을 평가하는 방법으로 '테이블로 평가하기, 그래프로 평가하기, 통계RMSE적인 방법으로 평가하기'가 있습니다. 각 방법을 알아보겠습니다.

▼ 예측 모델을 평가하는 3가지 방법

	actual	pred
12	1,826.84	4,833.05
306	20,177.67	5,118.43
318	7,421.19	8,392.50
815	1,877.93	3,218.52
157	15,518.18	24,952.34
...	...	...
710	1727.54000	4218
1005	4433.38770	6572

테이블로 출력하기

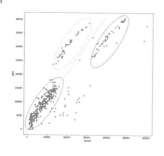

그래프로 출력하기

Table A	예측값	실젯값	오차	오차 (절댓값)	오차 (제곱)
0	10	5	+5	5	25
1	15	5	+10	10	100
2	10	5	+5	5	25
3	15	5	+10	10	100
합계				30	250

통계적인 방법으로 평가하기

4.7.1 테이블로 평가하기

예측한 값은 pred에, 각각 관측치에 대한 실제 정보는 y_test에 저장되어 있습니다. 예측값이 얼마나 정확한지는 pred와 y_test를 비교하는 것으로 단순하게나마 확인할 수 있습니다. pred와 y_test를 각각 별도로 출력해 확인할 수도 있겠지만, 보기 편하게 두 데이터를 합쳐서 테이블 하나로 만들겠습니다.

```
comparison = pd.DataFrame({'actual': y_test, 'pred': pred})
```

판다스의 DataFrame() 함수로 테이블을 만들었습니다. 'actual'이라는 컬럼 이름으로 y_test값을 넣고, 'pred'라는 컬럼 이름으로 pred 데이터값을 넣는 겁니다. 그리고 이 테이블을 comparison에 저장했습니다. 그럼 comparison을 출력하겠습니다.

comparison

	actual	pred
12	1826.84300	4765.249466
306	20177.67113	4957.730865
318	7421.19455	8298.988153
815	1877.92940	3078.811868
157	15518.18025	24165.956542
...	...	...
713	1984.45330	5776.764928
1282	14283.45940	23102.847340
531	14043.47670	14280.732585
537	8825.08600	10527.417291
1015	12124.99240	11638.260006

268 rows × 2 columns

첫 번째 관측치를 보면 실젯값이 1826이고 예측값은 4765 정도로 차이가 큽니다. 마지막 관측치는 실젯값 12124, 예측값 약 11638로 그나마 좀 비슷합니다. 사실 예측 결과를 이런 식으로 하나하나 확인하는 방식에는 한계가 있습니다. 수많은 데이터를 눈으로 다 볼 수는 없으니까요. 산점도^{Scatter plot} 그래프를 이용해 한눈에 파악해보겠습니다.

4.7.2 그래프로 평가하기

파이썬에서 그래프를 그리는 데 맷플롯립과 시본 라이브러리를 가장 많이 사용합니다. 두 라이브러리를 임포트합시다.

```
import matplotlib.pyplot as plt # ①
import seaborn as sns # ②
```

관행으로 ① matplotlib은 plt, ② seaborn은 sns로 줄여 사용합니다.

그리고 그래프를 만들어볼 텐데, 여기에서는 그래프 크기를 정하는 코드와 산점도 그래프를 만드는 코드 두 줄을 써보겠습니다.

```
plt.figure(figsize=(10,10)) # ① 그래프 크기 정의
sns.scatterplot(x = 'actual', y = 'pred', data = comparison) # ②
```

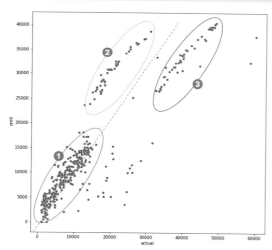

먼저 ① 그래프 크기를 정하고, ② scatterplot( ) 함수를 이용하여 산점도 그래프를 만들었습니다. 인수로 x축과 y축에 들어갈 데이터 컬럼을 지정합니다. x축에 실젯값인 actual, y축에는 예측값인 pred를 지정했습니다. 그리고 x, y축에 지정해준 컬럼이 속한 데이터를 마지막에 넣어주었습니다.

이해를 돕고자 그래프에 점선과 동그라미를 추가로 그렸습니다. 녹색 점선은 실젯값과 예측값이 정확히 같을 때, 즉 1:1로 매칭되었을 때를 의미합니다. 이 선에 가까울수록 더 잘 예측된 점이라고 해석할 수 있습니다. 이 그래프는 크게 3개의 영역으로 구분해 해석할 수 있습니다. ①번 빨간 타원의 데이터는 녹색 점선에 가까우므로 실젯값과 예측값이 비슷한, 즉 비교적 예측이 잘된 경우입니다. 반면 ②번 노란 타원의 데이터는 전반적으로 실젯값보다 예측값이 더 높게 나타난 경우입니다. 반대로 ③번 파란 타원은 실젯값보다 예측값이 더 낮은 경우입니다.

그래프로 그렸더니 테이블로 일일이 확인할 때보다 훨씬 평가가 수월합니다. 그런데 그래프로 평가를 하는 방식은 어디까지나 직관적으로 예측력을 확인할 뿐이지, 객관적인 기준이 되지는 않습니다.

4.7.3 통계적인 방법으로 평가하기 : RMSE

이번에는 더 통계적인 방법으로 접근하겠습니다. 연속형 변수를 예측하고 평가할 때 가장 흔하게 쓰이는 RMSE^{Root Mean Squared Error}(루트 평균 제곱근 오차, 평균 제곱근 편차)를 사용해보겠습니다. RMSE를 아주 단순하게 말하면 실젯값과 예측값 사이의 오차를 각각 합산하는 개념입니다. 예를 들어 2개 데이터가 있고 예측값과 실젯값이 다음과 같다고 가정해봅시다.

	예측값	실젯값	오차
0	10	12	-2
1	20	18	+2

각 차이가 -2와 +2로, 이 둘을 더해버리면 0이 됩니다. 차이가 0이라고 하면 완전히 정확하게 예측한 것처럼 보이지만 실제로는 그렇지 않죠? +- 부호 때문에 단순히 차이를 합산하면 이런 문제가 발생합니다. 부호 문제를 없애기 위해 절댓값을 쓰거나 제곱한 값을 사용할 수 있는데, 일반적으로 제곱한 값을 사용합니다. 이를 설명하기 위하여 다음과 같은 두 테이블을 예를 들어 살펴보겠습니다.

Table A	예측값	실젯값	오차	오차(절댓값)	오차(제곱)
0	10	5	+5	5	25
1	15	5	+10	10	100
2	10	5	+5	5	25
3	15	5	+10	10	100
합계				30	250

Table B	예측값	실젯값	오차	오차(절댓값)	오차(제곱)
0	5	5	0	0	0
1	20	5	+15	15	225
2	5	5	0	0	0
3	20	5	+15	15	225
합계				30	450

Table A는 오차가 각각 +5, +10, +5, +10으로 비교적 고르게 나왔습니다. 반면 Table B에서는 오차가 0인 게 2건, 나머지 2건이 +15로 꽤 크게 났습니다. 더 오차의 분포가 크다고 할 수 있습니다. 이제 각 테이블의 오차(절댓값)를 보면 두 경우 모두 30으로 같습니다. 즉, 오차에 대한 분포에 상관없이 합산된 값이 같습니다. 반면 오차(제곱)는 Table A에서는 250, B에서는 450으로, Table B에서 훨씬 더 큽니다. 이는 오차가 클수록 (여기서는 1행과 3행) 제곱하면 더 큰 값이 되기 때문입니다. 그래서 통상 오차가 더 큰 때에 더 큰 패널티를 주고자 제곱의 차이를 사용하곤 합니다. 또한 제곱을 사용하는 수식의 장점은 미분이 가능하다는 겁니다. 이 장에서는 왜 오차 계산의 수식에 미분이 필요한지에 대해서 다루지 않지만, 10.6절 '이해하기 : 경사하강법'에서 해당 내용을 확인하실 수 있습니다.

이제 더 전문적인 용어를 사용하겠습니다. 절댓값 차이를 이용하는 방법을 MAE^Mean Absolute Error(평균 절대 오차)라고 하며, 제곱 차이를 활용하는 방법은 MSE^Mean Squared Error(평균 제곱 오차)라고 부릅니다. 앞에 Mean이 붙은 이유는, 차이의 합을 총 개수로 나누어 평균을 내기 때문입니다. Table A를 예로 들어 설명하겠습니다. Table A에서 MAE는 오차(절댓값)의 총합 30을 4로 나눈 7.5가 됩니다. MSE는 오차(제곱)의 합 250을 4로 나누어 62.5가 됩니다.

앞서 MAE보다는 MSE를 더 일반적으로 사용한다고 말씀드렸는데, 여기서 딱 한걸음만 더 나아가 보겠습니다. MSE의 단점은 제곱으로 인해 그 숫자의 규모가 실제 데이터의 스케일에 비해 너무 커진다는 겁니다. 즉, 두 테이블에서의 데이터의 차이는 0, 5, 10, 15 정도 수준인데 MSE는 평균을 낸 값임에도 불구하고 제곱한 값이므로 훨씬 더 큰 62.5라는 숫자를 보여줍니다. 반면 MAE는 7.5로 뭔가 더 합리적으로 보이는 크기의 숫자입니다(실제 데이터에 더 근사한 오차를 보여줍니다). 이 부분을 해소해주기 위해 MSE에 루트를 한 번 씌워줍니다. 그러면 본래 데이터와 스케일도 맞아 떨어집니다. 이렇게 MSE에 루트를 씌워준 값을 RMSE^Root Mean Squared Error(루트 평균 제곱 오차)라고 부르며, 이 지표가 연속형 변수를 예측할 때 가장 일반적으로 쓰이는 평가지표입니다.

▼ 통계적 평가지표

평가지표	설명
MAE	평균 절대 오차. 실젯값과 예측값의 사이의 오차에 절댓값을 씌운 뒤 이에 대한 평균을 계산. 값이 작을수록 좋은 지표입니다(0에 가까울수록).
MSE	평균 제곱 오차. 실젯값과 예측값의 사이의 오차를 제곱한 뒤 이에 대한 평균을 계산. 값이 작을수록 좋은 지표입니다(0에 가까울수록).
RMSE	루트 평균 제곱 오차. MSE에 루트를 씌운 값으로 가장 일반적으로 사용됨. 값이 작을수록 좋은 지표입니다(0에 가까울수록).

R^2	결정 계수. 독립변수가 종속변수를 얼마만큼 설명해 주는지를 가리키는 지표로, 즉 설명력을 나타냄. 값이 1에 가까울수록 좋은 지표입니다.

그럼 이제 RMSE를 구해봅시다. 다행히 사이킷런^{sklearn} 라이브러리가 MSE, MAE 등 여러 평가지표 함수를 제공합니다. 우선 MSE를 구하는 함수를 쓰고 거기에 루트를 씌워주는 방식으로 RMSE를 계산해보겠습니다.

```
from sklearn.metrics import mean_squared_error # ❶ MSE 라이브러리 임포트
mean_squared_error(y_test, pred) ** 0.5 # ❷ RMSE 계산 실행
```

```
5684.927776334485
```

❶ MSE 라이브러리를 불러오는 코드입니다. ❷ MSE를 사용하는 코드인데, 괄호 안에 실젯값 데이터, 예측값 데이터를 순서대로 넣어주면 됩니다. ** 0.5는 루트입니다. 파이썬에서는 **가 제곱이므로 0.5를 제곱하면 루트를 씌운 값을 계산합니다.

또 다른 방법으로는 MSE 함수 안에서 squared 매개변수를 False로 설정하면 RMSE를 구할 수 있습니다.

```
mean_squared_error(y_test, pred, squared = False)
```

```
5684.927776334485
```

약 5684라는 RMSE를 얻을 겁니다. RMSE는 근본적으로 에러에 대한 합을 계산한 것이기 때문에, 작을수록 예측력이 좋다고 할 수 있습니다. 그럼 5684는 작은편에 속할까요, 큰편에 속할까요? 안타깝게도 RMSE를 평가하는 절대적인 기준은 없습니다. 이는 데이터의 특성에 따라 천차만별로 달라질 수 있기 때문에, 어느 수준 이하면 좋은 예측을 보인다는 등의 말을 하기가 어렵습니다. 그래서 RMSE는 절대 평가보다는 상대 평가에 사용합니다. 앞으로 다양한 알고리즘과 활용법을 배울 텐데, 같은 데이터에 여러 가지 모델링을 해보고, 그중 어떤 모델이 가장 뛰어난 예측력을 보이는지를 판단할 때 RMSE가 가장 낮은 모델을 선택하면 됩니다.

마지막으로 R^2라는 평가 지표를 알아보겠습니다. R^2는 독립변수로 설명되는 종속변수의 분산 비율을 나타내는 통계적 측정값입니다. 무슨 말인지 쉽게 와닿지 않죠? 그림을 보면서 다시 설명해

보겠습니다.

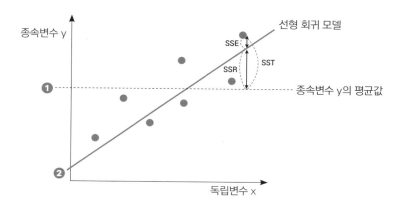

이 그래프에서 ❶번 점선은 종속변수의 평균값으로 모델의 성능을 평가하는 비교 대상, 즉 일종의 기준선 역할입니다. ❶번 점선으로부터 관측치까지 차이를 SST[Sum of Squares Total]라고 부릅니다. 그리고 ❷번 실선은 우리가 만든 예측 모델입니다. 특정 데이터의 x값을 기준으로 ❶번 점선부터 ❷번 실선까지의 거리가 SSR[Sum of Squares Regression]입니다. 즉, 평균으로 대충 때려 맞추었을 때와, 우리가 만든 모델을 이용했을 때의 차이죠. 마지막으로 ❷번 실선과 실제 데이터까지의 거리는 SSE[Sum of Squares Error]입니다. 우리가 만든 모델이 예측해내지 못한 에러를 나타냅니다. R^2는 SST에서 SSR가 차지하는 비율을 나타냅니다.

$$R^2 = \frac{SSR}{SST}$$

즉, 대충 평균값으로 넣었을 때, 예측값(평균값)과 실젯값의 차이 중 우리 모델이 얼마만큼의 비율로 실젯값에 가깝게 예측하는지를 의미합니다. 파이썬에서는 아래와 같은 간단한 코드로 R^2를 계산할 수 있습니다.

```
model.score(X_train, y_train)
```
```
0.7368220127747351
```

약 0.74의 값이 나왔습니다. R^2는 비율이므로 최대 1까지 나올 수 있으며, 좋은 모델일수록 1에 가깝고 0.7~0.8 이상이면 일반적으로 괜찮은 수치라고 볼 수 있습니다. 우리가 만든 모델은 0.74

가 나왔으므로 괜찮은 수준이라고 할 수 있겠네요.

지금까지 크게 세 가지 방법으로 모델을 평가해보았습니다. 사실 가장 먼저 살펴본 테이블을 출력한 결괏값 비교는 데이터를 하나하나 확인해야 해서 거의 사용하지 않습니다만 예측 결과가 실제와 얼마나 다른지 직접 보여드리려는 의도로 소개했습니다. 실제로 사용되는 평가 방법은 RMSE와 R^2입니다. 산점도 그래프 같은 그래프를 사용하면 RMSE에 대하여 익숙지 않은 사람에게 설명하기가 편합니다.

4.8 이해하기 : 선형 회귀

선형 회귀Linear Regression는 독립변수와 종속변수 간에 선형 관계가 있음을 가정하여 최적의 선을 그려서 예측하는 방법입니다. 흔히 선형 관계가 있을 것이라 예측할 만한 예로 키와 체중을 들 수 있습니다. 같은 키라도 사람마다 체중은 천차만별이겠지만, 평균적으로보면 키가 크면 큰만큼 평균 체중 또한 더 많이 나갈 겁니다. 다음 그래프와 같은 데이터가 있다고 가정해봅시다.

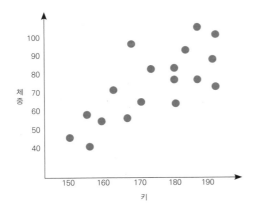

키와 체중이 완벽하게 정비례하지는 않지만, 얼추 선형 관계를 보이는 듯한 분포입니다. 선형 회귀는 여기에 최적의 선을 찾아 그어서 예측하는 겁니다. 그런데 다음 중 어떤 선이 더 최적의 선일까요?

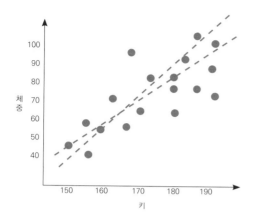

이 부분은 사람의 눈으로 알기가 어렵습니다만, 머신러닝에서는 손실 함수^{Loss Function}를 최소화하는 선을 찾아서 모델을 만들어냅니다. 여기서 손실 함수란 예측값과 실젯값의 차이, 즉 오차를 평가하는 방법을 말합니다. 위 그래프에서는 선과 각 점 간의 거리가 오차가 되고, 우리가 앞서 배웠던 MSE나 RMSE 등이 손실 함수가 됩니다. 예측한 선의 기울기나 y절편에 따라서 실젯값과 예측값의 차이가 달라집니다. 머신 러닝은 이 손실 함수를 최소화하는 방향으로 최적의 선을 단시간에 찾아냅니다.

예를 들어 키를 독립변수로 두고, 체중을 종속변수로 하는 선형 회귀를 만들고 다음과 같은 그림의 결과를 얻었다고 가정하겠습니다.

절편과 기울기
절편은 x축 또는 y축과 만나는 점의 좌표입니다. 다음 그림에서 y절편은 1, x절편은 2입니다.
기울기는 y의 증가량을 x의 증가량으로 나눈 겁니다. 아래 그래프에서 x가 2 증가할 때, y는 -1 증가했으므로 기울기는 $\frac{-1}{2}$ 입니다.

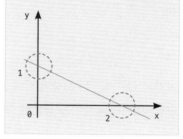

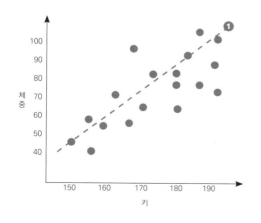

여기서 ❶번 점선이 우리의 예측 모델이 되는 겁니다. 이 모델을 가지고 새로운 데이터를 예측한 다면 다음과 같이 설명할 수 있습니다. 예를 들어 키가 170인 새로운 사람에 대한 체중을 예측한 다면 ❷번 점선에서 보이는 것처럼 해당 키에 해당하는 체중값으로 약 72kg 정도의 예측값을 보여줄 겁니다.

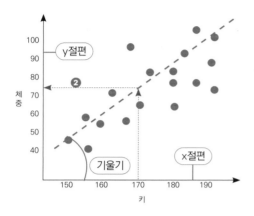

선형 회귀는 상대적으로 단순한 알고리즘이기 때문에 수식으로 표현하기도 쉽습니다. 기초교육과 정에서 배운 1차 함수로 표현할 수 있습니다.

기울기(계수) y절편
$$y = \boxed{a}x + \boxed{b}$$

여기서 x는 키, y는 체중이 되며 a는 예측 모델(점선)의 기울기, b는 점선의 y절편입니다. 따라서 x에 170이라는 숫자를 넣으면 약 72 정도의 y값이 나오는 1차 함수인 셈입니다.

이 예시는 독립변수가 '키' 단 한 개뿐이라서 그리기도 쉽고 이해하도 쉽습니다. 우리는 코딩 파트에서 독립변수가 'age', 'sex', 'bmi', 'children', 'smoker'로 5개인 모델을 만들었습니다. 독립변수가 많아지게 되면 현실적으로 그림으로 표현해 보여주기가 어렵습니다. 하지만 적어도 수식으로는 표현할 수 있으며, 다음과 같은 형태의 수식을 생각해볼 수 있습니다.

기울기　　　　　　　　　　　　　　　　　　　x절편
$$청구비용 = A \times age + B \times sex + C \times bmi + D \times children + E \times smoker + \boxed{i}$$

여기에서는 y절편을 b 대신 $i^{\text{intercept}}$로 표시해주었고, A, B, C, D, E는 각 변수에 대한 기울기입니다. 이 기울기 값을 계수^{coefficient}라고도 합니다. 사이킷런의 선형 회귀 모델은 예측뿐만 아니라, 학습을 통해 생성된 계수 또한 제공해줍니다.

다음 코드를 실행하면 다음과 같이 독립변수 5개에 대한 계수를 볼 수 있습니다.

```
model.coef_
```

```
array([2.64799803e+02, 1.73446608e+01, 2.97514806e+02, 4.69339602e+02,
       2.34692802e+04])
```

넘파이 형태로 출력되기 때문에 변수의 이름이 따로 나타나지 않는데, 기존 데이터의 독립변수와 같은 순서로 배열되어 있습니다. 더 보기 편하도록 변수 이름을 포함하는 판다스 형태로 변경하겠습니다. 한 줄짜리 데이터이므로 시리즈 형태로 바꿔보겠습니다.

```
pd.Series(model.coef_, index = X.columns)
```

```
age            264.799803
sex             17.344661
bmi            297.514806
children       469.339602
smoker       23469.280173
dtype: float64
```

변수 이름이 함께 나오니 훨씬 해석이 용이해졌습니다. 몇 가지 변수를 해석하자면, age가 1만큼 증가하면 charges는 약 265만큼 증가합니다. sex는 0과 1로만 구성된 데이터이기 때문에 '1만큼 증가할 때 charges가 17만큼 증가한다기'보다는, '남자(1)의 경우 여자(0)보다 charges가 보통 17정도 높다'고 해석하는 게 좋습니다. smoker도 sex와 마찬가지로 해석할 수 있습니다.

학습된 모델은 계수뿐만 아니라 y절편 또한 제공해줍니다.

```
model.intercept_
```

```
-11576.999976112367
```

그럼 위의 정보를 이용해 앞서 언급했던 수식을 제대로 완성하겠습니다.

$$charges = 264.799803 \times age + 17.344661 \times sex + 297.514806 \times bmi$$

$$+ 469.339602 \times children + 23469.280173 \times smoker - 11576.999976112367$$

데이터의 특정 행을 정해서 각 변수의 값을 위 수식에 넣으면 모델이 보여주는 예측값과 같은 결과를 얻으실 수 있습니다. 이처럼 선형 회귀는 수식을 도출하기 매우 쉽기 때문에 그 해석도 매우 직관적이라는 장점이 있습니다.

학습 마무리

보험 데이터셋을 이용하여 보험사에서 청구할 보험료를 예측하는 모델을 만들어보았습니다. 이 과정을 되짚어보겠습니다.

되짚어보기

성별, 나이 등의 정보를 활용하여 보험 청구비용을 예측해봅니다.

판다스와 프로젝트에 쓸 예제 데이터셋을 불러옵니다.

데이터를 확인하는 다양한 방법을 확인해보았습니다. 결측치 등 특이사항은 없었습니다.

지도 학습이므로 평가에 사용할 데이터를 학습셋과 시험셋으로 나누었습니다.

4.1 문제 정의	→	4.2 라이브러리 및 데이터 불러오기	→	4.3 데이터 확인하기	→	4.4 전처리 : 학습셋과 시험셋 나누기

4.5 데이터 모델링	→	4.6 모델을 활용해 예측하기	→	4.7 예측 모델 평가하기

선형 회귀 모델을 사용하여 예측 모델을 만들었습니다.

시험셋에 대한 예측값을 얻었습니다.

산점도와 테이블을 사용해 직관적으로 결과를 살펴보고, RMSE와 R^2값도 알아보았습니다.
R^2는 약 0.74로 괜찮은 모델이라고 볼 수 있습니다.

모델의 계수를 해석할 때 부호의 영향에 유의해야 합니다. 부호와 상관없이 계수의 절댓값이 클수록 영향이 크다고 할 수 있고, 절댓값이 0에 가까울수록 영향력이 거의 없는 겁니다. 다만, 여러 계수를 서로 비교할 때 단순히 절댓값이 더 크면 영향력이 더 크다고 보기에는 무리가 있습니다. 이유는 각 변수의 스케일이 다르기 때문입니다. 예를 들어 성별은 0과 1로만 되어 있는 반면 나이는 20부터 60 등 십의 자리 숫자를 가지고 있습니다. 즉, 성별이 1 커질 때와 나이가 1커질 때가 가지는 영향력이 다르다는 겁니다. 이 부분을 명료하게 비교하려면 스케일링 작업이 필요하며, 이는 6장 'K-최근접 이웃(KNN)'에서 다룹니다.

관련 모델 안내

1 릿지 회귀(Ridge Regression)

패키지:
```
from sklearn.linear_model import Ridge
```

선형 회귀 모델에 L2 정규화[1] 를 적용한 모델로 오버피팅을 억제하는 효과가 있습니다.

2 라쏘 회귀(Lasso Regression)

패키지:
```
from sklearn.linear_model import Lasso
```

선형 회귀 모델에 L1 정규화를 적용한 모델로 피처 셀렉션[2] 및 오버피팅[3]을 억제하는 효과가 있습니다.

3 엘라스틱 넷(Elastic Net)

패키지:
```
from sklearn.linear_model import ElasticNet
```

릿지 회귀와 라쏘 회귀의 단점을 절충시킨 모델입니다.

핵심 용어 정리

1 선형 회귀 : 독립변수와 종속변수 간의 선형 관계를 전제로 한 모델입니다. 구현 및 이해가 용

---

[1] 11.6장 참조

[2] 11.6장 참조

[3] 8.7장 참조

이한 장점이 있습니다.

2 **Null** : 값이 비어 있는 것을 뜻합니다. 널값, Null value, 결측치 등으로도 부르며, N/A, NA, NaN 등 다양한 방식으로 표현됩니다. Null값은 비어 있어서 알 수 없는 값이지, 0이 아닌 점에 주의하시기 바랍니다.

3 **사분위수**Quantile : 사분위수는 데이터를 오름차순으로 정리했을 때 25%, 50%, 75% 위치에서 확인한 값입니다. 예를 들어 100개의 값들이 있다고 하면 가장 낮은 숫자부터 하나씩 세어 25번째 데이터, 50번째 데이터, 75번째 데이터가 각각 사분위수 25%, 50%, 75%에 해당합니다. Q1, Q2, Q3라고도 표현합니다.

4 **오버피팅** : 모델이 학습셋에 지나치게 잘 맞도록 학습되어서 새로운 데이터에 대한 예측력이 떨어지는 현상을 의미합니다. 8장에서 더 자세하게 다룰 예정입니다.

새로운 함수와 라이브러리

1 **round( )** : 반올림

2 pandas.**DataFrame( )** : 데이터를 DataFrame 형태로 변환

3 pandas.DataFrame.**head( )** : 데이터의 초반부 호출(기본값 5줄)

4 pandas.DataFrame.**info( )** : 변수에 대한 결측치, 데이터 타입 정보 확인

5 pandas.DataFrame.**describe( )** : 데이터프레임의 통계적 요약 확인

6 sklearn.model_selection.**train_test_split( )** : 훈련셋과 시험셋 분류

7 sklearn.metrics.**mean_squared_error( )** : 평균 제곱 오차 계산

8 모델.**fit( )** : 모델 학습

9 모델.**predict( )** : 학습된 모델로 예측

10 matplotlib.pyplot.**figure( )** : 새로운 도표를 만들거나 기존 도표를 활성화

11 seaborn.**scatterplot( )** : 산점도 그래프 생성

연습 문제

1 다음 중 데이터의 통계 정보를 보여주는 함수는 무엇인가요?

❶ head( )

❷ info( )

❸ describe( )

❹ tail( )

2 훈련셋과 시험셋을 나누는 train_test_split( )에 대한 설명 중 틀린 것은?

❶ test_size로 훈련셋과 시험셋의 비율을 정의할 수 있습니다.

❷ 시험셋은 모델 학습에 사용하는 데이터입니다.

❸ 랜덤 샘플링으로 훈련셋과 시험셋을 나눕니다.

❹ random_state을 사용하면 매번 같은 모습의 훈련셋/시험셋을 얻을 수 있습니다.

3 다음 중 연속형 변수의 예측 결과를 평가하는 방법이 아닌 것은?

❶ AUC

❷ MAE

❸ MSE

❹ RMSE

4 선형 회귀 모델의 계수(coef)에 대한 설명으로 옳지 않은 것은?

❶ 회귀 모델의 수식을 그래프로 그렸을 때, 기울기값에 해당합니다.

❷ 각 변수의 영향도를 대변해주는 값입니다.

❸ 계수가 3인 경우는 -9인 경우보다 영향도가 크다고 할 수 있습니다.

❹ 계수를 통한 변수 영향도 비교 시에는, 변수의 스케일도 고려해야 합니다.

1 정답 ❸

　해설　❶ head( )　　← 상위 5행 출력

　　　　❷ info( )　　← 변수 정보 출력

　　　　❸ describe( )　← 통계 정보 출력

　　　　❹ tail( )　　← 하위 5행 출력

2 정답 ❷ 시험셋은 모델 평가에 사용하는 데이터입니다.

3 정답 ❷

　해설　❶ AUC　　← Area Under the Curve. 이진분류의 예측 결과를 평가할 때 사용되며 12장에서 다룹니다.

　　　　❷ MAE　　← Mean Absolute Error. 연속형 변수의 예측 결과를 평가할 때 사용됩니다.

　　　　❸ MSE　　← Mean Squared Error. 연속형 변수의 예측 결과를 평가할 때 사용됩니다.

　　　　❹ RMSE　← Root Mean Squared Error. 연속형 변수의 예측 결과를 평가할 때 사용됩니다.

4 정답 ❸ 계수가 3인 경우는 −9인 경우보다 영향도가 크다고 할 수 있습니다.

　해설　계수를 가지고 영향도를 평가할 때는 절댓값을 기준으로 평가하기 때문에, 3은 −9보다 작은 영향도를 의미합니다.

로지스틱 회귀
타이타닉 생존자 예측하기

☐ 학습 목표

직접 로지스틱 회귀 분석 모델로 타이타닉 데이터셋을 분석해 생존자를 예측하고 작동 원리를 이해합니다. 또한 분류Classification 문제를 예측하고 평가합니다.

☐ 학습 순서

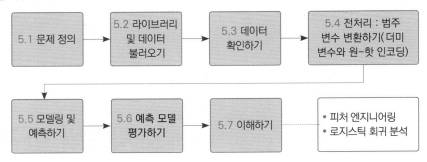

☐ 로지스틱 회귀 소개

로지스틱 회귀Logistic Regression 또한 선형 회귀처럼 기본 분석 모델입니다. 로지스틱 회귀 분석은 알고리즘의 근간을 선형 회귀 분석에 두고 있어서 선형 회귀 분석과 상당히 유사하지만 다루는 문제가 다릅니다. 선형 회귀 분석은 연속된 변수를 예측하는 반면, 로지스틱 회귀 분석은 Yes/No처럼 두 가지로 나뉘는 분류 문제를 다룹니다.

▼ TOP 10 선정 이유

선형 회귀 분석과 마찬가지로, 기본 알고리즘이라서 꼭 알고 있어야 합니다. 실제 이진분류가 필요한 상황이 많기 때문에 두 가지 범주를 구분하는 간단한 예측에 유용하며 딥러닝에서도 기본 지식입니다.

▼ 예시 그래프

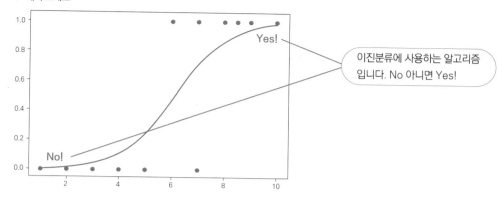

▼ 장단점

장점	단점
• 선형 회귀 분석만큼 구현하기 용이합니다. • 계수(기울기)를 사용해 각 변수의 중요성을 쉽게 파악할 수 있습니다.	• 선형 회귀 분석을 근간으로 하고 있기 때문에, 선형 관계가 아닌 데이터에 대한 예측력이 떨어집니다.

▼ 유용한 곳

• Yes/No, True/False와 같은 두 가지 범주로 나뉜 값을 예측하는 데 사용합니다.
• 분류 문제에 있어서 기준선Baseline으로 자주 활용됩니다(타 모델과 비교 목적).

5.1 문제 정의 : 한눈에 보는 예측 목표

문제 정의

영화 〈타이타닉〉으로 유명한 타이타닉호는 북대서양 횡단 여객선입니다. 모두가 아는 것처럼 1912년 4월 10일 영국의 사우샘프턴에서 미국의 뉴욕으로 향하던 첫 항해 중에 빙산과 충돌하여 침몰했습니다. 안타깝게도 이 사건으로 많은 사상자가 발생했습니다. 이번에 다룰 타이타닉 데이터셋은 당신 승선한 승객의 정보를 담고 있습니다. 이름, 성별, 나이, 티켓 번호 등 같은 정보가 실제로 생존에 어떤 영향을 미치는지 확인해봅시다.

미션	타이타닉 승객 정보 데이터셋을 이용해 생존 여부를 예측하라.		
난이도	★☆☆		
알고리즘	로지스틱 회귀(Logistic Regression)		
데이터셋 파일명	titanic.csv	종속변수	Survived(생존 여부)
데이터셋 소개	타이타닉에 승객의 정보를 담은 데이터셋입니다. 각 승객 정보(이름, 성별, 나이, 티켓 번호 등)를 활용하여 생존 여부를 예측합니다.		
문제 유형	분류	평가지표	정확도
사용한 모델	LogisticRegression		
사용 라이브러리	• numpy (numpy==1.19.5) • pandas (pandas==1.3.5) • seaborn (seaborn==0.11.2) • matplotlib (matplotlib==3.2.2) • sklearn (scikit-learn==1.0.2)		
예제 코드	• 위치 : colab.research.google.com/github/musthave-ML10/notebooks/blob/main/ • 파일 : 05_Logistic Regression.ipynb		

5.2 라이브러리 및 데이터 불러오기

판다스를 활용하여 'titanic.csv'를 data라는 이름으로 불러옵니다.

```
import pandas as pd # 판다스 라이브러리 임포트
file_url = 'https://media.githubusercontent.com/media/musthave-ML10/data_source/
main/titanic.csv'
data = pd.read_csv(file_url) # 데이터셋 읽기
```

5.3 데이터 확인하기

head() 함수로 상위 5행 출력해 데이터를 살펴봅시다.

```
data.head() # 상위 5행 출력
```

					함께 탑승한 부모 및 자녀의 수				
티켓 클래스		함께 탑승한 형제 및 배우자 수					티켓 번호	승선한 항구	생존 여부
❶	Pclass	Name	Sex	Age	SibSp	Parch	Ticket	Embarked	❷ Survived
0	3.00	Braund, Mr. Owen Harris	male	22.00	1.00	0.00	A/5 21171	S	0.00
1	1.00	Cumings, Mrs. John Bradley (Florence Briggs Th...	female	38.00	1.00	0.00	PC 17599	C	1.00
2	3.00	Heikkinen, Miss. Laina	female	26.00	0.00	0.00	STON/O2. 3101282	S	1.00
3	1.00	Futrelle, Mrs. Jacques Heath (Lily May Peel)	female	35.00	1.00	0.00	113,803.00	S	1.00
4	3.00	Allen, Mr. William Henry	male	35.00	0.00	0.00	373,450.00	S	0.00

❶ 독립변수 8개와 ❷ 종속변수(Survived) 1개를 볼 수 있습니다. 변수 이름에 대한 설명은 다음과 같습니다.

- Pclass : 비행기처럼, 일종의 티켓 클래스입니다.
- Name : 승객 이름
- Sex : 성별
- Age : 나이
- SibSp : 함께 탑승한 형제 및 배우자의 수
- Parch : 함께 탑승한 부모 및 자녀의 수
- Ticket : 티켓 번호

- Embarked : 승선한 항구(C = Cherbourg, Q = Queenstown, S = Southampton)
- Survived : 생존 유무 (1 = 생존, 0 = 사망)

이번에는 info( ) 함수를 호출해 각 변수의 특징을 살펴봅시다.

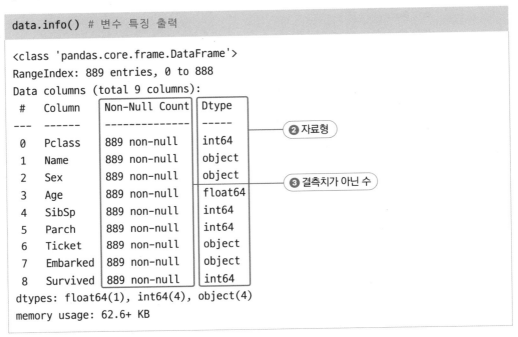

```
data.info() # 변수 특징 출력
```

```
<class 'pandas.core.frame.DataFrame'>
RangeIndex: 889 entries, 0 to 888
Data columns (total 9 columns):
 #   Column    Non-Null Count   Dtype
---  ------    --------------   -----
 0   Pclass    889 non-null     int64
 1   Name      889 non-null     object
 2   Sex       889 non-null     object
 3   Age       889 non-null     float64
 4   SibSp     889 non-null     int64
 5   Parch     889 non-null     int64
 6   Ticket    889 non-null     object
 7   Embarked  889 non-null     object
 8   Survived  889 non-null     int64
dtypes: float64(1), int64(4), object(4)
memory usage: 62.6+ KB
```

❷ 자료형

❸ 결측치가 아닌 수

이번에도 모든 변수의 ❶ Non-Null Count값이 889로 모두 같습니다. 즉 빈 값(결측치)이 없습니다. ❷ Dtype에서 자료형을 살펴보니 문자형(object) 변수가 4개입니다. Name, Sex, Ticket, Embarked입니다.

이번에는 통계 정보를 확인하겠습니다.

```
data.describe() # 통계 정보 출력
```

	Pclass	Age	SibSp	Parch	Survived
count	889.00	889.00	889.00	889.00	889.00
mean	2.31	29.32	0.52	0.38	0.38
std	0.83	12.98	1.10	0.81	0.49
min	1.00	0.42	0.00	0.00	0.00
25%	2.00	22.00	0.00	0.00	0.00
50%	3.000000	28	0.000000	0.000000	0
75%	3.000000	35	1.000000	0.000000	1
max	3.000000	80	8.000000	6.000000	1

①

② ③ ④

1, 2, 3 세 가지 클래스가 있음

대부분이 35세 미만이지만, 최고 80세까지 있음

대부분이 혼자 여행함

❶ Pclass에서 min부터 max까지의 값을 보면 1/2/3 총 3가지 값이 있습니다. ❷ Age는 50% 값(중앙값)이 28, 75%(상위 25%) 값이 35였다가 max가 80으로 갑자기 높아집니다. 대부분 승객이 비교적 젊은 층이지만, 일부 나이가 많은 승객들이 있다고 해석할 수 있습니다. ❸ SibSp와 ❹ Parch는 25%(하위 25%)와 50% 값이 모두 0입니다. ❹ Parch의 경우 75% 값까지 0입니다. 즉, 대부분 승객이 가족을 동반하지 않고 혼자 탑승했습니다.

이번에는 각 변수의 상관관계를 확인하겠습니다. 상관관계는 두 변수 간의 변화가 서로 연관되었을 때, 즉 A가 증가할수록 B가 증가하거나, 반대로 A가 증가할수록 B가 감소하거나 하는 관계를 숫자로 보여줍니다. 변수 이름만 놓고 봤을 때 서로 관련이 있을 것 같은 변수가 보이나요?

상관관계

두 변수 간의 관련성. 예를 들어 변수 A가 증가할 때, B도 증가하면 상관관계가 있다고 할 수 있습니다. 반대로 A가 증가할 때 B가 감소한다면 이 또한 음의 방향으로 상관관계가 있다 할 수 있습니다.

```
data.corr()  # 상관관계 출력
```

	Pclass	Age	SibSp	Parch	Survived
Pclass	1.00	-0.34	0.08	0.02	-0.34
Age	-0.34	1.00	-0.23	-0.17	-0.07
SibSp	0.08	-0.23	1.00	0.41	-0.03
Parch	0.02	-0.17	0.41	1.00	0.08
Survived	-0.34	-0.07	-0.03	0.08	1.00

상관 관계는 숫자(절댓값 기준)가 클수록 강한 겁니다.
이 표에서는 SibSp와 Parch의 상관관계가 가장 크네요.

결과 테이블을 보면 자료형이 object인 변수 4개가 빠져 있습니다. 상관관계는 숫자가 아니면 계산이 안 되기 때문에, 파이썬에서 자동으로 문자형 변수들을 제거하고 상관관계를 보여줍니다. 0에 가까울수록 상관관계가 없는 것이고, 1 혹은 -1에 가까울수록 상관관계가 큰 겁니다. 양수는 정적 상관, 즉 A가 증가할수록 B도 함께 증가하는 경우이며, 반대로 음수는 부적 상관으로 A가 증가할수록 B가 감소하는 경우입니다. 따라서 단순히 숫자가 크고 작음으로 상관관계의 크기를 판단하면 안 됩니다. -0.5는 0.1보다 작은 숫자지만, 음의 방향일뿐이지 상관관계는 더 크기 때문입니다.

가장 큰 상관관계를 보이는 부분은 Parch와 SibSp입니다(약 0.41). 아마도 혼자 온 승객들이 상당히 많고, 가족을 동반할 경우 부모와 자녀, 형제와 배우자를 함께 동반하는 경우가 많기 때문이 아닐까 짐작할 수 있습니다. 이정도 수치면 높은 상관관계는 아니고 중간 정도의 상관관계입니다. 상관관계의 강도에 대한 (절댓값 기준) 일반적인 해석은 다음과 같습니다.

- 0.2 이하 : 상관관계가 거의 없음
- 0.2 ~ 0.4 : 낮은 상관관계
- 0.4 ~ 0.6 : 중간 수준의 상관관계
- 0.6 ~ 0.8 : 높은 상관관계
- 0.8 이상 : 매우 높은 상관관계

그런데 위의 상관관계 테이블로는 상관관계 파악이 쉽지 않습니다. 더 파악하기 쉬운 히트맵heatmap이라는 그래프를 그려보겠습니다. 우선 그래프를 그릴 맷플롯립과 시본 라이브러리를 불러옵니다.

```
import matplotlib.pyplot as plt
import seaborn as sns
```

히트맵 생성에는 sns.heatmap( ) 함수를 사용합니다. 앞서 사용한 상관관계 테이블 생성 코드를 인수로 넣어주면 됩니다.

```
sns.heatmap(data.corr()) # 상관관계에 대한 히트맵 생성
plt.show() # 그래프 출력(맷플롯립과 시본이 최근 버전이면 제외해도 됨)
```

<AxesSubplot:>

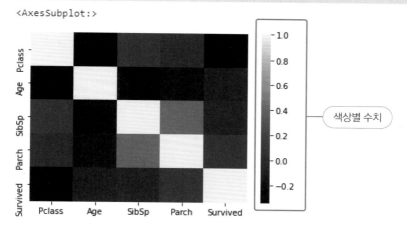

색상별 수치

히트맵을 그려 상관관계를 색으로 확인할 수 있게 되었습니다. 히트맵 우측에는 색상이 의미하는 수치를 보여줍니다. 그런데 우리는 상관관계의 강도를 절댓값 기준으로 해석하기 때문에, 0을 기준으로 대칭이 되는 색상 배열을 사용하는 편이 더 좋습니다. 색상을 변경하는 매개변수를 추가해 해결하겠습니다.

```
sns.heatmap(data.corr(), cmap='coolwarm') # 히트맵 생성
plt.show() # 그래프 출력
```

<AxesSubplot:>

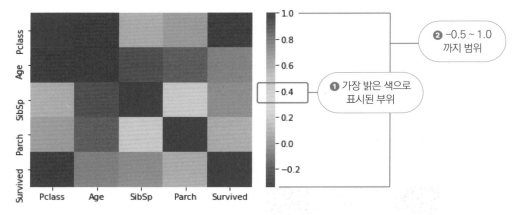

❶ 가장 밝은 색으로
표시된 부위

❷ -0.5 ~ 1.0
까지 범위

Note 극명하게 대비를 주는 coolwarm 색상 배열을 활용했습니다. 시본에서 제공하는 색상 배열은 170여 가지입니다. 이 책에서 모두 다루기에는 너무 많은 색상 배열들이 있으니 구글에서 'seaborn palette'로 검색해 여러 아티클에 다양한 색상을 활용해보시기 바랍니다.

• **참고 사이트** : https://seaborn.pydata.org/tutorial/color_palettes.html

이제 더 보기 편해졌습니다. 양수는 빨강, 음수는 파랑 계열로 표현되고 있으며, 관계가 강할수록 더 진하게 표시됩니다. 우측 범례를 보면 빨강과 파랑 사이에서 가장 밝은 부분이 0보다 조금 위쪽인 ❶ 0.4 부근에 있습니다. 입력된 수치의 범위가 1부터 -0.5까지라서 그래프에서는 -1 ~ +1 까지가 아닌, ❷ -0.5 ~ +1까지로 잡아 색상을 표시했기 때문입니다. 그래프에서 표시 범위를 -1 에서 1까지로 조정하여 색상의 밸런스를 맞춰보겠습니다.

```
sns.heatmap(data.corr(), cmap='coolwarm', vmin=-1, vmax=1)
```

<AxesSubplot:>

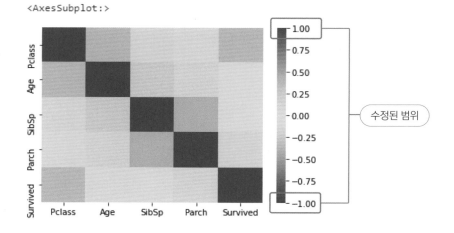

수정된 범위

vmin과 vmax 매개변수를 이용하여 데이터 범위의 최솟값과 최댓값을 지정하여 더 밸런스가 맞는 색상을 얻었습니다. 각 칸 안에 상관관계 수치를 표현하면 더 좋을 것 같습니다. 이 역시 추가하겠습니다.

```
sns.heatmap(data.corr(), cmap='coolwarm', vmin=-1, vmax=1, annot=True)
```

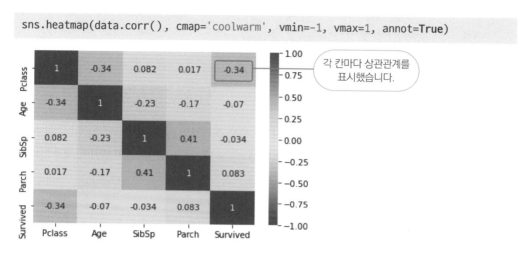

드디어 이상적인 형태의 히트맵이 되었습니다. 파이썬에서는 이와 같이 다양한 매개변수를 추가하여 활용할 수 있습니다. 매개변수는 그래프를 그릴 때 뿐만 아니라, 다양한 모듈에 적용됩니다. 모듈에 따라서 가지고 있는 매개변수가 다르기 때문에, 각 모듈에 맞는 매개변수를 적절히 활용해야 합니다.

5.4 전처리 : 범주형 변수 변환하기(더미 변수와 원-핫 인코딩)

타이타닉 데이터셋에는 자료형이 object인 변수들, 즉 데이터가 숫자가 아닌 문자인 변수가 4개 있습니다. 기본적으로 머신러닝 알고리즘에서는 문자열로 된 데이터를 이해하지 못합니다. object형까지도 처리해주는 알고리즘 대부분은 object 컬럼들을 숫자 데이터로 변환하는 기능을 제공합니다.

object형을 숫자화해봅시다. 단순하게는 각 값(특정 문자)을 숫자로 대체하는 방법이 있습니다. 가령, 계절이라는 변수의 값으로 봄, 여름, 가을, 겨울이 있다면 각각을 1, 2, 3, 4로 대체하는 방법입니다. 때에 따라서는 이 방법이 효과적일 때도 있으나 기본적으로 지양해야 합니다. 특히나 선형 모델에 이 방법을 사용하면 숫자가 상대적인 서열로 인식됩니다. 즉 봄(1)보다 겨울(4)이 더 큰 개념으로 학습됩니다.

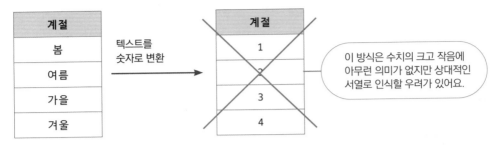

이러한 문제를 피하는 데 더미 변수를 활용합니다. 가장 쉬워보이는 Sex 변수를 가지고 설명하겠습니다. 이 컬럼이 가장 설명하기 쉬운 이유는 값이 male과 female 두 가지뿐이기 때문입니다. 어떻게 변환하는지 아래 테이블을 살펴봐주세요.

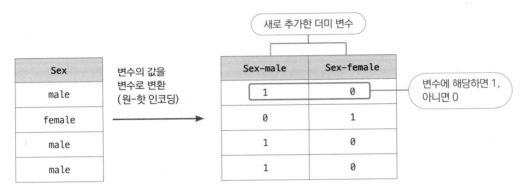

기존에 하나던 컬럼을 각 male과 female 컬럼으로 분리했습니다. 그리고 하나에서 두 개로 늘어난 컬럼에는 변수에 해당하면 1, 해당하지 않으면 0을 숫자로 채웠습니다. 머신러닝에서는 이런 식으로 문자로 된 값을 숫자화하여 이해할 수 있게 됩니다. 이런 식으로 변환하는 것을 '더미dummy 변수를 만든다', 혹은 원-핫 인코딩one-hot encoding이라고 합니다.

> **더미 변수와 원-핫 인코딩**
> 범주 형태(혹은 문자 형태)의 변수를 숫자로 표현하는 방법으로, 변수에 속해 있는 고윳값에 대한 새로운 변수들을 만들어 0과 1로 표현합니다.

Sex에는 값이 male과 female 두 가지 뿐이라 더미 변수 2개가 만들어졌습니다. 그럼 봄, 여름, 가을, 겨울 값이 있는 계절은 어떻게 될까요? 당연히 값 종류만큼 4개 컬럼이 생성되어야 합니다. 원-핫 인코딩을 할 때 한 가지 고려할 사항이 있습니다. 예를 들어 값이 수백 수천 가지라면 어떻게 할까요? 새로운 컬럼을 수백 수천 개나 만들어야 할까요? 정말 중요하면 어떤 수단을 써서라도 숫자화해야겠지만, 그렇지 않다면 데이터에서 제외시키거나 다른 방법으로 처리하는 것이 좋습니다.

타이타닉 데이터셋에 있는 object들을 살펴봅시다. Name, Sex, Ticket, Embarked입니다. 각 변수마다 고윳값이 몇 가지인지 살펴보겠습니다. nunique() 함수로 고윳값 개수를 확인할 수 있습니다. Name부터 하나씩 살펴보겠습니다.

```
data['Name'].nunique()
```
```
889
```

```
data['Sex'].nunique()
```
```
2
```

```
data['Ticket'].nunique()
```
```
680
```

```
data['Embarked'].nunique()
```
```
3
```

Sex에는 이미 알다시피 두 가지 값이 있고, Embarked(승선한 항구)도 3개로 그리 많지 않습니다. 전혀 부담되지 않는 수준입니다. 하지만 Name이나 Ticket은 상황이 좀 다릅니다. 고윳값이 수백 가지라서 더미 변수로 변환시키면 그 수만큼 컬럼이 생깁니다. 여기서 이 변수들이 결과를 도출하는 데 꼭 필요한지를 고민해보아야 합니다. 우선은 이름에 따라 사망 여부가 갈린다고 추론하기는 어렵기 때문에 Name 변수를 큰 고민 없이 제외시킬 수 있습니다. Ticket은 티켓 번호입니다. 중요할 수도 있지만, 이미 Pclass(티켓 클래스)와 컬럼을 가지고 있기 때문에 굳이 Ticket 변수로 무언가 얻어낼 필요는 없을 것 같습니다.

따라서 우리는 Name과 Ticket 변수를 데이터에서 제외하고, 남은 두 object형을 원-핫 인코딩 하겠습니다. 우선 drop() 함수를 사용하여 Name과 Ticket을 제거하고 head() 함수로 제대로 제거되었는지 확인해봅시다.

```
data = data.drop(['Name','Ticket'], axis=1)
```

```
data.head()
```

	Pclass	Sex	Age	SibSp	Parch	Embarked	Survived
0	3	male	22	1	0	S	0
1	1	female	38	1	0	C	1
2	3	female	26	0	0	S	1
3	1	female	35	1	0	S	1
4	3	male	35	0	0	S	0

이제 판다스의 get_dummies( ) 함수를 사용하여 문자 형태의 변수들을 원-핫-인코딩해보겠습니다.

```
pd.get_dummies(data, columns = ['Sex','Embarked'])
```

괄호 안에 데이터 프레임(여기서는 data)을 먼저 써주시고, columns라는 매개변수에 변환시킬 컬럼명을 리스트 형태로 넣으면 됩니다. 그럼 다음과 같은 결과물을 얻게 됩니다. 참고로 이 코드의 결과를 data에 저장하지는 않습니다. 변환된 모습만 출력했습니다.

> Sex에서 2개, Embaked에서 3개, 총 5개의 더미 변수가 새로 생겼습니다.

	Pclass	Age	SibSp	Parch	Survived	Sex_female	Sex_male	Embarked_C	Embarked_Q	Embarked_S
0	3	22	1	0	0	0	1	0	0	1
1	1	38	1	0	1	1	0	1	0	0
2	3	26	0	0	1	1	0	0	0	1
3	1	35	1	0	1	1	0	0	0	1
4	3	35	0	0	0	0	1	0	0	1
...	...	...	...	...	...	...	...	...	...	...
884	2	27	0	0	0	0	1	0	0	1
885	1	19	0	0	1	1	0	0	0	1
886	3	28	1	2	0	1	0	0	0	1
887	1	26	0	0	1	0	1	1	0	0
888	3	32	0	0	0	0	1	0	1	0

예상대로 Sex에서 2개, Embaked에서 3개, 총 5개의 컬럼이 오른쪽에 새로 생겼습니다. 더미 변수가 생기면서 기존에 있던 Sex와 Embarked 컬럼(변수)는 사라졌습니다. 여기서 한 단계만 더 나아가보겠습니다. Sex는 Sex_female과 Sex_male로 분리되었죠. 과연 둘 다 필요할까요? 예를 들어 Sex_male이 0이면 당연히 이 승객은 female에 해당합니다. 둘 중 하나만 남겨도 구분이 가능하겠군요. Embarked도 마찬가지입니다. Embarked_Q와 Embarked_S가 모두 0이면 Embarked_C에 해당하는 승객입니다. 즉, 우리는 더미 변수에서 고윳값 개수보다 하나를 덜 사용해도 구분하는 데 문제가 없습니다. 이렇게 컬럼 개수를 줄여주면 데이터 계산량이 줄어듭니다. 우리가 테이블을 눈으로 확인할 때도 조금이나마 부담을 줄일 수 있습니다. get_dummies( ) 함수는 이 기능도 제공합니다. drop_first 매개변수를 추가하면 됩니다.

```
pd.get_dummies(data, columns = ['Sex','Embarked'], drop_first = True)
```

	Pclass	Age	SibSp	Parch	Survived	Sex_male	Embarked_Q	Embarked_S	Embarked_Q	Embarked_S
0	3	22	1	0	0	1	0	1	0	1
1	1	38	1	0	1	0	0	0	0	0
2	3	26	0	0	1	0	0	1	0	1
3	1	35	1	0	1	0	0	1	0	1
4	3	35	0	0	0	1	0	1	0	1
...	...	...	...	...	...	...	...	...	...	...
884	2	27	0	0	0	1	0	1	0	1
885	1	19	0	0	1	0	0	1	0	1
886	3	28	1	2	0	0	0	1	0	1
887	1	26	0	0	1	1	0	0	0	0
888	3	32	0	0	0	1	1	0	1	0

889 rows × 8 columns

첫 번째 항목을 제거해 Sex에서 1개, Embaked에서 2개, 총 3개의 더미 변수가 새로 생겼습니다. 그만큼 계산양이 줄어듭니다.

기존에는 10개 컬럼이 출력되었는데, 8개로 줄어든 모습입니다. 다만, 앞서 말씀드렸다시피 이 코드는 변환된 모습을 보여줄 뿐 data에 저장하지 않습니다. data에 최종 데이터를 저장해줍시다.

```
data = pd.get_dummies(data, columns = ['Sex','Embarked'], drop_first = True)
```

5.5 모델링 및 예측하기

모델링하기에 앞서 독립변수와 종속변수, 그리고 훈련셋과 시험셋으로 나누어주겠습니다.

```
from sklearn.model_selection import train_test_split

X = data.drop('Survived', axis = 1) # 데이터셋에서 종속변수 제거 후 저장
y = data['Survived'] # 데이터셋에서 종속변수만 저장
X_train, X_test, y_train, y_test = train_test_split(X, y, test_size = 0.2, random_
                                   state = 100) # 학습셋, 시험셋 분리
```

로지스틱 회귀 분석 모듈은 선형 회귀 분석과 마찬가지로 sklearn.linear_model에서 불러올 수 있습니다.

```
from sklearn.linear_model import LogisticRegression # 로지스틱 회귀 임포트
```

4장에서와 동일하게 model이라는 이름 안에 로지스틱 회귀 분석 속성을 부여하고, fit( ) 함수로 훈련시킵니다.

```
model = LogisticRegression() # 로지스틱 회귀 모델 생성
model.fit(X_train, y_train) # 모델 학습
```

예측하는 함수 또한 동일하게 predict( )를 사용합니다.

```
pred = model.predict(X_test) # 예측
```

5.6 예측 모델 평가하기

1장에서는 실젯값과 예측값의 차이를 각각 합산하는 RMSE를 사용해 예측 결과를 평가했습니다.

하지만 이번 데이터 목푯값은 0과 1로 나누어진 이진분류[Binary classification]이기 때문에 RMSE는 평가에 적합하지 않습니다. 다양한 이진분류 평가 지표로는 정확도[accuracy](5장), 오차 행렬(7장), 정밀도[precision](10장), 재현율[recall](10장), F1 Score(10장), 민감도(11장), 특이도(11장), AUC(11장) 등이 있습니다.

그중 가장 간단한 정확도를 사용하겠습니다. 정확도는 예측값과 실젯값을 비교하여 얼마나 맞추었는지를 확인하는 겁니다. 즉 시험셋 100개를 예측하고, 그중 90개를 정확히 맞췄다면 정확도는 0.9가 되고, 모두 맞추면 1.0이 됩니다.

```
from sklearn.metrics import accuracy_score # 정확도 라이브러리 임포트
accuracy_score(y_test, pred) # 실젯값과 예측값으로 정확도 계산
```

```
0.7808988764044944
```

sklearn.metrics에서 평가 모듈을 불러왔습니다. accuracy_score( )에 실젯값과 예측값을 매개변수로 넣어주면 됩니다. 결과를 보면 약 78% 정도의 정확도를 보입니다. 그렇게 나쁜 수준은 아니지만, 그렇다고 엄청 잘 예측하는 모델이라 할 수는 없습니다.

정확도의 좋고 나쁨을 결정하는 절대적인 지표는 없습니다. 이는 처한 상황에 따라 다르게 고려되어야 합니다. 예를 들어 예측하려는 종속변수의 고윳값이 2개가 아닌 10개라면 상대적으로 더 낮은 정확도도 용인될 수 있습니다. 또한 고윳값이 2개인 이진분류에서도 각각의 비율이 어떠한가에 따라 평가 기준이 달라집니다. 가령 0이 95%이고 1이 5%로 구성된 이진분류라면, 정확도가 90%이더라도 좋은 값이라고 볼 수 없습니다. 왜냐하면 이 경우는 머신러닝 모델 없이 모든 값을 0으로 예측하는 편법을 써도 정확도는 95%가 나올 수 있기 때문입니다. 만약 이진분류에서 고윳값이 비슷한 비율로 (약 50:50) 분포되어 있다면, 80% 이상의 정확도 정도면 나쁘지 않다고 보고, 90% 이상의 정확도를 얻어야 괜찮은 결과로 보는 편입니다. 타이타닉 데이터의 경우는 높은 정확도를 기대할 수 있는 조건이기 때문에 78%의 정확도는 아쉬움이 많이 남는 결과입니다. 향후 배울 XGBoost나 LightGBM을 사용하면 더 좋은 정확도를 얻을 수 있을 겁니다.

어떤 변수가 어떤 영향을 미쳤는지 계수를 통하여 확인해봅시다. 방법은 4장 '선형 회귀'와 거의 같습니다. 약간 다른 점이 있어 설명드리겠습니다. 다음은 선형 회귀 분석에서 확인했던 model. coef_의 결과물입니다.

```
array([2.59757578e+02, 1.82169249e+01, 2.77903898e+02, 4.61169867e+02,
       2.39817410e+04])
```

그럼 로지스틱 회귀 분석 모델의 계수도 확인하겠습니다.

```
model.coef_
```

```
array([[-1.18222701, -0.03992812, -0.32136451,  0.00796449, -2.56868467,
        -0.07899451, -0.23563186]])
```

다른 점을 발견했나요? 4장에서는 array( ) 안에 리스트가 [ ]로 된 반면, 이번에는 2중 리스트 형 태인 [[ ]]입니다. 4장에서와 같이 다음 코드로 실행하면 에러가 발생합니다.

```
# X의 컬럼을 사용해 판다스 시리즈로 변환
pd.Series(model.coef_, index = X.columns)


---------------------------------------------------------------------------
ValueError                                Traceback (most recent call last)
<ipython-input-25-4374cac64b97> in <module>()
----> 1 pd.Series(model.coef_, index = X.columns)

1 frames
/usr/local/lib/python3.7/dist-packages/pandas/core/common.py in require_length_
match(data, index)
    530     if len(data) != len(index):
    531         raise ValueError(
--> 532             "Length of values "
    533             f"({len(data)}) "
    534             "does not match length of index "

ValueError: Length of values (1) does not match length of index (7)
```

에러 메시지의 가장 아랫 줄에 이유가 보입니다. 넣은 데이터 model.coef_의 길이는 1인데, 인 덱스 X.columns의 길이는 7이라서 안 된다는 겁니다. 즉 X.columns로 7개 값을 입력한다고 지정했으니, model.coef_ 길이가 7이어야 하는 겁니다.

에러를 피하려면 어떤 방법을 쓰면 될까요? model.coef_ 길이와 X.columns값을 똑같이 맞추면 됩니다. model.coef의 길이가 1이므로 2중으로 씌워진 리스트 안에 있는 리스트를 콕 지정하면 됩니다. 여기서는 첫 번째 값을 인덱싱하면 되는 거죠.

```
len(model.coef_[0]) # 첫 번째 값의 길이 출력
```

```
7
```

[0]으로 인덱싱해주어 원하는 형태를 얻었습니다. 원하는 형태를 얻었으니, Series( )로 계수를 확인하겠습니다.

```
pd.Series(model.coef_[0], index = X.columns)
# model.coef_를 7개 값이 되도록 풀어서 컬럼 이름을 매핑
```

```
Pclass        -1.182227
Age           -0.039928
SibSp         -0.321365
Parch          0.007964
Sex_male      -2.568685
Embarked_Q    -0.078995
Embarked_S    -0.235632
dtype: float64
```

Parch를 제외하고는 모두 음수입니다. 목푯값인 survived가 1이면 생존이고, 0이면 사망이라는 점을 유념하고 변수들의 영향을 해석하겠습니다. 우선 Pclass는 음의 계수를 가지고 있기 때문에 Pclass가 높을수록 생존 가능성이 낮습니다. Pclass는 낮은 숫자일수록 비행기의 퍼스트 클래스처럼 더 비싼 티켓이기 때문에 더 유리하게 작용하지 않았을까 추측해볼 수 있습니다. Age는 낮을수록, 성별은 여성이 생존 가능성이 높습니다. 이미 우리가 알고 있는 타이타닉 이야기와 비슷합니다.

로지스틱 회귀 분석에서는 계수를 단순하게 기울기 값처럼 곱하여 수식을 만들어서는 안 됩니다. 이는 로지스틱 회귀 분석이 선형 회귀 분석에서 한 단계 계산을 더 거치기 때문인데요, 이 부분은 5.8절 '이해하기 : 로지스틱 회귀 분석'에서 자세히 설명하겠습니다.

5.7 이해하기 : 피처 엔지니어링

피처 엔지니어링Feature Engineering이란 기존 데이터를 손보아 더 나은 변수를 만드는 기법입니다(특징 공학 또는 특성 공학이라고도 합니다). 앞에서 경험한 더미 변수를 만드는 일도 일종의 피처 엔지니어링입니다. 더미 변수를 쓰지 않았다면 해당 컬럼(Sex와 Embarked)을 모두 버려야 했으나, 더미 변수로 만들어 예측에 도움이 되는 변수를 얻은 겁니다.

피처 엔지니어링은 머신러닝에 있어서 엄청 중요합니다. 적합한 머신러닝 알고리즘을 선택하고 하이퍼파라미터를 튜닝하는 일도 중요하지만 좋은 피처를 하나 더 마련하는 일만큼 강력한 무기는 없습니다. 여기서 피처라 함은 독립변수의 다른 표현입니다. 독립변수는 흔히 통계 영역에서 쓰이는 용어이고, 피처는 머신러닝에서 더 흔하게 사용됩니다. 이 책에서는 두 용어를 혼용합니다.

피처 엔지니어링에서는 도메인 지식의 활용이 중요합니다. 데이터에 대한 사전 지식이 있으면 어떤 변수를 어떻게 바꾸면 더 나은 피처를 얻을 수 있을지 생각해볼 여지가 있습니다. 물론 도메인 지식 없이 몇몇 변수를 단순히 곱하거나 나누어서 무작위로 다양한 변수들을 만들어내는 것만으로도 도움이 될 때도 있습니다만, 도메인 지식을 바탕으로 정확한 목적을 가지고 수행하는 피처 엔지니어링이 더욱 효율적입니다.

선형 회귀 분석과 로지스틱 회귀 분석을 선형 모델이라고 하는데, 이러한 선형 모델에서는 다중공선성Multicollinearity 문제를 주의해야 합니다. 다중공선성은 독립변수 사이에 상관관계가 높은 때에 발생하는 문제입니다. 예를 들어 두 독립변수 A, B는 모두 목표 변수를 양의 방향으로 이끄는 계수를 가지고 있을 때 A와 B의 상관관계가 매우 높다면, y가 증가한 이유가 A 때문인지 B 때문인지 명확하지 않습니다. 그래서 그때그때 데이터의 특성에 따라 변덕스러운 결과를 보여주는 문제가 발생합니다. 다중공선성 문제는 상관관계가 높은 변수 중 하나를 제거하거나, 둘을 모두 포괄시키는 새로운 변수를 만들거나, PCA와 같은 방법으로 차원 축소를 수행해 해결할 수 있습니다. 이 장에서 다루는 데이터에서는 Parch와 SibSp가 그나마 조금 강한 상관관계를 보였으므로 이 둘을 새로운 변수로 만들겠습니다.

> **PCA**
> PCA는 Principal Component Analysis의 약자로, 주성분 분석이라고도 부릅니다. 차원 축소는 데이터의 차원, 즉 독립변수의 개수를 줄이는 방법을 뜻하는데 13장에서 자세히 다룹니다.

> **다중공선성 문제**
> 변수 간의 강한 상관관계가 있을 때 발생하는 문제. 선형 모델은 독립변수 간의 독립성을 전제로 하기 때문에, 다중공선성 문제를 해결해주는 것이 좋습니다.

사실 꼭 상관관계 수치 때문이 아니더라도, 직관적으로 이 두 변수를 합쳐보고 싶다는 생각이 들수도 있습니다. Parch는 부모와 자식, SibSp는 형제/자매와 배우자로, 결국 모두 가족구성원이라는 공통점이 있습니다. 그렇다면 이 두 변수를 합하여 가족구성원 숫자를 나타내는 변수로 만들어보면 어떨까요? 두 변수를 합하여 family라는 컬럼을 만들고 Parch와 SibSp 컬럼을 제거하겠습니다.

```
data['family'] = data['SibSp'] + data['Parch']     # SibSp와 Parch 변수 합치기
data.drop(['SibSp','Parch'], axis=1, inplace=True) # SibSp와 Parch 변수 삭제
data.head() # 5행 출력
```

> SibSp와 Parch를 family 변수로 합쳤습니다.
> 기존 두 변수는 데이터셋에서 제거했습니다.

	Pclass	Age	Survived	Sex_male	Embarked_Q	Embarked_S	family
0	3	22	0	1	0	1	1
1	1	38	1	0	0	0	1
2	3	26	1	0	0	1	0
3	1	35	1	0	0	1	1
4	3	35	0	1	0	1	0

원하던 형태로 잘 변경되었습니다. 드디어 피처 엔지니어링을 마쳤으니 이 데이터를 가지고 모델링 과정부터 평가까지 다시 진행하겠습니다.

```
X = data.drop('Survived', axis = 1)
y = data['Survived']
X_train, X_test, y_train, y_test = train_test_split(X, y, test_size = 0.2,
random_state = 100) # 학습셋, 시험셋 준비
model = LogisticRegression() # 모델 생성
model.fit(X_train, y_train)  # 학습
pred = model.predict(X_test) # 예측
accuracy_score(y_test, pred) # 정확도 계산
```

```
0.7921348314606742
```

총 독립변수 수가 하나 줄어지만 기존보다 정확도가 0.012 정도 높아졌습니다. 이렇게 모델링은 한 번만에 끝내는 것이 아니라, 다양한 시도를 해가며 수없이 재반복해 더 나은 결과물을 얻어내는 과정입니다.

여기서는 0.4 정도의 상관관계가 있는 변수를 합쳐주면 더 좋은 결과를 얻을 수 있을 겁니다. 그런데 언제나 유효한 기준은 아닙니다. 피처 엔지니어링에는 정답이 없습니다. 데이터 특성이나 도메인 지식에 따라 무궁무진하게 확장할 수 있습니다. 물론, 그 어떤 피처 엔지니어링도 수행할 수 없는 경우도 있겠죠. 그렇기 때문에 피처 엔지니어링은 매우 중요하면서도 아주 까다롭습니다.

5.8 이해하기 : 로지스틱 회귀

우선 아주 근본적인 질문에서부터 시작하겠습니다. 타이타닉 데이터와 같은 이진분류 문제에, 즉 목푯값이 0과 1로 구성된 때는 왜 선형 회귀 분석을 사용하지 않을까요? 0과 1도 어차피 숫자인데 말이죠. 선형 회귀 분석을 적용시킬 수 없는 건 아닙니다만 그 결괏값은 우리가 예상하는 형태가 아니게 됩니다. 아래 그래프를 예시로 들어 설명하겠습니다.

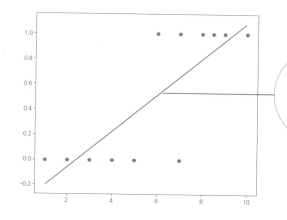

0과 1만 갖는 이진분류에 회귀 분석을 적용하니까 0과 1 사이에 있는 값도 가질 수 있는 직선으로 예측이 됩니다. 또한 1과 0을 벗어나는 예측값도 나오게 됩니다. 이는 원하는 올바른 예측이 아닙니다.

독립변수가 단 1개만 존재하고(x축), 목푯값은 0과 1만 있는 데이터입니다. 각 데이터는 점으로 표시했으며, 이를 선형 회귀 분석으로 모델링하면 빨간선 같은 형태의 모델을 얻을 수 있습니다. 전반적으로 독립변수 x가 클 수록 y값이 1일 확률이 높아지는 형태입니다. 그런데 문제는, x값이 특정 범위가 넘어서면 크게는 1 이상으로 넘어가고, 작게는 0 아래로 내려가서 마이너스의 값을 예측합니다.

목푯값은 0과 1입니다. 따라서 예측값이 그 사이에 있어야 합니다. 물론 범위를 넘어선 값들을 강제로 1과 0으로 귀속시킬 수도 있습니다. 예를 들어 예측값이 1.7이라면 1로 강제로 변경해주고, -0.3이 나오면 0으로 변경해주도록 알고리즘을 만드는 거죠. 하지만 이러한 예측은 그다지 정확하지 못할 겁니다.

우리는 이진분류 문제에서 목푯값은 0과 1이므로 예측값이 해당 범위 안에서 나오기를 바랍니다. 로지스틱 회귀 분석은 이러한 문제를 해결해줍니다. 로지스틱 회귀 분석은 로지스틱 함수Logistic function를 사용하여 선형 회귀 분석의 직선 형태를 다음과 같은 그림으로 변형시켜줍니다.

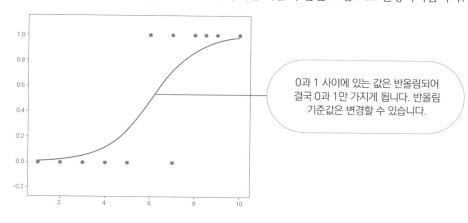

0과 1 사이에 있는 값은 반올림되어 결국 0과 1만 가지게 됩니다. 반올림 기준값은 변경할 수 있습니다.

곡선을 그리면서 한없이 1과 0에 가까워지는 형태입니다. 때문에 로지스틱 회귀 분석에서의 예측값은 절대 1과 0사이를 벗어나지 않게 됩니다.

그런데 우리가 코딩을 통하여 로지스틱 회귀 분석의 예측값을 확인했을 때 분명 값들이 0과 1로만 구성되어 있습니다. 하지만 위 그래프를 보면 0과 1 사이의 수많은 수들, 예를 들어 0.3이나 0.7 같은 예측값도 나올 수 있을 것으로 보입니다. 이미 알아차리신 분도 계시겠지만, 예측값 0.3은 Yes일 확률이 30%, 0.7은 70%를 의미합니다. 실제로 이 모델은 0과 1로만 구성된 결괏값이 아닌 수많은 다른 예측값을 계산해내지만, 기본적으로 0.5를 기준으로 1과 0으로 변환시킨 값을 보여줍니다. 0과 1사이의 구체적인 수들을 얻고 싶다면 predict( ) 대신 predict_proba( )를 사용해야 합니다(11장 'LightGBM : 이상거래 예측하기'에서는 0.5가 아닌 다른 기준값으로 0과 1을 분류하는 실습도 진행합니다).

다음은 로지스틱 회귀 분석의 공식입니다. e는 자연로그의 밑 (2.718)이고, 지수부 $a+bX$는 4장에서 다룬 1차 함수의 형태와 같습니다. 즉, 로지스틱 회귀 분석은 선형 회귀 분석의 공식을 한 번 더 변환한 형태입니다.

$$P = \frac{e^{a\,+\,bX}}{1+e^{a\,+\,bX}}$$

이 책이 머신러닝 입문자를 대상으로 하는만큼, 여기에서는 수식에 대한 도출까지는 다루지 않겠습니다. 수식의 도출보다는 알고리즘의 기본적인 원리를 이해하는 데 집중해주세요.

학습 마무리

타이타닉 승객 정보 데이터셋을 이용해 생존 여부를 예측하는 모델을 만들어보았습니다. 이 과정을 되짚어보겠습니다.

되짚어보기

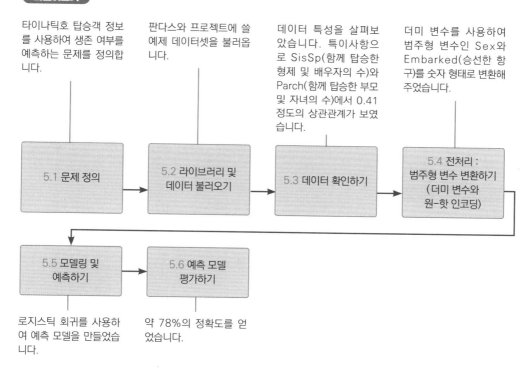

타이나틱호 탑승객 정보를 사용하여 생존 여부를 예측하는 문제를 정의합니다.

판다스와 프로젝트에 쓸 예제 데이터셋을 불러옵니다.

데이터 특성을 살펴보았습니다. 특이사항으로 SisSp(함께 탑승한 형제 및 배우자의 수)와 Parch(함께 탑승한 부모 및 자녀의 수)에서 0.41 정도의 상관관계가 보였습니다.

더미 변수를 사용하여 범주형 변수인 Sex와 Embarked(승선한 항구)를 숫자 형태로 변환해주었습니다.

5.1 문제 정의 → **5.2 라이브러리 및 데이터 불러오기** → **5.3 데이터 확인하기** → **5.4 전처리 : 범주형 변수 변환하기 (더미 변수와 원-핫 인코딩)**

5.5 모델링 및 예측하기 → **5.6 예측 모델 평가하기**

로지스틱 회귀를 사용하여 예측 모델을 만들었습니다.

약 78%의 정확도를 얻었습니다.

과제

피처 엔지니어링 과정에서 family 변수를 만드는 대신, Parch나 SibSp 중 하나를 제거하는 방법으로 했을 때의 예측률도 확인해보세요. 피처 엔지니어링에 대한 또 다른 아이디어가 떠오른다면 다양하게 시도해보고 더 나은 예측률이 나오는 모델을 만들어봅시다.

1 **로지스틱 회귀** : 선형 회귀 분석을 기반으로 한 모델로, 연속형 종속변수가 아닌 이진분류 문제를 위한 알고리즘입니다.

2. **피처 엔지니어링** : 기존 변수에서 더 나은 변수를 도출해내는 작업입니다. Parch와 SibSp를 사용해 새로운 변수 family를 만들어보았습니다.

3 **상관관계** : 두 변수 간의 연관성을 나타내는 것으로, 상관관계가 높으면 절댓값이 1에 가깝습니다.

4 **PCA** : Principal Component Analysis의 약자로, 주성분 분석이라고도 부릅니다.

5 **다중공선성 문제** : 변수 간의 강한 상관관계가 있을 때 발생하는 문제. 선형 모델은 독립변수 간의 독립성을 전제로 하기 때문에 다중공선성 문제를 해결해 주는 것이 좋습니다.

6 **더미 변수와 원-핫 인코딩** : 범주 형태(혹은 문자 형태)의 변수를 숫자로 표현하는 방법입니다. 변수에 속해 있는 고윳값에 대한 새로운 변수들을 만들어 1과 0으로 표현합니다(해당 변수는 1, 나머지 변수는 0).

1 len( ) : 데이터의 길이 확인

2 pandas.DataFrame.**nunique**( ) : 고윳값의 개수 확인

3 pandas.DataFrame.**drop**( ) : 데이터프레임의 행/열 제거

4 pandas.**get_dummies**( ) : 더미 변수로 변환

5 sns.**heatmap**( ) : 히트맵 그리기

연습 문제

1 다음 상관관계를 설명한 내용 중 틀린 것은?

❶ 두 변수 간의 상관관계를 나타내는 척도다.

❷ 상관관계가 작으면 -1, 높으면 1에 가까운 숫자를 보인다.

❸ 변수 간의 상관관계가 높은 경우 선형 모델에 안 좋은 영향을 미칠 수 있다.

❹ 파이썬에서는 corr( ) 함수로 확인할 수 있다.

2 더미 변수에 대한 설명 중 옳지 않은 것은?

❶ 여러 머신러닝 알고리즘이 문자형 데이터를 소화할 수 없기 때문에 필요하다.

❷ 더미 변수로 변환해도, 총 변수의 개수는 항상 기존과 동일하게 유지된다.

❸ 문자형 데이터를 0과 1의 숫자형 데이터로 변환해준다.

❹ 새로 생성되는 더미 변수에서 1개를 제외해도 상관없다.

3 다음 중 선형 회귀 분석이 아닌 로지스틱 회귀가 필요한 경우는?

❶ 100,000~999,000원으로 분포된 매출액 예측

❷ 150~190cm로 분포된 학생의 키 예측

❸ 0과 1로 표현된 암 진단 예측

❹ 100점 만점의 시험 점수 예측

1 정답 ❷ 상관관계가 작으면 −1, 높으면 1에 가까운 숫자를 보인다.

   해설 상관관계가 작으면 절댓값이 0에 가까운 숫자를 크면 절댓값이 1에 가까운 숫자를 보입니다.

2 정답 ❷ 더미 변수로 변환해도, 총 변수의 개수는 항상 기존과 동일하게 유지된다.

   해설 더미 변수로 변환하면, 고윳값 개수만큼 변수가 늘어납니다.

3 정답 ❸ 0과 1로 표현된 암 진단 예측

   해설 ❶ 100,000~999,000원으로 분포된 매출액 예측   ← 연속형 변수이므로 선형 회귀 분석을 사용합니다.

   ❷ 150~190cm로 분포된 학생의 키 예측   ← 연속형 변수이므로 선형 회귀 분석을 사용합니다.

   ❸ 0과 1로 표현된 암 진단 예측   ← 0과 1로 나타낸 이진분류이므로 로지스틱 회귀가 필요합니다.

   ❹ 100점 만점의 시험 점수 예측   ← 연속형 변수이므로 선형 회귀 분석을 사용합니다.

K-최근접 이웃(KNN)
와인 등급 예측하기

학습 목표

K-최근접 이웃^{K Nearest Neighbors}, KNN 모델로 와인 데이터셋을 분석해 와인 등급을 예측하고 작동 원리를 이해합니다. 종속변수가 범주형이며, 개수가 3개 이상인 다중분류^{Multiclassification}를 다룹니다.

학습 순서

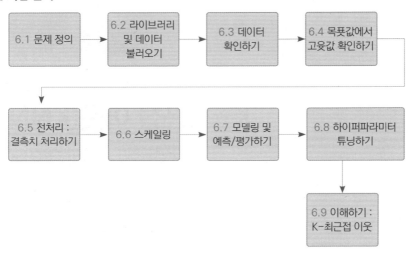

K-최근접 이웃 소개

K-최근접 이웃은 거리 기반 모델입니다. 지금까지 다룬 알고리즘들과 달리 선형 관계를 전제로 하지 않습니다. 즉 각 데이터 간의 거리를 활용해서 새로운 데이터를 예측하는 모델입니다. 이때 가까이에 있는 데이터를 고려하여 예측값이 결정됩니다. K Nearest Neighbors라는 이름은 이를 잘 반영하고 있는데, K개의 가장 가까운 이웃 데이터에 의해 예측된다는 의미입니다.

▼ TOP 10 선정 이유

다중분류 문제에서 가장 간편히 적용할 수 있는 알고리즘입니다. 물론 최신 알고리즘들도 다중분류 문제에 사용하나, 데이터가 크지 않고 예측이 까다롭지 않은 상황에서 KNN을 사용하면 신속하고 쉽게 예측 모델을 구현할 수 있습니다. 이러한 특성으로 베이스라인 모델로도 사용합니다.

▼ 예시 그래프

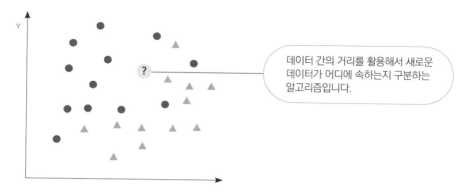

데이터 간의 거리를 활용해서 새로운 데이터가 어디에 속하는지 구분하는 알고리즘입니다.

▼ 장단점

장점	단점
• 수식에 대한 설명이 필요 없을 만큼 직관적이고 간단합니다. • 선형 모델과 다르게 별도의 가정이 없습니다(예를 들어 선형 회귀는 독립변수와 종속변수의 선형 관계를 가정하고 있기 때문에, 이 가정이 들어맞지 않는 데이터에 취약하나, KNN은 이러한 가정이 없어서 더 자유롭습니다).	• 데이터가 커질수록 상당히 느려질 수 있습니다. • 아웃라이어에 취약합니다. **아웃라이어** 평균치에서 크게 벗어나는 데이터를 의미합니다. 이상치라고도 합니다. 예를 들어 한국 축구 선수들의 연봉에 대한 데이터가 있을 때, 평균 연봉은 약 2억이고 스타 플레이어의 연봉이 150억 이상인 경우 스타 플레이어의 연봉을 아웃라이어라고 부릅니다.

▼ 유용한 곳

• 주로 분류Classification에서 사용되며, 로지스틱 회귀Logistic Regression로 해결할 수 없는 3개 이상의 목표 변수들도 분류할 수 있습니다.

• 작은 데이터셋에 적합합니다.

6.1 문제 정의 : 한눈에 보는 예측 목표

문제 정의

신의 물방울이라 불리는 와인을 좋아하시는 분이 적지 않을 겁니다. 화이트 와인, 로제 와인, 스파클링 와인 등 종류와 맛이 너무 많아서 뭐가 좋은지 구분하기 쉽지 않습니다. 내가 좋아하는 맛을 선택하면 그만이지만, 이왕이면 합리적인 선택으로 이어지면 더 좋겠죠. 알코올 도수, 말산, 마그네슘, 색조 같은 정보가 들어 있는 와인 데이터셋을 구해 와인 등급을 예측해보면 도움이 될 겁니다.

▼ 예측 목표

미션	와인 정보가 들어 있는 데이터셋을 이용해 와인 등급을 예측하라.		
난이도	★☆☆		
알고리즘	KNN		
데이터셋 파일명	wine.csv	**종속변수**	class(등급)
데이터셋 소개	와인에 대한 데이터입니다. 총 3가지 목푯값으로 이루어진 범주형 변수이기 때문에 다중분류(multiclassification) 문제에 해당합니다. 알코올, 말산, 마그네슘, 색조 등이 독립변수로, 와인 등급인 class를 종속변수로 사용합니다		
문제 유형	분류	**평가지표**	정확도
사용한 모델	KNeighborsClassifier		
사용 라이브러리	• numpy (numpy==1.19.5) • pandas (pandas==1.3.5) • seaborn (seaborn==0.11.2) • matplotlib (matplotlib==3.2.2) • sklearn (scikit-learn==1.0.2)		
예제 코드	• 위치 : colab.research.google.com/github/musthave-ML10/notebooks/blob/main/ • 파일 : 06_KNN.ipynb		

6.2 라이브러리 및 데이터 불러오기

판다스, 넘파이, 맷플롯립, 시본 라이브러리를 불러오겠습니다. 넘파이는 아직 사용하지 않았고 이 장에서도 사용할 일은 없지만, 이 4가지 라이브러리는 머신러닝에 있어서 필수입니다. 이 장에서부터는 습관적으로 불러오겠습니다.

```
import pandas as pd        # 판다스 라이브러리 임포트
import numpy as np         # 넘파이 라이브러리 임포트
import matplotlib.pyplot as plt # 맷플롯립 라이브러리 임포트
import seaborn as sns              # 시본 라이브러리 임포트

file_url = 'https://media.githubusercontent.com/media/musthave-ML10/data_source/
main/wine.csv'
data = pd.read_csv(file_url) # 데이터셋 읽기
```

6.3 데이터 확인하기

우선 head( ) 함수를 호출해 데이터가 어떻게 생겼는지 확인합니다.

```
data.head()    # 상위 5행 출력
```

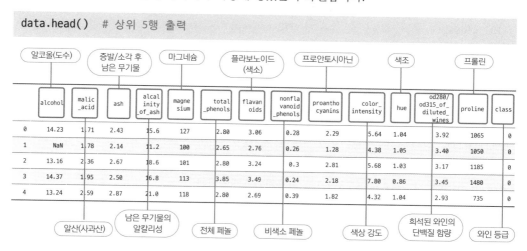

	alcohol	malic_acid	ash	alcalinity_of_ash	magnesium	total_phenols	flavanoids	nonflavanoid_phenols	proanthocyanins	color_intensity	hue	od280/od315_of_diluted_wines	proline	class
0	14.23	1.71	2.43	15.6	127	2.80	3.06	0.28	2.29	5.64	1.04	3.92	1065	0
1	NaN	1.78	2.14	11.2	100	2.65	2.76	0.26	1.28	4.38	1.05	3.40	1050	0
2	13.16	2.36	2.67	18.6	101	2.80	3.24	0.3	2.81	5.68	1.03	3.17	1185	0
3	14.37	1.95	2.50	16.8	113	3.85	3.49	0.24	2.18	7.80	0.86	3.45	1480	0
4	13.24	2.59	2.87	21.0	118	2.80	2.69	0.39	1.82	4.32	1.04	2.93	735	0

가장 우측의 class가 목표 변수이며 나머지 12개 변수는 독립변수입니다. 와인의 성분/성질에 대한 정보임을 알 수 있습니다.

한눈에 봐도 숫자로만 구성된 데이터지만 info( ) 함수를 사용하여 살펴보겠습니다.

```
data.info()   # 변수 특징 출력

<class 'pandas.core.frame.DataFrame'>
RangeIndex: 178 entries, 0 to 177
```

```
Data columns (total 14 columns):
 #    Column                       Non-Null Count   Dtype
---   ------                       --------------   -----
 0    alcohol                      176 non-null     float64
 1    malic_acid                   178 non-null     float64
 2    ash                          178 non-null     float64
 3    alcalinity_of_ash            178 non-null     float64
 4    magnesium                    178 non-null     int64
 5    total_phenols                178 non-null     float64
 6    flavanoids                   178 non-null     float64
 7    nonflavanoid_phenols         173 non-null     float64
 8    proanthocyanins              178 non-null     float64
 9    color_intensity              178 non-null     float64
 10   hue                          178 non-null     float64
 11   od280/od315_of_diluted_wines 178 non-null     float64
 12   proline                      178 non-null     int64
 13   class                        178 non-null     int64
dtypes: float64(11), int64(3)
memory usage: 19.6 KB
```

> 178개가 있어야 하는데 176이므로 결측치가 2개

> 178개가 있어야 하는데 173이므로 결측치가 5개

모두 숫자로 된 변수이기 때문에 Dtype은 예상대로 int형 아니면 float형입니다. 그리고 전체 데이터 길이는 178로, 상당히 작습니다. 그런데 Non-Null Count값이 다른 변수가 있습니다. alcohol은 178이 아닌 176입니다. 이 변수에 2개의 결측치$^{Missing value}$가 있다는 의미입니다. nonflavanoid_phenols는 173이므로 결측치가 5개입니다.

결측치는 쉽게 말해서 값이 비어 있다는 의미입니다. 다음과 같이 엑셀 파일에서 특정 셀의 값이 비어 있는 모습을 생각하면 됩니다.

Column A	Column B	Column C	Column D	Column E
100	1	4		13
98	3	3	50	7
2		2	0	8
13	45	11	233	10
2	30	31	1	14

> 결측치

파이썬에서는 이러한 결측치를 Null, na, NaN 등으로 표현합니다. 사용하는 모듈마다 다른 방식을 사용합니다.

마지막으로 통계적 정보를 살펴봅시다.

결측치

	alcohol	malic_acid	ash	alca linity_ of_ash	magnesium	total_ phenols	flavanoids	nonfl avanoid_ phenols	proantho cyanins
count	176.000000	178.000000	178.000000	178.000000	178.000000	178.000000	178.000000	173	178
mean	12.989091	2.336348	2.366517	19.494944	99.741573	2.295112	2.029270	0.36237	1.590899
std	0.804431	1.117146	0.274344	3.339564	14.282484	0.625851	0.998859	0.126153	0.572359
min	11.030000	0.740000	1.360000	10.600000	70.000000	0.980000	0.340000	0.13	0.41
25%	12.355000	1.602500	2.210000	17.200000	88.000000	1.742500	1.205000	0.26	1.25
50%	13.050000	1.865000	2.360000	19.500000	98.000000	2.355000	2.135000	0.34	1.555
75%	13.672500	3.082500	2.557500	21.500000	107.000000	2.800000	2.875000	0.45	1.95
max	14.750000	5.800000	3.230000	30.000000	162.000000	3.880000	5.080000	0.66	3.58

여기에서도 count를 통해 alcohol과 nonflavanoid_phenols 변수에 결측치가 있음을 다시한번 확인해볼 수 있습니다.

여기에서 강조하고 싶은 부분은 크게 두 가지입니다. 첫째는 변수마다 값의 범위가 상당히 다르다는 겁니다. 예를 들어 nonflavanoid_phenols는 최솟값이 0.13이고 최댓값은 0.66인데, proline은 최솟값이 278이고 최댓값은 1680입니다. 이런 경우를 두고 변수의 스케일이 다르다고 하는데, 이는 거리 기반 알고리즘인 KNN에서는 문제가 될 수 있기 때문에 잠시 후 이 문제를 다루는 스케일링을 할 예정입니다.

> **스케일링(scaling)**
> 독립변수의 범위를 동일한 수준으로 만드는데 사용되는 방법

두 번째는 아웃라이어입니다. 몇몇 변수에서 75%와 max값의 차이가 유독 두드러진 경우가 있습니다. 예를 들어 color_intensity는 min부터 75%까지는 비교적 고른 패턴으로 증가하다가 75%와 max를 비교해보면 6.2에서 13으로 갑자기 2배 이상 증가합니다. 이러한 아웃라이어는 경우에 따라 모델링에 영향을 미칠 수 있으므로 확인해두시는 것이 좋습니다. 지금은 아웃라이어가 있을 수 있다는 점만 명심해두고 넘어가겠습니다.

6.4 목푯값에서 고윳값 확인하기

이전 장에서는 목푯값을 별도로 확인하지 않았으나, 이번에는 확인하고 넘어가겠습니다. 목푯값의 특성에 따라, 즉 연속형 변수인지, 0과 1로 이루어진 이진binary 변수인지, 아니면 3개 이상으로 된 범주형 변수인지에 따라 적합한 알고리즘이 다르기 때문에 필요에 따라 확인하면 됩니다.

예를 들어 연속형 변수는 head( ) 함수로 출력해 한눈에 파악이 가능하기 때문에 별도의 확인 작업이 필요 없습니다. 명백하게 목표 변수가 0과 1로 이루어졌다는 것을 이미 알고 있는 데이터라면 역시 확인 작업이 불필요합니다.

다만 지금처럼 새로운 데이터를 다루고 있고, 목표 변수가 어떤 값들로 구성되어 있는지 알지 못할 때는 다음과 같은 방법으로 확인할 수 있습니다.

```
data['class'].unique() # 목표 변수의 고윳값 출력
```

```
array([0, 1, 2])
```

data에서 class라는 변수를 인덱싱하여 뒤에 unique( ) 함수를 사용하면 어떤 값들로 구성된 변수인지를 확인할 수 있습니다. class에는 0, 1, 2라는 고윳값 3가지가 있습니다. 즉 와인을 세 등급으로 나누고 있습니다. 고윳값 개수를 확인하려는 목적은 이미 달성했지만, 이와 관련된 코드를 몇 가지 더 실습합니다.

```
data['class'].nunique() # 고윳값 가짓수 출력
```

```
3
```

unique( )는 어떤 값이 있는지 하나하나 보여주지만, nunique( )는 고윳값 개수를 바로 알려줍니다. 가령 고윳값들이 너무 많아서 unique( )를 통해 하나하나 세어보기 어려울 때, nunique( )를 쓰면 쉽게 확인할 수 있습니다.

다음은 각 고윳값이 몇 개씩 있는지 확인하는 코드입니다.

```
data['class'].value_counts() # 각 고윳값에 해당하는 개수 출력
```

```
1    71
```

```
0      59
2      48
Name: class, dtype: int64
```

결괏값은 수가 많은 것부터 순차적으로 나열되는데, 이 데이터에서는 class 1이 71개, class 0이 59개, 그리고 class 2가 48개입니다.

unique( ), nunique( ), value_counts( )는 서로 비슷한 정보를 제공합니다. 예를 들어 이 데이터에서 value_counts( ) 함수를 가장 먼저 확인했다면 고윳값이 3개이고, 각각 몇 개씩인지도 단번에 확인할 수 있습니다. 그러면 굳이 unique( )나 nunique( ) 함수를 또 사용할 필요가 없습니다. 조금 더 구체적이냐, 더 요약된 정보이냐의 차이이기 때문입니다. 목적에 따라 필요한 함수만 사용하면 됩니다.

마지막으로 value_counts( ) 함수를 호출해 확인한 값을 막대 그래프Barplot로 그려보겠습니다. 그래프를 그리는 데 시본의 barplot( ) 함수를 사용합니다.

```
sns.barplot(x = data['class'].value_counts().index, y = data['class'].value_
counts()) # 막대 그래프 생성 및 출력
```

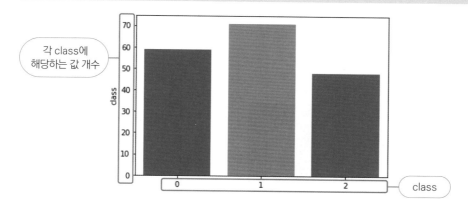

코드는 위와 같이 x축, y축에 해당하는 데이터를 각각 지정해주면 됩니다. value_counts( ) 함수의 결괏값은 한 열짜리 데이터인 판다스 시리즈 형태입니다. 여기서 class라는 변수의 값(0, 1, 2)을 x축으로, 각 클래스에 해당하는 값의 개수(59, 71, 48)를 y축으로 보내주면 됩니다.

x값을 입력할 때 data['class'].value_counts( ) 끝에 .index를 붙였습니다. value_counts( ) 함수의 출력이 한 줄짜리 데이터입니다(인덱스와 해당하는 값을 모두 출력합니다).

```
1    71
0    59
2    48
Name: class, dtype: int64
```

판다스 시리즈나 데이터 프레임에 이처럼 .index를 사용하면 인덱스만을 따로 뽑아낼 수 있습니다. 정말 그런지 다음과 같이 .index를 추가해보세요.

```
data['class'].value_counts().index # 인덱스만 출력
```

```
Int64Index([1, 0, 2], dtype='int64')
```

단순한 그래프 하나 그리는 데 코드가 복잡해보이죠? 구조만 잘 이해하면 복잡하지 않으니 항상 데이터의 구조를 이해하는 습관을 들이기 바랍니다.

사실 이 그래프는 value_counts() 함수와 상관 없이, sns의 countplot()을 이용하면 더욱 쉽게 구현할 수 있습니다. 괄호 안에 원하는 데이터를 입력해주면, 위와 동일한 그래프를 그려줍니다.

```
sns.countplot(data['class'])
```

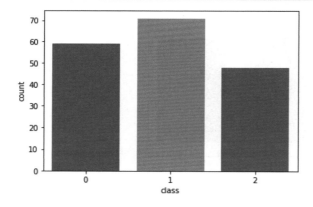

6.5 전처리 : 결측치 처리하기

6.3절 '데이터 확인하기'에서 info( )와 describe( ) 함수를 호출해 일부 변수에 결측치가 있다는 사실을 확인했습니다. 이번에는 결측치를 처리하는 방법을 알아봅니다. 그에 앞서 결측치를 확인하는 또 다른 방법부터 배워보겠습니다.

6.5.1 결측치를 쉽게 확인하는 방법

우선 결측치 유무를 확인하는 가장 직접적인 방법은 isna( )[1] 함수를 쓰는 겁니다.

```
data.isna( ) # 값을 결측치 여부에 따라 TRUE/FALSE로 변환
```

TRUE는 결측치라는 의미입니다.   FALSE는 결측치가 아님을 의미합니다.

	alcohol	malic_acid	ash	alcal inity_ of_ash	magn esium	total_ phenols	flav anoids	nonfl avanoid_ phenols	proantho cyanins	color_ intensity	hue	od280/ od315_of_ diluted_ wines	proline	class
0	False	False	False	False	False	False	False	False	False	False	False	False	False	False
1	True	False	False	False	False	False	False	False	False	False	False	False	False	False
2	False	False	False	False	False	False	False	False	False	False	False	False	False	False
3	False	False	False	False	False	False	False	False	False	False	False	False	False	False
4	False	False	False	False	False	False	False	False	False	False	False	False	False	False
...	...	...	...	...	...	...	...	...	...	...	...	...	...	...
173	False	False	False	False	False	False	False	False	False	False	False	False	False	False
174	False	False	False	False	False	False	False	False	False	False	False	False	False	False
175	False	False	False	False	False	False	False	False	False	False	False	False	False	False
176	False	False	False	False	False	False	False	False	False	False	False	False	False	False
177	False	False	False	False	False	False	False	False	False	False	False	False	False	False

출력 결과를 보면 알 수 있듯이 각 값이 결측치인지 아닌지를 True/False로 나타내줍니다. alcohol 컬럼의 1라인은 True입니다. 결측치가 들어 있다는 의미입니다. head( ) 함수에서는 결측치를 NaN으로 표시했죠. 이런 식으로 하나하나 확인하는 방식은 비효율적입니다. 또 다른 함수를 조합하면 이 문제를 해결할 수 있습니다.

우선 판다스에서 컬럼별 합과 평균을 구하는 방법을 알아보고 조합해봅시다. 다음과 같이 sum( ) 함수를 쓰면 각 컬럼별 합을 보여줍니다.

---

[1] isnull( )도 사용 가능합니다.

```
data.sum()  # 변수별 합 출력

alcohol                         2286.080000
malic_acid                       415.870000
ash                              421.240000
alcalinity_of_ash               3470.100000
magnesium                      17754.000000
total_phenols                    408.530000
flavanoids                       361.210000
nonflavanoid_phenols              62.690000
proanthocyanins                  283.180000
color_intensity                  900.339999
hue                              170.426000
od280/od315_of_diluted_wines     464.880000
proline                       132947.000000
class                            167.000000
dtype: float64
```

isna()와 sum() 함수를 조합하여 결측치를 확인합니다. 다음과 같이 마침표를 사용하여 함수를 붙여나가면 됩니다.

```
data.isna().sum()  # 값을 TRUE/FALSE로 변환 후 합 출력

alcohol                        2
malic_acid                     0
ash                            0
alcalinity_of_ash              0
magnesium                      0
total_phenols                  0
flavanoids                     0
nonflavanoid_phenols           5
proanthocyanins                0
color_intensity                0
hue                            0
od280/od315_of_diluted_wines   0
proline                        0
class                          0
dtype: int64
```

결괏값을 보면 alcohol 컬럼에는 결측치가 2개, nonflavanoid_phenols 컬럼에는 5개가 있네요. 어떻게 이런 결과를 얻을 수 있었던 걸까요? 이 코드를 이해하려면 파이썬에서 True와 False의 특징을 알아야 합니다. True/False은 불리언 자료형입니다. 파이썬에서는 이러한 불리언을 연산할 때 False는 0, True는 1로 자동으로 인식합니다. 그래서 처음 isna() 함수만으로 확인했을 때는 True/False와 같은 형식으로 결괏값이 나타났지만, sum()으로 계산할 때는 자동적으로 0과 1로 인식되어 계산이 된 겁니다.

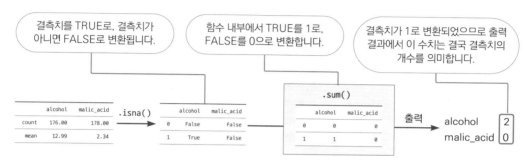

mean() 함수는 컬럼별 평균값을 보여줍니다.

```
data.mean() # 평균 출력
```

alcohol	12.989091
malic_acid	2.336348
ash	2.366517
alcalinity_of_ash	19.494944
magnesium	99.741573
total_phenols	2.295112
flavanoids	2.029270
nonflavanoid_phenols	0.362370
proanthocyanins	1.590899
color_intensity	5.058090
hue	0.957449
od280/od315_of_diluted_wines	2.611685
proline	746.893258
class	0.938202
dtype: float64	

이번에는 isna()와 mean()을 결합하여 확인합니다.

```
data.isna().mean()  # 값을 TRUE/FALSE로 변환 후 평균 출력
```

```
alcohol                          0.011236
malic_acid                       0.000000
ash                              0.000000
alcalinity_of_ash                0.000000
magnesium                        0.000000
total_phenols                    0.000000
flavanoids                       0.000000
nonflavanoid_phenols             0.028090
proanthocyanins                  0.000000
color_intensity                  0.000000
hue                              0.000000
od280/od315_of_diluted_wines     0.000000
proline                          0.000000
class                            0.000000
dtype: float64
```

이번에도 역시 alcohol과 nonflavanoid_phenols 컬럼에만 0이 아닌 숫자가 보입니다. 0과 1로 구성된 값들을 평균냈기 때문에, 이 값은 해당 컬럼에 몇 퍼센트나 결측치가 있는지를 보여줍니다. alcohol에 약 1.12%, nonflavanoid_phenols에 약 2.81%가 결측치군요.

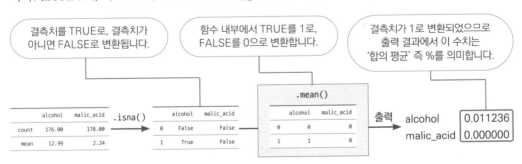

이처럼 isna()와 mean() 두 함수의 조합으로 결측치 비율을 매우 효율적으로 확인할 수 있습니다. 이어서 결측치 비율을 고려하여 결측치를 처리하는 방법이 어떻게 달라지는지 알아보겠습니다.

6.5.2 결측치를 처리하는 방법

결측치를 처리하는 결측치 행 제거, 결측치 컬럼 제거, 결측치 채우기 방법을 알아보겠습니다. 가장 손쉬운 해결 방법은 결측치가 있는 줄을 지워버리는 겁니다.

방식1 결측치 행 제거하기 : dropna()

결측치가 있는 행을 제거해보겠습니다. 현재 데이터에 결측치가 5개 있으므로 해당 5줄만 지우면 결측치 문제가 해결되는 거죠. dropna( ) 함수를 사용해 해당 줄을 제거할 수 있습니다.

```
data.dropna() # 결측치가 있는 행 제거
```

	alcohol	malic_acid	ash	alcal inity _of_ash	magn esium	total_ phenols	flava noids	nonflavan oid_phenols	proantho cyanins	color_ intensity	hue	od280/ od315_of_ diluted_ wines	proline	class
0	14.23	1.71	2.43	15.60	127.00	2.80	3.06	0.28	2.29	5.64	1.04	3.92	1065	0
2	13.16	2.36	2.67	18.60	101.00	2.80	3.24	0.30	2.81	5.68	1.03	3.17	1185	0
3	14.37	1.95	2.50	16.80	113.00	3.85	3.49	0.24	2.18	7.80	0.86	3.45	1480	0
4	13.24	2.59	2.87	21.00	118.00	2.80	2.69	0.39	1.82	4.32	1.04	2.93	735	0
5	14.20	1.76	2.45	15.20	112.00	3.27	3.39	0.34	1.97	6.75	1.05	2.85	1450	0
...	...	...	...	...	...	...	...	...	...	...	...	...	...	...
173	13.71	6	2.45	20.5	95	1.68	0.61	0.52	1.06	7.7	0.64	1.74	740	2
174	13.40	4	2.48	23.0	102	1.8	0.75	0.43	1.41	7.3	0.7	1.56	750	2
175	13.27	4	2.26	20	120	1.59	0.69	0.43	1.35	10.2	0.59	1.56	835	2
176	13.17	3	2.37	20	120	1.65	0.68	0.53	1.46	9.3	0.6	1.62	840	2
177	14.13	4	2.74	24.5	96	2.05	0.76	0.56	1.35	9.2	0.61	1.6	560	2

171 rows × 14 columns

178줄에서 7줄이 삭제되어 171줄이 되었습니다.

data( )를 그냥 호출했을 때와 비슷해보이지만 맨 아래를 보면 총 데이터 수가 '171 rows'로 표시되네요. 즉 7줄이 삭제되었다는 이야깁니다. 왜 5줄 아니고 7줄이 삭제되었을까요? alcohol의 결측치와 nonflavanoid_phenols의 결측치가 각각 다른 줄에 있었기 때문입니다. 결측치 일부가 같은 줄에 있다면 그만큼 덜 삭제되겠죠? 우선 결측치가 정말 사라졌는지 isna( )와 mean( ) 함수를 덧붙여 확인해봅시다.

```
data.dropna().isna().mean()
```

```
alcohol              0.0
malic_acid           0.0
ash                  0.0
```

```
alcalinity_of_ash                0.0
magnesium                        0.0
total_phenols                    0.0
flavanoids                       0.0
nonflavanoid_phenols             0.0
proanthocyanins                  0.0
color_intensity                  0.0
hue                              0.0
od280/od315_of_diluted_wines     0.0
proline                          0.0
class                            0.0
dtype: float64
```

모든 컬럼에서 결측치가 0%를 차지합니다. 여기서 dropna( ) 함수는 결측치를 처리한 결과를 보여주기만 할 뿐이지, 아직 data에 그 결과를 저장하지는 않았다는 점에 유의합시다. 결괏값으로 업데이트하고 싶다면 다음과 같이 data라는 이름으로 (혹은 원하시는 다른 이름으로) 할당하거나, inplace 매개변수를 사용하면 됩니다. 다만, 여기서는 dropna( )의 결괏값으로 업데이트하지 않을 것이기 때문에 아래 코드는 참고만 하고 실행은 하지 마시기 바랍니다(둘 중 어느 방법을 써도 결과는 같습니다).

```
data = data.dropna() # 참고만 하고 실행하지 말아주세요
```

```
data.dropna(inplace = True) # 참고만 하고 실행하지 말아주세요
```

결측치를 가진 변수를 일관된 방식으로 처리할 수도 있지만, 필요에 따라 변수별로 다른 방식을 적용해 처리해야 할 때도 있습니다. 따라서 dropna( )를 데이터 전체가 아닌, 특정 변수에 한정하여 적용시키는 방법도 알아야 합니다. subset 매개변수를 사용하면 특정 컬럼에만 적용할 수 있습니다. alcohol 변수에 dropna( )를 적용시켜보겠습니다.

```
data.dropna(subset=['alcohol']) # 지정된 변수의 결측치 행만 제거하기
```

	alcohol	malic_acid	ash	alcalinity_of_ash	magnesium	total_phenols	flavanoids	nonflavanoid_phenols	proanthocyanins	color_intensity	hue	od280/od315_of_diluted_wines	proline	class
0	14.23	1.71	2.43	15.60	127.00	2.80	3.06	0.28	2.29	5.64	1.04	3.92	1065	0
2	13.16	2.36	2.67	18.60	101.00	2.80	3.24	0.30	2.81	5.68	1.03	3.17	1185	0
3	14.37	1.95	2.50	16.80	113.00	3.85	3.49	0.24	2.18	7.80	0.86	3.45	1480	0
4	13.24	2.59	2.87	21.00	118.00	2.80	2.69	0.39	1.82	4.32	1.04	2.93	735	0
5	14.20	1.76	2.45	15.20	112.00	3.27	3.39	0.34	1.97	6.75	1.05	2.85	1450	0
...	...	...	...	...	...	...	...	...	...	...	...	...	...	...
173	13.71	6	2.45	20.5	95	1.68	0.61	0.52	1.06	7.7	0.64	1.74	740	2
174	13.40	4	2.48	23.0	102	1.8	0.75	0.43	1.41	7.3	0.7	1.56	750	2
175	13.27	4	2.26	20	120	1.59	0.69	0.43	1.35	10.2	0.59	1.56	835	2
176	13.17	3	2.37	20	120	1.65	0.68	0.53	1.46	9.3	0.6	1.62	840	2
177	14.13	4	2.74	24.5	96	2.05	0.76	0.56	1.35	9.2	0.61	1.6	560	2

176 rows × 14 columns

> 종전 178에서 176로 줄었습니다. 결측치가 2개인 변수에서만 결측치가 있는 2줄을 삭제해서 그렇습니다.

alcohol 변수에만 적용되었기 때문에 2개의 행만 제거되어 '176 rows'가 나왔습니다. isna( ) 를 사용하여 더 확실하게 확인합니다.

```
data.dropna(subset=['alcohol']).isna().mean()
```

alcohol	0.000000	결측치가 하나도 없습니다.
malic_acid	0.000000	
ash	0.000000	
alcalinity_of_ash	0.000000	
magnesium	0.000000	
total_phenols	0.000000	
flavanoids	0.000000	
nonflavanoid_phenols	0.028409	아직 결측치가 남아 있습니다.
proanthocyanins	0.000000	
color_intensity	0.000000	
hue	0.000000	
od280/od315_of_diluted_wines	0.000000	
proline	0.000000	
class	0.000000	

dtype: float64

예상한 대로 alcohol은 0이므로 결측치가 없습니다. 반면 nonflavanoid_phenols는 0이 아 니므로 여전히 결측치가 있네요.

방식 2 **결측 변수 제거하기 : drop()**

두 번째 방법은 변수 자체를 제거하는 겁니다. 2개 변수에만 결측치가 있으니 해당 변수들을 제거해 결측치가 없는 데이터로 만들겠습니다.

```
data.drop(['alcohol','nonflavanoid_phenols'], axis = 1) # 변수를 제거하기
```

	malic_acid	ash	alcalinity_of_ash	magnesium	total_phenols	flava noids	proanth ocyanins	color_intensity	hue	od280/od315_of_diluted_wines	proline	class
0	1.71	2.43	15.60	127.00	2.80	3.06	2.29	5.64	1.04	3.92	1,065.00	0.00
1	1.78	2.14	11.20	100.00	2.65	2.76	1.28	4.38	1.05	3.40	1,050.00	0.00
2	2.36	2.67	18.60	101.00	2.80	3.24	2.81	5.68	1.03	3.17	1,185.00	0.00
3	1.95	2.50	16.80	113.00	3.85	3.49	2.18	7.80	0.86	3.45	1,480.00	0.00
4	2.59	2.87	21.00	118.00	2.80	2.69	1.82	4.32	1.04	2.93	735.00	0.00
...	...	...	...	...	...	...	...	...	...	...	...	...
173	5.65	2	20.5	95	1.68	0.61	1.06	7.7	0.64	1.74	740	2
174	3.91	2	23.0	102	1.8	0.75	1.41	7.3	0.7	1.56	750	2
175	4.28	2	20	120	1.59	0.69	1.35	10.2	0.59	1.56	835	2
176	2.59	2	20	120	1.65	0.68	1.46	9.3	0.6	1.62	840	2
177	4.1	3	24.5	96	2.05	0.76	1.35	9.2	0.61	1.6	560	2

178 rows × 12 columns

> 종전 14에서 12로 줄었습니다.
> 결측치가 있는 변수 2개를 삭제해서 그렇습니다.

이 방법은 제가 제안하는 최종 해법이 아니므로 data를 업데이트하지 않고 넘어가겠습니다.

방식 3 **결측값 채우기 : fillna()**

마지막으로 결측치에 값을 채워넣는 방법을 알아봅시다. 일반적으로 평균값이나 중윗값^{median}을 이용합니다. 우선 코드를 이해하는 차원에서 평균값이나 중윗값이 아닌 임의의 숫자 -99를 채워보겠습니다.

```
data.fillna(-99) # 결측치를 -99로 변경하기
```

❶ 결측치를 -99로 치환했습니다.

	alcohol	malic_acid	ash	alcalinity_of_ash	magnesium	total_phenols	flavanoids	nonflavanoid_phenols	proantho cyanins	color_intensity	hue	od280/od315_of_diluted_wines	proline	class
0	14.23	1.71	2.43	15.6	127	2.80	3.06	0.28	2.29	5.64	1.04	3.92	1065	0
1	-99.00	1.78	2.14	11.2	100	2.65	2.76	0.26	1.28	4.38	1.05	3.4	1050	0
2	13.16	2.36	2.67	18.6	101	2.80	3.24	0.3	2.81	5.68	1.03	3.17	1185	0
3	14.37	1.95	2.50	16.8	113	3.85	3.49	0.24	2.18	7.8	0.86	3.45	1480	0
4	13.24	2.59	2.87	21.0	118	2.80	2.69	0.39	1.82	4.32	1.04	2.93	735	0
...	...	...	...	...	...	...	...	...	...	...	...	...	...	...
173	13.71	5.65	2.45	20.5	95	1.68	0.61	0.52	1.06	7.7	0.64	1.74	740	2
174	13.40	3.91	2.48	23.0	102	1.80	0.75	0.43	1.41	7.3	0.7	1.56	750	2
175	13.27	4.28	2.26	20.0	120	1.59	0.69	0.43	1.35	10.2	0.59	1.56	835	2
176	13.17	2.59	2.37	20.0	120	1.65	0.68	0.53	1.46	9.3	0.6	1.62	840	2
177	14.13	4.10	2.74	24.5	96	2.05	0.76	0.56	1.35	9.2	0.61	1.6	560	2

178 rows × 14 columns

원본 데이터와 같은 수치입니다.

❶ alcohol 1열을 볼까요? NaN값이 -99로 변경되었습니다. 나머지 결측치들도 -99로 변경되었습니다. 이번에는 평균값인 mean( )을 사용하여 결측치를 채워보겠습니다.

```
data.fillna(data.mean()) # 평균값으로 결측치 채우기
```

결측치를 평균값으로 변경했습니다.

	alcohol	malic_acid	ash	alcalinity_of_ash	magnesium	total_phenols	flavanoids	nonflavanoid_phenols	proanthoc yanins
0	14.230000	1.71	2.43	15.6	127	2.80	3.06	0.28	2.29
1	12.989091	1.78	2.14	11.2	100	2.65	2.76	0.26	1.28
2	13.160000	2.36	2.67	18.6	101	2.80	3.24	0.3	2.81
3	14.370000	1.95	2.50	16.8	113	3.85	3.49	0.24	2.18
4	13.240000	2.59	2.87	21.0	118	2.80	2.69	0.39	1.82
...	...	...	...	...	...	...	...	...	...

178 rows × 14 columns

fillna( ) 안에 data.mean( )을 넣어 평균값으로 결측치를 채웠습니다. 별도로 컬럼명을 지정하지 않더라도 각각 컬럼에 대한 평균값을 구해 결측치를 채웠습니다(즉, alcohol의 평균치를 구

하여 alcohol의 결측치를 채우고, nonflavanoid_phenols의 평균을 구하여 nonflavanoid_phenols의 결측치를 채웠습니다).

6.5.3 결측치 처리 방식 선택하기

지금까지 다룬 3가지 방법 중 무엇이 가장 좋을까요? 일반적인 방법은 dropna()를 사용하여 결측치 행을 지우는 겁니다. 평균 등을 이용하여 결측치를 채우면, 아무리 비슷한 값을 채운다고 할지라도 실젯값과 일치할 가능성이 매우 낮기 때문에 오차의 원인이 될 수밖에 없습니다. 즉, 데이터에 노이즈가 더해진 효과를 내게 됩니다.

그런데 dropna()를 사용한 결측치 행 제거 방법에는 큰 단점이 있습니다. 경우에 따라서는 너무 과도하게 많은 데이터가 삭제될 수 있습니다. 지금은 단 7행만 삭제되지만, 만약 특정 변수의 90%가 결측치이면 90% 데이터가 삭제됩니다. 그래서 행을 지우는 방식을 사용하려면 결측치 비중이 매우 낮아야 하고, 데이터 크기도 충분히 커야 합니다. 그래야 결측치를 삭제해도 큰 영향을 미치지 않게 됩니다. 지금 우리가 다루는 데이터는 전체 178개의 데이터밖에 없으므로 매우 작습니다. 여기서는 단 7행도 아쉬운 상황이니 행 삭제 방식을 사용하지 않겠습니다.

변수 자체를 drop()으로 제거하는 방식은 어떤가요? 매우 무모해보입니다. 머신러닝에서는 변수 하나하나가 중요합니다. 변수 자체를 없애버리는 방식은 모델링에 도움이 되지 않는 경우가 많습니다. 하지만 만약 특정 변수의 99%가 결측치라면 어떨까요? 이때는 행 삭제 방식을 적용하면 너무 많은 데이터가 사라져 버리고, 평균값으로 채워봤자 의미 있는 변수라고 보기 어렵습니다. 이럴 때는 변수 자체를 제거하는 방식이 합리적입니다. 어느 정도 비중으로 결측치가 있을 때 drop()을 적용하는 것이 좋은가에 대한 기준은 상당히 주관적입니다. 통상적으로 50% 이상이면 drop()을 고려해볼 만하고, 70~80% 이상이면 가급적 drop() 적용하는 것이 좋습니다. 하지만 경우에 따라서는 90%가 결측치라고 해도, 해당 변수가 프로젝트에서 매우 중요한 역할을 할 거라 예상된다면 어떻게든 활용 방법을 찾는 것이 좋습니다. 8장 '결정 트리 : 연봉 데이터셋'에서 문자형 변수의 결측치를 다룰 때 이 부분을 설명합니다(이 장에서는 숫자형 변수에 대한 결측치 처리를 다루고 있습니다).

평균값 등으로 결측치를 채워주는 방식은 무난합니다. 여기에서는 단순히 평균값으로 처리하는 방법만 다루었지만, 평균보다 더 복잡하게 결측치를 채워넣는 방법이 다양하게 존재합니다. 다만, 어떤 방법일지라도 결국 추정치이기 때문에 노이즈를 완전히 피할 수는 없습니다. 결측치를 채우려는 노력과 시간에 비해서 평균으로 처리하는 것보다 월등히 나은 결과를 보여주지 않는 경우가 많기 때문에, 이 책에서는 평균으로 처리하는 수준까지만 다룹니다.

6.5.4 결측치 처리하기

이제 결측치를 어떻게 처리할지 결론을 말씀드려야겠군요. fillna( )를 사용하여 결측치를 채우되, 아웃라이어에 조금 덜 민감한 중윗값을 사용합니다.

```
data.fillna(data.median(), inplace= True) # 결측치를 중윗값으로 채우기
```

이번에는 inplace 매개변수를 사용하여 결측치 채운 결과로 data를 업데이트했습니다. 결측치 여부를 확인해봅시다. 모두 0.0으로 출력되면 결측치가 없는 겁니다.

```
data.isna().mean() # 결측치 확인하기
```

```
alcohol                         0.0
malic_acid                      0.0
ash                             0.0
alcalinity_of_ash               0.0
magnesium                       0.0
total_phenols                   0.0
flavanoids                      0.0
nonflavanoid_phenols            0.0
proanthocyanins                 0.0
color_intensity                 0.0
hue                             0.0
od280/od315_of_diluted_wines    0.0
proline                         0.0
class                           0.0
dtype: float64
```

6.6 스케일링

스케일링은 데이터의 스케일scale을 맞추는 작업입니다. 스케일을 맞춘다니 무슨 말인지 잘 모르

겠죠? 앞서 describe( )를 호출해 데이터를 살펴보았을 때, 각 컬럼들마다 값들의 범위가 다양하다는 점을 확인했습니다. K-최근접 이웃은 거리 기반의 알고리즘이기 때문에, 이러한 스케일 문제가 안 좋은 결과를 초래할 수 있습니다. 즉, alcohol(최솟값 11.03, 최댓값 14.75)에서의 1과 magnesium(최솟값 70, 최댓값 162)에서의 1은 완전히 다른 영향을 미치기 때문에, KNN 알고리즘이 왜곡된 예측을 할 수 있습니다(왜 그런지는 6.9절 '이해하기'에서 더 구체적으로 살펴보겠습니다). 스케일링은 이러한 문제를 해결할 목적으로 인위적으로 각 컬럼이 비슷한 범위를 가지도록 만드는 작업입니다.

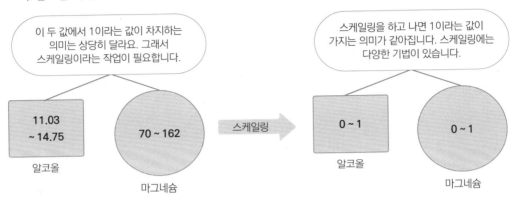

스케일링에는 표준화 스케일링Standarad Scaling, 로버스트 스케일링Robust Scaling, 최소-최대 스케일링Min-Max Scaling, 정규화 스케일링Normalizer Scaling이 있습니다.

▼ 스케일링 종류

종류	설명
표준화 스케일링	평균이 0이 되고, 표준편차가 1이 되도록 데이터를 고르게 분포시키는 데 사용
로버스트 스케일링	데이터에 아웃라이어가 존재하고, 그 영향력을 그대로 유지하고 싶을 때 사용
최소-최대 스케일링	데이터 분포의 특성을 최대한 그대로 유지하고 싶을 때 사용
정규화 스케일링	행 기준의 스케일링이 필요할 때 사용하나, 실제로 거의 사용하지 않음

이제부터 표준화 스케일링, 로버스트 스케일링, 최소-최대 스케일링 방식을 다룹니다. 스케일링은 사이킷런 라이브러리의 preprocessing 모듈을 사용합니다. 우리가 사용할 3가지 스케일러를 임포트합시다.

```
from sklearn.preprocessing import StandardScaler, MinMaxScaler, RobustScaler
# 한 라이브러리에서 여러 모듈 임포트
```

import 뒤에 쉼표를 사용하여 3가지 모듈을 한 번에 불러왔습니다. from에 지정해준 라이브러리 안에서 여러 모듈을 불러올 때는 이처럼 간단하게 처리할 수 있으니 기억해두세요.

6.6.1 표준화 스케일링

수학적인 얘기는 잠시 뒤로 미뤄두고, 먼저 코드로 스케일링을 만나보겠습니다. 스케일러를 사용하는 방법은 모델링 코드와 비슷합니다. 우선 StandardScaler( )를 호출해 스케일러(st_scaler)를 지정합니다.

```
st_scaler = StandardScaler() # 스케일러 지정
```

fit( ) 함수로 우리가 가진 데이터를 학습시킵니다. 이 단계에서는 스케일링에 필요한 정보(평균, 표준편차)가 학습됩니다.

```
st_scaler.fit(data) # 학습
```

학습이 되었으면 transform( )으로 연산해줄 텐데, 이 단계에서는 학습에서 얻은 정보로 계산하게 됩니다. 결괏값을 st_scaled라는 이름으로 저장합니다.

```
st_scaled = st_scaler.transform(data) # 학습에서 얻은 정보 계산
```

함수명	설명
transform( )	스케일러가 fit()을 통해 학습한 정보를 통해 데이터를 변환, 즉 스케일링하는 함수입니다.

결과를 확인하기 위해 st_scaled를 출력하겠습니다.

```
st_scaled
```

```
array([[ 1.55484903, -0.5622498 ,  0.23205254, ...,  1.84791957,
         1.01300893, -1.21394365],
```

```
            [ 0.07550273, -0.49941338, -0.82799632, ...,  1.1134493 ,
              0.96524152, -1.21394365],
            [ 0.21340789,  0.02123125,  1.10933436, ...,  0.78858745,
              1.39514818, -1.21394365],
            ...,
            [ 0.35131305,  1.74474449, -0.38935541, ..., -1.48544548,
              0.28057537,  1.37386437],
            [ 0.22594472,  0.22769377,  0.01273209, ..., -1.40069891,
              0.29649784,  1.37386437],
            [ 1.4294807 ,  1.58316512,  1.36520822, ..., -1.42894777,
             -0.59516041,  1.37386437]])
```

결과물의 형태가 조금 어색해 보일 겁니다. 그동안 판다스 데이터프레임 혹은 판다스 시리즈를 다뤘습니다. array가 앞에 붙은 이번 데이터는 넘파이 배열^{Array}입니다. 넘파이는 계산을 더 효율적으로 수행할 목적으로 컬럼명 없이 데이터를 한 줄로 쭉 이어서 표현합니다. 반면 판다스 데이터프레임에서는 엑셀처럼 테이블이 갖춰져서 한 줄 한 줄 정리된 데이터를 보여줬죠?

인덱스와 컬럼명 없이 한 줄로
쭈욱~ 컴퓨터가 계산하기 쉬워요!

```
array([[ 1.55484903, -0.5622498 ,
  0.23205254, ...,  1.84791957,
        1.01300893, -1.21394365],
       [ 0.07550273, -0.49941338,
 -0.82799632, ...,  -1.42894777,
         -0.59516041,  1.37386437]])
```

넘파이 배열

인덱스와 컬럼명이 있는 테이블 형태로
출력해줘요. 사람이 분석하기 적합해요.

	0	1	2	3
0	1.55	-0.56	0.23	-1.17
1	0.08	-0.50	-0.83	-2.49
2	0.21	0.02	1.11	-0.27
3	1.73	-0.35	0.49	-0.81

판다스 데이터프레임

아무래도 사람이 읽기에는 넘파이보단 판다스가 편하기 때문에, 해당 데이터를 판다스 형태로 변경합니다.

```
pd.DataFrame(st_scaled)
```

	0	1	2	3	4	5	6	7	8	9	10
0	1.554849	-0.562250	0.232053	-1.159593	1.913905	0.808997	1.034819	-0.658865	1.224884	0.251717	0.362177
1	0.075503	-0.499413	-0.827996	-2.490847	0.018145	0.568648	0.733629	-0.820072	-0.544721	-0.293321	0.406051
2	0.213408	0.021231	1.109334	-0.258738	0.088358	0.808997	1.215533	-0.497658	2.135968	0.26902	0.318304
3	1.730365	-0.346811	0.487926	-0.809251	0.930918	2.491446	1.466525	-0.981279	1.032155	1.186068	-0.427544
4	0.313703	0.2			08997	0.663351	0.227773	0.401404	-0.319276	0.362177
...	...					...	...	...	...	...	...
173	0.902934	2.97			985614	-1.424900	1.275618	-0.930179	1.142811	-1.392758
174	0.514292	1.412609	0.414820	1.052516	0.158572	-0.793334	-1.284344	0.550187	-0.31695	0.969783	-1.129518
175	0.351313	1.744744	-0.389355	0.151661	1.422412	-1.129824	-1.344582	0.550187	-0.422075	2.224236	-1.612125
176	0.225945	0.227694	0.012732	0.151661	1.422412	-1.033684	-1.354622	1.356221	-0.229346	1.834923	-1.568252
177	1.429481	1.583165	1.365208	1.502943	-0.262708	-0.392751	-1.274305	1.598032	-0.422075	1.791666	-1.524378

배열에는 인덱스와 컬럼명이 없으므로 데이터프레임으로 변환하면, 각각에 숫자가 자동으로 적용됩니다.

178 rows × 14 columns

이제 훨씬 보기 편해졌으나, 컬럼명이 숫자로 바뀌었네요. 넘파이는 컬럼명을 가지지 않기 때문에 데이터프레임으로 변경하면 이런 식으로 표현됩니다. 컬럼명이 있어야 다루기 편하므로 원래 다른 데이터 테이블인 data에서 컬럼명을 가져와서 지정해주겠습니다.

```
# 컬럼명을 지정하여 데이터 프레임으로 변환
st_scaled = pd.DataFrame(st_scaled, columns = data.columns)
```

data.columns 명령으로 data의 컬럼명을 가져와 결과물을 st_scaled에 업데이트했습니다. 이제 st_scaled를 확인하면 다음과 같은 결과물을 볼 수 있습니다.

컬럼명이 반영되었습니다.

	alcohol	malic_acid	ash	alcalinity_of_ash	magnesium	total_phenols	flavanoids	nonflavanoid_phenols	proanthocyanins	color_intensity	hue	od280/od315_of_diluted_wines	proline	class
0	1.55	-0.56	0.23	-1.17	1.91	0.81	1.03	-0.66	1.22	0.25	0.36	1.85	1.013009	-1.213944
1	0.08	-0.50	-0.83	-2.49	0.02	0.57	0.73	-0.82	-0.54	-0.29	0.41	1.11	0.965242	-1.213944
2	0.21	0.02	1.11	-0.27	0.09	0.81	1.22	-0.50	2.14	0.27	0.32	0.79	1.395148	-1.213944
3	1.73	-0.35	0.49	-0.81	0.93	2.49	1.47	-0.98	1.03	1.19	-0.43	1.18	2.334574	-1.213944
4	0.31	0.23	1.84	0.45	1.28	0.81	0.66	0.23	0.40	-0.32	0.36	0.45	-0.037874	-1.213944
...	...	...	...	...	...	...	...	...	...	...	...	...	...	...
173	0.902934	3	0.305159	0.301803	-0.332922	-0.985614	-1.4249	1.275618	-0.930179	1.142811	-1.392758	-1.231206	-0.021952	1.373864
174	0.514292	1	0.414820	1.052516	0.158572	-0.793334	-1.284344	0.550187	-0.31695	0.969783	-1.129518	-1.485445	0.009893	1.373864
175	0.351313	2	-0.389355	0.151661	1.422412	-1.129824	-1.344582	0.550187	-0.422075	2.224236	-1.612125	-1.485445	0.280575	1.373864
176	0.225945	0	0.012732	0.151661	1.422412	-1.033684	-1.354622	1.356221	-0.229346	1.834923	-1.568252	-1.400699	0.296498	1.373864
177	1.429481	2	1.365208	1.502943	-0.262708	-0.392751	-1.274305	1.598032	-0.422075	1.791666	-1.524378	-1.428948	-0.59516	1.373864

178 rows × 14 columns

이해하기 : 표준화 스케일링

코드로 결과물을 얻는 방법을 배웠으니, 이제 이론적인 이야기를 합니다. 표준화 스케일링은 데이터를 표준화된 정규분포Standard Normal Distribution로 만들어주는 방법인데, 다음과 같은 공식으로 계산이 됩니다.

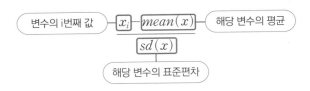

각 변수를 기준으로 하여, 각 데이터에 해당 변수의 평균만큼을 빼주고 이를 표준편차로 나눕니다. 이 수식을 거치면 모든 컬럼이 표준정규분포의 형태를 따르게 됩니다.

우리가 fit( ) 함수로 학습을 시켜주는 과정에서 각 컬럼의 평균과 표준편차가 st_scaler에 기억되고, transform( )을 적용하면 그 값들을 이용하여 위의 수식으로 연산하는 겁니다.

만약 여러분이 정규분포에 대해 기억한다면 표준화 스케일링은 매우 이해하기 쉬울 겁니다. 데이터를 표준화하면 평균은 0이고 분산은 1인 형태로 데이터가 변경됩니다. 소수점 2자리까지 표시하도록 describe( )를 호출해봅시다.

```
round(st_scaled.describe(), 2) # 소수점 2번째 자리까지 출력 반올림
```

	alcohol	malic_acid	ash	alcalinity_of_ash	magnesium	total_phenols	flavanoids	nonflavanoid_phenols	proanthocyanins	color_intensity	hue	od280/od315_of_diluted_wines	proline	class
count	178.00	178.00	178.00	178.00	178.00	178.00	178.00	178.00	178.00	178.00	178.00	178.00	178.00	178.00
mean	0.00	0.00	0.00	0.00	0.00	0.00	0.00	0.00	0.00	0.00	0.00	0.00	-0.00	-0.00
std	1.00	1.00	1.00	1.00	1.00	1.00	1.00	1.00	1.00	1.00	1.00	1.00	1.00	1.00
min	-2.46	-1.43	-3.68	-2.67	-2.09	-2.11	-1.70	-1.87	-2.07	-1.63	-2.09	-1.90	-1.49	-1.21
25%	-0.79	-0.66	-0.57	-0.69	-0.82	-0.89	-0.83	-0.74	-0.60	-0.80	-0.77	-0.95	-0.78	-1.21
50%	0.08	0	-0.02	0.00	-0.12	0.1	0.11	-0.18	-0.06	-0.16	0.03	0.24	-0.23	0.08
75%	0.84	1	0.70	0.60	0.51	0.81	0.85	0.61	0.63	0.49	0.71	0.79	0.76	1.37
max	2.21	3	3.16	3.15	4.37	2.54	3.06	2.4	3.49	3.44	3.3	1.96	2.97	1.37

모든 컬럼에서 평균과 표준편차가 각각 0과 1임을 볼 수 있습니다. min과 max값은 컬럼마다 각기 다르지만, 처음보다는 훨씬 차이가 줄었습니다. 이로써 데이터가 더 동등한 수준에서 연산될 수 있습니다.

6.6.2 로버스트 스케일링

이번에는 로버스트 스케일링을 사용하면서 더 효율적인 학습/연산 코드를 소개합니다. Robust Scaler( )를 호출해 로버스트 스케일링에 사용할 객체를 생성합니다.

```
rb_scaler = RobustScaler() # 로버스트 스케일링에 사용할 객체를 생성
```

그리고 나서 fit( )과 transform( )이 합쳐진 fit_transform( ) 함수를 사용해 스케일링합니다.

```
rb_scaled = rb_scaler.fit_transform(data) # 로버스트 스케일링
rb_scaled = pd.DataFrame(rb_scaled, columns = data.columns)
# 데이터프레임으로 변형
```

fit_transform( )은 fit( )으로 학습한 값으로 transform( )까지 해주는 함수입니다. 결과물을 rb_scaled로 저장하고, 데이터 프레임으로 변형했습니다.

이번에도 describe( )를 호출해 결과물을 확인해봅시다.

```
round(rb_scaled.describe(), 2) # 소수점 2번째 자리까지 출력
```

	alcohol	malic_acid	ash	alcal inity_of_ash	magn esium	total_phenols	flava noids	nonfla vanoid_phenols	proa nthoc yanins	color_intensity	hue	od280/od315_of_diluted_wines	proline	class
count	178.00	178.00	178.00	178.00	178.00	178.00	178.00	178.00	178.00	178.00	178.00	178.00	178.00	178.00
mean	-0.05	0.32	0.02	0.00	0.09	-0.06	-0.06	0.13	0.05	0.12	-0.02	-0.14	0.15	-0.03
std	0.62	0.75	0.79	0.78	0.75	0.59	0.60	0.74	0.82	0.78	0.68	0.58	0.65	0.39
min	-1.55	-0.76	-2.88	-2.07	-1.47	-1.30	-1.07	-1.25	-1.64	-1.14	-1.44	-1.23	-0.82	-0.50
25%	-0.53	-0.18	-0.43	-0.53	-0.53	-0.58	-0.56	-0.42	-0.44	-0.49	-0.54	-0.68	-0.36	-0.50
50%	0.00	0	0.00	0.00	0	0	0	0	0	0	0	0	0	0
75%	0.47	1	0.57	0.47	0.47	0.42	0.44	0.58	0.56	0.51	0.46	0.32	0.64	0.5
max	1.31	3	2.50	2.44	3.37	1.44	1.76	1.91	2.89	2.79	2.21	0.99	2.08	0.5

이해하기 : 로버스트 스케일링

표준화 스케일링와 달리 로버스트 스케일링은 평균과 표준편차 대신 사분위값을 이용하여 계산됩니다. 때문에 이번에

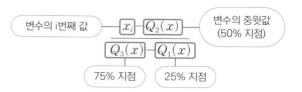

는 평균값이 0에 가깝지만 완전 0은 아니고, 분산 또한 표준화 스케일링과는 다르게 1로 고정되지 않았습니다.

여기서 Q1, Q2, Q3는 각각 데이터의 25%, 50%, 75% 지점의 값입니다. 특히 50% 지점인 Q2는 중윗값이라고도 부릅니다. 즉, 수식에 따르면 각 값에 중윗값을 빼주고, 75% 지점에서 25% 지점까지 범위만큼으로 나누어주는 겁니다. 물론 여기에서 Q1, Q2, Q3 값은 데이터 전체가 아닌 각 컬럼에서 구해진 값들입니다.

6.6.3 최소-최대 스케일링

마지막으로 최소-최대 스케일링입니다. 이 모듈 또한 동일한 방식으로 해주시면 됩니다. MinMaxScaler( ) 함수를 사용해주세요.

```
mm_scaler = MinMaxScaler() # 최소-최대 스케일링 객체 생성
mm_scaled = mm_scaler.fit_transform(data) # 최소-최대 스케일링
mm_scaled = pd.DataFrame(mm_scaled, columns = data.columns) # 데이터프레임으로 변형
round(mm_scaled.describe(), 2) # 소수점 2째 자리까지 출력
```

	alcohol	malic_acid	ash	alca linity _of_ash	magne sium	total_ phenols	flava noids	nonfla vanoid_ phenols	proanthoc yanins	color_ intensity	hue	od280/ od315_of_ diluted_ wines	proline	class
count	178.00	178.00	178.00	178.00	178.00	178.00	178.00	178.00	178.00	178.00	178.00	178.00	178.00	178.00
mean	0.53	0.32	0.54	0.46	0.32	0.45	0.36	0.44	0.37	0.32	0.39	0.49	0.33	0.47
std	0.22	0.22	0.15	0.17	0.16	0.22	0.21	0.23	0.18	0.20	0.19	0.26	0.22	0.39
min	0.00	0.00	0.00	0.00	0.00	0.00	0.00	0.00	0.00	0.00	0.00	0.00	0.00	0.00
25%	0.36	0.17	0.45	0.34	0.20	0.26	0.18	0.26	0.26	0.17	0.25	0.24	0.16	0.00
50%	0.54	0	0.53	0.46	0.3	0.47	0.38	0.4	0.36	0.29	0.39	0.55	0.28	0.5
75%	0.71	0	0.64	0.56	0.4	0.63	0.53	0.58	0.49	0.42	0.52	0.7	0.5	1
max	1.00	1	1.00	1.00	1	1	1	1	1	1	1	1	1	1

이해하기 : 최소-최대 스케일링

최소-최대 스케일링의 특징은 모든 컬럼에서 최댓값이 1, 최솟값이 0인 형태로 변환된다는 겁니다. 적용 수식은 다음과 같습니다.

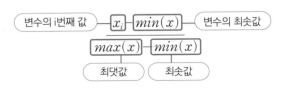

각 값에서 최솟값을 빼주고, 최댓값과 최솟값의 차이만큼으로 나누어주면 위와 같은 최소-최대 스케일링 결괏값이 나옵니다.

6.6.4 스케일링 방식 선택하기

그렇다면 언제 어떤 방법을 사용하는 것이 좋을까요? 우선 아웃라이어의 유무에 따라 판단하는데, 아웃라이어의 영향이 큰 데이터이고 이를 피하고 싶다면 로버스트 스케일링이 적합합니다. 표준화 스케일링은 평균과 표준편차를 이용하고 최소-최대 스케일링은 최대/최솟값을 이용하는데, 이들은 모두 아웃라이어가 있을 때 민감하게 반응하기 때문입니다. 반면 로버스트 스케일링은 사분위값을 사용하기 때문에 아웃라이어가 있어도 영향을 덜 받습니다.

때에 따라서는 데이터의 기존 분포를 최대한 유지하여 스케일링하는 게 필요할 수도 있습니다. 이런 경우에는 최소-최대 스케일링이 적합합니다. 표준화 스케일링은 모든 데이터를 표준정규분포 형태, 즉 좌우 대칭의 종 모양으로 변경하기 때문에, 여기에 적용하면 아웃라이어의 영향을 받으면서도 기존의 데이터 분포에 대한 특징을 상실하게 됩니다. 반면 최소-최대 스케일링은 최댓값 1과 최솟값 0의 범위에서 기존 데이터의 분포를 최대한 그대로 옮겨담아 냅니다.

표준화 스케일링은 기존 데이터가 정규분포를 따르고 있고 아웃라이어가 없는 상황에서 무난하게 사용됩니다. 데이터의 분포가 정규분포와 상당히 거리가 있거나 아웃라이어가 상당수 있는 경우에 표준화 스케일링을 사용하면 기존 데이터의 특징을 상당히 잃어버릴 수 있으니 주의해야 합니다.

▼ 스케일링별 특징

구분	결과물의 특징
표준화 스케일링	데이터에 아웃라이어가 존재할 때 아웃라이어의 영향을 받습니다. 평균 0, 분산 1이 되게끔 분포시키기 때문에, 데이터의 기존 분포 형태가 사리지고 정규분포를 따르는 결과물을 가져옵니다.
로버스트 스케일링	데이터에 아웃라이어가 존재할 때, 아웃라이어의 영향을 받지 않습니다. 변환된 데이터의 범위는 표준화 스케일링이나 최소-최대 스케일링보다 넓게 나타납니다.
최소-최대 스케일링	표준화 스케일링과 마찬가지로 아웃라이어의 영향을 받게 됩니다. 위의 두 스케일러와 비교했을 때, 데이터의 기존 분포를 가장 있는 그대로 담아내며 스케일만 변화시킵니다. 데이터의 범위는 0~1로 나타납니다.

▼ 스케일링별 분포

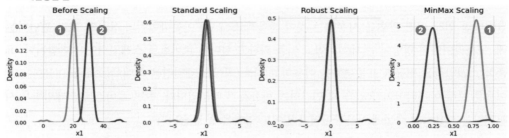

위 그래프는 아웃라이어가 존재하는 임의의 데이터를 사용하여 만든 스케일링 종류별 분포입니다. 아웃라이어에 따라 표준화 스케일링과 로버스트 스케일링 간에 약간의 차이가 보이며, 최소-최대 스케일링에서는 기존의 분포처럼 빨간색 변수(❶번)와 파란색 변수(❷번)의 분포가 서로 멀찌감치 떨어져 있습니다(두 선의 위치가 기존 분포와 반대이나, 이는 해당 공식을 대입해보면 왜 이런 반전이 생기는지 쉽게 이해할 수 있습니다).

머신러닝에 스케일링을 적용할 때 주의하여야 할 점이 있습니다.

1 **스케일링 대상에서 종속변수를 제외해야 합니다.** 앞서 스케일링 연습 시, 결과물에서 class가 0, 1, 2가 아닌 다른 값들로 전부 바뀌었는데, 우리는 class라는 컬럼을 예측해야 하기 때문에 이 변수는 그대로 남겨두어야 합니다.

2 **스케일링 전에 훈련셋과 시험셋을 나누어야 합니다.** 훈련셋에서 fit( )으로 스케일링을 위한 값을 학습시키고, 이 값을 활용하여 훈련셋과 시험셋을 변환해야 합니다.

표준화 스케일링으로 예를 들겠습니다. 일단 훈련셋에 스케일러의 fit( ) 함수를 사용하여 평균과 표준편차 값을 학습합니다. 평균과 표준편차 값을 사용하여 transform( )으로 훈련셋과 시험셋을 각각 변환시켜줍니다. 즉, 시험셋에서는 fit( )을 사용해 평균과 표준편차를 구하지 않는다는 겁니다.

만약 훈련셋과 시험셋을 나누기 전에 스케일링을 사용하면 어떨까요? 전체 데이터에서 fit( )을 사용하여 평균과 표준편차를 구하고, transform( )으로 변환까지 완료한 뒤에 데이터를 나누게 될 겁니다. 얼핏 생각하면 문제가 없어 보입니다. 그렇다면 훈련셋과 시험셋을 나누는 이유는 무얼까요? 시험셋은 앞으로 예측할 진짜 새로운 데이터를 대비한 가상의 새로운 데이터입니다. 따라서 훈련셋과 시험셋을 합쳐서 평균과 표준편차를 구한다는 행위는 실제로 새로운 데이터를 받았을 때 기존 데이터와 합쳐서 평균과 표준편차를 구하는 행위와 같습니다. 새 데이터가 올 때마다 합쳐서 다시 학습을 하는 방식은 상당한 비용이 드는 불편한 프로세스입니다.

그럼 기존 데이터와 굳이 합치지 않고, 새로운 데이터에 대해서만 fit()을 사용하여 평균과 표준편차를 구할 수도 있지 않나 생각할 수도 있습니다. 하지만 이것은 가장 현실적이지 못한 방법입니다. 만약 여러분의 모델이 실시간으로 예측하는 모델이라서 새로운 데이터가 한 건씩 들어온다고 가정합시다. 데이터 한 건에 대한 평균과 표준편차는 무의미합니다. 따라서 모델링에 사용한데이터의 평균과 표준편차를 그대로 활용하여 새로운 데이터에 transform()을 적용해주는 방식이 합당합니다. 기존 데이터가 훈련셋 역할이고, 새로운 데이터가 시험셋 역할입니다.

6.6.5 스케일링 적용하기

그럼 본격적으로 스케일링을 하기 전에 데이터부터 나누겠습니다.

```
from sklearn.model_selection import train_test_split
X_train, X_test, y_train, y_test = train_test_split(data.drop('class',
axis=1),data['class'], test_size=0.2, random_state=100) # 학습셋과 시험셋 분리
```

```
X_train
X_test
y_train
y_test
```

> **Note** 이번에는 X와 y를 따로 지정하지 않고 train_test_split 안에 바로 넣어주었습니다. 위 코드가 복잡해보인다면 다음과 같이 X와 y를 따로 지정해도 좋습니다.
>
> ```
> X = data.drop('class', axis=1) # 독립변수만 대입
> y = data['class'] # 종속변수만 대입
> X_train, X_test, y_train, y_test = train_test_split(X, y, test_size = 0.2,
> random_state = 100) # 학습셋과 시험셋 분리
> ```

세 가지 스케일링 기법 중 데이터 특성을 그대로 보존하는 최대-최소 스케일러를 사용하겠습니다.

```
mm_scaler = MinMaxScaler()      # 최대-최소 스케일러 객체 생성
mm_scaler.fit(X_train)          # 학습
```

우선 X_train에 fit( )을 적용하여 스케일링을 위한 값들을 학습시켰습니다. 이제 mm_scaler로 X_train과 X_test를 변환합니다.

```
X_train_scaled = mm_scaler.transform(X_train) # 학습셋 트랜스폼
X_test_scaled = mm_scaler.transform(X_test)   # 시험셋 트랜스폼
```

fit_transform( )을 사용하면 다음과 같이 간단하게 만들 수 있습니다.

```
mm_scaler = MinMaxScaler() # 최대-최소 스케일러 객체 생성
X_train_scaled = mm_scaler.fit_transform(X_train) # 학습셋 학습 및 트랜스폼
X_test_scaled = mm_scaler.transform(X_test)        # 시험셋 학습 및 트랜스폼
```

fit_transform( ) 함수는 fit( )과 transform( )을 동시에 처리해 fit( )으로 학습된 정보를 mm_scaler에 저장합니다. 따라서 세 번째 줄부터는 fit( ) 과정을 다시 거칠 필요 없어 바로 transform( )을 사용해 X_test를 스케일링했습니다.

앞서 주의점으로 목푯값을 스케일링에서 제외해야 한다고 말씀드렸습니다. train_test_split( )을 사용해서 독립변수(X)와 종속변수(y) 또한 분류했으므로 X_train과 X_test에는 자연스럽게 목푯값이 제외되어 있습니다. 이번에는 굳이 데이터프레임으로 변형시키지 않고, 넘파이 형태 그대로 모델링에 적용시키겠습니다.

6.7 모델링 및 예측/평가하기

KNN 모델 역시 sklearn 라이브러리에 있습니다. 다음과 같이 불러옵니다.

```
from sklearn.neighbors import KNeighborsClassifier
```

사용 방법은 회귀 알고리즘의 과정과 동일합니다.

```
knn = KNeighborsClassifier()            # KNN 모델 생성
knn.fit(X_train_scaled,y_train)         # 학습
pred = knn.predict(X_test_scaled)       # 예측
```

KNeighborsClassifier( ) 함수를 호출해 알고리즘의 속성을 KNN으로 부여했고, fit( )으로 학습시킨 후에 predict( )로 예측까지 간단하게 완료했습니다. 예측된 값을 pred 변수에 저장했습니다. 그럼 어떤 형태로 저장되어 있는지 pred를 출력해봅시다.

```
pred
```

```
array([1, 2, 0, 1, 2, 2, 1, 2, 1, 0, 2, 0, 2, 2, 2, 0, 2, 0, 1, 0, 2, 0,
       2, 1, 0, 0, 1, 1, 1, 2, 2, 1, 0, 1, 2, 2]
```

0, 1, 2 중 어디에 해당하는지 예측한 값이 저장되어 있습니다. 그럼 우리가 알고 있는 정답인 y_test와 예측값인 pred가 얼마나 일치하는지 accuracy_score( )를 사용해 확인해봅시다.

```
from sklearn.metrics import accuracy_score
accuracy_score(y_test, pred)
```

```
0.8888888888888888
```

약 89%의 정확도를 보여줍니다. 이 정도면 괜찮은 수준의 예측이라 할 수 있습니다.

6.8 하이퍼파라미터 튜닝하기

KNN 알고리즘에는 아주 중요한 매개변수가 하나 있습니다. 바로 n_neighbors라는 이름의 매개변수인데, 예측에 가까운 이웃을 몇 개나 고려할지를 정합니다. 이 부분은 6.9절 '이해하기 : K-최근접 이웃'에서 더 자세히 설명드리겠습니다.

knn = KNeighborsClassifier( )로 속성을 부여할 때 별도로 매개변수를 지정해주지 않았습니다. 이처럼 별도로 지정해주지 않으면 기본값이 적용됩니다.

함수명	설명
KNeighborsClassifier()	KNN은 분류와 회귀 문제 모두 지원합니다. KNeighborsClassifier는 분류 문제를 위한 알고리즘이며, 회귀 문제에는 KNeighborsRegressor를 사용합니다.
	주요 파라미터는 다음과 같습니다. • n_neighbors=5 : 예측에 참고할 이웃 수 • weights='uniform' : 예측에 사용되는 가중치 함수로 기본값인 uniform은 모든 포인트에 동일한 가중치가 부여됩니다. – 'uniform', 'distance', 사용자 정의 함수 • metric='minkowski' : 거리 측정 기준, 사용 가능한 매개변수는 sklearn의 DistanceMetric 문서 참조[2] • n_jobs=None : 실행할 병렬 작업 수

= 뒤에 정의된 값이 기본값입니다. n_neighbors는 기본값이 5입니다. 5가 아닌 7로 설정하여 다시 한번 모델링하고 평가해봅시다.

```
knn = KNeighborsClassifier(n_neighbors=7) # KNN 모델 생성
knn.fit(X_train_scaled,y_train)    # 학습
pred = knn.predict(X_test_scaled) # 예측
accuracy_score(y_test, pred)      # 정확도 계산
```

```
0.9166666666666666
```

n_neighbors를 7로 설정하여 모델링해보니 약 92%로 예측 정확도가 높아졌습니다. 이번에는 3으로 설정하여 모델을 돌려보겠습니다.

```
knn = KNeighborsClassifier(n_neighbors=3)  # KNN 모델 생성
knn.fit(X_train_scaled,y_train)       # 학습
pred = knn.predict(X_test_scaled)   # 예측
accuracy_score(y_test, pred)        # 정확도 계산
```

```
0.8888888888888888
```

이번에는 약 89%로 기본값 5일 때와 같은 결과입니다. 이렇게 n_neighbors에 들어가는 숫자가

---

2 https://scikit-learn.org

달라지면 예측 결과 또한 달라질 수 있는데, 어떤 숫자로 설정했을 때 가장 좋을지는 데이터에 따라 매번 달라지기 때문에 일일이 확인하는 방법밖에는 없습니다. 하나하나 수많은 숫자를 수작업으로 확인해보는 방식은 상당히 번거롭습니다. 적당한 범위에서 반복되도록 프로그램을 수정해봅시다.

우선 매개변수를 1부터 20까지, 총 20개의 숫자를 넣어볼 for문을 만들어 예측해보겠습니다. 마지막 숫자인 21은 포함되지 않기 때문에, 1부터 20까지의 숫자가 i에 적용될 겁니다.

```
for i in range(1, 21): # ❶ 20번 반복
    knn = KNeighborsClassifier(n_neighbors=i) # KNN 모델 생성
    knn.fit(X_train_scaled, y_train)        # 학습
    pred = knn.predict(X_test_scaled)    # 예측
    print(accuracy_score(y_test, pred)) # ❷ 정확도 출력
```

```
0.9166666666666666
0.8888888888888888
0.8888888888888888
0.9166666666666666
0.8888888888888888
0.9166666666666666
0.9166666666666666
0.8888888888888888
0.8888888888888888
0.8888888888888888
0.9166666666666666
0.9166666666666666
0.9722222222222222
0.9444444444444444
0.9444444444444444
0.9444444444444444
0.9166666666666666
0.9722222222222222
0.9444444444444444
0.9722222222222222
```

❶ n_neighbors가 i로 지정되어 있기 때문에 해당 코드를 실행하면 매개변수가 1부터 20까지, 총 20번의 모델링을 거치게 됩니다. ❷에서 각 정확도를 출력합니다.

(그래프를 그리는 용도 등으로) 정확도를 활용할 수 있도록 리스트 형태로 저장해봅시다. 우선 정

확도를 저장할 빈 리스트를 scores라는 이름으로 만듭니다.

```
scores = [ ] # 빈 리스트 생성
```

그리고 위의 for문과 동일한 코드를 작성하되, 맨 마지막의 print( ) 대신에 append( )를 사용하여 scores에 값을 저장합니다.

```
for i in range(1, 21): # 1부터 20까지 반복
    knn = KNeighborsClassifier(n_neighbors=i) # KNN 모델 생성
    knn.fit(X_train_scaled, y_train)      # 학습
    pred = knn.predict(X_test_scaled) # 예측
    acc = accuracy_score(y_test, pred) # 정확도 계산
    scores.append(acc) # ❶ 정확도 저장
```

이 코드를 실행하면 역시 총 20번 반복하며 모델링 및 예측을 하고 ❶ scores 리스트 안에 정확도를 저장합니다. 이제 scores를 출력해보면 총 20개의 accuracy score를 확인할 수 있습니다.

```
scores

[0.9166666666666666,
 0.8888888888888888,
 0.8888888888888888,
 0.9166666666666666,
 0.8888888888888888,
 0.9166666666666666,
 0.9166666666666666,
 0.8888888888888888,
 0.8888888888888888,
 0.8888888888888888,
 0.9166666666666666,
 0.9166666666666666,
 0.9722222222222222,
 0.9444444444444444,
 0.9444444444444444,
 0.9444444444444444,
 0.9166666666666666,
 0.9722222222222222,
 0.9444444444444444,
```

```
0.9722222222222222]
```

리스트로 저장했으니 활용해보겠습니다. 매개변수의 변화에 따른 예측력의 변화를 한눈에 보여줄 선그래프를 그려보겠습니다.

함수명	설명
lineplot()	선형 그래프를 그리는 함수로 아래와 같이 사용합니다.

```
sns.lineplot(data = {데이터 이름}, x = {x축에 넣을 변수},
                  y = {y축에 넣을 변수})
sns.lineplot(x = {x축에 넣을 데이터}, y = {y축에 넣을 데이터})
```

여기에서 x값은 for문에 넣었던 1부터 20까지의 숫자, y값은 리스트에 저장된 예측도가 되겠습니다.

```
sns.lineplot(x=range(1, 21), y=scores) # 그래프 생성 및 출력
```

```
<matplotlib.axes._subplots.AxesSubplot at 0x7fbe92ce7d50
```

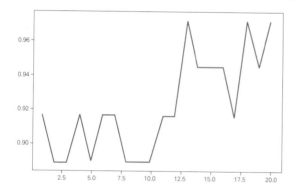

결과를 보면 대체로 매개변수 값이 클수록 더욱 나은 예측을 보여주지만, 13 이후로는 딱히 더 나은 개선은 보이지 않습니다. 결과가 같다면 연산을 더 많이 하는 더 큰 값을 매개변수로 사용할 필요는 없습니다. 따라서 여기서는 13이 합리적인 선택입니다. 이제 가장 좋은 매개변수를 확인했으니 n_neighbors를 13으로 지정하면 됩니다.

```
knn = KNeighborsClassifier(n_neighbors=13) # KNN 모델 생성
knn.fit(X_train_scaled, y_train)      # 학습
pred = knn.predict(X_test_scaled)   # 예측
accuracy_score(y_test, pred)         # 정확도 출력
```

```
0.9722222222222222
```

6.9 이해하기 : K-최근접 이웃

KNN 알고리즘은 상당히 간단한 원리로 작동합니다. 새로운 데이터를 예측할 때, 거리를 기반으로 하여 인접한 데이터과 같은 종류로 분류해내는 기법입니다(예를 들어 인접한 데이터가 모두 파랑이라면 나도 파랑). 거리 기반과 스케일링의 의미를 파악해 KNN을 이해해봅시다.

6.9.1 거리 기반의 의미 파악하기

그림으로 간단한 예를 들겠습니다.

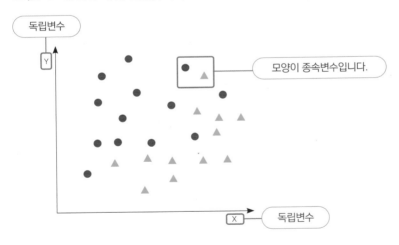

위의 그림은 우리가 모델링을 위해 가지고 있는 데이터의 예시입니다. 독립변수는 X, Y로 2개가 있고, 종속변수는 도형의 모양입니다. 즉 원인지 세모인지를 예측해야 하는 상황입니다. 이때 새로운 데이터 A와 B가 다음 위치에 놓여 있다고 가정합니다.

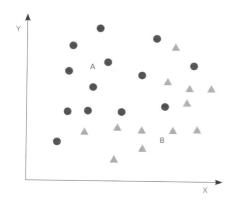

이런 상황에서 여러분들은 A와 B를 각각 어떤 도형이라고 예측하겠습니까? 직관적으로 A는 원 주위에 있기 때문에 원으로, 같은 이유로 B는 세모로 예측할 수 있습니다. 이를 수학적으로 다룬 다면 A와 B 각각에서 다른 데이터와의 거리를 계산하고, 각각에 가까이에 있는 데이터를 참고하여 결정하게 됩니다. 이번에는 조금 복잡한 그림을 보겠습니다.

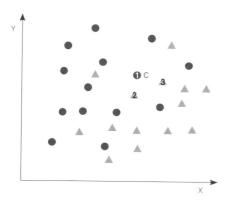

C를 어느 쪽으로 분류하는 게 좋을까요? 원과 세모가 뒤섞인 한 가운데에 있기 때문에 좀처럼 결정하기가 쉽지 않습니다. KNN 알고리즘에서는 이런 모호함을 정리하는 데 특정 이웃의 개수를 지정하여 판단합니다. 인접한 도형 3개는 1, 2, 3번입니다. 가장 가까운 이웃 하나만으로 판단하면 가장 가까운 이웃은 원(1)이기 때문에 C를 원으로 분류됩니다. 인접한 이웃 2개로 고려한다면 어떨까요? 1은 원이고 2는 세모이기 때문에 동점이 되는데, 사이킷런 라이브러리에서는 이런 경우 랜덤으로 분류합니다. 고려하는 이웃을 3개로 늘린다면 원이 1개, 세모가 2개로 세모로 분류하게 됩니다.

이렇게 판단에 반영할 가까운 이웃 수를 지정해주어야 하는데, 이것이 KNeighborsClassifier() 함수의 매개변수 n_neighbors입니다. 이제는 K-최근접 이웃이 왜 거리 기반 모델인지 명확히 이해가 되었을 겁니다.

6.9.2 스케일링

이번에는 스케일링과 관련된 상황을 살펴보겠습니다. 위의 그림들은 X와 Y의 스케일이 비슷합니다. 만약 X의 스케일이 Y보다 2배가량 크다면, 다음과 같은 그림이 될 겁니다.

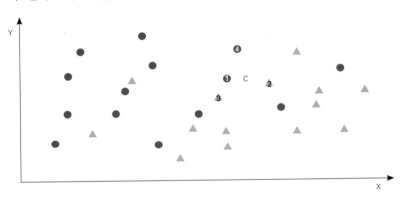

기존의 그림을 가로로 2배 늘려봤습니다. 이 상태에서 C와 가까운 이웃을 따져보면 앞에서와는 다른 결과가 나옵니다. 두 번째로 가까웠던 세로(2)가 멀어지면서 앞에서는 사용하지 않았던 동그라미(4)가 더 가깝습니다. C을 중심으로 근접 이웃 3개는 1(원), 3(세모), 4(원)이므로 이제 C는 원으로 분류됩니다. 이러한 이유로 KNN에서는 각 변수의 스케일이 매우 중요합니다. 그래서 일관된 범위로 통일시키는 스케일링을 사용하는 겁니다.

6.9.3 동점일 때 처리

동점을 알아봅시다. 2개 이웃을 고려할 때 세모와 원이 1개씩으로 동점일 때 최종 예측값은 랜덤으로 결정된다고 했습니다. 사실 동점 상황에서 랜덤으로 결정이 되어도 대세에는 큰 지장이 없는 경우가 대부분이나, 이런 동점 문제를 해결하려면 몇 가지 방법이 있습니다.

1. 고려할 이웃의 수를 항상 홀수로 유지하는 겁니다. 우리는 매개변수 튜닝 파트에서 1~20까지의 숫자를 사용했지만, 이를 1, 3, 5, 7, 9, ...처럼 홀수 개의 이웃만 고려한다면 동점 문제

를 해결할 수 있습니다.

2. 가중치를 주는 방법입니다. KNN에서는 weights라는 매개변수가 있는데, 이를 이용하면 동점일 때 그 거리가 더 가까운 쪽으로 결정하도록 설정할 수 있습니다.

6.9.4 K-최근접 이웃 알고리즘의 계산 특징

마지막으로 K-최근접 이웃 알고리즘의 계산에 관련된 특징을 하나 말씀드리겠습니다. K-최근접 이웃은 예측할 데이터와 기존 데이터의 거리만 계산하면 되기 때문에, 모델링에서 fit( ) 과정은 기존의 데이터 위치를 스크린샷하는 정도일뿐, 별다른 학습을 하지는 않습니다.

예를 들어 선형 회귀나 로지스틱 회귀는 fit( ) 함수를 사용하여 모델을 학습시키면, 선형 모델에 대한 수식을 만들어내 예측을 사용합니다. 하지만 KNN은 이러한 과정이 필요 없습니다. 새 데이터가 오기 전까지는 굳이 거리를 계산할 일이 없기 때문에, fit( ) 함수를 사용하는 것은 단지 트레이닝 데이터의 위치를 스크린샷하는 정도의 역할뿐입니다. 그리고 predict( ) 함수를 사용하여 예측을 하면, 이때 새로운 데이터와 트레이닝 데이터 (학습셋과 시험셋) 사이의 거리들을 계산하고 이를 기반으로 예측하는 겁니다. 그래서 fit( ) 과정은 순식간에 끝나지만 데이터 규모가 클 때는 predict( )에서 상당한 시간이 걸릴 수도 있습니다.

▼ 연습 문제 정답 및 해설(연습 문제는 208쪽에 있어요)

---

1 정답 ❷ 결측치는 비어있는 값이므로 숫자 0과 같다.

해설 0도 하나의 입력값입니다. 결측치는 0인지 아닌지도 모르는, 말 그대로 빈 값이므로 0과 같다고 할 수 없습니다.

2 정답 ❸

해설 ❶ Standard Scaling ← 평균값(mean) 0을 중심으로 +− 양쪽으로 분포합니다.

❷ Robust Scaling ← 중윗값(median) 0을 중심으로 +− 양쪽으로 분포합니다.

❸ Min-Max Scaling ← 최솟값 0, 최댓값 1 사이의 숫자로 분포합니다.

3 정답 ❸ 이웃 수 K는 많을수록 좋은 결과를 보여준다.

해설 이웃 수 K가 너무 많으면 너무 멀리까지 있는 데이터까지 고려하기 때문에, 오히려 예측력이 떨어질 수 있습니다.

학습 마무리

와인 정보가 들어 있는 데이터셋을 이용해 와인 등급을 예측하는 모델을 만들어보았습니다. 이 과정을 되짚어보겠습니다.

되짚어보기

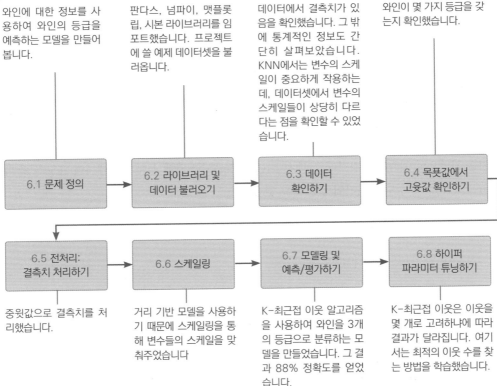

와인에 대한 정보를 사용하여 와인의 등급을 예측하는 모델을 만들어봅니다.

판다스, 넘파이, 맷플롯립, 시본 라이브러리를 임포트했습니다. 프로젝트에 쓸 예제 데이터셋을 불러옵니다.

데이터에서 결측치가 있음을 확인했습니다. 그 밖에 통계적인 정보도 간단히 살펴보았습니다. KNN에서는 변수의 스케일이 중요하게 작용하는데, 데이터셋에서 변수의 스케일들이 상당히 다르다는 점을 확인할 수 있었습니다.

와인이 몇 가지 등급을 갖는지 확인했습니다.

6.1 문제 정의 → 6.2 라이브러리 및 데이터 불러오기 → 6.3 데이터 확인하기 → 6.4 목푯값에서 고윳값 확인하기

6.5 전처리: 결측치 처리하기 → 6.6 스케일링 → 6.7 모델링 및 예측/평가하기 → 6.8 하이퍼 파라미터 튜닝하기

중윗값으로 결측치를 처리했습니다.

거리 기반 모델을 사용하기 때문에 스케일링을 통해 변수들의 스케일을 맞춰주었습니다

K-최근접 이웃 알고리즘을 사용하여 와인을 3개의 등급으로 분류하는 모델을 만들었습니다. 그 결과 88% 정확도를 얻었습니다.

K-최근접 이웃은 이웃을 몇 개로 고려하냐에 따라 결과가 달라집니다. 여기서는 최적의 이웃 수를 찾는 방법을 학습했습니다.

과제

타이타닉 데이터를 KNN으로 분류하여 결과를 비교해보세요. 다른 스케일러를 사용하여 결과가 어떻게 달라지는지도 비교해봅시다.

1 **K-최근접 이웃** : 거리 기반으로 데이터를 분류하는 알고리즘으로, 3개 이상의 분류도 가능합니다.

2 **아웃라이어** : 평균치에서 크게 벗어나는 데이터를 의미합니다.

3 **스케일링** : 독립변수의 범위를 동일한 수준으로 만드는 데 사용되는 방법입니다.

표준화 스케일링	평균이 0이 되고, 표준편차가 1이 되도록 데이터를 고르게 분포시키는 데 사용
로버스트 스케일링	데이터에 아웃라이어가 존재하고, 그 영향력을 그대로 유지하고 싶을 때 사용
최소-최대 스케일링	데이터 분포의 특성을 최대한 그대로 유지하고 싶을 때 사용
정규화 스케일링	행 기준의 스케일링이 필요할 때 사용하나, 실제로 거의 사용하지 않음

4 **결측치** : 데이터가 비어있는 값으로, Null, NaN, NA 등으로도 표현합니다.

1 pandas.Series.**value_counts( )** : 고윳값별 출현 횟수 확인

2 pandas.Series.**unique( )** : 고윳값 확인

3 seaborn.**barplot( )** : 막대 그래프 그리기

4 pandas.**isna( )** : 결측치 여부 확인

5 pandas.DataFrame.**sum( )** : 컬럼별 합 구하기

6 pandas.DataFrame.**mean( )** : 컬럼별 평균 구하기

7 pandas.DataFrame.**dropna( )** : 결측치가 있는 행 삭제

8 스케일러.**transform( )** : 스케일러에서 학습된 정보를 사용하여 데이터 변환

9 스케일러.**fit_transform( )** : 스케일러 학습 및 변환을 한번에 실행

10 sklearn.neighbors.**KNeighborsClassifier( )** : KNN의 분류 알고리즘 객체 생성

11 seaborn.**lineplot( )** : 선형 그래프 그리기

연습 문제

1 다음 중 결측치에 대한 설명으로 방법으로 옳지 않은 것은?

❶ 결측치는 데이터가 비어있는 값을 의미한다.

❷ 결측치는 비어있는 값이므로 숫자 0과 같다.

❸ 결측치가 너무 많은 변수는 변수 자체를 제거할 수 있다.

❹ 결측치가 많지 않은 경우는 결측치가 있는 행을 제거할 수 있다.

2 다음 중 스케일링 결과가 0~1 사이로 표현되는 방법은?

❶ Standard Scaling

❷ Robust Scaling

❸ Min-Max Scaling

3 다음은 KNN에 대한 설명 중 옳지 않은 것은?

❶ 예측하려는 데이터 주위에 있는 데이터들을 활용하는 예측 기법이다.

❷ 모델링 과정에서 참고하려는 이웃 수 K를 설정할 수 있다.

❸ 이웃 수 K는 많을수록 좋은 결과를 보여준다.

❹ 3개 이상의 다중분류에 활용할 수 있다.

* 정답 및 해설은 205쪽에 있습니다.

나이브 베이즈

스팸 여부 판단하기

☐ **학습 목표**

나이브 베이즈$^{Naive Bayes}$ 모델로 문자 데이터셋을 분석해 스팸 문자를 필터링하고, 나이브 베이즈를 더 깊게 이해해봅시다.

☐ **학습 순서**

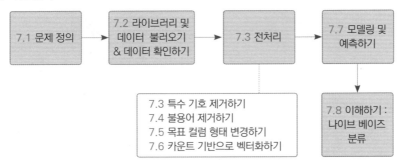

☐ **나이브 베이즈 소개**

나이브 베이즈는 베이즈 정리를 적용한 조건부 확률 기반의 분류 모델입니다. 여기서 조건부 확률은 A가 일어났을 때 B가 일어날 확률을 의미합니다. 예를 들어 '무료라는 단어가 들어 있을 때 해당 메일이 스팸일 확률' 같은 겁니다. 이러한 특징으로 스팸 필터링을 위한 대표적인 모델로 꼽힙니다. 최근에는 딥러닝 같은 대안이 있어서 나이브 베이즈 모델을 쓰고자 하는 상황이 많지는 않습니다만, 그래도 스팸 메일 필터처럼 자연어 처리가 목적일 때는 여전히 나이브 베이즈 모델이 좋은 선택이 될 수 있습니다(딥러닝이 자연어 처리에 더 탁월한 모습을 보여주지만, 딥러닝보다 간단한 방법으로 자연어 처리를 원할 때).

▼ TOP 10 선정 이유

범용성이 높지는 않지만 독립변수들이 모두 독립적이라면 충분히 경쟁력이 있는 알고리즘입니다. 특히나 딥러닝을 제외하고 자연어 처리에 가장 적합한 알고리즘입니다. 일반적인 데이터보다는 특수 상황을 고려해 배워두길 바랍니다.

▼ 예시 그래프

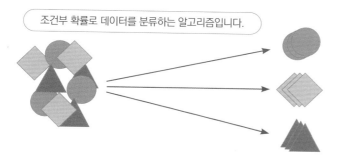

조건부 확률로 데이터를 분류하는 알고리즘입니다.

▼ 장단점

장점	단점
• 비교적 간단한 알고리즘에 속하며 속도 또한 빠릅니다. • 작은 훈련셋으로도 잘 예측합니다.	• 모든 독립변수가 각각 독립적임을 전제로 하는데 이는 장점이 되기도 하고 단점이 되기도 합니다. 실제로 독립변수들이 모두 독립적이라면 다른 알고리즘보다 우수할 수 있지만, 실제 데이터에서 그런 경우가 많지 않기 때문에 단점이기도 합니다.

▼ 유용한 곳

• 각 독립변수들이 모두 독립적이고 그 중요도가 비슷할 때 유용합니다.

• 자연어 처리(NLP)에서 간단하지만 좋은 성능을 보여줍니다.

• 범주 형태의 변수가 많을 때 적합하며, 숫자형 변수가 많은 때는 적합하지 않습니다.

7.1 문제 정의 : 한눈에 보는 예측 목표

문제 정의

스팸 문자가 오면 정말 귀찮습니다. 그나마 이동사에서 인공지능을 사용해서 스팸을 한 번 걸려 보내는 데도 이 정도입니다. 그렇다면 이동사는 스팸 문자 여부를 판별하는 데 어떤 기법을 사용할까요? 스팸 문자는 자연어로 된 문장입니다. 단어가 열거되어 있어서 특정 카테고리로 구분할 수 없으며 더미 변수를 사용할 수 없습니다. 문장에 사용된 단어를 사용 빈도로 구분하면 스팸 여부를 판단할 수 있지 않을까요? 이제부터 스팸 문자 여부를 판별하는

방법을 알아보겠습니다.

▼ 예측 목표

미션	문자 데이터셋을 이용해 스팸 여부를 판단하라.		
난이도	★★☆		
알고리즘	나이브 베이즈(Naive Bayes)		
데이터셋 파일명	spam.csv	종속변수	target(스팸 여부)
데이터셋 소개	스팸 문자에 대한 데이터로, 독립변수는 text 하나밖에 없습니다. 그러나 이 하나의 변수에 긴 문장 형태의 데이터들이 들어 있기 때문에 많은 전처리 작업이 필요합니다. 각 문장에 들어간 단어들을 활용하여 문자가 스팸인지 아닌지를 예측하게 됩니다.		
문제 유형	분류	평가지표	정확도, 혼동 행렬
사용한 모델	MultinomialNB		
사용 라이브러리	• numpy (numpy==1.19.5) • pandas (pandas==1.3.5) • seaborn (seaborn==0.11.2) • matplotlib (matplotlib==3.2.2) • sklearn (scikit-learn==1.0.2) • nltk (nltk==3.2.5)		
예제 코드	• 위치 : colab.research.google.com/github/musthave-ML10/notebooks/blob/main/ • 파일 : 07_Naive Bayes.ipynb		

7.2 라이브러리 및 데이터 불러오기 & 데이터 확인

우선 4개의 필수 모듈과 spam.csv 파일을 불러오겠습니다.

```
import pandas as pd
import numpy as np
import matplotlib.pyplot as plt
import seaborn as sns

file_url = 'https://media.githubusercontent.com/media/musthave-ML10/data_source/
main/spam.csv'
data = pd.read_csv(file_url)  # 데이터셋 읽기
```

head를 사용하여 데이터의 형태를 살펴봅시다.

```
data.head()  # 상위 5행 출력
```

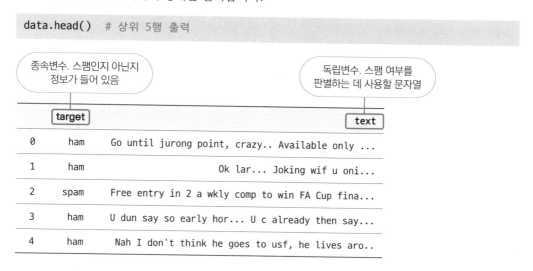

종속변수. 스팸인지 아닌지 정보가 들어 있음

독립변수. 스팸 여부를 판별하는 데 사용할 문자열

	target	text
0	ham	Go until jurong point, crazy.. Available only ...
1	ham	Ok lar... Joking wif u oni...
2	spam	Free entry in 2 a wkly comp to win FA Cup fina...
3	ham	U dun say so early hor... U c already then say...
4	ham	Nah I don't think he goes to usf, he lives aro..

첫 번째 컬럼인 target이 목표 변수입니다. 현재까지는 spam과 ham 두 가지네요. 혹시 다른 값도 있는지 unique( ) 함수로 확실하게 확인하고 가겠습니다.

```
data['target'].unique() # 목표 변수의 고윳값 확인
array(['ham', 'spam'], dtype=object)
```

예상대로 ham과 spam뿐입니다. 여기서 spam은 스팸 문자를 뜻하고, ham은 스팸이 아닌 문자입니다(스팸과 햄으로 부르겠습니다).

text 컬럼을 살펴보면 말씀드린 것처럼 자연어 형태입니다.

7.3 전처리 : 특수 기호 제거하기

한 가지 처리할 게 있습니다. 바로 쉼표, 마침표 등과 같은 특수 기호들입니다. 자연어를 다룰 때 데이터의 기준은 단어입니다. 단어를 처리할 때 특수 기호는 노이즈가 되므로 제거해야 합니다. 우선은 제거할 특수 기호를 목록으로 마련해야 합니다.

특수 기호 목록은 파이썬에 내장된 string에서 얻을 수 있습니다.

```
import string # 임포트
```

string에 내재된 punctuation을 실행하면 특수 기호 목록을 확인할 수 있습니다.

```
string.punctuation # 특수 기호 목록 출력
```

```
!"#$%&'()*+,-./:;<=>?@[\]^_`{|}~
```

이제부터 ❶ 문자열에서 문자를 하나씩 꺼내 특수 기호인지 판단한 뒤, 특수 기호가 아닌 문자들만 리스트에 저장합니다. ❷ 각 문자를 문장으로 합치고 나서 ❸ 이 문자열이 문장별로 행에 저장되게 변환해봅시다.

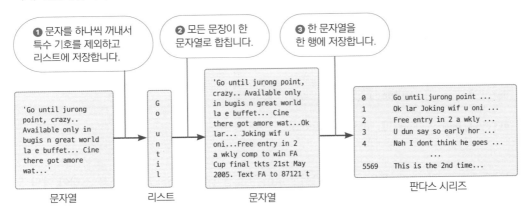

먼저 문자열 하나하나를 가져와서 특수문자를 없애는 작업을 해보겠습니다. 우선 문자열을 하나 가져오겠습니다.

```
sample_string = data['text'].loc[0] # 문자열 선택
sample_string
```

```
'Go until jurong point, crazy.. Available only in bugis n great world la e
buffet... Cine there got amore wat...'
```

이 문자열의 문자를 하나하나 불러와 출력해보겠습니다.

```
for i in sample_string:  # 문자열의 문자를 하나씩 출력
    print(i)
```

```
G
o

u
n
t
i
l
... 생략 ...
```

그럼 한 줄에 한 문자가 출력되는데 너무 길어서 아랫부분을 생략했습니다. 이제 이렇게 불러온 문자에 특수 기호가 보이네요.

특수 기호에 속하는지 아닌지 판단하는 코드를 추가해봅시다.

```
for i in sample_string:  # 문자열의 문자를 하나씩 출력
    if i not in string.punctuation:  # ❶ 특수 기호가 아니면
        print(i)
```

```
G
o

u
n
t
i
l
... 생략 ...
```

기대한 바대로 쉼표나 마침표 같은 특수 기호가 안 보입니다. ❶ string.punctuation에 있는 문자이면 특수 기호라는 뜻입니다. 특수 기호가 아닌 문자만 필요하므로 not in을 사용했습니다(반대로 특수 기호인지 판단하려면 in만 써주세요).

in 살펴보기

문자열에 속하는지 아닌지 알아보는 쉬운 코드를 제시해봅니다.

```
'a' in 'apple' # 문자열에 'a'가 있는지 확인
```

```
True
```

```
'b' in 'apple' # 문자열에 'b'가 있는지 확인
```

```
False
```

'apple'이라는 문자열 안에 'a'가 있으므로 True, 'b'가 없으므로 False가 됩니다. if절은
주어진 조건에서 True인 것들에만 작동하게 됩니다.

이렇게 특수 기호를 제외한 문자들을 리스트 형태로 모아주겠습니다.

```
new_string = [] # ❶ 빈 리스트 생성
for i in sample_string: # 문자열 순회
    if i not in string.punctuation: # 특수 기호가 아니면
        new_string.append(i)        # ❷ 리스트에 문자 추가
```

❶ 빈 리스트(new_string)를 하나 만들어 ❷ append( ) 함수를 사용하여 특수 기호가 아닌 문자
를 하나씩 추가합니다.

new_string을 출력하면 리스트 형태로 문자를 확인할 수 있습니다.

```
new_string
```

```
['G',
 'o',
 ' ',
 'u',
 'n',
 't',
 'i',
 'l',
 ... 생략 ...
```

문장을 분석해야 하므로 리스트 안의 문자들을 문자열로 만들어야 합니다. join( ) 함수를 쓰면 리스트 안의 값들을 하나로 합칠 수 있습니다.

함수명	설명
apply( )	리스트 안에 있는 문자들을 합쳐서 문자열로 만듭니다.

```
sample = ['a','p','p','l','e'] # ❶
'_'.join(sample) # ❷
```

```
'a_p_p_l_e'
```

❶ sample 리스트에 문자 5개가 있습니다. ❷ join( ) 함수 앞에 '_'를 붙였습니다. 각 문자 사이에 _를 넣으라는 뜻입니다. 아무것도 지정하지 않아도 됩니다.

문장 형태로 만들어봅시다.

```
new_string = [] # 빈 리스트 생성
for i in sample_string: # 문자열 순회
    if i not in string.punctuation: # 특수 기호가 아니면
        new_string.append(i)         # 리스트에 문자 추가
new_string = ''.join(new_string)     # ❶ 리스트를 문자열 형태로 변환
```

❶ join( ) 코드는 for문이 모두 끝난 뒤에 실행되어야 하니 들여쓰지 않도록 주의하시기 바랍니다.

그럼 이 코드를 별도의 함수로 만들겠습니다.

```
def remove_punc(x): # ❶ 함수 정의
    new_string = []  # 빈 리스트
    for i in x:        # 순회
        if i not in string.punctuation: # 특수 기호가 아니면
            new_string.append(i)          # 리스트에 문자 추가
    new_string = ''.join(new_string)      # 리스트를 문자열 형태로 변환
    return new_string                     # ❷ 반환
```

❶ def를 사용하여 remove_punc( ) 함수를 지정했습니다. ❷ 최종적으로 합쳐진 new_string 값을 반환합니다.

함수가 잘 작동하는지 sample_string으로 테스트하겠습니다.

```
remove_punc(sample_string)  # 특수 기호 삭제 함수 호출
```

```
'Go until jurong point crazy Available only in bugis n great world la e buffet
Cine there got amore wat'
```

우리가 기대한 결과를 확인할 수 있습니다. 그러면 데이터(data)에 적용할 차례입니다. 과연 제대로 동작할지 궁금하군요.

```
remove_punc(data['text'])  # 특수 기호 삭제 함수 호출
```

```
'Go until jurong point, crazy.. Available only in bugis n great world la e
buffet... Cine there got amore wat...Ok lar... Joking wif u oni...Free entry
in 2 a wkly comp to win FA Cup final tkts 21st May 2005. Text FA to 87121 to
receive entry question(std txt rate)T&C\'s apply 08452810075over18\'sU dun say
 so early hor... U c already then say...Nah I don\'t think he goes to usf, he
lives around here thoughFreeMsg Hey there darling it\'s been 3 week\'s now and
 no word back! I\'d like some fun you up for it still? Tb ok! XxX std chgs to
send, £1.50 to rcvEven my brother is not like to speak with me. They treat me
like aids patent.As per your ... 생략 ...
```

결과물에서 뭔가 이상한 점이 느껴지시나요? 행마다 한 개 문자열이 보이길 기대했으나 한 행에 모든 문자가 합쳐진 형태입니다. 이대로 data['text']를 업데이트해주면 큰일 납니다. 언제 어떤 문제가 발생할지 모르니 데이터를 다룰 때는 반드시 하나하나 확인해주세요.

이런 상황이 발생한 이유는 remove_punc() 함수가 한 줄의 문자열에만 작동하도록 설계되었기 때문입니다. 따라서 시리즈의 한 줄 한 줄 따로 적용되게 하는 코드를 구현해 해결하면 됩니다. apply() 함수를 사용하면 데이터프레임의 한 줄 한 줄을 따로 함수에 적용시킬 수 있습니다.

함수명	설명
join()	함수가 데이터의 한 행마다 별도로 적용되어야 할 때 사용하면 각 행마다 함수를 적용할 수 있습니다.

```
data = pd.Series([[1, 2], [3, 4, 5]]) # ❶
def check_len(x):
    return len(x)
 data.apply(check_len) # ❷
```

```
0    2
1    3
dtype: int64
```

❶ data의 각 행에 각각 숫자 두 개 [1, 2]와 세 개 [3, 4, 5]를 가진 리스트[[1, 2], [3, 4, 5]]가 들어 있습니다. ❷ data 뒤에 apply()를 붙이고 사용하려는 함수의 이름을 넣습니다.

apply() 함수를 사용해 데이터프레임 전체가 아닌 text 변수에, 즉 판다스 시리즈 형태에 적용해 보겠습니다.

```
data['text'].apply(remove_punc) # 함수에 한 행씩 적용되도록 실행
```

```
0       Go until jurong point crazy Available only in ...
1                              Ok lar Joking wif u oni
2       Free entry in 2 a wkly comp to win FA Cup fina...
3              U dun say so early hor U c already then say
4       Nah I dont think he goes to usf he lives aroun...
                              ...
5569    This is the 2nd time we have tried 2 contact u...
5570                      Will ü b going to esplanade fr home
5571    Pity  was in mood for that Soany other suggest...
5572    The guy did some bitching but I acted like id ...
5573                          Rofl Its true to its name
Name: text, Length: 5574, dtype: object
```

우리가 기대한 대로 출력됐습니다. 결과를 data['text']에 업데이트해주겠습니다.

```
data['text'] = data['text'].apply(remove_punc) # 데이터셋 업데이트
```

7.4 전처리 : 불용어 제거하기

특수 기호를 모두 처리했으니 이번에는 불용어^{stopword}를 제거하겠습니다. 불용어는 자연어 분석에 큰 도움이 안 되는 단어를 의미합니다. 이러한 단어를 제거해주면 데이터를 조금이나마 더 가볍게 만들 수 있습니다. 자연어 처리에서는 각 단어가 하나의 독립변수처럼 작용하기 때문에, 지금은 컬럼이 2개뿐인데도 분석 과정에서 데이터를 방대하게 펼치게 됩니다. 그래서 불용어를 제거해 조금이라도 부담을 더는 겁니다.

그러한 이유로 불용어를 제거해보겠습니다. ❶ 판다스 시리즈에 저장된 문자열 하나를 단어 단위로 리스트로 변환하고 → ❷ 불용어가 아니면 소문자로 저장한 뒤 → ❸ 문자를 문자열로 합칩니다. → ❹ 이 과정을 반복하며 모든 문자열에 적용합니다.

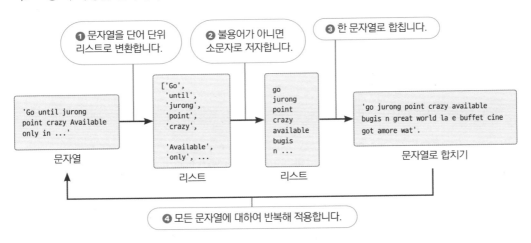

분석의 목적에 따라 불용어가 달라질 수 있습니다. 예를 들어 지금처럼 스팸 문자를 예측할 때와, 상품 리뷰의 긍정/부정을 예측할 때 의미 있는 단어의 성격이 다를 수 있습니다. 불용어를 목적에 맞게 작성해도 되지만, 여기에서는 nltk 라이브러리에서 제공되는 불용어 목록을 사용합니다. 우선 nltk를 통해 'stopwords'를 다운로드합니다.

```
import nltk # 임포트
nltk.download('stopwords') # 불용어 목록 가져오기
```

```
[nltk_data] Downloading package stopwords to /root/nltk_data...
[nltk_data]    Unzipping corpora/stopwords.zip.
True
```

이제 stopwords를 임포트하겠습니다.

```
from nltk.corpus import stopwords # 불용어 목록 임포트
```

stopwords에서 제공되는 리스트를 확인해봅시다.

```
stopwords.words('english') # 영어 불용어 선택
```

```
['i',
 'me',
 'my',
 'myself',
 'we',
 'our',
 'ours',
 'ourselves',
 'you',
 "you're",
 "you've",
 "you'll",
 "you'd",
 'your',
 'yours',
 'yourself',
 'yourselves',
... 생략 ...
```

stopwords.words('english')에서 'english'

'english'는 영문 불용어를 지정하는 속성입니다. 한국어 불용어를 지정하려면 'korea'를 넣으면 될 것 같지만 안 됩니다. NLTK 라이브러리는 한국에 불용어가 제공되지 않습니다. 한국어 텍스트를 다룰려면 불용어를 별도로 리스트 형태로 만들어서 지정하시거나, 구글에서 검색하여 몇 가지 준비된 한국어 불용어를 활용하면 됩니다. 또한 한국어의 경우 영어와는 달리 단어에 조사가 붙기 때문에 특정 단어를 포착하기 위해 이러한 부분도 처리해야 하는데, 이 책에서는 NLP가 주목적이 아니므로 해당 내용까지는 다루지 않습니다. 한국어 불용어는 www.ranks.nl 등에서 받을 수 있습니다.

- 한국어 불용어 : https://www.ranks.nl/stopwords/korean

stopwords는 현재 24개 언어의 불용어를 제공합니다.

```
from nltk.corpus import stopwords
print(stopwords.fileids())
```

```
['arabic',
 'azerbaijani',
 'bengali',
 'danish',
 'dutch',
 'english',
 'finnish',
 'french',
 'german',
 'greek',
 'hungarian',
 'indonesian',
 'italian',
 'kazakh',
 'nepali',
 'norwegian',
 'portuguese',
 'romanian',
 'russian',
 'slovene',
 'spanish',
 'swedish',
 'tajik',
 'turkish']
```

리스트 형태로 제공되며, 분석에 큰 영향이 없을 것 같은 단어(i, you, he, she 등)가 들어 있습니다. 불용어를 제거하는 함수를 만들겠습니다.

우선 for문을 통해서 문장의 단어를 하나하나씩 불러와야 합니다. 특수 기호는 문자 하나하나를 불러와서 확인했던 반면, 이번에는 단어 하나하나를 불러와야 합니다. 그러나 문장을 그대로 for

문에 적용하면 아까처럼 문자 하나씩 불러오므로 문장을 단어 단위로 쪼개는 작업이 필요합니다. split( ) 함수를 사용해 쪼갤 수 있습니다.

함수명	설명
split()	기본적으로 띄어쓰기 기반으로 단어를 분리합니다. 만약 띄어쓰기가 아니라 특정 문자 기준으로 분리하고 싶다면 괄호 안에 해당 문자를 입력하면 됩니다. 알파벳, 특수 기호 등 어떤 것도 가능합니다. 예시를 위하여 임의의 스트링을 하나 만들겠습니다.

```
sample_string2 = 'This is not - SPAM'
```

이 문장을 '-' 문자를 기준으로 나눠보겠습니다.

```
sample_string2.split('-') # 특정 문자를 기준으로 문자열 분할
```

```
['This is not ', ' SPAM']
```

```
sample_string = data['text'].loc[0]
sample_string.split() # 단어 단위로 문장 분할
```

```
['Go',
 'until',
 'jurong',
 'point',
 'crazy',
 'Available',
 'only',
 'in',
 'bugis',
 'n',
 'great',
 'world',
 'la',
 'e',
 'buffet',
 'Cine',
 'there',
 'got',
 'amore',
```

```
'wat']
```

단어 단위 리스트로 변경되었습니다.

각 단어가 불용어에 속하는지 아닌지 판독하는 코드를 구현하겠습니다.

```
for i in sample_string.split(): # 순회
    if i not in stopwords.words('english'): # 불용어가 아니면
        print(i) # 출력
```

```
Go
jurong
point
crazy
Available
bugis
n
great
world
la
e
buffet
Cine
got
amore
wat
```

여기서 하나 손봐주어야 할 부분이 있는데요, 보면 Go나 Cine 같은 단어는 첫 글자가 대문자입니다. 파이썬은 대소문자를 구분합니다. stopwords에 들어 있는 단어들은 모두 소문자로 되어 있습니다. 정확하게 하려면 확인할 단어가 모두 소문자이어야 합니다. 따라서 string의 대소문자 변환에 관련된 코드를 살펴보겠습니다.

함수명	설명
lower()	소문자로 바꿉니다.

```
sample_word = 'nAive_Bayes'
print(sample_word.lower())
```

```
naive_bayes
```

upper()	대문자로 바꿉니다.

```
print(sample_word.upper())
```

```
NAIVE_BAYES
```

capitalize()	단어의 첫 문자만 대문자로, 나머지는 소문자로 바꿉니다.

```
print(sample_word.capitalize())
```

```
Naive_bayes
```

lower() 함수를 사용해 모두 소문자로 바꿉니다.

```
for i in sample_string.split(): # 순회
    if i.lower() not in stopwords.words('english'): # ❶ 불용어가 아니면 소문자로 변환
        print(i.lower()) # 소문자로 출력
```

```
go
jurong
point
crazy
available
bugis
n
great
world
la
```

```
e
buffet
cine
got
amore
wat
```

❶ 단어를 받아주는 역할을 i가 하고 있기 때문에 i에 lower를 적용했습니다.

각 단어를 문장으로 다시 합칩니다.

```
new_string=[] # ❶ 빈 리스트 생성
for i in sample_string.split(): # 순회
    if i.lower() not in stopwords.words('english'):
    # 소문자로 변환한 단어가 불용어가 아니면
        new_string.append(i.lower()) # ❷ 문자 단위로 추가

new_string = ' '.join(new_string)     # ❸ 공백 단위로 묶기

new_string
```

```
'go jurong point crazy available bugis n great world la e buffet cine got amore
wat'
```

❶ 빈 문자열을 만들어 ❷ 문자 단위로 추가해 ❸ 공백을 기준으로 단어를 합쳐줍니다.

join() 앞 따옴표 사이에 공란을 빼먹지 마세요! 우리가 특수 기호를 제거할 때는 이곳에 빈칸이 없었는데, 이때는 문자 하나씩을 모아서 문장처럼 이어붙였기 때문입니다. 반면 지금은 단어 단위로 모아졌기 때문에 단어 사이의 빈칸을 만들어주어야 합니다. 그래야 제대로 된 문장 형태로 변경됩니다.

샘플 문장에서 stopwords를 제거하는 코드를 작성해보았습니다. text 컬럼 전체에 적용해야 하므로 별도의 함수로 만들고, apply()를 각 데이터 라인에 적용시키겠습니다.

```
def stop_words(x):
    new_string=[]        # 새 리스트 생성
    for i in x.split(): # 순회
```

```
            if i.lower() not in stopwords.words('english'):
                # 소문자로 변환한 단어가 불용어가 아니면
                    new_string.append(i.lower()) # 문자 단위로 추가
        new_string = ' '.join(new_string)    # 공백 단위로 묶기
        return new_string # ❶ 반환

data['text'] = data['text'].apply(stop_words)  # ❷ 텍스트에 stop_words 함수 적용
data['text']
```

```
0        go jurong point crazy available bugis n great ...
1                            ok lar joking wif u oni
2        free entry 2 wkly comp win fa cup final tkts 2...
3                     u dun say early hor u c already say
4            nah dont think goes usf lives around though
                            ...
5569    2nd time tried 2 contact u u £750 pound prize ...
5570                      ü b going esplanade fr home
5571                       pity mood soany suggestions
5572    guy bitching acted like id interested buying s...
5573                                 rofl true name
Name: text, Length: 5574, dtype: object
```

원하는 대로 출력되었군요. sample_string을 x로 변경하고, ❶ 최종 변경된 new_string을 반환합니다. 그리고 ❷ data['text']에 반영합니다.

7.5 전처리 : 목표 컬럼 형태 변경하기

이번 예제에서 목표 컬럼은 문자(spam과 ham)입니다. 문자 형식의 데이터도 모델링에 에러를 유발하지는 않지만, 때에 따라 해석에 문제가 생길 수도 있기 때문에 숫자로 변환하겠습니다. 변환에는 map( ) 함수를 사용합니다.

함수명	설명
map( )	map() 함수는 딕셔너리 타입의 데이터를 사용하여 매칭되는 값을 불러오도록 사용할 수 있습니다.

```
sample1 = pd.Series(['a','b','c']) # ❶ 시리즈 생성
sample1.map({'a': 'apple', 'b':'banana','c':'cherry'})
# ❷ 키의 값 출력
0    apple
1    banana
2    cherry
```
```
dtype: object
```

❶ a, b, c를 판다스 시리즈 형태로 저장합니다.
❷ map() 함수가 딕셔너리 {'a': 'apple', 'b':'banana','c':'cherry'}에서 a, b, c 각각의 키에 매칭되는 값들을 불러옵니다.

또한 apply() 함수처럼 다른 함수를 적용시키는 데에 사용할 수도 있습니다.

```
sample2 = pd.Series(['a','b','c']) # ❸ 시리즈 생성
def add_i(x):        # ❹ 사용자 지정 함수
    return x+'i'     # 'i' 추가
sample2.map(add_i) # ❺ 'i'를 추가하는 함수 호출
0    ai
1    bi
2    ci
```
```
dtype: object
```

❸ a, b, c를 판다스 시리즈 형태로 저장합니다.
❹ 각 문자에 i가 추가되는 함수를 만들었습니다.
❺ map을 사용하여 판다스 시리즈에 add_i() 함수를 적용시켰습니다.

스팸이면 1, 아니면 0으로 변환합시다.

```
data['target'] = data['target'].map({'spam':1, 'ham':0}) # ❶ 텍스트를 숫자로 변환
data['target'] # 출력
```

```
0         ❷ 0
1           0
2           1
3           0
4           0
           ..
5569        1
5570        0
5571        0
5572        0
5573        0
Name: target, Length: 5574, dtype: int64
```

❶ map( ) 함수 인수로 딕셔너리 형태로 매핑할 값을 정의해 넣어주었습니다. ❷ 출력을 보니 0과 1로 제대로 변경되었습니다.

7.6 전처리 : 카운트 기반으로 벡터화하기

카운트 기반 벡터화는 말 그대로 문자를 개수 기반으로 벡터화하는 방식입니다. 데이터 전체에 존재하는 모든 단어들을 사전처럼 모은 뒤에 인덱스를 부여하고, 문장마다 속한 단어가 있는 인덱스를 카운트하는 겁니다.

예를 들어 다음과 같은 데이터가 있다고 합시다. 카운트 기반 벡터화 과정을 그림으로 확인해보겠습니다.

▼ 카운트 기반 벡터화 과정

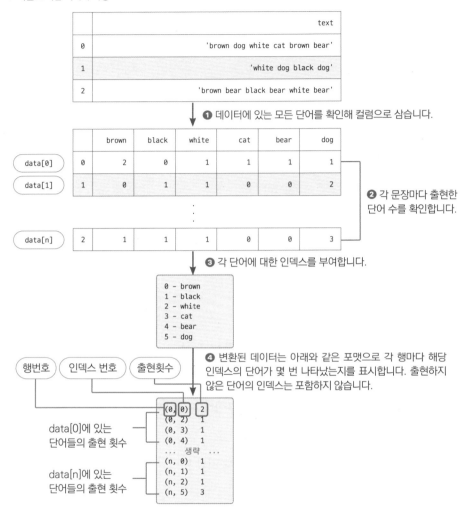

❶ 데이터에 있는 모든 단어를 확인해 컬럼으로 삼습니다.

❷ 각 문장마다 출현한 단어 수를 확인합니다.

❸ 각 단어에 대한 인덱스를 부여합니다.

```
0 - brown
1 - black
2 - white
3 - cat
4 - bear
5 - dog
```

❹ 변환된 데이터는 아래와 같은 포맷으로 각 행마다 해당 인덱스의 단어가 몇 번 나타났는지를 표시합니다. 출현하지 않은 단어의 인덱스는 포함하지 않습니다.

이제부터 카운트 기반 벡터화 기법을 코딩로 구현해봅시다. text와 target 컬럼을 x, y라는 이름으로 저장합니다.

```python
x = data['text']   # 독립변수
y = data['target'] # 종속변수
```

벡터화에 사용할 CountVectorizer를 임포트합니다.

```
from sklearn.feature_extraction.text import CountVectorizer
```

CountVectorizer 사용 방법은 scaling과 상당히 유사합니다. 임의의 이름으로 해당 모듈 속성을 부여하고, fit( )으로 학습하며 transform( )으로 변환합니다.

우선 fit( )으로 학습을 진행합시다.

```
cv = CountVectorizer() # 객체 생성
cv.fit(x)         # ❶ 학습하기
cv.vocabulary_  # ❷ 단어와 인덱스 출력
```

```
{'go': 3791,
 'jurong': 4687,
 'point': 6433,
 'crazy': 2497,
 'available': 1414,
 'bugis': 1881,
 'great': 3888,
 'world': 9184,
 'la': 4847,
 'buffet': 1879,
 'cine': 2214,
 'got': 3848,
 'amore': 1181,
 'wat': 8947,
 'ok': 5995,
 'lar': 4886,
 'joking': 4655,
 'wif': 9079,
 'oni': 6027,
 ... 생략 ...
```

❶ fit( )으로 x를 학습한 결과를 cv 객체(모델)에 저장합니다. ❷ cv 뒤에 vocabulary_를 쓰면 객체에 들어 있는 모든 단어에 대한 인덱스를 볼 수 있습니다. 여기서 인덱스는 큰 의미가 없는 일종의 id와 같은 역할입니다.

그럼 이제 학습된 cv의 transform( ) 함수로 데이터 x를 변환하고 결과를 확인하겠습니다.

```
x = cv.transform(x) # 트랜스폼
print(x) # 이 데이터는 print를 사용해야 아래와 같은 결과물이 보입니다.
```

```
  (0, 1181)  1
  (0, 1414)  1
  (0, 1879)  1
  (0, 1881)  1
  (0, 2214)  1
  (0, 2497)  1
  (0, 3791)  1
  (0, 3848)  1
  (0, 3888)  1
  (0, 4687)  1
  (0, 4847)  1
  (0, 6433)  1
  (0, 8947)  1
  (0, 9184)  1
  (1, 4655)  1
  (1, 4886)  1
  (1, 5995)  1
  (1, 6027)  1
  (1, 9079)  1
  (2, 71)    1
... 생략 ...
```

다소 이해하기 힘든 출력 형태네요. 첫 번째 줄의 데이터를 예로 들어 구체적으로 알아보겠습니다.

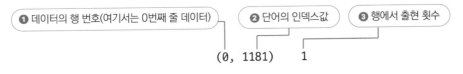

❶ 첫 번째 숫자인 0은 우리가 변환시킨 데이터의 행(row) 번호입니다. 0번째 줄 데이터라는 의미입니다. ❷ 뒤에 있는 숫자는 단어의 인덱스값이고, ❸ 마지막 1은 해당 단어가 1번 등장했다는 의미입니다. 따라서 '0번째 행 데이터에는 인덱스가 1181인 단어가 한 번 등장한다'로 해석하면 됩니다. 실제로 0번째 행의 데이터를 확인해봅시다.

```
data.loc[0]['text'] # 0번 행의 'text' 열의 값 선택
```

```
'go jurong point crazy available bugis n great world la e buffet cine got amore
wat'
```

정말 그런지 앞의 세 단어 go, jurong, point만 확인해볼게요. cv.vocabulary_는 딕셔너리 형태였기 때문에, 다음과 같은 코드로 인덱스값을 출력하면 됩니다.

```
print(cv.vocabulary_['go'])        # 인덱스 출력
print(cv.vocabulary_['jurong'])    # 인덱스 출력
print(cv.vocabulary_['point'])     # 인덱스 출력
```

```
3791
4687
6433
```

> **Note** 앞의 코드에서 굳이 print() 함수를 사용하지 않아도 됩니다. 그럼에도 사용한 이유는 이 책의 실습을 주피터 노트북(코랩)에서 진행하기 때문입니다. 주피터 노트북에서 한 셀에 여러 줄을 출력하려면 print()를 써주셔야 합니다. 그러지 않으면 마지막 한 줄에 대한 결괏값만 출력합니다. print() 함수를 쓰지 않으려면 출력 단위(앞의 코드에서는 한 줄)로 실행해야 합니다.

go의 인덱스는 3791, jurong은 4687, point는 6433입니다. 이 숫자가 문장(X 출력 결과)에서 한 번씩만 출연해야겠죠? 정말 그런지 확인해볼까요?

```
  (0, 1181)  1
  (0, 1414)  1
  (0, 1879)  1
  (0, 1881)  1
  (0, 2214)  1
  (0, 2497)  1
  (0, 3791)  1  ← go
  (0, 3848)  1
  (0, 3888)  1
  (0, 4687)  1  ← jurong
  (0, 4847)  1
  (0, 6433)  1  ← point
  (0, 8947)  1
```

```
(0, 9184)  1
(1, 4655)  1
(1, 4886)  1
(1, 5995)  1
(1, 6027)  1
(1, 9079)  1
(2, 71)1
(2, 441)   1
... 생략 ...
```

샘플로 3개 단어만 확인했습니다. 그외 단어를 확인해도 결과는 일치할 겁니다. 문자를 이런 식의 형태로 변환시키는 방법을 카운트 기반 벡터화(CounterVectorize)라고 합니다.

7.7 모델링 및 예측/평가하기

모델링에 앞서 훈련셋과 시험셋으로 나누어주겠습니다. 카운트 기반 벡터화 과정에서 X와 y로 데이터를 나누어주었으니 이를 활용하여 train_test_split( ) 함수로 독립변수/종속변수에 대한 훈련셋/시험셋 분할을 진행하겠습니다.

```
from sklearn.model_selection import train_test_split # 임포트
x_train, x_test, y_train, y_test = train_test_split(x, y, test_size = 0.2,
random_state = 100) # 학습셋, 시험셋 분할
```

나이브 베이즈 알고리즘으로 MultinomialNB 모듈을 사용합니다. 역시 sklearn 라이브러리에서 불러올 수 있습니다.

> **Note** **MultinomialNB 모듈**
> 다항 분포에 대한 Naive Bayes 알고리즘입니다. 다항 분포(Multinomial) 외에 정규분포(Gaussian), 베르누이 분포(Bernoulli)에 따른 NB 모듈이 있으며, 데이터 분포의 특성을 명확히 파악하기 어렵다면 이 세 가지 모듈을 모두 사용하여 가장 결과가 좋은 모델을 선택하시면 됩니다.

```
from sklearn.naive_bayes import MultinomialNB
```

사용 방법은 다른 모델링 방법과 같습니다. fit( )으로 학습하고 predict( )로 예측하면 됩니다.

```
model = MultinomialNB()       # 모델 객체 생성
model.fit(x_train, y_train)  # 학습
pred = model.predict(x_test) # 예측
```

예측 결과를 평가에 accuracy_score와 함께, 이번에는 confusion_matrix 모듈도 사용하겠습니다. confusion_matrix는 실젯값과 예측값을 비교하여 매트릭스 형태로 표현하는 모듈입니다.

> **Note** confusion_matrix 모듈
> 행을 실젯값 0과1, 열을 예측값 0과 1로 두어 2 × 2 매트릭스를 만듭니다. 이를 통해 실젯값이 0인데 예측값도 0인 경우, 실젯값은 0인데 예측값은 1인 경우, 실젯값도 1이고 예측값도 1인 경우, 실젯값은 1이나 예측값은 0인 4가지 경우를 한눈에 파악할 수 있습니다.
> accuracy_score()와 같이 실젯값, 예측값을 순서대로 넣어주면 됩니다.
>
> ```
> confusion_matrix(실젯값, 예측값)
> ```

둘 다 같은 라이브러리에 있으므로 아래 코드로 한 번에 임포트합니다.

```
from sklearn.metrics import accuracy_score, confusion_matrix
```

정확도부터 확인하겠습니다.

```
accuracy_score(y_test, pred) # 정확도 계산
```

```
0.9856502242152466
```

약 98.9%로 아주 높은 예측률을 보여줍니다. 다음으로 confusion_matrix( )를 사용하겠습니다.

```
print(confusion_matrix(y_test, pred)) # 혼동 행렬 출력
```

```
[[965  12]
 [  4 134]]
```

더 깔끔한 결과물을 얻고자 print( )를 함께 사용했습니다.

confusion_matrix( )는 실젯값과 예측값들이 각각 어떻게 분포되었는지를 행렬로 나타냅니다. 이를 혼동 행렬^{confusion matrix}이라고 부릅니다(오차 행렬이라고도 합니다). 각 셀은 다음과 같은 기준으로 분류됩니다.

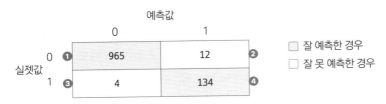

❶ 실젯값이 0이고 예측값도 0인 경우는 965건, ❹ 실젯값이 1이고 예측값도 1인 경우는 134건입니다. 배경에 음영이 있는 영역이 정확한 예측에 해당합니다. 그리고 ❸ 1인데 0으로 잘못 예측된 경우는 4건, 반대로 ❷ 실젯값은 0인데 1로 잘못 예측된 경우는 12건입니다. 흰색 배경 영역이 잘못된 예측입니다.

confusion_matrix( )의 출력 결과에 어느 쪽이 0이고 1인지 별도의 레이블이 달려있지 않아 헷갈린다면, heatmap( )을 사용함으로써 살펴볼 수 있습니다.

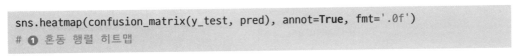

<AxesSubplot:>

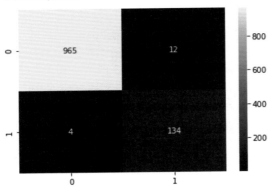

❶ fmt 매개변수는 히트맵 안의 숫자가 표시되는 형식을 정의합니다. .0f는 소수점 이하 없이, .2f를 쓰면 소수점 둘째 자리까지 보여줍니다. 경우에 따라 해당 매개변수가 없을 시 과학적 표기법으로 나타날 수 있으니 필요할 때 설정해주면 되겠습니다.

이 매트릭스의 값들을 단순 산술해도 정확도를 구할 수 있습니다. 정확도 수식은 다음과 같습니다.

$$\frac{\text{정확한 예측 건수}}{\text{전체 경우 수}}$$

수식을 적용해보겠습니다.

$$\frac{955+134}{955+134+12+4} \fallingdotseq 98\%$$

예상대로 accuracy_score( ) 계산 결과와 같은 수치입니다. 즉, 혼동 행렬은 정확도보다 더 많은 정보를 제공합니다. 각 셀에 부여된 명칭이 있을 정도로 중요한 지표입니다.

▼ 혼동 행렬

		예측값	
		0	1
실젯값	0	True Negative (TN) 음성을 음성으로 판단	False Positive (FP) 음성을 양성으로 판단
	1	False Negative (FN) 양성을 음성으로 판단	True Positive (TP) 양성을 양성으로 판단

명칭은 참/거짓^{True/False}과 양성/음성^{Positive/Negative}의 조합으로 이루어졌는데, 우선 참/거짓은 정확한 예측 영익인지 잘못된 예측 영역인지에 따라 나눕니다. 정확한 예측은 참, 잘못된 예측은 거짓입니다. 양성과 음성은 예측값을 기준으로 나눕니다. 예측값이 1이면 양성, 0이면 음성입니다. 이 프로젝트에서는 Spam이면 양성인 1이 됩니다. 양성/음성은 예측값 기준으로 결정됩니다. 혼동하지 않도록 합시다.

False는 하나의 별칭이 더 있습니다.

		예측값	
		음성	양성
실젯값	음성	정확함 (Correct)	1종 오류 (Type 1 Error)
	양성	2종 오류 (Type 2 Error)	정확함 (Correct)

잘못된 예측된 두 영역을 오류^{Error}라고 부릅니다. 거짓 양성은 1종 오류$^{Type1\ Error}$, 거짓 음성은 2종 오류 $^{Type2\ Error}$입니다. '양성 1종, 음성 2종'으로 외우시면 편합니다.

1종 오류(Type 1 Error)
실제 음성인 것을 양성으로 예측하는 오류.
False Positive

2종 오류(Type 2 Error)
실제 양성인 것을 음성으로 예측하는 오류.
False Negative

1종, 2종 오류는 성격이 다른 오류이고, 때에 따라서는 둘 중 한쪽이 더 중요합니다. 예를 들어서 암 진단 예측 모델을 만들었다고 가정해봅시다. 진단에서 1종 오류는 '실제 암이 아닌데 암에 걸렸다고 진단한 경우'입니다. 2종 에러는 '실제 암에 걸렸는데 아니라고 진단한 경우'입니다. 1종 오류에서는 추가 진단이나 치료 과정으로 곧 암이 아님을 알게 될 테니 큰 문제는 아닙니다. 반면 2종 오류는 환자가 암에 걸린 사실을 모르고 지내면서 병이 악화될 겁니다. 심지어 치료 시기까지 놓칠 수도 있습니다. 이런 경우는 2종 오류가 훨씬 중요합니다.

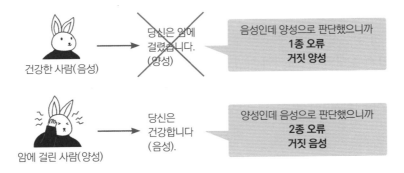

그렇다면 스팸 문자에서는 어떨까요? 기획 의도에 따라 결정됩니다. 1종 오류에서는 스팸이 아닌데 스팸으로 분류된 경우입니다. 스팸이 아닌 중요 문자가 필터링될 수 있는 거죠. 2종 오류는 스팸인데 스팸이 아니라고 잘못 분류한 경우입니다. 스팸을 받게는 되겠지만 중요한 문자가 차단될 확률은 낮아질 겁니다.

여기에서 한걸음 더 나아가면 재현율^{Recall}, 정밀도^{Precision}, F-1 점수$^{F1\ score}$와 AUC$^{Area\ Under\ Curve}$(곡선 아래 면적) 등의 개념이 등장하는데, 이는 10장(재현율, 정밀도, F-1 점수), 11장(AUC)에서 다루겠습니다.

7.8 이해하기 : 나이브 베이즈 모델

나이브 베이즈 알고리즘의 근간은 베이즈 정리입니다. 따라서 나이브 베이즈 알고리즘을 이해하려면 조건부확률을 구하는 베이즈 정리를 이해해야만 합니다. 수식부터 알아보겠습니다.

$$P(A|B) = \frac{P(B|A)\ P(A)}{P(B)}$$

P는 확률을 뜻합니다. 즉, $P(A)$는 A가 발생할 확률입니다. $|$는 조건부 확률 기호입니다. $P(A|B)$는 B가 발생했을 때 A가 발생할 확률을 말합니다. 이제 각 항목에 대해 자세한 설명을 하겠습니다.

- $P(A|B)$: 사후확률입니다. B가 발생했을 때, A가 발생할 확률인데, 스팸문자의 예를 적용하면 B라는 특정 단어가 등장했을 때 A가 스팸일 확률입니다.

- $P(A)$: 사전확률입니다. B의 발생유무와 관련 없이 기본적으로 A가 발생할 확률로서, 여기서는 전체 문자 중 스팸문자의 비율이 되겠습니다.

- $P(B|A)$: 우도^{Likelihood} 혹은 가능도라고도 부릅니다. A가 발생했을 때, B가 발생할 확률로, 여기서는 스팸 메일인 경우 B라는 특정 단어가 들어 있을 확률입니다.

- $P(B)$: 전체에서 B가 발생할 확률로, 전체 문자에서 B라는 특정 단어가 들어 있을 확률입니다.

> **사후확률**
> 사건 A와 B가 있을 때, 사건 A가 발생한 상황에서 사건 B가 발생할 확률

> **사전확률**
> 사건 A와 상관없이 사건 B가 발생할 확률

> **베이즈 정리**
> 두 확률 변수의 사전확률과 사후확률 사이의 관계를 나타내는 정리로, 사후확률을 구할 때 쓰임

혹시나 위의 설명이 잘 이해가 되지 않는다고 해도 괜찮습니다. 이번에는 그림으로 다시 한 번 살펴보겠습니다.

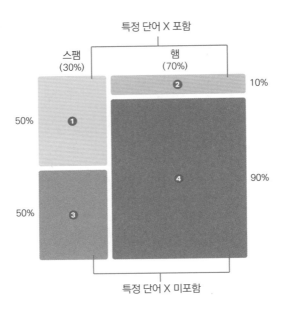

이 예시에서는 전체 문자 중 스팸이 30%입니다. 파란색 영역이 특정 단어 X가 포함된 경우입니다(❶ + ❷). 스팸에 X가 포함된 경우는 50%($\frac{❶}{❶+❸}$), 햄에 X가 포함된 경우는 10%($\frac{❷}{❷+❹}$)입니다. 최종적으로 '특정 단어 X가 있을 때 스팸일 확률'을 구해야 합니다. 바로 파란 영역 전체 중 빗금친 파란 영역의 비율인 거죠($\frac{❶}{❶+❷}$). 그림으로 보니 굉장히 단순하군요.

파란 영역은 전체에서 특정 단어 X가 들어 있는 경우이므로, 수식에서 P(B)에 해당합니다(❶ + ❷). 그래서 수식의 분모 부분에 들어 있습니다. 이제 수식의 분자 부분인 빗금친 파란 영역의 크기(❶)를 계산해야 하는데, 이 또한 매우 단순합니다. 전체에서 스팸인 경우가 30%이고, 그중 B가 들어 있는 경우가 50%이므로, 0.3×0.5로 구할 수 있습니다. 여기에서 0.3이 바로 P(A)가 되며($\frac{❶+❸}{전체}$), 0.5가 $P(B|A)$가 됩니다($\frac{❶}{❶+❸}$).

정리하면

- 스팸인 경우 : $P(A) = (\frac{❶+❸}{전체}) = 0.3$
- 스팸 중 특정 단어 X가 들어 있는 경우 : $P(B|A) = (\frac{❶}{❶+❸}) = 0.5$

- 전체 중 특정 단어 X가 들어 있는 경우 : $P(B) = (\frac{❶ + ❸}{전체}) = (0.3 \times 0.5) + (0.7 \times 0.1) = 0.22$

입니다. 앞의 그림을 이해했다면, 앞서 설명한 조건부확률을 구하는 베이즈 정리 수식이 쉽게 이해될 겁니다.

$$P(A|B) = \frac{P(B|A)\ P(A)}{P(B)} = \frac{0.5 \times 0.3}{0.22} \approx 0.6818$$

나이브 베이즈는 이처럼 사전확률로 사후확률을 예측하는 조건부 확률을 기반으로 합니다.

학습 마무리

문자 데이터셋을 이용해 스팸 여부를 판단하는 모델을 만들어보았습니다. 이 과정을 되짚어보겠습니다.

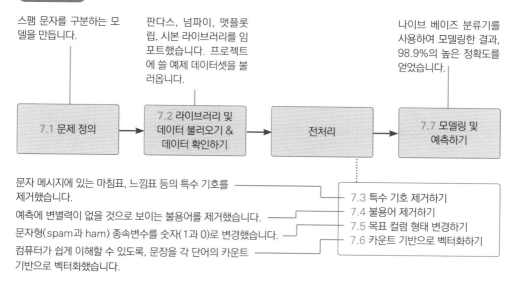

되짚어보기

스팸 문자를 구분하는 모델을 만듭니다.

판다스, 넘파이, 맷플롯립, 시본 라이브러리를 임포트했습니다. 프로젝트에 쓸 예제 데이터셋을 불러옵니다.

나이브 베이즈 분류기를 사용하여 모델링한 결과, 98.9%의 높은 정확도를 얻었습니다.

7.1 문제 정의 → 7.2 라이브러리 및 데이터 불러오기 & 데이터 확인하기 → 전처리 → 7.7 모델링 및 예측하기

문자 메시지에 있는 마침표, 느낌표 등의 특수 기호를 제거했습니다.
예측에 변별력이 없을 것으로 보이는 불용어를 제거했습니다.
문자형(spam과 ham) 종속변수를 숫자(1과 0)로 변경했습니다.
컴퓨터가 쉽게 이해할 수 있도록, 문장을 각 단어의 카운트 기반으로 벡터화했습니다.

7.3 특수 기호 제거하기
7.4 불용어 제거하기
7.5 목표 컬럼 형태 변경하기
7.6 카운트 기반으로 벡터화하기

스팸 메일 데이터셋을 나이브 베이즈 분류로 학습해 스팸을 예측해보았습니다. 베이즈 정리의 확실한 이해를 위하여 위의 설명 내용을 직접 손으로 풀어봅시다. MultinomialNB( ) 대신 GaussianNB( ), BernoulliNB(binarize=True)를 사용하여 모델링해보고 결과를 비교해봅시다.

핵심 용어 정리

1 **나이브 베이즈 분류기** : 조건부확률을 기반으로 하는 모델로, 자연어와 같이 변수의 개수가 많을 때 유용합니다.

2 **1종 오류(Type 1 Error, False Positive)** : 실제 음성인 것을 양성으로 예측하는 오류입니다.

3 **2종 오류(Type 2 Error, False Negative)** : 실제 양성인 것을 음성으로 예측하는 오류입니다.

4 **사후확률** : 사건 A와 B가 있을 때, 사건 A가 발생한 상황에서 사건 B가 발생할 확률입니다.

5 **사전확률** : 사건 A와 상관없이 사건 B가 발생할 확률입니다.

6 **베이즈 정리** : 두 확률 변수의 사전확률과 사후확률 사이의 관계를 나타내는 정리로, 사후확률을 구할 때 쓰입니다.

새로운 함수와 라이브러리

- string.**punctuation** : 특수 기호 목록 출력
- sklearn.naive_bayes.**MultinomialNB**( ) : 다항분포 나이브베이즈 알고리즘
- nltk.corpus.**stopwords** : 불용어 목록
- sklearn.feature_extraction.text.**CountVectorizer**( ) : 카운트 기반 벡터화 알고리즘
- sklearn.metrics.**confusion_matrix**( ) : 혼동 행렬
- CountVectorizer객체.**vocabulary_** : 벡터화 객체에서 단어와 인덱스 확인

연습 문제

1 자연어 처리에서 의미 없이 빈번하게 발생하는 단어를 의미하는 것은?

❶ 불용어

❷ 특수 기호

❸ 벡터

❹ 인덱스

2 자연어로 된 문장을 머신러닝 알고리즘이 받아들일 수 있도록, 각 단어와 출현 빈도로 정리하는 함수는?

❶ get_dummies( )

❷ CountVectorizer( )

❸ StandardScaler( )

❹ value_counts( )

3 다음 혼동 행렬에 대한 해석으로 옳지 않은 것은?

		예측값	
		0	1
실젯값	0	64	3
	1	16	17

❶ 정확도는 81%이다.

❷ 1종 오류에 해당하는 것은 총 3건이다.

❸ 양성을 양성으로 예측한 경우는 총 17건이다.

❹ False Negative는 총 64건이다.

4 다음 중 나이브 베이즈 알고리즘을 가장 잘 설명한 것은?

❶ 조건부 확률을 기반으로 한 알고리즘으로, 사전확률과 사후확률을 활용한다.

❷ 독립변수와 종속변수의 선형관계를 전제로 한다.

❸ 독립변수의 개수가 적을 때 잘 작동하는 알고리즘이다.

❹ 독립변수 간의 상관관계가 강하게 나타날 때도 잘 작동한다.

1 정답   **❶** 불용어

2 정답   **❷**
　해설   **❶** get_dummies( )　←　더미 변수로 변환하는 함수입니다.

　　　　 ❷ CountVectorizer( )　←　단어를 인덱스와 출현 빈도로 벡터화하는 함수입니다.

　　　　 ❸ StandardScaler( )　←　표준화 스케일링을 위한 함수입니다.

　　　　 ❹ value_counts( )　←　변수 내 고윳값 별 출현 횟수를 확인하는 함수입니다.

3 정답   **❹** False Negative는 총 64건이다.
　해설   False Negative는 실젯값 1, 예측값 0 에 해당하는 부분으로 총 16건입니다.

4 정답   **❶**
　해설   **❶** 조건부 확률을 기반으로 한 알고리즘으로 사전확률과 사후확률을 활용한다.

　　　　 ❷ 독립변수와 종속변수의 선형관계를 전제로 한다. ← 선형회귀, 로지스틱 회귀에 해당하는 설명입니다.

　　　　 ❸ 독립변수의 개수가 적을 때 잘 작동하는 알고리즘이다. ← 독립변수의 개수가 많을 때 상대적으로 더 잘 작동합니다.

　　　　 ❹ 독립변수 간의 상관관계가 강하게 나타날 때도 잘 작동한다. ← 독립변수 간의 상관관계가 없음을 전제로 하는 알고리즘입니다.

결정 트리
연봉 예측하기

학습 목표

트리 모델 계열의 근간인 결정 트리를 학습시켜 연봉을 예측합니다. 모델링에서 발생하는 중요한 이슈인 오버피팅 개념과 해결 방법을 알아봅니다.

학습 순서

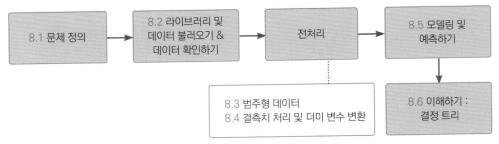

결정 트리 소개

결정 트리Decision Tree는 관측값과 목푯값을 연결시켜주는 예측 모델로서 나무 모양으로 데이터를 분류합니다. 수많은 트리 기반 모델의 기본 모델based model이 되는 중요 모델입니다. 트리 기반의 모델은 선형 모델과는 전혀 다른 특징을 가지는데, 선형 모델이 각 변수에 대한 기울기값들을 최적화하여 모델을 만들어나갔다면, 트리 모델에서는 각 변수의 특정 지점을 기준으로 데이터를 분류해가며 예측 모델을 만듭니다. 예를 들어 남자/여자로 나눠서 각 목푯값 평균치를 나눈다거나, 나이를 30세 이상/미만인 두 부류로 나눠서 평균치를 계산하는 방식으로 데이터를 무수하게 쪼개어 나가고, 각 그룹에 대한 예측치를 만들어냅니다.

▼ TOP 10 선정 이유

예측력과 성능으로만 따지면 결정 트리 모델을 사용할 일은 없습니다. 시각화가 매우 뛰어나다는 유일한 장점이 있을 뿐입니다. 하지만 앞으로 배울 다른 트리 기반 모델을 설명하려면 결정 트리를 알아야 합니다. 트리 기반 모델은 딥러닝을 제외하고는 현재 가장 유용하고 많이 쓰이는 트렌드이기 때문에 트리 모델을 필수로 알아둬야 합니다.

예측력과 설명력

예측력이란 모델 학습을 통해 얼마나 좋은 예측치를 보여주는가를 의미하며, 설명력은 학습된 모델을 얼마나 쉽게 해석할 수 있는지를 뜻합니다. 알고리즘의 복잡도가 증가할수록 예측력은 좋아지나 설명력은 다소 떨어지는 반비례 관계를 보여줍니다. 즉, 단순한 알고리즘일수록 예측력이 상대적으로 떨어질 수 있으나 해석에 용이하며, 복잡한 알고리즘은 예측력이 뛰어난만큼 해석은 어렵습니다.

결정트리와 회귀 분석은 상대적으로 해석이 쉬워 설명력이 높다고 할 수 있으며, 9장부터 배울 알고리즘들은 복잡도가 증가하여 예측이 높지만 해석이 어렵습니다. 딥러닝 또한 매우 복잡한 알고리즘으로 해석이 어려워서 이를 블랙박스에 비유하기도 합니다.

예측력과 설명력 중 어느 쪽을 택해야 하는지는 상황에 따라 다릅니다. 예를 들어 의학 계열에서 특정 질병의 발병률에 대한 예측 모델을 만들 때는, 발병률을 높이거나 억제하는 중요한 요인을 밝히는 데는 설명력이 좋은 알고리즘이 적합할 수 있습니다. 다른 예로 사기거래를 예측하는 모델에서는 요인보다는 더 정확하게 사기거래를 잡아낼 수 있어야 하므로 예측력이 높은 알고리즘이 더 적합할 수 있습니다.

▼ 예시 그래프

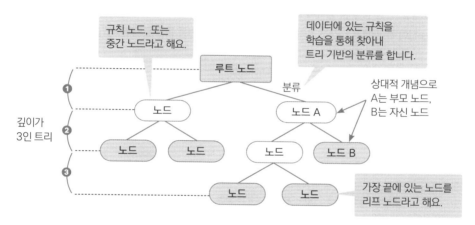

▼ 장단점

장점	단점
• 데이터에 대한 가정이 없는 모델입니다(Nonparametric Model). 예를 들어 선형 모델은 정규분포에 대한 가정이나 독립변수와 종속변수의 선형 관계 등을 가정으로 하는 모델인 반면, 결정 트리는 데이터에 대한 가정이 없으므로 어디에나 자유롭게 적용할 수 있습니다. • 아웃라이어에 영향을 거의 받지 않습니다. • 트리 그래프를 통해서 직관적으로 이해하고 설명할 수 있습니다. 즉 시각화에 굉장히 탁월합니다.	• 트리가 무한정 깊어지면 오버피팅 문제를 야기할 수 있습니다. • 앞으로 배울 발전된 트리 기반 모델들에 비하면 예측력이 상당히 떨어집니다.

▼ 유용한 곳

* 종속변수가 연속형 데이터와 범주형 데이터 모두에 사용할 수 있습니다.

* 모델링 결과를 시각화할 목적으로 가장 유용합니다.

* 아웃라이어가 문제될 정도로 많을 때 선형 모델보다 좋은 대안이 될 수 있습니다.

8.1 문제 정의 : 한눈에 보는 예측 목표

문제 정의

데이터 분석가와 개발자 몸값이 하루가 다르게 뛰어오릅니다. 현재 내 연봉 수준은 적절한 것일까요? 나이, 교육 수준, 혼인 상태, 직업, 인종 성별 등 항목에 따른 연봉을 기재한 데이터셋이 있습니다. 미국은 다민족 국가라서 인종 정보까지 있는 점이 특이합니다. 결정 트리 알고리즘을 활용해서 연봉 등급을 나눠보겠습니다.

▼ 예측 목표

미션	학력, 교육 연수, 혼인 상태, 직업 정보를 담은 연봉 데이터셋을 이용해 연봉을 예측하라.		
난이도	★☆☆		
알고리즘	결정 트리(Decision Tree)		
데이터셋 파일명	salary.csv	종속변수	class(연봉 등급)
데이터셋 소개	이번 장에서는 연봉 데이터를 사용합니다. 연봉이 $50,000 이상인지 이하인지를 예측하는 것이 목표이며, 종속변수는 class, 독립변수로는 학력, 교육 연수, 혼인 상태, 직업 등이 있습니다.		
문제 유형	분류	평가지표	정확도
사용한 모델	DecisionTreeClassifier		
사용 라이브러리	• numpy (numpy==1.19.5) • pandas (pandas==1.3.5) • seaborn (seaborn==0.11.2) • matplotlib (matplotlib==3.2.2) • sklearn (scikit-learn==1.0.2)		
예제 코드	• 위치 : colab.research.google.com/github/musthave-ML10/notebooks/blob/main/ • 파일 : 08_Decision Tree.ipynb		

8.2 라이브러리 및 데이터 불러오기, 데이터 확인하기

4가지 필수 모듈과 데이터(salary.csv) 파일을 불러오겠습니다.

```
import pandas as pd
import numpy as np
import matplotlib.pyplot as plt
import seaborn as sns

file_url = 'https://media.githubusercontent.com/media/musthave-ML10/data_source/
main/salary.csv'
data = pd.read_csv(file_url, skipinitialspace = True) # ❶ 데이터셋 읽기
```

❶ csv 파일을 불러옵니다. 매개변수 skipinitialspace는 각 데이터의 첫 자리에 있는 공란을 자동 제거합니다. 예를 들어 ' Male'를 'Male'로 정리합니다. 이번에 사용할 csv 파일에 불필요한 공란이 많아서 적용했습니다.

그럼 head( ) 함수를 실행해 데이터의 전반적인 모습을 살펴봅시다.

```
data.head()  # 상위 5행 출력
```

종속변수는 class입니다. unique( ) 함수로 몇 가지 값이 있나 확인하겠습니다.

```
data['class'].unique() # 고윳값 확인
```

```
array(['<=50K', '>50K'], dtype=object)
```

50K 이하와 초과 두 가지만 있습니다. 50K에서 K는 천 단위를 뜻합니다. 즉 $50,000을 기준으로 나뉘어진 데이터입니다.

다음은 info( ) 함수로 변수별 형태를 보겠습니다.

```
data.info()  # 변수 특징 출력

<class 'pandas.core.frame.DataFrame'>
RangeIndex: 48842 entries, 0 to 48841
Data columns (total 14 columns):
 #   Column          Non-Null Count   Dtype
---  ------          --------------   -----
 0   age             48842 non-null   int64
 1   workclass       46043 non-null   object        ❶ 결측치를 확인하세요.
 2   education       48842 non-null   object
 3   education-num   48842 non-null   int64          ❷ 텍스트로 구성된
 4   marital-status  48842 non-null   object             범주형 변수가 많습니다.
 5   occupation      46033 non-null   object
 6   relationship    48842 non-null   object
 7   race            48842 non-null   object
 8   sex             48842 non-null   object
 9   capital-gain    48842 non-null   int64
 10  capital-loss    48842 non-null   int64
 11  hours-per-week  48842 non-null   int64
 12  native-country  47985 non-null   object
 13  class           48842 non-null   object
dtypes: int64(5), object(9)
memory usage: 5.2+ MB
```

❶ object형, 즉 텍스트로 구성된 범주형 변수가 많습니다. ❷ Non-Null Count를 보면 결측치가 있는 변수도 몇몇 보입니다. 이번 데이터에서는 이런 범주형 변수들과 결측치가 있는 변수들에 대한 처리를 해줄 게 많아 보입니다.

마지막으로 describe( ) 함수로 통계적 정보를 확인합니다.

```
data.describe() # 통계 정보 출력
```

	age	education-num	capital-gain	capital-loss	hours-per-week
count	48,842.00	48,842.00	48,842.00	48,842.00	48,842.00
mean	38.64	10.08	1,079.07	87.50	40.42
std	13.71	2.57	7,452.02	403.00	12.39
min	17.00	1.00	0.00	0.00	1.00
25%	28.00	9.00	0.00	0.00	40.00
50%	37.000000	10	0.000000	0.000000	40
75%	48.000000	12	0.000000	0.000000	45
max	90.000000	16	99999.000000	4356.000000	99

object형의 변수가 많다 보니 변수가 5개만 보입니다. 기본적으로 describe( )는 object형의 데이터를 제거하고 통계적 수치를 보여주지만, 매개변수를 이용하여 object형의 데이터까지 보이게 하는 방법도 있습니다.

```
data.describe(include = 'all') # object형이 포함된 통계정보 출력
```

	age	workclass	education	education-num	marital-status	occupation	relationship	race	sex	capital-gain	capital-loss	hours-per-week	native-country	class
count	48,842.00	46,043.00	48,842.00	48,842.00	48,842.00	46,033.00	48,842.00	48,842.00	48,842.00	48,842.00	48,842.00	48,842.00	47985	48842
unique	NaN	8.00	16.00	NaN	7.00	14.00	6.00	5.00	2.00	NaN	NaN	NaN	41	2
top	NaN	Private	HS-grad	NaN	Married-civ-spouse	Prof-specialty	Husband	White	Male	NaN	NaN	NaN	United-States	<=50K
freq	NaN	33,906.00	15,784.00	NaN	22,379.00	6,172.00	19,716.00	41,762.00	32,650.00	NaN	NaN	NaN	43832	37155
mean	38.64	NaN	NaN	10.08	NaN	NaN	NaN	NaN	NaN	1,079.07	87.50	40.42	NaN	NaN
std	13.710510	NaN	NaN	2.570973	NaN	NaN	NaN	NaN	NaN	7452.019058	403.004552	12.391444	NaN	NaN
min	17.000000	NaN	NaN	1.000000	NaN	NaN	NaN	NaN	NaN	0	0	1	NaN	NaN
25%	28.000000	NaN	NaN	9.000000	NaN	NaN	NaN	NaN	NaN	0	0	40	NaN	NaN
50%	37	NaN	NaN	10	NaN	NaN	NaN	NaN	NaN	0	0	40	NaN	NaN
75%	48	NaN	NaN	12	NaN	NaN	NaN	NaN	NaN	0	0	45	NaN	NaN
max	90	NaN	NaN	16	NaN	NaN	NaN	NaN	NaN	99999	4356	99	NaN	NaN

include 매개변수를 사용해 object형까지도 출력했습니다. ❶ unique, top, freq 행이 추가되었습니다. 새로 추가된 행들은 오로지 object형의 변수들만을 위한 것이고, 기존의 숫자형 변수들는 NaN으로 처리되어 있으며, 반대로 object형의 변수들은 mean, std와 같은 기존의 통계

적 정보가 모두 NaN으로 처리되어 있습니다. unique는 각 변수에서 가지고 있는 고유한 value의 숫자입니다. nunique( ) 함수를 사용했을 때와 같은 수치를 보여줍니다. top은 각 변수별로 가장 많이 등장하는 value가 무엇인지를 보여주며, freq는 top에 나와있는 value가 해당 변수에서 총 몇 건인지를 보여줍니다. 예를 들어 workclass 변수는 해당 변수에는 고유한 value가 8종류이며, Private이 총 33,906번 등장합니다(object 변수들을 이런 식으로 살펴보는 방식은 분석에서 크게 유의미하지는 않으니 참고로만 알아두세요). 잠시 후에 각 범주형 변수들을 더욱 자세히 확인한 뒤에 전처리하겠습니다.

8.3 전처리 : 범주형 데이터

가장 먼저 처리할 변수는 종속변수인 class입니다. 차후 해석에 혼선이 없도록 50K 이하를 0, 초과를 1로 변경하겠습니다.

```
data['class'] = data['class'].map({'<=50K': 0, '>50K': 1}) # 숫자로 변환
```

> **Note** 사실 이 데이터의 원본에는 '<=50K'의 맨 앞부분에 공란이 하나 포함되어 있습니다. 그래서 위의 코드가 제대로 작동하지 않을 수 있는데, 앞서 데이터를 불러오는 과정에서 맨 앞자리의 공란을 모두 제거해주었기 때문에 아무런 이슈 없이 처리할 수 있습니다.

8.3.1 object형의 변수 정보 확인하기

다음은 독립변수의 범주형 데이터를 다루겠습니다. 이 데이터에 변수는 13개뿐입니다. 그래서 어떤 변수가 object형인지 쉽게 눈으로 확인할 수 있으나, 변수가 100개 이상이 된다면 다른 접근 방법이 필요합니다. 범주형 데이터가 얼마나 있는지 확인하는 방법을 알아보겠습니다.

변수의 자료형을 확인하는 코드는 다음과 같습니다.

```
data['age'].dtype
```

```
dtype('int64')
```

age 변수는 int64형의 데이터입니다(object형은 object로 출력됩니다). for문를 활용하여 모든 변수의 자료형을 확인하겠습니다.

```
for i in data.columns:    # ❶ 순회
    print(i, data[i].dtype) # ❷ 컬럼명과 데이터 타입 출력
```

```
age int64
workclass object
education object
education-num int64
marital-status object
occupation object
relationship object
race object
sex object
capital-gain int64
capital-loss int64
hours-per-week int64
native-country object
class object
```

❶ data.columns로 컬럼명을 지정하고 ❷ 해당 변수의 자료형을 dtype으로 확인했습니다. 출력 결과는 아직까지 info( ) 함수와 크게 다르지 않습니다.

object형 변수 이름들을 별도의 리스트로 모아보겠습니다.

```
obj_list = [] # 빈 리스트
for i in data.columns: # 순회
    if data[i].dtype == 'object': # ❶ 데이터타입이 object이면
        obj_list.append(i) # ❷ 리스트에 변수 이름을 추가
```

❶ dtype이 object인지 아닌지를 확인합니다. object가 맞으면 ❷ 리스트(obj_list)에 추가합니다.

그럼 obj_list를 확인하겠습니다.

```
obj_list # 모아진 변수 확인
```

```
['workclass',
 'education',
 'marital-status',
 'occupation',
```

```
 'relationship',
 'race',
 'sex',
 'native-country']
```

8.3.2 전처리할 변수 선별하기

이번에는 각 변수의 고윳값 개수를 nunique() 함수를 이용하여 확인하겠습니다.

```
for i in obj_list: # 순회
    print(i, data[i].nunique()) # ❶ 변수 이름과 고윳값 개수 확인
```

```
workclass 8
education 16
marital-status 7
occupation 14
relationship 6
race 5
sex 2
native-country 41
```

❶ 변수의 이름과 값의 개수를 같이 볼 수 있도록 print() 안에 둘 다 넣어 출력했습니다.
describe()로 본 정보와 같습니다. 변수 개수가 상당히 많을 때는 describe() 함수 대신 이와 같은
방법을 사용하면 간결하게 확인할 수 있답니다.

범주형 변수를 다룰 때는 더미 변수로 바꾸어 활용하는 방법을 기본으로 생각하는 게 좋습니다.
이전 장에서 배웠다시피, 더미 변수를 사용하면 값의 종류만큼 새로운 변수들이 생겨나기 때문에,
값의 종류가 수백 개면 그만큼 많은 변수가 생겨납니다. 필요하다면 수백 개의 변수를 감수하고서
모델링을 해야 하지만 꼭 필요하지 않다면 변수 수를 줄일 방법을 강구할 필요가 있습니다.

값의 종류가 10개 미만인 변수는 그대로 두고, 10개 이상인 변수만 확인하여 조치할지를 검토하
겠습니다.

위의 코드에 if절을 추가해 unique가 10개 이상인 변수들만 다시 추려보겠습니다.

```
for i in obj_list: # 순회
```

```
if data[i].nunique() >= 10: # 변수의 고윳값이 10보다 크거나 같으면
    print(i, data[i].nunique()) # 컬럼명과 고윳값 개수 출력
```

```
education 16
occupation 14
native-country 41
```

세 가지 변수(education, occupation, native-country)가 출력되었군요. 각각을 살펴보고 각기 다른 방법으로 처리하는 연습을 하겠습니다.

8.3.3 education 변수 처리

우선 education 변수의 정보를 value_counts( )로 살펴봅시다.

```
data['education'].value_counts() # 고윳값 출현 빈도 확인
```

```
HS-grad         15784
Some-college    10878
Bachelors        8025
Masters          2657
Assoc-voc        2061
11th             1812
Assoc-acdm       1601
10th             1389
7th-8th           955
Prof-school       834
9th               756
12th              657
Doctorate         594
5th-6th           509
1st-4th           247
Preschool          83
Name: education, dtype: int64
```

미국의 교육 시스템에 대한 정보라 완전하게 이해하기는 어려울 겁니다. 초중고에 속하는 1~12 학년까지의 값과, Bachelors나 Masters 같은 학위 이름들이 있습니다. 이 경우는 범주형 변수

지만 서열화가 가능하기 때문에 비교적 다루기 쉬운 편입니다. 예를 들어 초등학교를 가장 낮은 숫자로, 박사학위를 가장 높은 숫자로 나타낼 수 있습니다.

기본적으로 범주형 변수를 숫자로 대체시킬 때는 주의를 해야 합니다. 5.4절 '전처리 : 범주형 변수 변환하기(더미 변수와 원-핫 인코딩)'에서 더미 변수를 설명할 때 말씀드렸죠? 하지만 지금과 같은 경우는 각 값들의 서열이 명백하기 때문에, 숫자로 바꿔주어도 전혀 문제가 없습니다. 앞에서 class를 0과 1로 바꾸어주었을 때처럼 map() 함수를 활용하여 숫자로 변경하면 되는데, 공교롭게도 해당 데이터에는 이에 대한 변수가 이미 준비되어 있습니다. 잠시 head() 함수로 확인한 결과물을 다시 보겠습니다.

	age	workclass	education	❶ education-num	marital-status	occupation	relationship	race	sex	capital-gain	capital-loss	hours-per-week	native-country	class
0	25.00	Private	11th	7.00	Never-married	Machine-op-inspct	Own-child	Black	Male	0.00	0.00	40.00	United-States	<=50K
1	38.00	Private	HS-grad	9.00	Married-civ-spouse	Farming-fishing	Husband	White	Male	0.00	0.00	50.00	United-States	<=50K
2	28.00	Local-gov	Assoc-acdm	12.00	Married-civ-spouse	Protective-serv	Husband	White	Male	0.00	0.00	40.00	United-States	>50K
3	44.00	Private	Some-college	10.00	Married-civ-spouse	Machine-op-inspct	Husband	Black	Male	7,688.00	0.00	40.00	United-States	>50K
4	18.00	NaN	Some-college	10.00	Never-married	NaN	Own-child	White	Female	0.00	0.00	30.00	United-States	<=50K
std	13.710510	NaN	NaN	2.570973	NaN	NaN	NaN	NaN	NaN	7452.019058	403.004552	12.391444	NaN	NaN
min	17.000000	NaN	NaN	1.000000	NaN	NaN	NaN	NaN	NaN	0	0	1	NaN	NaN
25%	28.000000	NaN	NaN	9.000000	NaN	NaN	NaN	NaN	NaN	0	0	40	NaN	NaN
50%	37	NaN	NaN	10	NaN	NaN	NaN	NaN	NaN	0	0	40	NaN	NaN

83 rows × 14 columns

❶ education-num 변수를 보니 education 정보를 숫자로 표현한 것 같습니다. 기대하는 바처럼 서열순인지 확인은 해봐야겠죠?

education-num에 어떤 숫자들이 들어 있는지 unique() 함수를 써서 알아봅니다. 변수가 제대로 서열화되었는지를 넘파이의 sort()를 사용하여 오름차순으로 정리해 확인하겠습니다.

```
np.sort(data['education-num'].unique()) # 고윳값을 오름차순으로 확인

array([ 1,  2,  3,  4,  5,  6,  7,  8,  9, 10, 11, 12, 13, 14, 15, 16],
      dtype=int64)
```

1에서부터 16까지의 숫자가 있습니다. 각 숫자가 어떤 education값과 매칭되는지를 확인할 차례입니다. 기대하는 바는 일대일 매핑인데, 실제로 그렇지 않을 가능성도 염두에 두고 확인을 해야 합니다.

1에 대한 매핑을 확인합시다. education-num이 1인 데이터만 모아서 그중 education 변수에 어떤 값들이 있는지를 확인하면 됩니다. 한 번에 한 줄씩 코드를 늘려가며 최대한 쉽게 설명하겠습니다.

우선 education-num이 1인지 확인합니다.

```
data['education-num'] == 1 # 값이 1인지 확인 - True/False로 출력됨
```

```
0        False
1        False
2        False
3        False
4        False
         ...
48837    False
48838    False
48839    False
48840    False
48841    False
Name: education-num, Length: 48842, dtype: bool
```

1이면 True, 아니면 False입니다. 이 정보를 가지고 인덱싱을 하여, True인 경우만 불러오겠습니다(즉 1인 경우).

```
data[data['education-num'] == 1] # 값이 1인 (True인) 행만 필터링
```

	age	workclass	education	educa tion-num	marital-status	occupation	relati onship	race	sex	capital-gain	capital-loss	hours-per-week	native-country	class
779	64.00	Private	Preschool	1.00	Married-civ-spouse	Handlers-cleaners	Husband	Asian-Pac-Islander	Male	0.00	0.00	40.00	Philippines	0
818	21.00	Private	Preschool	1.00	Never-married	Farming-fishing	Not-in-family	White	Male	0.00	0.00	25.00	Mexico	0
1029	57.00	NaN	Preschool	1.00	Separated	NaN	Not-in-family	White	Male	0.00	0.00	40.00	United-States	0
1059	31.00	Private	Preschool	1.00	Never-married	Handlers-cleaners	Not-in-family	Amer-Indian-Eskimo	Male	0.00	0.00	25.00	United-States	0
1489	19.00	Private	Preschool	1.00	Never-married	Farming-fishing	Not-in-family	White	Male	0.00	0.00	36.00	Mexico	0
...	...	...	...	...	...	...	...	...	...	...	...	...	...	...
48079	31	State-gov	Preschool	1	Never-married	Other-service	Not-in-family	White	Male	0	0	24	United-States	0
48316	40	Private	Preschool	1	Married-civ-spouse	Other-service	Husband	White	Male	0	1672	40	Mexico	0
48505	40	Private	Preschool	1	Never-married	Other-service	Not-in-family	White	Female	0	0	20	United-States	0

| 48640 | 46 | Private | Preschool | 1 | Married-civ-spouse | Machine-op-inspct | Other-relative | Black | Male | 0 | 0 | 75 | Dominican-Republic | 0 |
| 48713 | 36 | Private | Preschool | 1 | Divorced | Other-service | Not-in-family | Other | Male | 0 | 0 | 72 | Mexico | 0 |

83 rows × 14 columns

data['education-num'] == 1의 결과는 True 아니면 False입니다. 이 결과를 인덱스에 다시 넣음으로써 education-num이 1인 경우만 불러왔습니다. 이게 판다스에서 가장 기본적으로 필터링하는 방법이오니 잘 알아둡시다.

다음은 이 안에서 education이 어떤 종류가 있는지를 확인하기 위하여 해당 변수를 인덱싱하고 unique() 함수를 쓰겠습니다.

```
data[data['education-num'] == 1]['education'].unique()
# education-num이 1인 데이터들의 education 고윳값 확인

array(['Preschool'], dtype=object)
```

결과를 보니 education-num이 1이면 모두 Preschool입니다. 위 코드는 다음과 같이 해석하면 됩니다.

```
❶ education-num이 1인 경우    ❷ education 변수의    ❸ 종류를 출력하세요.

data[data['education-num'] == 1]['education'].unique()
```

이번에는 모든 숫자에 대해 확인하겠습니다.

```
for i in np.sort(data['education-num'].unique()): # 순회
    print(i, data[data['education-num'] == i]['education'].unique())
# education-num의 고윳값별 education의 고윳값 확인

1 ['Preschool']
2 ['1st-4th']
3 ['5th-6th']
4 ['7th-8th']
5 ['9th']
6 ['10th']
7 ['11th']
8 ['12th']
```

```
 9 ['HS-grad']
10 ['Some-college']
11 ['Assoc-voc']
12 ['Assoc-acdm']
13 ['Bachelors']
14 ['Masters']
15 ['Prof-school']
16 ['Doctorate']
```

그리고 print 부분에는 해당 education-num의 숫자와, 그에 응하는 education 고윳값들을 동시에 보여주기 위해서 이 둘을 같이 넣어줍니다.

완전히 우리가 기대했던 형태의 결과입니다. 낮은 숫자부터 높은 숫자까지, 점점 고학력순으로 나열되어 있습니다. 우리가 하려던 작업이 이미 별도의 변수로 마련이 되어 있습니다. (중복 정보이므로) 별도의 작업 없이 기존 변수를 drop() 함수로 제거시킵니다.

```
data.drop('education', axis=1, inplace= True) # 변수 제거
```

8.3.4 occupation 변수 처리

다음은 occupation 변수를 살펴보겠습니다.

```
data['occupation'].value_counts() # 고윳값 출현 빈도 확인
```

```
Prof-specialty        6172
Craft-repair          6112
Exec-managerial       6086
Adm-clerical          5611
Sales                 5504
Other-service         4923
Machine-op-inspct     3022
Transport-moving      2355
Handlers-cleaners     2072
Farming-fishing       1490
Tech-support          1446
Protective-serv        983
Priv-house-serv        242
```

```
Armed-Forces            15
Name: occupation, dtype: int64
```

다양한 직업군이 표기되는데, 이미 비슷한 직업군끼리는 묶인 상태로 정리된 데이터로 보입니다.
예를 들어 Farming과 fishing이 하나의 이름으로 묶여 있습니다. 유사한 직업군끼리 묶여 있지
않았다면 이를 묶는 작업을 하려했으나 이미 정리가 되어 있고, 각 직업 간의 서열이라고 할 만한
부분도 딱히 정의할 수가 없습니다. 더미 변수로 변환을 하면 변수 14개가 생기겠군요. 그 정도
면 감당할 수 있는 수준이니 별도의 작업을 하지 않고 나중에 더미 변수로 처리하겠습니다.

8.3.5 native-country 변수 처리

마지막으로 native-country 변수를 살펴보겠습니다.

```
data['native-country'].value_counts() # 고윳값 출현 빈도 확인
```

```
United-States         43832
Mexico                  951
Philippines             295
Germany                 206
Puerto-Rico             184
Canada                  182
El-Salvador             155
India                   151
Cuba                    138
England                 127
China                   122
South                   115
Jamaica                 106
Italy                   105
Dominican-Republic      103
Japan                    92
Guatemala                88
Poland                   87
Vietnam                  86
Columbia                 85
Haiti                    75
Portugal                 67
```

```
Taiwan                           65
Iran                             59
Nicaragua                        49
Greece                           49
Peru                             46
Ecuador                          45
France                           38
Ireland                          37
Thailand                         30
Hong                             30
Cambodia                         28
Trinadad&Tobago                  27
Outlying-US(Guam-USVI-etc)       23
Yugoslavia                       23
Laos                             23
Scotland                         21
Honduras                         20
Hungary                          19
Holand-Netherlands                1
Name: native-country, dtype: int64
```

수많은 값이 있습니다. 그리고 특이사항으로 United-States가 압도적으로 큰 비중을 차지합니다. 그럼 해당 변수를 처리하는 여러 방법을 살펴봅시다. 우선 이 경우는 United-States가 약 90%를 차지하고 있기 때문에, 아주 단순하게는 United-States 이외의 국가들을 하나로 묶어 Others 같은 이름으로 변경하는 방식도 가능합니다. 데이터가 간소화되는 장점이 있으나, 그만큼 정보가 줄어드는 단점이 있습니다. 만약 해당 예측 모델에서 United-States가 아닌 국가 사이에 큰 차이가 없다면 이 방법을 써도 무방합니다. 또 다른 방법으로는 비슷한 값들끼리 묶는 겁니다. 예를 들어 지역별로 묶는 거죠. 즉, North America, South America, Asia 등과 같이 구분할 수 있습니다. 이 방법 또한 해당 지역에 속한 국가끼리 어느 정도 유사성을 보여야 무리가 없습니다. 여기서 말하는 유사성은, 종속변수의 값에 대한 유사성을 의미합니다. 즉 국가별로 class에 대한 평균값을 내었을 때, 만약 Asia 국가들이 다소 비슷한 수치를 보여준다면 이렇게 묶는 데에 큰 무리가 없을 겁니다. 유사성은 처음에 말한 United-States 이외의 국가들끼리 묶는 때도 필요하니 국가별로 class값의 평균을 확인해봅시다.

국가별 평균을 확인해야 하기 때문에 groupby( ) 함수를 사용하여 국가별로 묶어주겠습니다.

함수명	설명
groupby()	groupby 뒤의 괄호 안에 묶어줄 변수 이름을 넣으시면 되는데, 여기까지만 쓰면 아무런 아웃풋도 없습니다. 반드시 그 뒤에 추가 연산을 붙여야 합니다. 판다스에서 제공하는 sum(), mean(), std() 같은 명령어를 사용할 수 있습니다.

```
data.groupby('native-country').연산()
```

우리는 국가별로 class의 평균값을 볼 것이기 때문에 mean() 함수를 사용하겠습니다.

```
# 아래 코드는 참고용이므로, 실행할 필요가 없습니다.
data.groupby('native-country').mean() # 그룹별 평균 계산
```

여기까지만 코드를 작성해도 원하는 아웃풋을 볼 수 있으나, 국가가 너무 많아서 쉽게 눈에 들어오는 상황은 아닙니다. 같은 지역에 있는 국가들끼리 비슷한 수준의 class 평균값을 가지는지를 확인하는 것이 목적이므로 지역 혹은 class 기준으로 정렬시키겠습니다. 이 데이터에는 지역에 대한 변수가 없어, class 기준으로 정렬시키겠습니다.

```
data.groupby('native-country').mean().sort_values('class')
# 그룹별 평균 계산 후 class 기준으로 오름차순 정렬
```

native-country	age	education-num	capital-gain	capital-loss	hours-per-week	class
Holand-Netherlands	32.000000	10.000000	0.000000	2205.000000	40.000000	0.000000
Guatemala	32.090909	6.306818	167.875000	18.113636	38.715909	0.034091
Outlying-US(Guam-USVI-etc)	38.826087	10.043478	0.000000	76.608696	41.347826	0.043478
Columbia	39.458824	9.258824	125.364706	65.247059	39.929412	0.047059
Dominican-Republic	37.970874	7.320388	1064.456311	39.029126	41.621359	0.048544
Mexico	33.635121	6.026288	415.954784	32.656151	40.213460	0.049422
Nicaragua	36.285714	9.000000	138.653061	69.938776	36.938776	0.061224
El-Salvador	33.380645	6.722581	392.761290	36.367742	36.361290	0.070968
Trinadad&Tobago	39.259259	8.962963	116.185185	156.518519	38.888889	0.074074
Vietnam	34.616279	9.616279	604.802326	86.372093	37.976744	0.081395
Laos	35.217391	8.826087	125.434783	75.652174	39.391304	0.086957
Peru	36.434783	9.826087	39.804348	40.173913	36.543478	0.086957
Honduras	35.050000	8.350000	75.300000	152.000000	35.650000	0.100000
Puerto-Rico	39.864130	8.331522	335.347826	104.777174	39.016304	0.108696
Haiti	38.600000	8.533333	297.626667	66.200000	36.920000	0.120000
Ecuador	37.666667	9.244444	328.288889	0.000000	39.266667	0.133333

Jamaica	37.141509	9.811321	495.915094	17.801887	39.160377	0.141509
Scotland	46.761905	10.190476	246.571429	0.000000	41.666667	0.142857
Thailand	37.666667	10.833333	243.266667	49.500000	44.700000	0.166667
South	38.095652	10.765217	1678.208696	134.269565	42.852174	0.173913
Portugal	41.238806	6.761194	203.402985	0.000000	42.238806	0.179104
Poland	42.758621	10.068966	471.919540	70.390805	37.689655	0.195402
❶ United-States	38.698690	10.168667	1089.626529	88.789743	40.440774	0.243977
Cuba	46.355072	9.391304	470.543478	62.717391	40.101449	0.246377
Hong	34.233333	10.433333	500.800000	255.466667	40.266667	0.266667
Germany	38.601942	10.927184	1062.058252	61.456311	40.815534	0.281553
Philippines	39.633898	10.722034	1508.823729	88.522034	39.620339	0.288136
China	41.852459	11.262295	1407.737705	170.655738	38.262295	0.295082
Ireland	38.486486	9.783784	494.783784	96.189189	42.432432	0.297297
Hungary	50.368421	10.947368	490.315789	87.789474	37.947368	0.315789
Cambodia	36.892857	9.392857	697.464286	194.821429	42.035714	0.321429
Italy	45.419048	8.790476	797.895238	52.638095	40.942857	0.323810
Canada	44.049451	10.692308	1233.505495	131.159341	40.406593	0.346154
Japan	37.358696	11.423913	1874.586957	59.445652	42.282609	0.347826
Yugoslavia	40.478261	9.391304	916.391304	0.000000	40.217391	0.347826
Greece	45.836735	9.755102	1131.448980	174.857143	46.897959	0.367347
England	40.527559	11.110236	1076.551181	108.913386	41.937008	0.370079
Iran	38.372881	12.186441	1490.169492	124.406780	42.949153	0.372881
Taiwan	34.184615	13.276923	1948.600000	121.476923	39.400000	0.400000
India	38.364238	12.536424	3196.390728	115.417219	41.423841	0.410596
❷ France	40.315789	12.000000	417.473684	37.052632	42.789474	0.421053

우선 다른 국가들을 Others로 묶어줄 수 있는지 ❶ United-States를 먼저 찾아보겠습니다. class 평균값은 약 0.24입니다. 그리고 다른 국가들은 United-States의 평균값보다 크거나 작아서 전혀 비슷하지 않은 양상입니다. Others로 묶는 방법은 좋지 않아 보입니다. 그럼 지역별로 묶어줄 수 있는지 보겠습니다. class 평균이 가장 높은 ❷ France 중심으로 유럽 국가를 찾아보겠습니다. 극단적으로 다른 경우만 몇 개 발견하면 해당 방법이 좋지 않음이 증명되기 때문에, 수치가 낮은 쪽에 유럽 국가가 있는지를 보는 게 빠릅니다. 가장 낮게는 Holand가 있지만 관측치가 1개밖에 안 되므로 고려하지 않아도 될 것 같고, 그다음으로는 Portual이 0.18 정도로 France와 상당한 차이를 보입니다. 다른 지역의 예로 Cuba와 Dominican Republic도 각각 0.25와 0.05로 큰 차이를 보입니다. 물론 다른 많은 나라는 지역별로 비슷한 양상을 보이기도 하지만 큰 차이를 보는 경우가 많으므로 지역별로 묶는 방법은 적합하지 않습니다.

그럼 더미 변수를 사용하지 않고 각 국가명을 숫자로 변환하여 하나의 변수를 그대로 유지하는 건

어떨까요? 제가 처음 더미 변수를 설명할 때, 범주형 데이터를 무작정 숫자로 치환하여 모델링하는 방법은 결코 좋지 않다고 설명드렸습니다. 그러나 이러한 방법이 허용되는 경우가 있는데, 바로 트리 기반의 모델을 사용할 때입니다. 트리 기반의 모델은 연속된 숫자들도 연속적으로 받아들이기보다 일정 구간을 나누어 받아들이기 때문에, 트리가 충분히 깊어지면 범주형 변수를 숫자로 바꾼다고 해도 큰 문제가 없습니다.

범주형 데이터를 숫자로 치환하는 여러 방법이 있습니다. 기본적으로는 랜덤하게 번호를 부여하는 겁니다. 예를 들어 United-States는 1, Peru는 2, Guatemala는 3 등 임의의 번호를 붙여주는 거죠. 단순한 라벨링으로 생각하면 됩니다. 또 다른 방법은 우리가 value_counts( ) 함수로 확인한 숫자들을 부여하는 방법입니다. 이 방법은 종속변수인 class가 이민자 수가 많은 국가인지 적은 국가인지에 따라 유의미한 차이를 보인다면 더 유용한 변수로 활용이 될 것이고, 그렇지 못하더라도 최소한 라벨링 효과는 가지고 가게 됩니다. 단, 라벨링의 목적만으로 이 방법을 사용할 때에는 같은 값을 가지는 국가가 없는지 확인해야 하며, 이 데이터의 경우는 동수인 국가들이 있어서 적합하지 않습니다.

마지막은 우리가 groupby( )로 확인했던 class의 평균값을 넣어주는 방법입니다. 이는 조금 극단적인 방법인데, 예상하려는 목푯값을 독립변수의 일환으로 반영하기 때문입니다. 즉, 답을 거의 밀어넣다 시피해서 모델링하는지라 오버피팅 문제가 발생할 수 있습니다. 오버피팅 문제는 잠시 후 매개변수 튜닝에서 더 구체적으로 다루겠습니다.

'native-counry'별로 class의 평균값을 구하는 코드를 작성하겠습니다.

```
country_group = data.groupby('native-country').mean()['class']
# 그룹별 class의 평균값을 계산하여 저장
```

앞서 작성한 코드에서 정렬에 사용한 sort_values( ) 함수를 빼고, 인덱싱을 추가해 class값만 취했습니다. 그리고 아웃풋을 country_group이라는 이름으로 저장했습니다.

이렇게 평균값을 구해놓은 판다스 시리즈를 기존 데이터에 새로운 변수로 붙여넣어야 합니다. join( )이나 merge( )를 사용할 수 있는데 이번에는 merge( )를 사용해서 데이터를 합치겠습니다.

함수명	설명
reset_ index()	두 데이터프레임을 하나로 이어주는 함수입니다.
	`a.merge(b)` # 데이터 a와 데이터 b를 합침

국가 이름이 키값이 되어야 하는데 현재 country_group에서 국가 이름은 변수가 아닌 인덱스에 자리하고 있습니다. reset_index( )를 써서 변수로 뺄 수 있습니다.

함수명	설명
merge()	판다스 데이터 프레임과 시리즈에서, 인덱스에 들어 있는 정보를 별도의 변수로 빼옵니다.

```
sample = pd.DataFrame({'var_1':[3,5,7], 'var_2':[2,4,6]},
index = ['a','b','c']) # ❶
sample.reset_index() # ❷

    var_A   var_B   var_C
0     a       10       2
1     b       30       7
2     c       50       8
3     d       70       9
4     e       90       0
```

❶ 임의의 데이터 프레임 2개를 만들었습니다. ❷ merge()를 사용하여 데이터를 합쳤고, 자동적으로 두 데이터프레임에 공통으로 존재하는 변수인 var_A를 기준으로 합쳐집니다.

reset_index( )를 써서 인덱스를 변수로 빼주겠습니다.

```
country_group = country_group.reset_index() # 인덱스를 변수로 불러냄
```

이제 country_group( )을 확인하면 다음과 같은 데이터프레임을 확인할 수 있습니다.

```
country_group # 데이터 확인
```

	native-country	class
0	Cambodia	0.321429
1	Canada	0.346154
2	China	0.295082
3	Columbia	0.047059
4	Cuba	0.246377
5	Dominican-Republic	0.048544
6	Ecuador	0.133333
7	El-Salvador	0.070968
8	England	0.370079
9	France	0.421053
10	Germany	0.281553
11	Greece	0.367347
12	Guatemala	0.034091
13	Haiti	0.120000
14	Holand-Netherlands	0.000000
15	Honduras	0.100000
16	Hong	0.266667
17	Hungary	0.315789
18	India	0.410596
19	Iran	0.372881
20	Ireland	0.297297
21	Italy	0.323810
22	Jamaica	0.141509
23	Japan	0.347826
24	Laos	0.086957
25	Mexico	0.049422
26	Nicaragua	0.061224
27	Outlying-US(Guam-USVI-etc)	0.043478
28	Peru	0.086957
29	Philippines	0.288136
30	Poland	0.195402
31	Portugal	0.179104
32	Puerto-Rico	0.108696
33	Scotland	0.142857
34	South	0.173913
35	Taiwan	0.400000
36	Thailand	0.166667
37	Trinadad&Tobago	0.074074
38	United-States	0.243977
39	Vietnam	0.081395
40	Yugoslavia	0.347826

인덱스였는데,
변수가 되었습니다.

이제 merge()를 사용하여 두 데이터를 합치겠습니다.

```
data = data.merge(country_group, on = 'native-country', how='left')
# data와 country_group을 native_country 기준으로 결합 (left join)
```

data 국가 이름은 기준으로 하여 country_group을 붙이는 형태이기 때문에 data를 메인으로 삼아 merge()를 실행했습니다. 키값은 native-country, 결합 형태는 왼쪽 조인(3.1.8절 '데이 터프레임 합치기')으로 처리해줍니다.

그럼 데이터가 잘 합쳐졌는지 data를 불러서 확인해봅시다.

```
data # 데이터 확인
```

	age	workc lass	educa tion-num	marital-status	occup ation	relati onship	race	sex	cap ital-gain	capital-loss	hours-per-week	native-country	class_x	class_y
0	25	Private	7	Never-married	Machine-op-inspct	Own-child	Black	Male	0	0	40	United-States	0	0.243977
1	38	Private	9	Married-civ-spouse	Farming-fishing	Husband	White	Male	0	0	50	United-States	0	0.243977
2	28	Local-gov	12	Married-civ-spouse	Prote ctive-serv	Husband	White	Male	0	0	40	United-States	1	0.243977
3	44	Private	10	Married-civ-spouse	Machine-op-inspct	Husband	Black	Male	7688	0	40	United-States	1	0.243977
4	18	NaN	10	Never-married	NaN	Own-child	White	Female	0	0	30	United-States	0	0.243977
...	...	...	...	...	...	...	...	...	...	...	...	...	...	...
48837	27	Private	12	Married-civ-spouse	Tech-support	Wife	White	Female	0	0	38	United-States	0	0.243977
48838	40	Private	9	Married-civ-spouse	Machine-op-inspct	Husband	White	Male	0	0	40	United-States	1	0.243977
48839	58	Private	9	Widowed	Adm-clerical	Unmarried	White	Female	0	0	40	United-States	0	0.243977
48840	22	Private	9	Never-married	Adm-clerical	Own-child	White	Male	0	0	20	United-States	0	0.243977
48841	52	Self-emp-inc	9	Married-civ-spouse	Exec-mana gerial	Wife	White	Female	15024	0	40	United-States	1	0.243977

48842 rows × 14 columns

새로 생긴 변수

합쳐지기는 했는데 문제가 하나 발생했군요, class_x와 class_y라는 변수가 생겼습니다. 기존의 data에 class 변수가 있고, country_group에도 class 변수가 있다 보니, 컬럼 이름이 겹치는 바람에 판다스에서 자동적으로 변경시켜버렸습니다. 우리는 class_y를 국가명 대신 사용해줄 것 이기 때문에 기존 native-country를 삭제하고 ➝ class_y를 해당 이름(native-country)으로 바꾸고 ➝ class_x를 class로 다시 변경해주겠습니다.

```
data.drop('native-country', axis=1, inplace=True) # 변수 제거
data = data.rename(columns= {'class_x': 'class', 'class_y': 'native-country'})
# 변수 이름 변환
```

여기서 컬럼 이름을 바꾸는데 rename( ) 함수를 사용했습니다. rename( ) 함수는 위에서 보시는 것처럼 변경할 대상(columns 혹은 index)을 지정해주시고 구체적인 변경 사항은 딕셔너리 형태로 매핑해주면 됩니다.

함수명	설명
rename( )	데이터프레임의 변수나 인덱스 이름을 변경할 수 있습니다. 변경하려는 이름과 변경 후의 이름을 딕셔너리 형태로 넣어주시면 됩니다.

```
# ❶ 데이터프레임 생성
sample = pd.DataFrame({'var_1':[3,5,7], 'var_2':[2,4,6]},
index = ['a','b','c'])

sample.rename(columns = {'var_1':'var_new'})  # ❷ 이름 변경
```

```
   var_new  var_2
a        3  2
b        5  4
c        7  6
```

❶ 변수 이름이 var_1, var_2인 데이터프레임을 만듭니다.
❷ var_1을 var_new로 변경합니다. 이때 변경 전후의 이름은 딕셔너리 형태로 입력합니다. 변수가 아닌 인덱스 이름을 변경하려면 columns 대신 index를 사용합니다.

8.4 전처리 : 결측치 처리 및 더미 변수 변환

결측치를 처리합시다. 먼저 결측치가 있는 변수들과 그 비율을 확인하겠습니다.

```
data.isna().mean() # 결측치 비율 확인

age            0.000000
workclass      0.057307
education-num  0.000000
```

```
marital-status     0.000000
occupation         0.057512
relationship       0.000000
race               0.000000
sex                0.000000
capital-gain       0.000000
capital-loss       0.000000
hours-per-week     0.000000
native-country     0.017546
class              0.000000
dtype: float64
```

총 3개의 변수에서 결측치가 보입니다. workclass와 occupation은 약 5%, native-country 는 1.7% 정도입니다. 우선 native-country는 각 국가별 class의 평균값으로 대체한 상태입니다. 원래는 범주형 변수이기 때문에 평균치로 채우는 것이 불가능하지만 지금은 숫자로 바뀌었고 그 숫자가 마침 class의 평균값이기 때문에, mean( )이나 median( )으로 결측치를 채우는 것도 가능합니다. 또는 완전 별개의 숫자를 지정하여 채워주는 방법도 가능합니다. 보통 결측치를 숫자 로 채워줄 때 -9나 -99와 같은 임의의 숫자를 사용합니다. 이렇게 임의의 숫자를 채워주는 것은 트리 기반 모델에서는 큰 문제가 없으나 선형 모델에서는 데이터의 왜곡을 불러오니 주의해야 합니다. 지금은 두 가지 방법 모두 가능한데, 여기에서는 -99를 채우겠습니다.

```
data['native-country'] = data['native-country'].fillna(-99) # 결측치를 -99로 대체
```

workclass와 occupation 변수는 모두 범주형 변수이기 때문에 평균치로 해결할 수가 없습니다. 이 경우는 특정 텍스트를 채워주거나, dropna( )로 해당 라인을 제거해야 하는데, 우선 각 컬럼의 value_counts( ) 출력물을 보고 판단하겠습니다.

```
data['workclass'].value_counts() # 고윳값별 출현 빈도 확인
```

```
Private            33906  ❶
Self-emp-not-inc    3862
Local-gov           3136
State-gov           1981
Self-emp-inc        1695
Federal-gov         1432
```

```
Without-pay            21
Never-worked           10
Name: workclass, dtype: int64
```

workclass에서는 ❶ Private 비율이 압도적입니다. 특정 값이 대부분을 차지하는 경우라면 해당 값으로 결측치를 채워주는 방법도 무난합니다. Private이 70% 정도라서 조금 아쉬운 부분은 있지만, 연습 차원에서 이 값으로 결측치를 채워넣겠습니다.

```
data['workclass'] = data['workclass'].fillna('Private')
# 결측치를 Private으로 대체
```

다음으로 occupation 컬럼을 확인하겠습니다.

```
data['occupation'].value_counts() # 고윳값별 출현 빈도 확인

Prof-specialty        6172
Craft-repair          6112
Exec-managerial       6086
Adm-clerical          5611
Sales                 5504
Other-service         4923
Machine-op-inspct     3022
Transport-moving      2355
Handlers-cleaners     2072
Farming-fishing       1490
Tech-support          1446
Protective-serv        983
Priv-house-serv        242
Armed-Forces            15
Name: occupation, dtype: int64
```

이번에는 어떤 특정값이 압도적으로 많다고 하기가 어렵습니다. 이런 경우에는 알맞지 않습니다. 별도의 텍스트 'Unknown'으로 채워보겠습니다.

```
data['occupation'] = data['occupation'].fillna('Unknown')
# 결측치를 Unknown으로 대체
```

이제 모든 결측치를 해결했으니, 범주형 데이터를 더미 변수로 변환하겠습니다.

```
data = pd.get_dummies(data, drop_first=True) # 더미 변수로 변환
```

8.5 모델링 및 평가하기

모델링에 앞서 이번에도 데이터를 훈련셋과 시험셋으로 나누어보겠습니다.

```
from sklearn.model_selection import train_test_split # 임포트
X_train, X_test, y_train, y_test = train_test_split(data.drop('class', axis=1),
data['class'], test_size = 0.4, random_state = 100) # 훈련셋/시험셋 분리
```

이번에는 데이터가 비교적 크기 때문에 test_size를 0.4로 높여서 나누었습니다. 결정 트리 모델은 사이킷런의 tree에서 불러올 수 있는데, 분석 목적에 따라 연속형 변수를 위한 DecisionTreeRegressor와 범주형 변수를 위한 DecisionTreeClassifier로 나뉩니다.

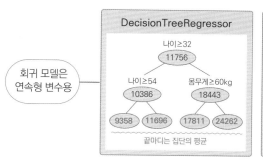
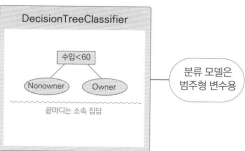

여기서는 0과 1을 예측해야 하므로 DecisionTreeClassifier를 사용하겠습니다.

```
from sklearn.tree import DecisionTreeClassifier # 임포트
```

모델링 및 예측 방법은 이전과 같습니다.

```
model = DecisionTreeClassifier()       # 모델 객체 생성
model.fit(X_train, y_train)            # 학습
pred = model.predict(X_test)           # 예측
```

X_train과 y_train으로 학습해, X_test에 대한 예측값을 만들었습니다. 그럼 이 예측값에 대한 정확도를 보겠습니다.

```
from sklearn.metrics import accuracy_score # 임포트
accuracy_score(y_test, pred) # 정확도 계산
```

```
0.8134309259354047
```

약 81%의 예측률을 보여줍니다. 그럼 이제 결정 트리가 어떤 원리로 작동되는지 살펴보고, 이를 기반으로 매개변수를 튜닝해 더 나은 예측값을 얻을 수 있는지 보겠습니다.

8.6 이해하기 : 결정 트리

결정 트리는 특정 변수에 대한 특정 기준값으로 데이터를 계속 분류해가면서 유사한 그룹으로 묶어내어 예측값을 만드는 알고리즘입니다. 예를 들어 다음과 같은 데이터가 있다고 가정해봅시다.

지름 (독립변수)	종류 (종속변수)
6	사과
4.5	귤
4	귤
7	사과
7.5	사과

사과인지 귤인지를 예측하는 모델을 만든다면, "지름이 5보다 큰가? 혹은 작은가?"라는 질문 하나로 이 둘을 명확하게 구분해낼 수 있을 겁니다. 트리 모델은 이런 식으로 특정 기준으로 계속 분류해나가는데, 실제 데이터에서는 이보다 훨씬 많은 독립변수가 있고, 대부분은 종속변수를 완전하게 분류해낼 수 있는 값은 없기 때문에, 수많은 분류의 분류를 거듭하게 됩니다.

이번에는 조금 더 복잡한 데이터로 예를 들겠습니다.

지름 (독립변수 1)	무게 (독립변수 2)	종류 (종속변수)
7.5	320	사과
5	240	사과
7	300	사과
6.5	230	복숭아
7	250	복숭아
6	200	복숭아

이 데이터에서 사과와 복숭아를 구분하는 모델을 고려해봅시다. 우선 지름과 무게 모두 중첩되는 부분이 있기 때문에 아까처럼 손쉽게 둘을 구분하는 기준점은 찾기 어렵습니다만, 몇 번의 분류 작업을 거치면 이 또한 잘 구분해낼 수 있습니다.

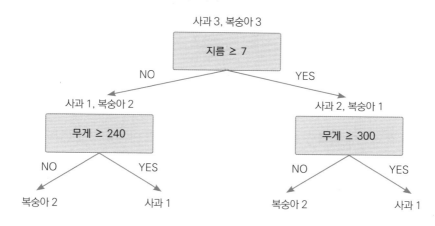

위의 그림과 같이 지름 7을 기준으로 2개의 그룹으로 나누면 "사과 2, 복숭아 1", "사과 1, 복숭아 2"처럼 뒤섞여 있습니다. 이를 다시 무게를 기준으로 나누면 사과와 복숭아를 완전히 분리해낼 수 있습니다.

이와 같은 원리 때문에 좋은 모델을 만들려면 첫 번째 분류에 사용할 변수 선정과 기준점 정하기가 정말 중요합니다. 그리고 두 번째 분류 과정에서도 각 상황에서 최적의 변수와 기준점을 채택해야 합니다. 그럼 결정 트리는 어떤 기준으로 평가하여 찾아내는지 알아보겠습니다.

8.6.1 분류 결정 트리

분류와 회귀는 각기 다른 로직이 적용되는데, 우선 분류부터 설명하겠습니다. 위의 예시 다이어그램에서 보이는 각 회색 박스를 노드Node라고 부르는데, DecisionTreeClassifier는 각 노드의 순도가 가장

높은 방향으로 분류를 합니다. 순도는 한 노드 안에 여러 종류가 아닌 한 종류의 목푯값만 있는 상태에 대한 지표입니다. 예를 들어 노드 안에 사과 3개와 복숭아 3개가 있으면 두 과일이 반씩 있기 때문에 순도가 매우 낮은 반면, 한 노드 안에 사과 3개와 복숭아 0개가 있다면 순도가 높다고 볼 수 있습니다. 결정 트리는 이러한 순도를 체크하여 가지를 뻗어 나가는데, 이 순도를 평가하는 지표로는 크게 지니 인덱스Gini Index와 교차 엔트로피Cross Entropy가 있습니다.

지니 인덱스

우선 지니 인덱스의 수식은 다음과 같습니다.

$$1 - \sum_{i=1}^{n} (p_i)^2$$

지니 인덱스는 각 노드에 대해서 계산되며, p는 노드 안에 특정 아이템의 비율입니다. 예시를 통해 위의 수식을 적용하겠습니다.

'사과 2, 복숭아 2'일 때를 계산해보겠습니다.

- 각각 50% 이므로, 수식의 우측 부분에 대한 계산은 $0.5^2 + 0.5^2 = 0.5$
- 수식 왼쪽 부분을 함께 계산하면 1 - 0.5이므로 0.5

'사과 1, 복숭아 3'일 때를 계산해 보겠습니다.

- 각각 25%, 75%. 수식 우측 부분은 $0.25^2 + 0.75^2 = 0.625$
- 수식 왼쪽 부분을 함께 계산하면 1 - 0.625이므로 0.375

'사과 0, 복숭아 4'일 때를 계산해보겠습니다.

- 각각 0%, 100%이므로 우측 수식 부분은 $0^2 + 1^2 = 1$

- 수식 왼쪽 부분을 함께 계산하면 1-1 이므로 0

이를 표로 정리하면 다음과 같습니다.

예시	비율	$\sum_{i=1}^{n}(p_i)^2$	지니 인덱스 $1 - \sum_{i=1}^{n}(p_i)^2$
사과 2개, 복숭아 2개	각각 50%	$0.5^2 + 0.5^2 = 0.5$	1 − 0.5이므로 0.5
사과 1개, 복숭아 3개	25%, 75%	$0.25^2 + 0.75^2 = 0.625$	1 − 0625이므로 0.375
사과 0개, 복숭아 4개	0%, 100%	$0^2 + 1^2 = 1$	1−1 이므로 0

노드가 한쪽 아이템으로 완전히 분류가 잘된 경우(사과 0, 복숭아 4)는 지니 인덱스가 0이며, 전혀 분류가 안 되어서 반반(사과 2, 복숭아 2)이 들어 있으면 지니 인덱스가 0.5입니다. 즉, 순도가 높을수록 지니 인덱스는 낮은 값을 보이며 최댓값은 0.5, 최솟값은 0이 나올 수 있습니다. 결정 트리에서는 지니 인덱스가 가장 낮은 값이 나오는 특정 변수의 특정 값을 기준으로 노드를 분류해갑니다.

교차 엔트로피

다음은 교차 엔트로피 수식입니다.

$$-\sum_{i=1}^{n} p_i \times log_2(p_i)$$

몇 가지 예를 들어보겠습니다.

'사과 2, 복숭아 2'일 때를 계산해보겠습니다.

- 사과 50%에 대한 부분 : $0.5 \times Log_2(0.5) = 0.5 \times -1 = -0.5$
- 복숭아 50%에 대한 부분 : $0.5 \times Log_2(0.5) = 0.5 \times -1 = -0.5$
- 시그마는 위의 두 부분에 대한 합이므로 $-0.5 + -0.5 = -1$
- 마지막으로 맨 앞의 – 부호를 반영하면 교차 엔트로피는 1

'사과 1, 복숭아 3'일 때를 계산해보겠습니다.

- 사과 25%에 대한 부분 : $0.25 \times Log_2(0.25) = 0.25 \times -2 = -0.5$
- 복숭아 75%에 대한 부분 : $0.75 \times Log_2(0.75) = 0.75 \times -0.415037... \approx -0.31$
- 시그마는 위의 두 부분에 대한 합이므로 $-0.5 + -0.31 = -0.81$
- 마지막으로 맨 앞의 $-$ 부호를 반영하면 교차 엔트로피는 약 0.81

'사과 0, 복숭아 4'일 때를 계산해보겠습니다.

- 사과 0%에 대한 부분 : $0 \times Log_2(0) = 0$
- 복숭아 100%에 대한 부분 : $1 \times Log_2(1) = 1 \times 0 = 0$
- 시그마는 위의 두 부분에 대한 합이므로 $0 + 0 = 0$
- 마지막으로 맨 앞의 $-$ 부호를 반영하면 교차 엔트로피는 0

이를 표로 정리해보겠습니다.

예시	비율	중간 계산 $\sum\limits_{i=1}^{n} P_i \times log_2(P_i)$	교차 엔트로피 $-\sum\limits_{i=1}^{n} p_i \times log_2(p_i)$
사과 2개, 복숭아 2개	각각 50%	• 사과 50% : $0.5 \times Log_2(0.5) = 0.5 \times -1 = -0.5$ • 복숭아 50% : $0.5 \times Log_2(0.5) = 0.5 \times -1 = -0.5$ • 시그마는 위 두값 대한 합 : $-0.5 + -0.5 = -1$	1
사과 1개, 복숭아 3개	25%, 75%	• 사과 25% : $0.25 \times Log_2(0.25) = 0.25 \times -2 = -0.5$ • 복숭아 75% : $0.75 \times Log_2(0.75) = 0.75 \times -0.415037...$ ≈ -0.31 • 시그마는 위 두값 대한 합 : $-0.5 + -0.31 = -0.81$	약 0.81
사과 0개, 복숭아 4개	0%, 100%	• 사과 0% : $0 \times Log_2(0) = 0$ • 복숭아 100% : $1 \times Log_2(1) = 1 \times 0 = 0$ • 시그마는 위 두값 대한 합 : $0 + 0 = 0$	0

교차 엔트로피도 마찬가지로 순도가 높을수록 낮은 값을 보이나, 최댓값은 1까지 나올 수 있다는 차이점이 있습니다.

지니 인덱스와 교차 엔트로피 중 어느 로직을 사용하는 것이 더 좋은가에 대한 부분은 딱히 승자가 없이, 둘 다 결정 트리에서 비슷한 성능을 보여줍니다. 사이킷런의 결정 트리에서는 기본값으로 지니 인덱스를 사용합니다(매개변수를 통해 교차 엔트로피로 지정해줄 수 있습니다).

8.6.2 회귀 결정 트리

회귀는 우리가 이전에 배운 MSE를 평가 기준으로 이용합니다. 회귀는 연속형 변수를 대상으로 하는 모델이기 때문에, 새로운 데이터를 예로 들겠습니다.

x	y
10	98
20	0
35	6
5	44
15	88

위의 데이터를 대상으로 결정 트리의 첫 번째 노드가 x 〉15를 기준으로 나눈다고 한다면, 다음과 같은 두 노드로 분류될 겁니다.

x	y
10	98
5	44
15	88

x	y
20	0
35	6

간단하게 오른쪽 노드에 대해서 MSE를 계산하겠습니다. 배웠다시피 MSE는 실젯값과 예측값의 차이에 대한 계산입니다. 여기에서의 실젯값은 y값이 되고, 예측값은 오른쪽 노드에서 y의 평균이 됩니다.

- 우선 y의 평균을 구합니다 : 3
- 평균과 각 값의 차를 구합니다 : 0 - 3 = -3, 6 - 3 = 3
- 위의 값에 대한 제곱 후 합을 구합니다 : $-3^2 + 3^2 = 18$
- 위의 값을 관측치 개수만큼 나누어줍니다 : 18 / 2= 9

이와 같은 방식으로 MSE를 구하며, **결정 트리 회귀는 가장 낮은 MSE값이 나오도록 노드를 분류해나갑니다.** MSE는 사이킷런의 결정 트리 모델에서 기본값으로 설정된 평가 기준이고, 필요에 따라 매개 변수를 이용하여 MSE대신 MAE나 Poisson 등으로 설정할 수도 있습니다.

8.7 오버피팅 문제

결정 트리는 최대한 정확하게 분류해내기까지 수많은 가지를 뻗어나갈 수 있습니다. 각 마지막 노드에 1개의 관측치만 들어갈 정도로 세밀하게 분류해냈다면 100%의 정확도로 분류가 가능할 것인데, 매우 정확해 보이지만 이런 모델을 좋은 모델이라고 말하기는 어렵습니다. 우리가 훈련셋을 사용하여 지나치게 깊은 트리 모델을 만들면, 시험셋에 대한 예측은 오히려 떨어지는 경향이 있습니다. 이 문제는 비단 결정 트리에서만의 문제가 아니라, 모든 머신러닝 모델에서 발생하는 문제입니다. 아래의 그림을 예로 들어 설명하겠습니다.

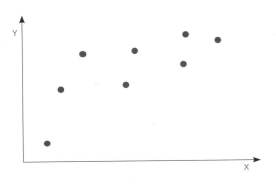

독립변수가 1개인 데이터이고, 위의 파란 점들은 훈련셋의 데이터입니다. 만약 위의 데이터를 가지고 아주 정확한 예측 모델을 만든다면 아래의 같은 빨간 곡선 형태가 예측값이 될 겁니다.

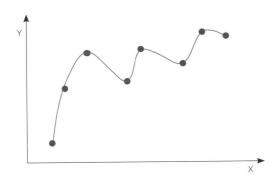

그럼 이 예측 모델을 가지고 시험셋을 예측하면 어떻게 되는지도 보겠습니다.

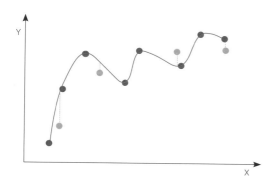

위 그래프에서의 노란색 원들은 시험셋의 데이터이고 녹색 점선은 예측치와의 실젯값 사이의 오차를 의미합니다. 예측 모델이 훈련셋을 지나치게 잘 예측한다면 위와 같이 새로운 데이터를 예측할 때 큰 오차를 유발할 수 있습니다. 이러한 상황을 바로 오버피팅^{overfitting, 과적합}이라고 합니다.

현실 데이터에는 어느 정도의 오차 범위가 있고 때로는 아웃라이어도 있기 때문에, 훈련셋에 아주 딱 떨어지는 예측 모델을 만드는 것보다는 어느 정도 두루뭉실한 수준으로 예측하는 것이 오히려 새로운 데이터 예측에는 더 나을 수도 있습니다. 이번에는 동일한 훈련셋으로 만든 아주 단순한 예측 모델을 살펴봅시다.

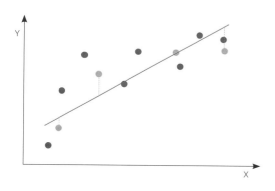

직선으로 예측하는 모델입니다. 시험셋의 실젯값과 예측 모델에서 상당한 오차가 발생합니다. 이러한 경우를 언더피팅이라고 합니다. 오버피팅과 언더피팅은 모두 피해야 하는 문제이며, 언더피팅이 더 안 좋은 모델이라 볼 수 있습니다. 시험셋의 예측이 상대적으로 괜찮다고 해도 훈련셋조차 제대로 예측하지 못한다면 그 결과를 신뢰하기가 어렵기 때문입니다. 따라서 언더피팅은 무조건 피해야 하며, 데이터와 모델이 괜

> **언더피팅(underfitting)**
> 과소적합이라고도 하며, 모델이 충분히 학습되지 않아 훈련셋에 대해서도 좋은 예측력을 내지 못하는 상황

찮다면 잘 발생하지도 않습니다. 반면 오버피팅은 머신러닝 알고리즘이 복잡해짐에 따라 빈번하게 발생하며, 완전한 해결도 어렵습니다. 그래서 오버피팅을 완전히 피한다기보다는 줄여나간다는 개념으로 접근하는 것이 좋습니다.

그럼 오버피팅과 언더피팅을 해결한 예시도 보겠습니다.

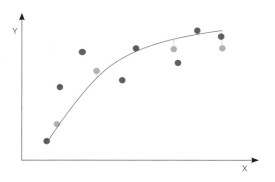

이렇게 너무 과하지도 부족하지도 않은 수준의 예측 모델을 만들어서 훈련셋과 시험셋 모두에서 적절한 수준의 오차를 가져가는 형태가 좋은 모델입니다. 따라서 훈련셋을 지나치게 잘 예측하는 모델의 정확도를 일부러 낮춰 오버피팅을 예방할 필요가 있습니다.

이러한 상황을 설명하는 개념으로 편향-분산 트레이드오프bias-variance tradeoff가 있습니다. 우선 편향은 독립변수와 종속변수를 모델링한 알고리즘이 적절치 못하거나 중요한 부분을 놓쳐서 제대로 된 예측을 하지 못할 때 높아집니다. 예를 들어 앞에서 봤던 언더피팅 예시가 편향이 높은 상황입니다. 반면 분산은 훈련셋에 있는 데이터의 노이즈에 의해 발생하는 오차입니다. 예를 들어 앞서 살펴본 오버피팅은 알고리즘이 훈련셋을 지나치게 정확하게 따라가면서 모든 노이즈를 모델에 포함해 높은 분산이 발생할 수 있습니다. 즉 높은 편향는 언더피팅 문제를, 높은 분산은 오버피팅을 문제를 불러올 수 있습니다. 가장 이상적이게는 편향과 분산 모두가 낮은 모델이겠지만, 현실에서는 기대하기 어렵습니다. 현실에서는 아래 그래프와 같은 형태를 띄는 것이 일반적입니다.

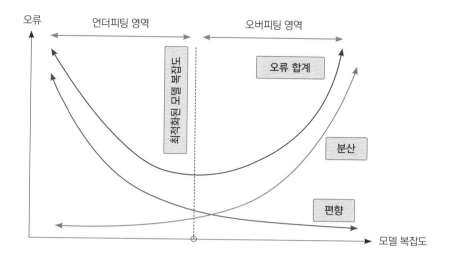

분산이 낮으면 편향이 올라가게 되고, 반대로 편향이 낮아질수록 분산이 올라갑니다. 이 각 오차들의 합이 전체 모델의 에러가 되기 때문에 이 둘의 합이 가장 낮은 중간 지점이 우리가 찾아야 할 최적점입니다. 이를 두고 편향-분산 트레이드오프라 하며, 그래프에서 우측이 오버피팅, 왼쪽이 언더피팅입니다.

8.8 매개변수 튜닝

결정 트리에서는 트리 깊이가 깊어질수록, 즉 수없이 많은 노드를 분류하여 모델을 만들수록 오버피팅 발생 가능성이 높습니다. 이 문제를 해결할 목적으로 결정 트리에서는 트리의 깊이를 제한하는 매개변수를 제공합니다. 기본값이 None이므로 매개변수를 지정해주지 않으면 최대한 깊은 수준으로 트리를 만들어냅니다. 우선 기본값으로 다시 모델링하고, 훈련셋과 시험셋 각 정확도를 살펴보겠습니다.

```
model = DecisionTreeClassifier() # 모델 객체 생성
model.fit(X_train, y_train) # 학습
train_pred = model.predict(X_train) # 훈련셋 예측
test_pred = model.predict(X_test) # 시험셋 예측
print('Train score:', accuracy_score(y_train, train_pred), 'Test score:',
accuracy_score(y_test, test_pred)) # 훈련셋, 시험셋의 정확도 평가
```

```
Train score: 0.9780242279474493 Test score: 0.8155806930439679
```

훈련셋에서 정확도(Train score)는 약 0.98, 시험셋에서 정확도(Test score)는 약 0.81입니다. 훈련셋에서는 정확도가 매우 높지만 시험셋에서는 상대적으로 낮은 수준입니다. 이정도의 격차라면 오버피팅이 발생했다고 볼 수 있고, 이 둘의 격차를 낮추면서 시험셋에서 정확도를 올리는 방향으로 매개변수를 설정해보겠습니다. 트리의 깊이를 지정하는 매개변수는 max_depth입니다. 우선 5로 지정하여 결과를 보겠습니다.

```
model = DecisionTreeClassifier(max_depth=5) # 모델 객체 생성
model.fit(X_train, y_train) # 학습
train_pred = model.predict(X_train) # 훈련셋 예측
test_pred = model.predict(X_test)   # 시험셋 예측
print('Train score:', accuracy_score(y_train, train_pred), 'Test score:',
accuracy_score(y_test, test_pred))  # 훈련셋, 시험셋의 정확도 평가
```

```
Train score: 0.8540180856509129 Test score: 0.8499769667809797
```

앞선 결과보다 Train score가 확 낮아졌고 Test score는 살짝 올라갔습니다. 둘 사이의 차이는 매우 낮아졌습니다. 마지막으로 7로 변경하여 한 번 더 테스트하겠습니다.

```
model = DecisionTreeClassifier(max_depth=7) # 모델 객체 생성
model.fit(X_train, y_train) # 학습
train_pred = model.predict(X_train) # 훈련셋 예측
test_pred = model.predict(X_test) # 시험셋 예측
print('Train score:', accuracy_score(y_train, train_pred), 'Test score:',
accuracy_score(y_test, test_pred)) # 훈련셋, 시험셋의 정확도 평가
```

```
Train score: 0.8598532673605187 Test score: 0.8542765009981061
```

위의 결과와 거의 비슷하지만 전반적으로 조금 더 정확해졌습니다. 이상적인 max_depth의 값은 주어진 데이터에 따라서 다르기 때문에 직접 다양한 시도를 하면서 오버피팅을 낮추는 노력을 해야 합니다.

8.9 트리 그래프

8.6절 '이해하기 : 결정 트리'에서 다룬 예시를 그래프로 그려봅시다. 이 그래프는 다른 그래프들

과 다르게 맷플롯립이나 시본이 아닌, 사이킷런의 tree 안에서 불러옵니다.

```
from sklearn.tree import plot_tree # 임포트
plt.figure(figsize=(30, 15)) # ❶ 그래프 크기 설정
plot_tree(model)  # ❷ 트리 그래프 출력
plt.show()        # ❸ 불필요한 문자가 나오지 않게 출력
```

❶ 그래프 크기를 조정합니다. figsize에 입력되는 두 값은 각각 가로, 세로 길이입니다. 단위는 인치입니다. ❷ plot_tree 안에 위에서 훈련시킨 모델의 이름을 넣어주면 그래프를 그립니다. ❸ 안 써도 상관없으나, 불필요한 텍스트들까지 아웃풋으로 출력되는 걸 원하지 않는다면 가급적 사용하기 바랍니다.

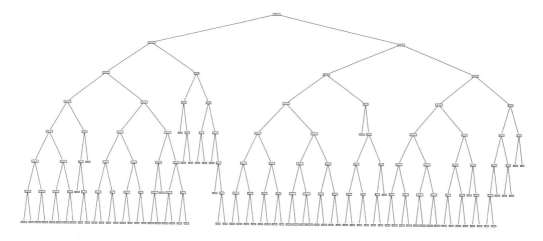

이 모델은 우리가 마지막에 훈련시킨 max_depth 7의 결과물입니다. 7으로 제한했음에도 너무 거대한 트리라서 내용을 확인할 수 없을 정도로 작게 표현되었습니다. 따라서 이 트리의 전체를 보기보다는 중요하다고 여겨지는 윗 부분(3단계까지)만을 확대해서 보겠습니다. 그 밖에 폰트 크기를 조정하는 매개변수도 추가하겠습니다.

```
plt.figure(figsize=(30, 15)) # 그래프 크기 지정
plot_tree(model, max_depth=3, fontsize=15) # 깊이와 폰트 크기 조정하여 트리 그래프 출력
plt.show() # 불필요한 문자가 나오지 않게 출력
```

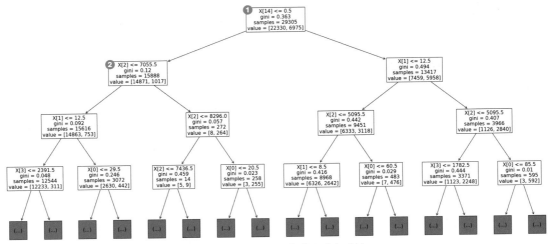

이 부분도 매개변수를 통해서 원래 변수 이름으로 바꿔보겠습니다.

```python
plt.figure(figsize=(30, 15)) # 그래프 크기 지정

plot_tree(model, max_depth=3, fontsize=15,
        feature_names=X_train.columns) # ❶ 변수 이름을 추가하여 그래프 출력
plt.show() # 불필요한 문자가 나오지 않게 출력
```

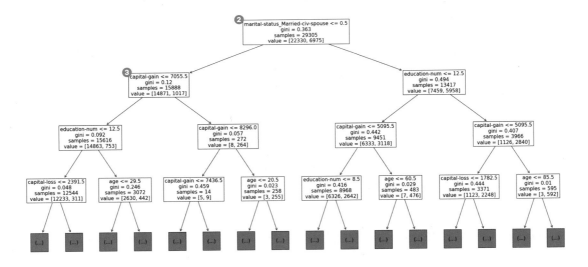

❶ feature_names 매개변수에 변수 이름이 담긴 리스트를 입력합니다. X_train.columns를 활용하면 간단하게 변수 이름을 불러 올 수 있습니다.

❷ 첫 번째 노드에는 분류 기준, 지니 인덱스(gini), 총 데이터 수(samples)가 표시됩니다. value는 목푯값 0과 1이 각각 몇 개씩인지를 보여줍니다. 분류 기준인 첫 줄에서는 marital-status_Married-civ-spouse ≤ 0.5를 기준으로 나누었습니다. 해당 변수는 기존 marital-status에서 더미 변수로 파생된 것으로, 혼인 상태가 Married-civ-spouse에 해당하는지 아닌지가 가장 중요한 변수로 꼽혔습니다. 노드의 분류는 조건에 맞으면 왼쪽, 아니면 오른쪽으로 분류되는데, 여기에서는 왼쪽으로 뻗은 노드가 Married-civ-spouse에 해당하지 않는 경우가 되겠습니다.

❸ 두 번째 노드의 지니 인덱스는 0.12로 꽤 많이 낮아졌고, value를 보면 0인 경우가 훨씬 많도록 분류되었습니다. 이와 같이 트리 그래프를 해석할 수 있으며, 이는 비전문가에게도 설명이 용이하기 때문에 유용하게 사용됩니다.

학습 마무리

학력, 교육 연수, 혼인 상태, 직업를 담은 연봉 데이터셋을 이용해 연봉을 예측하는 모델을 만들어보았습니다. 이 과정을 되짚어보겠습니다.

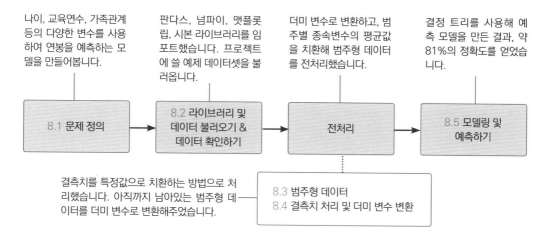

되짚어보기

나이, 교육연수, 가족관계 등의 다양한 변수를 사용하여 연봉을 예측하는 모델을 만들어봅니다.

판다스, 넘파이, 맷플롯립, 시본 라이브러리를 임포트했습니다. 프로젝트에 쓸 예제 데이터셋을 불러옵니다.

더미 변수로 변환하고, 범주별 종속변수의 평균값을 치환해 범주형 데이터를 전처리했습니다.

결정 트리를 사용해 예측 모델을 만든 결과, 약 81%의 정확도를 얻었습니다.

```
8.1 문제 정의  →  8.2 라이브러리 및
                   데이터 불러오기 &
                   데이터 확인하기   →  전처리  →  8.5 모델링 및
                                                     예측하기
```

결측치를 특정값으로 치환하는 방법으로 처리했습니다. 아직까지 남아있는 범주형 데이터를 더미 변수로 변환해주었습니다.

8.3 범주형 데이터
8.4 결측치 처리 및 더미 변수 변환

'native-country'를 다양한 방법으로 처리하여 결과를 비교해봅시다. 8.3절에 소개된 방법을 이용해도 좋고, 더미 변수를 사용하여 수많은 컬럼으로 만들어도 좋습니다. 4장에서 사용한 타이타닉 데이터를 결정 트리로 모델링해봅시다.

핵심 용어 정리

1 **결정 트리** : 트리 모델의 가장 기본 형태입니다. 데이터의 특성을 고려하여 데이터를 분류해나가는 방식입니다.

2 **지니 인덱스와 교체 엔트로피** : 노드의 순도를 평가하는 방법. 노드의 순도가 높을수록 지니 및 엔트로피 값은 낮아집니다.

3 **오버피팅** : 모델이 학습셋에 지나치게 잘 맞도록 학습되어서 새로운 데이터에 대한 예측력이 떨어지는 현상을 의미합니다.

4 **언더피팅** : 과소적합이라고도 하며, 모델이 충분히 학습되지 않아 훈련셋에 대해서도 좋은 예측력을 내지 못하는 상황입니다.

새로운 함수와 라이브러리

- pandas.DataFrame.**merge( )** : 두 개의 데이터프레임을 합칩니다.
- pandas.DataFrame.**reset_index( )** : 판다스 데이터 프레임과 시리즈에서 인덱스에 들어 있는 정보를 별도의 컬럼으로 빼옵니다.
- pandas.DataFrame.**rename( )** : 데이터프레임의 컬럼이나 인덱스 이름을 변경할 수 있습니다.
- pandas.DataFrame.**sort_values( )** : 데이터를 특정 컬럼 기준 오름차순 혹은 내림차순으로 정렬합니다.

연습 문제

1 다음 중 범주형 데이터의 결측치를 처리하는 방법으로 옳지 않은 것은?

❶ 특정 값이 압도적으로 많이 등장할 경우, 해당값으로 결측치를 대체할 수 있다.

❷ 경우에 따라 임의의 텍스트(unknown) 등으로 대체할 수 있다.

❸ 평균값으로 결측치를 대체하는 것이 가장 무난하다.

❹ 결측치가 많지 않으면 결측치 행을 제거할 수 있다.

2 다음 중 분류를 위한 결정트리가 노드를 분류할 때 사용하는 기준은?

❶ 지니 인덱스

❷ RMSE

❸ R^2

❹ 사후 확률

3 다음 중 오버피팅에 대한 설명으로 옳지 않은 것은?

❶ 모델이 학습 데이터에 지나치게 편향적으로 예측할 경우 발생한다.

❷ 반대 개념으로 언더피팅이 있다.

❸ 오버피팅보다는 언더피팅이 발생하는 것이 더 나은 모델이다.

❹ 모델의 학습을 의도적으로 제한하여 오버피팅을 줄일 수 있다.

1 정답 ❸ 평균값으로 결측치를 대체하는 것이 가장 무난하다.

해설 범주형 데이터에서는 평균값을 구할 수가 없습니다.

2 정답 ❶

해설 ❶ 지니 인덱스

❷ RMSE   ← 연속형 변수 예측의 평가지표입니다.

❸ R^2 ← 선형 회귀 분석의 평가지표입니다.

❹ 사후 확률   ← 사건 A와 B가 있을 때, 사건 A가 발생한 상황에서 사건 B가 발생할 확률로, 나이브베이즈 알고리즘에서 사용됩니다.

3 정답 ❸ 오버피팅보다는 언더피팅이 발생하는 것이 더 나은 모델이다.

해설 오버피팅은 학습이 지나치게 잘되어서 문제인 반면, 언더피팅은 학습이 애초에 잘 되지 않은 것이므로 언더피팅이 더 안 좋은 상황입니다.

랜덤 포레스트
중고차 가격 예측하기

학습 목표

결정 트리의 발전된 형태인 기초인 랜덤 포레스트를 학습시켜 중고차 가격을 예측합니다. 교차 검증 방법을 활용하여 모델을 평가해 더 나은 모델을 찾아봅시다.

학습 순서

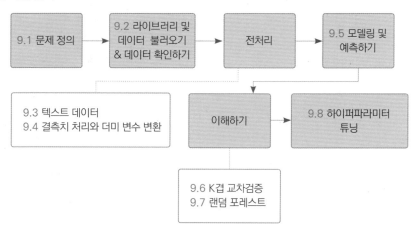

랜덤 포레스트 소개

랜덤 포레스트Random Forest 모델은 결정 트리의 단점인 오버피팅 문제를 완화시켜주는 발전된 형태의 트리 모델입니다. 랜덤으로 생성된 무수히 많은 트리를 이용하여 예측을 하기 때문에 랜덤 포레스트라 불립니다. 이렇게 여러 모델(여기서는 결정 트리)을 활용하여 하나의 모델을 이루는 기법을 앙상블이라 부릅니다.

> **앙상블 기법**
> 여러 모델을 만들고 각 예측값들을 투표/평균 등으로 통합하여 더 정확한 예측을 도모하는 방법

▼ TOP 10 선정 이유

앙상블 기법을 사용한 트리 기반 모델 중 가장 보편적인 방법입니다. 이후에 다루게 될 부스팅 모델에 비하면 예측력이나 속도에서 부족한 부분이 있고, 시각화에서는 결정 트리에 못미치나, 다음 단계인 부스팅 모델을 이해하려면 꼭 알아야 할 필수 알고리즘입니다.

▼ 예시 그래프

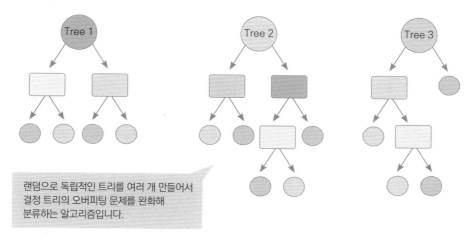

랜덤으로 독립적인 트리를 여러 개 만들어서
결정 트리의 오버피팅 문제를 완화해
분류하는 알고리즘입니다.

▼ 장단점

장점	단점
• 결정 트리와 마찬가지로, 아웃라이어에 거의 영향을 받지 않습니다. • 선형/비선형 데이터에 상관없이 잘 작동합니다.	• 학습 속도가 상대적으로 느린 편입니다. • 수많은 트리를 동원하기 때문에 모델에 대한 해석이 어렵습니다.

▼ 유용한 곳

- 종속변수가 연속형 데이터와 범주형 데이터인 경우 모두에서 사용할 수 있습니다.
- 아웃라이어가 문제가 되는 경우 선형 모델보다 좋은 대안이 될 수 있습니다.
- 오버피팅 문제로 결정 트리를 사용하기 어려울 때, 랜덤 포레스트를 사용할 수 있습니다.

9.1 문제 정의 : 한눈에 보는 예측 목표

문제 정의

2020년 우리나라 중고차 거래 규모는 20조 원이 넘습니다. 그만큼 중고차 거래가 활발히 이뤄지고 있습니다. 중고차는 신차와 달리 정가 개념이 없으므로 살 때도 팔 때도 적정 가격으로 거래하는 것인지 의문이 들 겁니다. 중고차 가격을 결정하는 요소로는 자동차 모델명, 연식, 마일리지, 성능 등이 있습니다. 해외 중고차 거래 데이터셋을 이용해 중고차 가격을 예측해보겠습니다.

▼ 예측 목표

미션	중고차 판매 이력 데이터셋을 이용해 중고차 가격을 예측하라.		
난이도	★★☆		
알고리즘	랜덤 포레스트(Random Forest)		
데이터셋 파일명	car.csv	종속변수	selling_price(판매 가격)
데이터셋 소개	중고차 판매 이력을 다룬 데이터입니다. 종속변수는 판매 가격이며, 독립변수로는 생산년도, 주행거리, 변속기, 마일리지, 배기량 등이 있습니다.		
문제 유형	회귀	평가지표	RMSE
사용한 모델	RandomForestRegressor		
사용 라이브러리	• numpy (numpy==1.19.5) • pandas (pandas==1.3.5) • seaborn (seaborn==0.11.2) • matplotlib (matplotlib==3.2.2) • sklearn (scikit-learn==1.0.2)		
예제 코드	• 위치 : colab.research.google.com/github/musthave-ML10/notebooks/blob/main/ • 파일 : 09_Random Forest.ipynb		

9.2 라이브러리 및 데이터 불러오기, 데이터 확인하기

4개의 필수 모듈과 car.csv 파일을 불러오겠습니다.

```
import pandas as pd
import numpy as np
import matplotlib.pyplot as plt
import seaborn as sns

file_url = 'https://media.githubusercontent.com/media/musthave-ML10/data_source/
main/car.csv'
data = pd.read_csv(file_url)  # 데이터셋 읽기
```

그럼 head( ) 함수로 데이터의 전반적인 모습을 보겠습니다.

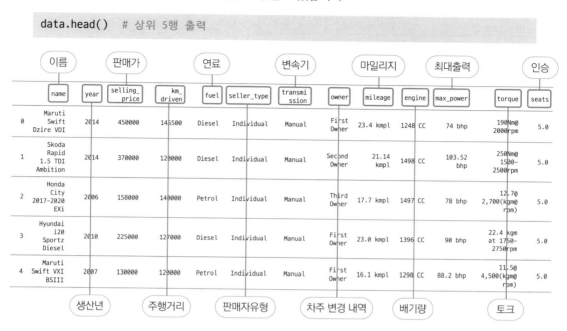

`data.head()` # 상위 5행 출력

다음은 info( ) 함수로 컬럼별 형태를 보겠습니다.

`data.info()` # 변수 특징 출력

```
<class 'pandas.core.frame.DataFrame'>
RangeIndex: 8128 entries, 0 to 8127
Data columns (total 13 columns):
 #   Column         Non-Null Count   Dtype
---  ------         --------------   -----
 0   name           8128 non-null    object
 1   year           8128 non-null    int64
 2   selling_price  8128 non-null    int64
 3   km_driven      8128 non-null    int64
 4   fuel           8128 non-null    object
 5   seller_type    8128 non-null    object
 6   transmission   8128 non-null    object
 7   owner          8128 non-null    object
```

```
 8    mileage        7907 non-null    object          ─── ❶ 결측치가 있어요.

 9    engine         7907 non-null    object          ─── ❷ 숫자형이 더 적합한데
                                                            문자형으로 되어 있습니다.
10    max_power      7913 non-null    object

11    torque         7906 non-null    object

12    seats          7907 non-null    float64
dtypes: float64(1), int64(3), object(9)
memory usage: 825.6+ KB
```

❶ 몇 개 컬럼에서 결측치가 있습니다. head( ) 정보와 비교하면 숫자 형태로 인식되어야 할 데이터가 object형으로 되어 있기도 합니다. 예를 들어 ❷ engine 변수는 숫자형 데이터여야 처리가 쉬운데 데이터 뒤에 'cc'가 붙어서 문자형 데이터로 받아들여집니다. 이런 부분은 데이터 클리닝 과정에서 숫자 형태로 변경합니다. 출력문에서 이와 같은 부분이 있는지 꼼꼼이 확인하고 넘어가야 합니다.

마지막으로 describe( )로 통계적 정보를 확인합시다. 소수점 둘째 자리에서 반올림하겠습니다.

```
round(data.describe(), 2) # 통계 정보 출력
```

	year	selling_price	km_driven	seats
count	8128.00	8128.00	8128.00	7907.00
mean	2013.80	638271.81	69819.51	5.42
std	4.04	806253.40	56550.55	0.96
min	1983.00	29999.00	1.00	2.00
25%	2011.00	254999.00	35000.00	5.00
50%	2015.00	450000.00	60000.00	5.00
75%	2017.00	675000.00	98000.00	5.00
max	2020.00	10000000.00	2360457.00	14.00

아웃라이어가 몇 개 보입니다. 예를 들어 selling_price에서 max값이 유독 높습니다. km_driven은 max와 min 모두 아웃라이어로 보여집니다. 선형 모델은 아웃라이어에 대한 처리가 필요하지만 여기서는 트리 모델을 사용하므로 아웃라이어를 별도로 처리하지 않겠습니다.

9.3 전처리 : 텍스트 데이터

문자형 데이터를 숫자형으로 바꾸어야 연산이 가능합니다. 그래서 첫 번째 작업으로는 단위 일치 및 숫자형으로 변환을 진행합니다. 단위가 섞여 있으므로 단위를 통일하고 그에 맞게 값을 계산을 해주고 단위에 해당하는 텍스트를 제거해 숫자형으로 변경하는 과정입니다. 두 번째는 텍스트 분류입니다. 불필요하게 구체적인 내용의 텍스트는 버리고, 필요한 부분만 남기겠습니다.

우선 숫자형 데이터로 변경할 컬럼들을 다루겠습니다. mileage, engine, max_power, torque 변수에서 숫자와 문자가 혼재되어 있습니다. 숫자와 문자를 분리시키고 숫자의 자료형을 (소수점까지 표현해야 하므로) float형으로 지정해야 합니다.

문자형 데이터를 분리하는 데 판다스 시리즈에서 제공하는 str.split()을 사용합니다. 판다스 데이터프레임이 아닌 시리즈에만 있는 함수이기 때문에, 컬럼 하나씩만 인덱싱해 처리해줍니다.

함수명	설명
split()	문자형 데이터를 분리하는 함수입니다. 기본 포맷은 다음과 같습니다.

```
data['engine'].str.split() # 공백 기준으로 문자 분할

0       [1248, CC]
1       [1498, CC]
2       [1497, CC]
3       [1396, CC]
4       [1298, CC]
          ...
8123    [1197, CC]
8124    [1493, CC]
8125    [1248, CC]
8126    [1396, CC]
8127    [1396, CC]
Name: engine, Length: 8128, dtype: object
```

기본적으로 빈 칸(띄어쓰기) 기준으로 분리시킵니다. 콤마, 마침표 같은 특정 문자를 기준으로 분리할 수도 있습니다. 괄호 안에 해당 문자를 입력하면 됩니다. 아래는 숫자 8을 기준으로 분리하는 예시 코드입니다.

```
data['engine'].str.split('8') # 8 기준으로 문자 분할
```

9.3.1 engine 변수 전처리하기

다음과 같은 순서로 engine 변수의 값을 숫자와 단위(문자)로 분할해보겠습니다.

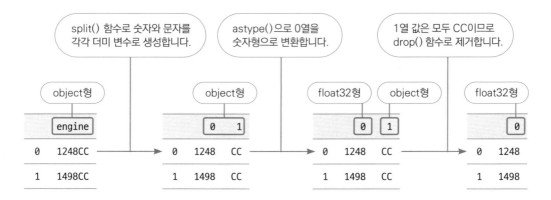

split() 함수는 분리 결과를 리스트 형태로 묶습니다. 우리는 숫자와 문자를 각각 별개의 컬럼에 두어야 하므로 expand 매개변수를 사용하겠습니다.

```
data['engine'].str.split(expand=True)
# 공백 기준으로 문자를 분할하여 별도의 변수로 출력
```

	0	1
0	1248	CC
1	1498	CC
2	1497	CC
3	1396	CC
4	1298	CC
...	...	...
8123	1197	CC
8124	1493	CC
8125	1248	CC
8126	1396	CC
8127	1396	CC

8128 rows × 2 columns

임의의 컬럼명 0과 1이라는 이름으로 숫자와 문자가 분리되었습니다. 숫자형 변수는 기존 engine 변수에 덮어쓰고, 문자형 변수는 engine_unit이라는 새로운 변수 이름에 할당하겠습니다.

```python
data[['engine','engine_unit']]= data['engine'].str.split(expand=True)
# 분할된 문자들을 새로운 변수들로 저장
```

이제 engine 변수를 확인하면 숫자만 남아 있습니다.

```python
data['engine'].head() # 엔진 변수 확인
```

```
0    1248
1    1498
2    1497
3    1396
4    1298
Name: engine, dtype: object
```

그러나 결과물을 보면 맨 아래에 dtype: object로 되어 있습니다. 즉, 숫자만 남았지만 이 데이터는 아직도 문자형 데이터로 인식되는 겁니다. astype() 함수를 이용하여 이를 숫자형 데이터로 변환해주겠습니다.

```python
data['engine'] = data['engine'].astype('float32') # 숫자형 변수로 변환
```

그리고 다시 한번 head() 함수로 engine 컬럼을 확인해봅시다.

```python
data['engine'].head() # 엔진 변수 확인
```

```
0    1248.0
1    1498.0
2    1497.0
3    1396.0
4    1298.0
Name: engine, dtype: float32
```

dtype이 float32로 변경되었습니다. 다음은 engine_unit을 확인해봅시다. 문자 부분을 버리

지 않고 굳이 남겨둔 이유는, 간혹 다른 단위를 가지는 데이터가 있을 수 있기 때문입니다. 우리가 head()로 확인한 engine의 데이터값에는 cc라는 단위만 있었습니다. 혹시 확인하지 못한 다른 라인에 다른 단위가 붙어 있나 확인하고 넘어가겠습니다.

```
data['engine_unit'].unique() # 고윳값 확인
```

```
array(['CC', nan], dtype=object)
```

CC라는 값만 한 가지만 존재합니다. 이제 해당 컬럼을 제거하겠습니다.

```
data.drop('engine_unit', axis=1, inplace= True) # 변수 제거
```

9.3.2 max_power 변수 전처리하기

engine 변수와 같은 방식으로 max_power 변수도 변환하겠습니다.

```
data[['max_power','max_power_unit']] = data['max_power'].str.split(expand=True)
# 분할된 문자들을 새로운 변수들로 저장
```

그리고 head()를 사용하여 확인해봅시다.

```
data['max_power'].head() # max_power 변수 확인
```

```
0         74
1     103.52
2         78
3         90
4       88.2
Name: max_power, dtype: object
```

언뜻 보기에 잘 변환된 것으로 보입니다. 그러나 숫자형 변수로 변환하려고 아래 코드를 실행하면 에러가 발생합니다.

```
data['max_power'] = data['max_power'].astype('float32') # 숫자형 변수로 변환
```

```
ValueError                              Traceback (most recent call last)
```

```
<ipython-input-587-cbd818a9f6ce> in <module>
----> 1 data['max_power'] = data['max_power'].astype('float32')

~\anaconda3\lib\site-packages\pandas\core\generic.py in astype(self, dtype, copy, errors)
   5875         else:
   5876             # else, only a single dtype is given
-> 5877             new_data = self._mgr.astype(dtype=dtype, copy=copy, errors=errors)
   5878             return self._constructor(new_data).__finalize__(self, method="astype")
   5879

~\anaconda3\lib\site-packages\pandas\core\internals\managers.py in astype(self, dtype, copy, errors)
    629         self, dtype, copy: bool = False, errors: str = "raise"
    630     ) -> "BlockManager":
--> 631         return self.apply("astype", dtype=dtype, copy=copy, errors=errors)
    632
    633     def convert(

~\anaconda3\lib\site-packages\pandas\core\internals\managers.py in apply(self, f, align_keys, ignore_
failures, **kwargs)
    425                     applied = b.apply(f, **kwargs)
    426                 else:
--> 427                     applied = getattr(b, f)(**kwargs)
    428             except (TypeError, NotImplementedError):
    429                 if not ignore_failures:

~\anaconda3\lib\site-packages\pandas\core\internals\blocks.py in astype(self, dtype, copy, errors)
    671             vals1d = values.ravel()
    672             try:
--> 673                 values = astype_nansafe(vals1d, dtype, copy=True)
    674             except (ValueError, TypeError):
    675                 # e.g. astype_nansafe can fail on object-dtype of strings

~\anaconda3\lib\site-packages\pandas\core\dtypes\cast.py in astype_nansafe(arr, dtype, copy, skipna)
   1095     if copy or is_object_dtype(arr) or is_object_dtype(dtype):
   1096         # Explicit copy, or required since NumPy can't view from / to object.
-> 1097         return arr.astype(dtype, copy=True)
   1098
   1099     return arr.view(dtype)
```

ValueError: could not convert string to float: 'bhp' ❶

이런 에러 메시지를 만나게 되면, 가장 먼저 확인할 부분은 ❶ 가장 아랫줄입니다. ValueError입니다. 'bhp'라는 string을 float으로 바꿀 수 없다는 내용이군요. 진짜로 이런 데이터값이 있는지보겠습니다.

```
data[data['max_power'] == 'bhp'] # max_power 변수에 bhp라는 문자가 있는지 확인
```

	name	year	selling_price	km_driven	fuel	seller_type	transmission	owner	mileage	engine	max_power	torque	seats	max_power_unit
4933	Maruti Omni CNG	2000	80000	100000	CNG	Individual	Manual	Second Owner	10.9 km/kg	796	bhp	NaN	8.0	None

4933번째 라인에 bhp가 들어 있습니다. 이는 원래 데이터에 숫자 없이 bhp만 있어서 str. split()에서 빈 칸을 기준으로 분리할 때 분리되지 않은 채로 남은 겁니다. 지금은 단 한 건의 데이터이기 때문에 간단히 라인을 제거하거나 해당 값을 Null로 변환할 수 있습니다. 하지만 잘못된 데이터가 여러 건 있을 때를 대비하여 Try and Except 블록을 사용해 처리하겠습니다.

Try and Except 블록은 다음과 같이 별도의 함수 안에 넣어 활용할 수 있습니다.

```
def isFloat(value): # 함수 정의
  try: # ❶ 시도
    num = float(value) # 값을 숫자로 변환
    return num # 변환된 값 리턴
  except ValueError:    # ❷ try에서 ValueError가 난 경우
    return np.NaN       # np.NaN 리턴
```

Try and Except 구문의 기본 개념은 if절과 비슷합니다. ❶ try 블록 코드를 실행하고 ❷ 에러가 발생하면 except 블록 코드를 실행합니다. 여기에서 try 블록에는 간단하게 해당 값들을 숫자로 변환할 수 있도록 float() 함수를 사용했습니다. 에러가 발생했던 'bhp'는 숫자로 변환할 수 없으므로 except 블록으로 넘어갑니다. except 블록에는 발생되는 에러의 종류를 지정해야 하고, 지정된 에러가 발생했을 때만 블록 안의 코드가 실행됩니다. 우리는 위의 에러 메시지에서 이 에러가 ValueError에 해당하는 것을 확인했으므로 except ValueError:라고 지정하고 Null값을 반환하도록 np.NaN을 지정했습니다. 이제 isFloat() 함수를 다음과 같이 적용시키면 에러 없이 숫자 형태로 변환할 수 있습니다.

```
data['max_power'] = data['max_power'].apply(isFloat)
# isFloat 함수를 사용하여 숫자형 변수로 변환
```

max_power_unit도 확인하겠습니다.

```
data['max_power_unit'].unique() # 고윳값 확인

array(['bhp', nan, None], dtype=object)
```

'bhp' 이외에 Null값들이 있습니다. 적어도 다른 단위는 아니므로 따로 조치해줄 필요는 없습니다. 이 컬럼도 제거하겠습니다.

```
data.drop('max_power_unit', axis=1, inplace=True) # 변수 제거
```

9.3.3 mileage 변수 전처리하기

mileage 변수를 같은 방법으로 숫자와 문자로 분리하겠습니다.

```
data[['mileage','mileage_unit']] = data['mileage'].str.split(expand=True)
# 분할된 문자들을 새로운 변수들로 저장
```

숫자만 남은 mileage 변수를 숫자형 데이터로 변환합니다.

```
data['mileage'] = data['mileage'].astype('float32') # 숫자형 변수로 변환
```

단위를 확인하겠습니다.

```
data['mileage_unit'].unique() # 고윳값 확인
```

```
array(['kmpl', 'km/kg', nan], dtype=object)
```

'kmpl'과 'km/kg' 단위가 있군요. 단위가 다른 숫자를 동일한 컬럼의 값으로 활용하는 것은 적절하지 않기 때문에, 단위를 이해하고 숫자를 변환해야 합니다. kmpl은 km/l, 즉 리터당 킬로미터를 의미하고, km/kg는 킬로그램당 킬로미터를 뜻합니다. 여기서 킬로미터는 주행거리이고, 리터와 킬로그램은 연료에 대한 측정 단위입니다. 휘발유나 디젤은 리터 단위로 측정하지만 LGP나 CNG는 킬로그램 단위이기 때문에 이런 두 가지 단위가 나타난 겁니다. 두 단위의 근본적인 차이는 연료의 종류 때문입니다. fuel는 연료를 명시한 컬럼입니다. fuel 컬럼을 활용해 해결해봅시다. 같은 kmpl이라고 해도 휘발유인지 디젤인지도 구분해야 하기 때문에 fuel을 이용하는 방법이 더 적절합니다.

fuel에 어떤 종류의 연료들이 있는지 확인하겠습니다.

```
data['fuel'].unique() # 고윳값 확인
```

```
array(['Diesel', 'Petrol', 'LPG', 'CNG'], dtype=object)
```

연료 종류는 4가지입니다. 다른 종류의 연료로 주행거리를 비교하려면 같은 기준을 세워야 합니다. 연료의 가격을 활용하는 방법은 어떤가요? 즉 1달러당 몇 km를 주행할 수 있는지를 본다면 연료의 종류와 상관없이 동등한 비교가 될 겁니다.

구글에서 각 연료에 대한 동일 시점의 가격을 검색하여 다음과 같은 정보를 얻었습니다.

- **Petrol** : 리터당 $80.43
- **Diesel** : 리터당 $73.56
- **LPG** : 킬로그램당 $40.85
- **CNG** : 킬로그램당 $44.23

mileage 변수를 각 연료별 가격으로 나누면 1달러당 주행거리가 됩니다. 다음과 같은 함수를 만들어주겠습니다.

```
def mile(x): # 함수 정의
    if x['fuel'] == 'Petrol':        # fuel이 Petrol이면
        return x['mileage'] / 80.43  # mileage를 80.43으로 나눔
    elif x['fuel'] == 'Diesel':      # fuel이 Diesel이면
        return x['mileage'] / 73.56  # mileage를 73.56으로 나눔
    elif x['fuel'] == 'LPG':         # fuel이 LPG이면
        return x['mileage'] / 40.85  # mileage를 40.85로 나눔
    else: # 그 밖에는
        return x['mileage'] / 44.23  # mileage를 44.23으로 나눔
```

이 함수에서는 fuel과 mileage 두 변수를 사용합니다. 그래서 함수를 호출할 때 입력값 x는 data 전체이어야 합니다.

data에 함수를 적용해줍니다.

```
data['mileage'] = data.apply(mile, axis=1) # mile 함수로 마일리지 수정
```

apply()를 이용하여 함수를 적용할 때, 데이터 전체가 입력되는 상황에서는 axis 매개변수를 1

로 지정해야 합니다. 그렇지 않으면 함수 내의 컬럼명을 컬럼에서 찾지 않고 인덱스에서 찾습니다 (drop() 함수를 사용할 때 axis 매개변수를 사용하는 것과 같은 원리입니다).

이제 milage_unit 컬럼은 필요가 없으므로 제거합니다.

```
data.drop('mileage_unit',axis=1,inplace=True) # 변수 제거
```

9.3.4 torque 변수 전처리하기

마지막으로 torque 변수 분할해줍시다. 과정은 다음과 같이 2단계입니다. ❶ 단위 앞부분 숫자만 추출해 숫자형으로 바꾼 후, ❷ Nm 단위로 스케일링합니다.

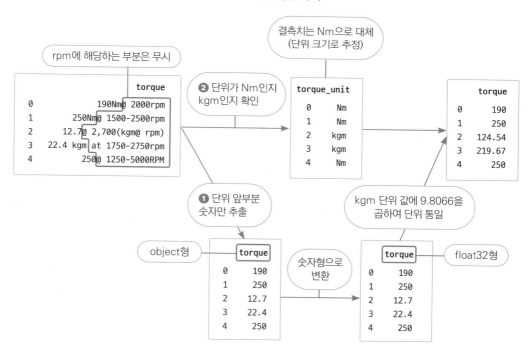

head()를 사용하여 다시 한번 어떤 데이터가 들어 있는지 확인해봅시다.

```
data['torque'].head() # torque 변수 5줄 확인
```

```
0              190Nm@ 2000rpm
1         250Nm@ 1500-2500rpm
```

```
2          12.7@ 2,700(kgm@ rpm)
3      22.4 kgm at 1750-2750rpm
4          11.5@ 4,500(kgm@ rpm)
Name: torque, dtype: object
```

@ 단위는 공통적으로 rpm이 있고, 그 앞에 Nm 혹은 kgm이 있습니다. rpm의 경우 어떤 데이터는 특정값(예 : 2000rpm)이고, 어떤 데이터는 범위(예 : 1500-2500rpm)로 들어 있기 때문에 여기서는 rpm은 제외하고 nm과 kgm 부분만 다루어보겠습니다.

이 변수는 수많은 숫자와 문자가 다양한 규칙으로 배열되어 있기 때문에 이전 방법으로는 숫자와 문자를 구분할 수 없습니다. 여러 방법이 있겠으나, string을 다루는 방법으로 처리해보겠습니다.

우선 대소문자가 섞인 형태이므로 str.upper( ) 함수로 모두 대문자로 변환해주겠습니다(소문자로 바꾸려면 upper 대신 lower( )를 쓰세요).

```
data['torque'] = data['torque'].str.upper() # torque 변수 대문자로 변환
```

그리고 단위를 따로 빼내는 작업을 하겠습니다. 이를 위해 해당 값 안에 NM 혹은 KGM이 있는지를 판별하여 해당 단위를 반환하는 함수를 만들겠습니다.

in으로 문자열에서 특정 문자가 있는지 판단하는 방법

```
'ex' in 'example' # example에 ex가 있는지 확인
```

```
True
```

```
'abc' in 'example' # example에 abc가 있는지 확인
```

```
False
```

'ex'는 'example' 안에 포함되어 있으므로 True, 'abc'는 'example' 안에 포함되지 않으므로 False가 출력됩니다.

in을 사용해 함수를 만들어봅시다.

```
def torque_unit(x):              # 함수 정의
    if 'NM' in str(x):           # x에 NM이 있으면
        return 'Nm'              # Nm을 리턴
    elif 'KGM' in str(x):        # x에 KGM이 있으면
        return 'kgm'             # kgm을 리턴
```

위 함수를 torque 변수에 적용시키고, 결과물을 torque_unit이라는 이름의 새로운 컬럼으로 저장하겠습니다.

```
data['torque_unit'] = data['torque'].apply(torque_unit)
# torque 변수를 torque_unit 함수에 적용하여 torque_unit이라는 변수로 저장
```

torque_unit에 단위값이 잘 들어갔는지 확인해봅시다.

```
data['torque_unit'].unique() # torque_unit 고윳값 확인
```

```
array(['Nm', 'kgm', None], dtype=object)
```

Nm과 kgm이 잘 들어 있고, Null값(None)들도 존재합니다. 데이터 자체가 아예 없어서 Null일 수도 있지만, Nm이나 kgm에 해당하지 않는 단위여서 Null일 수도 있으니 확인해볼 필요가 있습니다. 우선 isna()로 torque_unit 컬럼이 Null인 부분을 필터링하여, torque 변수의 unique()를 체크하겠습니다.

```
data['torque_unit'].isna() # ❶
data[data['torque_unit'].isna()] # ❷
data[data['torque_unit'].isna()]['torque'].unique() # ❸
```

❶ torque_unit이 Null값인지 확인합니다. ❷ 얻은 결과를 data[ ] 안에 넣어 필터링합니다. ❸ 필터링된 데이터에서 torque의 unique값을 확인합니다. 즉, 다음과 같이 한 줄로도 쓸 수도 있습니다.

```
# torque_unit이 결측치인 라인의 torque 변수 고윳값 확인
data[data['torque_unit'].isna()]['torque'].unique()
```

```
array(['NAN', '250@ 1250-5000RPM', '510@ 1600-2400', '110(11.2)@ 4800',
       '210 / 1900'], dtype=object)
```

결과물을 보니 Nm도 kgm도 없는 데이터와 NAN으로 입력된 데이터값이 있습니다. 우선 Nm 도 kgm도 써있지 않은 데이터가 Nm이나 kgm 중 하나에 속한다는 전제하에 추론해봅시다. 다른 데이터를 보면 Nm은 보통 100, 200 등 백 단위이고, kgm은 10, 20 등 십 단위 숫자입니다. 숫자 크기를 고려하면 모두 Nm에 해당한다고 추론할 수 있습니다. 그럼 torque_unit의 빈 값을 모두 Nm으로 채우겠습니다.

```
data['torque_unit'].fillna('Nm', inplace= True) # 결측치를 Nm으로 대체
```

이제 torque 변수에서 맨 앞 숫자 부분을 빼내야 합니다. for문을 사용하여 각 string의 맨 앞자리부터 하나씩 체크하여, 숫자가 아닌 부분이 나왔을 때 해당 부분의 위치를 가지고 인덱싱으로 잘라내겠습니다. 여기서는 숫자뿐만 아니라 소수점도 고려하여 마침표까지 확인해야 합니다.

예를 들어 다음과 같은 문자열이 있다고 합니다.

```
string_example = '12.7@ 2,700(KGM@ RPM)' # 예제 스트링 정의
```

문자열을 살펴보면 점과 숫자가 아닌 곳은 4번째 텍스트입니다.

- 0번째 텍스트 : '1'
- 1번째 텍스트 : '2'
- 2번째 텍스트 : '.'
- 3번째 텍스트 : '7'
- 4번째 텍스트 : '@'

4번째 위치에서 숫자도 마침표도 아닌 @이 나옵니다. 4번째 위치이므로 4라는 숫자로 인덱싱을 해 자르면 원하는 숫자(12.7)가 나올 것 같습니다.

```
string_example[:4] # 4번째 자리 전까지 인덱싱
```

```
'12.7'
```

원하는 결과가 나왔습니다. 이렇게 숫자만 빼오는 함수를 만들어봅시다. 이것을 for문으로 쉽게 구현하려면 enumerate() 함수를 함께 써야 합니다.

enumerate( )는 for문에서 하나의 데이터를 불러올 때마다 몇 번째 호출값인지 숫자를 함께 제공합니다. 그래서 기존 반환값을 받는 변수가 두 개(i, j)입니다. i는 0부터 시작하여 for문이 끝날 때까지 반복되는 숫자만큼 올라가며, j는 해당 위치의 값을 보여줍니다.

```
for i, j in enumerate(string_example):
    print(i,'번째 텍스트: ', j)

0 번째 텍스트:  1
1 번째 텍스트:  2
2 번째 텍스트:  .
3 번째 텍스트:  7
4 번째 텍스트:  @
5 번째 텍스트:  
6 번째 텍스트:  2
7 번째 텍스트:  ,
8 번째 텍스트:  7
9 번째 텍스트:  0
10 번째 텍스트:  0
11 번째 텍스트:  (
12 번째 텍스트:  K
13 번째 텍스트:  G
14 번째 텍스트:  M
15 번째 텍스트:  @
16 번째 텍스트:  
17 번째 텍스트:  R
18 번째 텍스트:  P
19 번째 텍스트:  M
20 번째 텍스트:  )
```

enumerate( ) 함수를 사용해 각 값이 숫자 혹은 마침표에 속하는지 판별해 숫자 혹은 마침표가 아닌 것 중 가장 첫 번째로 나타나는 자리를 찾아내겠습니다.

```
for i,j in enumerate(string_example): # 인덱스(순서)를 포함한 순회
    if j not in '0123456789.': # ❶ 만약 j가 0123456789.에 포함되지 않으면
        cut = i  # 인덱스(순서)를 cut에 저장
        break    # 순회 중지
```

❶ j로 불러온 문자가 '0123456789.'에 없는지 not in을 사용해 확인합니다. '0123456789.' 중 하나에 해당하지 않으면 해당 순번인 숫자 i를 cut에 저장한 뒤 break를 만나 for문을 종료합니다(break를 사용하지 않으면 for문이 계속 돌아가면서 cut을 새로운 i값으로 업데이트해버리기 때문에 숫자도 마침표도 아닌 것 중 가장 마지막 자리의 인덱스를 가지게 됩니다). 위의 코드를 실행한 결과 cut에는 4번째 텍스트를 지칭하는 4가 저장됩니다.

위 코드를 함수로 만들겠습니다.

```
def split_num(x): # 함수 정의
    x = str(x)   # ❶ 문자 형태로 변환
    for i,j in enumerate(x): # 인덱스를 포함한 순회
        if j not in '0123456789.': # j가 0123456789.에 속하지 않으면
            cut = i # 인덱스를 cut에 저장
            break   # 순회 중지
    return x[:cut]  # ❷ cut 이전 자리까지 인덱싱하여 리턴
```

❶ 입력값 x가 확실히 string이 되도록 x = str(x)로 지정합니다. 함수를 적용하기 위해 apply( )를 썼을 때, 만약 특정값이 숫자로만 구성되어 있다면 함수 내에서 string이 아닌 float이나 int형으로 인식하게 되고, for문에서 에러가 발생하기 때문에 미리 조치를 해둔 겁니다.

❷ 반환값은 cut을 사용하여 주어진 스트링을 인덱싱해야 합니다. x[:cut]도 x가 string이 아니라 float 혹은 int 타입이라면 인덱싱이 불가능하므로, 위에 언급한 string으로의 변환 과정이 꼭 필요합니다.

위 함수를 torque 변수에 적용시키고, 결괏값을 torque 변수에 업데이트하겠습니다.

```
data['torque'] = data['torque'].apply(split_num)
# torque 변수를 split_num 함수에 적용
```

데이터가 잘 변환되었는지 확인해봅시다.

```
data['torque'] # torque 변수 확인
```

0	190
1	250
2	12.7

```
   3            22.4
   4            11.5

                ...

8123          113.7
8124           24
8125          190
8126          140
8127          140
Name: torque, Length: 8128, dtype: object
```

원하는 대로 잘 변환되었습니다. 이제 단위를 맞추어 변환하기 전에, 해당 값을 float형으로 변환해줍니다.

```
data['torque'] = data['torque'].astype('float64') # 숫자 형태로 변환
```

```
ValueError                              Traceback (most recent call last)
<ipython-input-45-99a6d6768f59> in <module>
----> 1 data['torque'] = data['torque'].astype('float64')

~\anaconda3\lib\site-packages\pandas\core\generic.py in astype(self, dtype, copy, errors)
   5875            else:
   5876                # else, only a single dtype is given
-> 5877                new_data = self._mgr.astype(dtype=dtype, copy=copy, errors=errors)
   5878                return self._constructor(new_data).__finalize__(self, method="astype")
   5879

... 중략 ...

~\anaconda3\lib\site-packages\pandas\core\dtypes\cast.py in astype_nansafe(arr, dtype,
copy, skipna)
   1095        if copy or is_object_dtype(arr) or is_object_dtype(dtype):
   1096            # Explicit copy, or required since NumPy can't view from / to object.
-> 1097            return arr.astype(dtype, copy=True)
   1098
   1099        return arr.view(dtype)

ValueError: could not convert string to float: ''
```

이번에도 아까와 비슷한 에러가 발생했습니다. string을 float으로 변경할 수 없다는 것인데, 비어 있는 string값 ''이 있는 것 같습니다. 앞서처럼 try and except 블록을 이용할 수도 있지만, 여기서는 간단히 Null로 대체한 뒤 진행하겠습니다. Numpy를 이용한 np.NaN으로 지정해주

면 됩니다.

```
data['torque'] = data['torque'].replace('', np.NaN) # ''를 결측치로 대체
```

그럼 float으로 변환하는 코드를 다시 실행하겠습니다.

```
data['torque'] = data['torque'].astype('float64') # 숫자 형태로 변환
```

에러 없이 수행이 완료되었으면 head( )를 실행해 확인하겠습니다.

```
data['torque'].head() # torque 변수 5줄 확인
```

```
0    190.0
1    250.0
2     12.7
3     22.4
4     11.5
Name: torque, dtype: float64
```

이제 단위에 따른 차이를 맞춰주는 변환을 해야 합니다. Nm과 kgm은 중력과 관련된 것으로 kgm x 9.8066 = Nm입니다. 이를 활용하여 kgm일 때는 9.80660을 곱한 값을 반환하고 kgm 이 아니면, 즉 Nm이면 그대로 반환하여 모든 값을 Nm으로 변환하는 함수를 만들겠습니다. 이번 에도 함수 내에 두 변수가 사용되기 때문에, 입력은 데이터프레임 전체를 받는 x로 전제하고 만들 겠습니다.

```
def torque_trans(x): # 함수 정의
    if x['torque_unit'] == 'kgm':      # torque_unit이 kgm이면
        return x['torque'] * 9.8066    # torque 변수에 9.8066을 곱하여 리턴
    else: # 아닐 경우
        return x['torque'] # torque 변수 그냥 리턴
```

데이터프레임 전체가 입력이기 때문에 apply( )로 적용할 때 이번에도 axis 매개변수를 꼭 넣어 줍니다.

```
# torque 변수에 torque_trans 함수 적용
```

```
data['torque'] = data.apply(torque_trans, axis=1)
```

변환이 완료되었으면 torque_unit은 더는 필요하지 않으므로 삭제하겠습니다.

```
data.drop('torque_unit', axis=1, inplace=True) # 변수 제거
```

이제 문자와 숫자가 혼재된 변수들의 정리가 끝났습니다. data.head()를 통해 변환된 모습을 살펴보겠습니다.

```
data.head() # 상위 5줄 확인
```

	name	year	selling_price	km_driven	fuel	seller_type	transmission	owner	mileage	engine	max_power	torque	seats	max_power_unit
0	Maruti Swift Dzire VDI	2014	450000	145500	Diesel	Individual	Manual	First Owner	0.318108	1248	74	190	5.0	None
1	Skoda Rapid 1.5 TDI Ambition	2014	370000	120000	Diesel	Individual	Manual	Second Owner	0.287384	1498	103.52	250	5.0	
2	Honda City 2017-2020 EXi	2006	158000	140000	Petrol	Individual	Manual	Third Owner	0.220067	1497	78	124.54382	5.0	
3	Hyundai i20 Sportz Diesel	2010	225000	127000	Diesel	Individual	Manual	First Owner	0.31267	1396	90	219.66784	5.0	
4	Maruti Swift VXI BSIII	2007	130000	120000	Petrol	Individual	Manual	First Owner	0.200174	1298	88.2	112.7759	5.0	

9.3.5 name 변수 전처리하기

이번에는 name 변수를 다뤄보겠습니다. 자동차의 브랜드/모델명이 기입된 변수입니다. 수많은 자동차 모델을 다 담아내면 좋겠지만, 그렇게 되면 더미 변수를 만들었을 때 수많은 컬럼이 추가되므로 좋지 않습니다. 꼭 필요하다면 수많은 컬럼이 생기더라도 유지하는 것이 좋습니다만, 어떤 모델 이름이냐보다는 그 모델이 가지고 있는 자동차의 특성, 즉 engine, max_power, torque 등이 더 중요하다고 볼 수 있습니다. 다만 여기에서 한 가지 가지고 가야 할 것은 브랜드입니다. 동일 스펙의 자동차라도 비싼 브랜드의 경우 가격이 더 비쌀 수밖에 없으므로, 모델명을 버리더라도 브랜드명은 꼭 가져가는 것이 좋겠습니다. 그럼 name 변수에서 브랜드명만 따로 분리하겠습

니다. head( )에서 보이는 값들을 보면 브랜드명은 맨 앞에 위치해 있고 띄어쓰기로 모델명과 구분되어 있으므로 str.split( )으로 쉽게 분리할 수 있습니다. 다만, 모델명에 수많은 띄어쓰기가 있으므로 이를 모두 컬럼으로 만들면 불필요한 수많은 컬럼이 나타납니다. 불필요한 컬럼은 따로 저장할 필요가 없으므로 가장 첫 컬럼인 [0]만 인덱싱하여 브랜드 이름을 name 변수에 그대로 덮어쓰기 해주겠습니다.

```
data['name'] = data['name'].str.split(expand=True)[0]
# name 변수를 공백으로 나누고 첫 번째 부분으로 업데이트
```

혹시 브랜드 이름이 아닌 다른 값들이 잘못 분리되어 있을지 모르니, unique( )를 호출해 브랜드 이름만 들어 있는지 확인해봅시다.

```
data['name'].unique() # 고윳값 확인
```

```
array(['Maruti', 'Skoda', 'Honda', 'Hyundai', 'Toyota', 'Ford', 'Renault',
       'Mahindra', 'Tata', 'Chevrolet', 'Fiat', 'Datsun', 'Jeep',
       'Mercedes-Benz', 'Mitsubishi', 'Audi', 'Volkswagen', 'BMW',
       'Nissan', 'Lexus', 'Jaguar', 'Land', 'MG', 'Volvo', 'Daewoo',
       'Kia', 'Force', 'Ambassador', 'Ashok', 'Isuzu', 'Opel', 'Peugeot'],
      dtype=object)
```

띄어쓰기로 인하여 Land Rover가 Land로만 저장된 것 이외에 모두 제대로 된 브랜드 이름입니다. Land라는 이름으로 저장됐다고 해도 모델링에는 영향이 없으나, 연습삼아 해당 이름을 Land Rover로 변경해주고 넘어가겠습니다. replace( ) 함수를 이용하면 간단히 변경할 수 있으며, 첫째 매개변수는 변경 대상, 두 번째 매개변수는 변경하려는 값을 넣어주면 됩니다.

```
data['name'] = data['name'].replace('Land', 'Land Rover')
# Land를 Land Rover로 대체
```

나머지 텍스트 데이터는 더미 변수로 변환하면 되는데, 이는 결측치를 처리한 후에 진행하겠습니다.

9.4 전처리 : 결측치 처리와 더미 변수 변환

어떤 변수에 얼마만큼의 결측치가 있는지 살펴봅시다.

```
data.isna().mean() # 변수별 결측치의 평균 확인

name            0.000000
year            0.000000
selling_price   0.000000
km_driven       0.000000
fuel            0.000000
seller_type     0.000000
transmission    0.000000
owner           0.000000
mileage         0.027190
engine          0.027190         결측치가 있는 항목
max_power       0.026575
torque          0.027313
seats           0.027190
dtype: float64
```

mileage부터 그 아래로 모두 결측치가 있고, 약 2~3% 정도의 수준입니다. mileage, engine, seats의 경우 결측치 비율이 동일한 것으로 보아 특정 행에서 mileage 이하 컬럼이 전혀 수집되지 않은 것으로 보입니다. 모두 자동차의 스펙과 관련된 변수들인데, 수집되지 않았다면 예측하는데 큰 문제가 있을 수 있습니다. 스펙 관련된 모든 값을 평균값으로 치환할 경우 오히려 노이즈 역할 만할 가능성도 높습니다. 결측치의 비율 또한 약 2% 수준으로 높지 않기 때문에, 여기서는 과감하게 해당 행을 모두 제거하겠습니다.

```
data.dropna(inplace= True) # 결측치 행 제거
len(data) # 데이터 길이 확인

7906
```

만약 제거에 확신이 서지 않는 상황이라면, 제거하는 방법과 평균치로 치환하는 방법 모두를 사용해보시고 모델링 결과를 비교해보아도 좋습니다.

이제 결측치가 제거되었으므로 남은 텍스트 컬럼을 더미 변수로 변환하겠습니다. 대상이 되는 변수는 name, fuel, seller_type, transmission, owner입니다.

```python
data = pd.get_dummies(data, columns = ['name','fuel','seller_type',
        'transmission','owner'], drop_first=True) # 더미 변수로 변환
```

변환이 완료되었으면 head( )를 통해 최종 데이터셋을 확인해보시기 바랍니다.

```python
data.head() # 상위 5줄 확인
```

	year	selling_price	km_driven	mileage	engine	max_power	torque	seats	name_Ashok	name_Audi	...	fuel_Diesel	fuel_LPG	fuel_Petrol	seller_type_Individual	seller_type_Trustmark Dealer	transmission_Manual	owner_Fourth & Above Owner
0	2014	450000	145500	0.318108	1248	74	190	5	0	0	...	1	0.0	0	1	0	1	0
1	2014	370000	120000	0.287384	1498	103.52	250	5	0	0	...	1	0.0	0	1	0	1	0
2	2006	158000	140000	0.220067	1497	78	124.54382	5	0	0	...	0	0.0	1	1	0	1	0
3	2010	225000	127000	0.312670	1396	90	219.66784	5	0	0	...	1	0.0	0	1	0	1	0
4	2007	130000	120000	0.200174	1298	88.2	112.7759	5	0	0	...	0	0.0	1	1	0	1	0

9.5 모델링 및 평가하기

우선 훈련셋과 시험셋을 나누어주도록 합시다.

```python
from sklearn.model_selection import train_test_split # 임포트
X_train, X_test, y_train, y_test = train_test_split(data.drop('selling_price',
 axis=1), data['selling_price'], test_size=0.2, random_state=100)
# 훈련셋/시험셋 분리
```

랜덤 포레스트 모델은 사이킷런에서 ensemble 패키지 안에 속해 있습니다. 결정 트리와 마찬가지로 RandomForestRegressor와 RandomForestClassifier를 제공하는데, 이번 데이터는 연속형 변수가 타깃이므로 RandomForestRegressor를 사용하겠습니다.

```python
from sklearn.ensemble import RandomForestRegressor # 임포트
```

모델링 및 예측 방법은 기존 다른 모델과 같습니다.

```python
model = RandomForestRegressor(random_state=100) # ❶ 모델 객체 생성
```

```
model.fit(X_train, y_train) # ❷ 학습
train_pred = model.predict(X_train) # 훈련셋 예측
test_pred = model.predict(X_test) # 시험셋 예측
```

❶ 랜덤 포레스트는 매번 다른 방식으로 나무들을 생성하므로 random_state를 지정하는 것이 좋습니다. ❷ 훈련셋으로 학습한 후, ❸ 훈련셋과 시험셋에 대한 예측값 두 가지를 모두 구해봅시다.

종속변수가 연속형 데이터이니, 실젯값과 예측값의 차이를 합하는 RMSE를 사용해 평가하겠습니다.

```
from sklearn.metrics import mean_squared_error # 임포트
print("train_rmse:", mean_squared_error(y_train, train_pred) ** 0.5,
"test_rmse:", mean_squared_error(y_test, test_pred) ** 0.5) # rmse 확인
```

```
train_rmse: 53531.41548125947 test_rmse: 131855.18391308116
```

9.6 이해하기 : K-폴드 교차검증

교차검증cross validation의 목적은 모델의 예측력을 더 안정적으로 평가하기 위함입니다(교차타당성이라고도 합니다). 새로운 데이터를 얼마나 잘 예측하는지 확인하고자 훈련셋과 시험셋을 나누어서 평가했고, 이러한 데이터 분할은 랜덤 샘

> **교차검증**
> 다양한 훈련셋/시험셋을 통하여 모델에 더 신뢰할 수 있는 평가를 하는 방법

플링으로 이루어졌기 때문에 어느 정도 안정적인 보장을 받습니다. 하지만 랜덤 샘플링으로 나누어졌더라도, 그에 따라 발생하는 우연에 의한 오차들이 예측력을 평가하는 데 작은 노이즈로 존재하는 것도 사실입니다. 여러분이 train_test_split( )에서 random_state 매개변수에 10개의 다양한 숫자를 넣어보면 매번 훈련셋의 평갓값(RMSE, accuracy score 등)이 계속 변하는 것을 볼 수 있을 겁니다. 이러한 작은 오차들까지 고려하여 평가하는 방법이 바로 교차검증입니다.

K-폴드 교차검증K-fold Cross-Validation의 아이디어는 간단합니다. 데이터를 특정 개수(K개)로 쪼개어서 그중 하나씩을 선택하여 시험셋으로 사용하되, 이 과정을 K번만큼 반복하는

> **Note** K-폴드 교차검증을 K-겹 교차검증이라고도 불러요.

겁니다. 예를 들어 데이터를 5개로 나누었다면, 다음 예시의 그림과 같습니다.

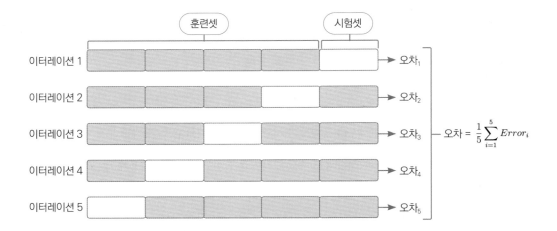

훈련셋   시험셋

이터레이션 1   오차$_1$

이터레이션 2   오차$_2$

이터레이션 3   오차$_3$ 오차 $= \frac{1}{5}\sum_{i=1}^{5} Error_i$

이터레이션 4   오차$_4$

이터레이션 5   오차$_5$

각 이터레이션(반복)은 모델링을 수행하는 단위입니다. 이터레이션 1에서는 맨 마지막 데이터 조 각(흰색)이 시험셋으로 사용되고 나머지(노란색)가 훈련셋으로 사용되어 모델링 및 평가가 이뤄 집니다. 여기서 얻어진 평갓값이 오차$_1$입니다. 다음 이터레이션 2에서는 네 번째 데이터 조각이 시험셋, 나머지가 훈련셋이며, 여기서 모델링 및 평가가 이뤄진 결과는 오차$_2$입니다. 5개의 데이 터로 분류했으므로 총 5개의 시험셋을 만들어 모델링 및 평가 과정을 5번 반복할 수 있습니다. 이 렇게 얻어진 평갓값(오차) 총 5개를 평균 내어 최종 평갓값(RMSE)을 도출합니다.

이 과정을 직접 코딩할 수도 있지만, 이미 사이킷런에서 패키지(KFold)로 제공합니다. KFold 패 키지는 사이킷런 라이브러리의 model_selection에서 제공합니다.

```
from sklearn.model_selection import KFold # 임포트
```

KFold를 사용하기에 앞서, 우리가 가진 데이터의 인덱스를 한 번 정리해줄 필요가 있습니다. data를 호출하여 현재 데이터의 인덱스를 살펴봅시다.

```
data # data 확인
```

	year	sel ling_ price	km_ driven	mileage	eng ine	max_ power	torque	seats	name_ Ashok	name_ Audi	...	fuel_ Diesel	fuel_ LPG	fuel_ Petrol	seller_ type_ Indiv idual	seller_ type_ Trustmark Dealer	transmi ssion _Manual	owner_ Fourth & Above Owner	owner_ Second Owner	owner_ Test Drive Car	owner_ Third Owner
0	2014	450000	145500	0.318108	1248	74	190	5	0	0	...	1	0.0	0	1	0	1	0	0	0	0
1	2014	370000	120000	0.287384	1498	103.52	250	5	0	0	...	1	0.0	0	1	0	1	0	1	0	0
2	2006	158000	140000	0.220067	1497	78	124.54382	5	0	0	...	0	0.0	1	1	0	1	0	0	0	1
3	2010	225000	127000	0.312670	1396	90	219.66784	5	0	0	...	1	0.0	0	1	0	1	0	0	0	0
4	2007	130000	120000	0.200174	1298	88.2	112.7759	5	0	0	...	0	0.0	1	1	0	1	0	0	0	0
...	...	...	...	...	...	...	...	...	...	...	...	...	...	...	...	...	...	...	...	...	...
7901	2013	320000	110000	0.230014	1197	82.85	113.7	5	0	0	...	0	0	1	1	0	1	0	0	0	0
7902	2007	135000	119000	0.228385	1493	110	235.3584	5	0	0	...	1	0	0	1	0	1	1	0	0	0
7903	2009	382000	120000	0.262371	1248	73.9	190	5	0	0	...	1	0	0	1	0	1	0	0	0	0
7904	2013	290000	25000	0.320419	1396	70	140	5	0	0	...	1	0	0	1	0	1	0	0	0	0
7905	2013	290000	25000	0.320419	1396	70	140	5	0	0	...	1	0	0	1	0	1	0	0	0	0

7906 rows × 48 columns

❶ 왼쪽 인덱스를 보면 0부터 8127까지 있지만, ❷ 실제로는 7906줄입니다. 이는 우리가 중간에 dropna( )를 사용하여 약 2% 정도 되는 줄을 제거했기 때문입니다. KFold는 이 인덱스 값을 이용하여 데이터를 분할하는데, 이와 같이 중간에 빈 값이 존재하면 에러가 발생하므로, reset_index( )를 사용하여 인덱스를 정리해주겠습니다.

```
data.reset_index(drop=True, inplace=True) # 인덱스를 변수로 가져옴
```

❶ drop 매개변수를 사용하지 않으면 기존 인덱스가 새로운 컬럼 형태로 추가되기 때문에 drop=True를 꼭 입력해줍니다.

다시 data를 호출하겠습니다.

```
data # data 확인
```

	year	sel ling_ price	km_ driven	mileage	eng ine	max_ power	torque	seats	name_ Ashok	name_ Audi	...	fuel_ Diesel	fuel_ LPG	fuel_ Petrol	seller_ type_ Indiv idual	seller_ type_ Trustmark Dealer	transmi ssion _Manual	owner_ Fourth & Above Owner	owner_ Second Owner	owner_ Test Drive Car	owner_ Third Owner
0	2014	450000	145500	0.318108	1248	74	190	5	0	0	...	1	0.0	0	1	0	1	0	0	0	0
1	2014	370000	120000	0.287384	1498	103.52	250	5	0	0	...	1	0.0	0	1	0	1	0	1	0	0
2	2006	158000	140000	0.220067	1497	78	124.54382	5	0	0	...	0	0.0	1	1	0	1	0	0	0	1
3	2010	225000	127000	0.312670	1396	90	219.66784	5	0	0	...	1	0.0	0	1	0	1	0	0	0	0
4	2007	130000	120000	0.200174	1298	88.2	112.7759	5	0	0	...	0	0.0	1	1	0	1	0	0	0	0
...	...	...	...	...	...	...	...	...	...	...	...	...	...	...	...	...	...	...	...	...	...
7901	2013	320000	110000	0.230014	1197	82.85	113.7	5	0	0	...	0	0	1	1	0	1	0	0	0	0
7902	2007	135000	119000	0.228385	1493	110	235.3584	5	0	0	...	1	0	0	1	0	1	1	0	0	0
7903	2009	382000	120000	0.262371	1248	73.9	190	5	0	0	...	1	0	0	1	0	1	0	0	0	0
7904	2013	290000	25000	0.320419	1396	70	140	5	0	0	...	1	0	0	1	0	1	0	0	0	0
7905	2013	290000	25000	0.320419	1396	70	140	5	0	0	...	1	0	0	1	0	1	0	0	0	0

7906 rows × 48 columns

이제 ❶ 마지막 줄의 인덱스가 7905로 빈 값이 없게 배열되었습니다. 다음은 KFold( )에서 몇 개의 데이터로 분할할지 지정해주고 그 속성을 kf라는 이름으로 저장합니다. 여기서는 5개로 분할해보겠습니다.

```
kf = KFold(n_splits=5) # KFold 객체 생성
```

그리고 독립변수와 종속변수를 각각 X와 y에 할당해줍니다.

```
X = data.drop('selling_price', axis=1) # 종속변수 제거하여 X에 저장
y = data['selling_price'] # 종속변수를 y에 저장
```

kf에 내재되어 있는 split( ) 함수로 데이터인 X를 분할하고, 이 결괏값을 출력하겠습니다.

```
for i, j in kf.split(X): # 순회
    print(i, j) # i,j 출력

[1582 1583 1584 ... 7903 7904 7905] [   0    1    2 ... 1579 1580 1581]
[   0    1    2 ... 7903 7904 7905] [1582 1583 1584 ... 3160 3161 3162]
[   0    1    2 ... 7903 7904 7905] [3163 3164 3165 ... 4741 4742 4743]
[   0    1    2 ... 7903 7904 7905] [4744 4745 4746 ... 6322 6323 6324]
[   0    1    2 ... 6322 6323 6324] [6325 6326 6327 ... 7903 7904 7905]
```

kf에는 이미 5개로 분할한다는 정보가 저장되어 있기 때문에, for문을 사용하면 총 5개의 다른 인덱스를 보여줍니다. 또한 분할을 하면 훈련셋과 시험셋으로 사용할 인덱스가 따로 나오기 때문에 i, j 두 값으로 받아줘야 합니다.

첫 번째 줄은 이터레이션 1에 사용될 인덱스이고 순서대로 이터레이션 5에 사용될 인덱스까지 준비되어 있습니다. 그리고 왼쪽 리스트는 훈련셋에 사용될 인덱스이며, 오른쪽의 리스트는 시험셋에 사용될 인덱스입니다.

이 값들을 준비한 X와 y에 loc을 사용하여 인덱싱해주겠습니다. 아래 코드에서는 직관적인 이해를 위하여 i, j 대신 train_index, test_index라는 이름으로 대체했습니다. 참고로 이 코드는 아직 완성된 코드가 아닌 일부이며, 실행해도 아무런 결괏값이 보여지지 않습니다.

```
for train_index , test_index in kf.split(X): # 순회
```

```
# ❶ X_trian, ❷ X_test 설정
X_train , X_test = X.loc[train_index],X.loc[test_index]
y_train , y_test = y[train_index] , y[test_index] # ❸ y_train, y_test 설정
```

❶ X를 loc로 인덱싱해 X_train에 저장합니다. 인덱싱 숫자는 train_index에서 가져왔습니다.

❷ X를 loc로 인덱싱해 X_test에 저장됩니다. 인덱싱 숫자는 test_index에서 가져옵니다.

❸ y는 시리즈 형태이므로 loc을 사용하지 않고 곧바로 인덱싱할 수 있습니다. y_train과 y_test 에 인덱싱한 결과를 저장합니다.

이렇게 X_train, X_test, y_train, y_test 값들을 각각 저장할 수 있으며, for문이 5번 반복되기 때문에 매번 다른 훈련셋과 시험셋이 설정됩니다. 이제 위의 코드에 덧붙여서 모델링과 평가를 위한 코드까지 추가하겠습니다.

이에 앞서, 최종적으로 train rmse와 test rmse 값들이 총 5개씩 결과물로 얻어지므로 이를 리스트 형태로 저장할 빈 리스트를 먼저 만들겠습니다.

```
train_rmse_total = [] # train rmse를 위한 빈 리스트 생성
test_rmse_total = []  # test rmse를 위한 빈 리스트 생성
```

그리고 for문 안에 훈련과 평가를 위한 코드도 추가합니다. 가장 마지막 부분에는 빈 리스트에 train rmse와 test rmse를 각각 추가할 수 있도록 append( )를 사용했습니다.

```
for train_index , test_index in kf.split(X): # 순회
    X_train , X_test = X.loc[train_index],X.loc[test_index]
    # X_train, X_test 정의
    y_train , y_test = y[train_index] , y[test_index] # y_train, y_test 정의

    model = RandomForestRegressor(random_state=100) # 모델 객체 생성
    model.fit(X_train,y_train) # 학습
    train_pred = model.predict(X_train) # 훈련셋 예측
    test_pred = model.predict(X_test)   # 시험셋 예측

    train_rmse = mean_squared_error(y_train, train_pred) ** 0.5
    # 훈련셋 rmse 계산
    test_rmse = mean_squared_error(y_test, test_pred) ** 0.5 # 시험셋 rmse 계산
```

```
    train_rmse_total.append(train_rmse)  # 리스트에 훈련셋 rmse 추가
    test_rmse_total.append(test_rmse)    # 리스트에 시험셋 rmse 추가
```

위 코드가 정상 실행됐다면 train_rmse_total에서 총 5개의 RMSE를 볼 수 있습니다.

```
train_rmse_total  # 리스트에 모아진 rmse 확인

[50825.5556350298,
 58854.04054344074,
 57904.19615940739,
 56218.23740006373,
 58967.150857632456]
```

최종 RMSE는 이것들의 평균이므로 평균값을 구해야 합니다. 리스트에서는 mean( ) 함수가 내재되어 있지 않으므로 다음과 같이 합과 나눗셈으로 평균값을 구해줍니다. 학습 RMSE(train rmse)와 평가 RMSE(test rmse)를 함께 출력하겠습니다.

```
print("train_rmse:", sum(train_rmse_total)/5, "test_rmse:",sum(test_rmse_total)/5)

train_rmse: 56553.836119114814 test_rmse: 142936.58918244042
```

교차검증을 사용하기 전과 약간의 차이가 보입니다. 전반적으로 RMSE가 더 올라간 모습인데, 교차검증을 사용한 결과가 조금 더 정확한 평가 결과입니다.

9.7 이해하기 : 랜덤 포레스트

랜덤 포레스트는 결정 트리의 집합체입니다. 결정 트리를 사용하면 오버피팅 문제가 쉽게 발생하는데, 랜덤 포레스트는 여러 트리를 활용하여 최종 모델을 만듭니다. 즉 다양한 트리의 의견을 반영하기 때문에 오버피팅 위험을 낮출 수 있습니다. 랜덤 포레스트가 여러 개의 트리를 만들 때는 데이터 전체를 사용하지 않고, 매번 다른 일부의 데이터를 사용하여 다른 트리를 만들어냅니다. 당연히 일부 데이터만 사용하면 전체 데이터를 사용한 결과보다 예측력이 떨어지겠지만, 예측력이 다소 떨어지는 수많은 트리들이 함께 모여 중윗값을 찾아내면 오버피팅을 막는 데 효율적입니다.

랜덤 포레스트가 일부 데이터를 취하는 기준은 크게 두 가지입니다. 첫 번째는 데이터의 행^{row} 기준으로 일부씩만 취하여 사용합니다. 예를 들어 1만 행의 데이터가 있다고 할 때, 1만 행 전체를 사용하는 게 아닌 약 2/3에 해당하는 데이터만을 사용합니다. 각 트리에서는 매번 다르게 추출된 2/3에 해당하는 데이터가 사용되어, 다른 결과의 트리가 만들어지는 겁니다.

두 번째는 열^{column}, 즉 변수 기준입니다. 각 트리에서는 주어진 모든 독립변수들을 사용하지 않고, 그중 일부의 변수들만을 매번 다르게 추출하여 각 트리를 만들어냅니다. 이런 방식이 가지는 장점은 특정 변수의 강력한 힘을 어느 정도 통제할 수 있다는 겁니다. 예를 들어 A라는 변수가 예측하는 데 매우 결정적인 역할을 한다면 트리 1000개를 만들더라도 최상위 노드에서의 분류 기준은 항상 A 변수가 될 겁니다. 즉 다른 트리 1000개를 만들어도 큰 차이가 없는 트리들이 나오는 겁니다. 하나의 변수에 너무 큰 무게가 실린 모델은 역시 오버피팅을 불러올 수 있으므로, 몇몇 트리에서 해당 변수를 제외해서 다른 변수들에도 더 무게가 실릴 수 있도록 해주면 오버피팅을 피하는 데 도움이 됩니다.

▼ 랜덤 포레스트 동작 방식

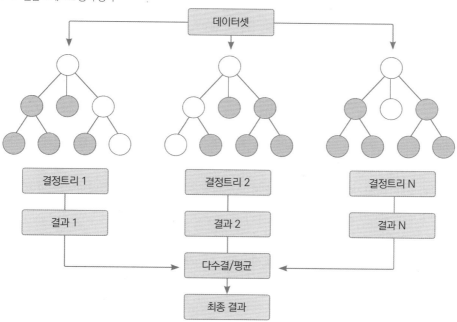

랜덤 포레스트의 최종 예측값은 각 트리의 예측값들을 기반으로 만들어집니다. 회귀 문제는 연속형 변수를 예측하기 때문에, 각 트리에서 만들어낸 예측값들의 평균값을 랜덤 포레스트의 최종 예

측값으로 사용합니다. 분류 문제는 각 트리에서 예측한 값들 중 최다 투푯값으로 랜덤 포레스트의 예측값이 결정됩니다. 예를 들어 0과 1을 분류하는 문제에서 총 1000개 트리 중 700개 트리가 1로 예측을 하고 300개 트리가 0으로 예측했다면, 가장 많은 투표를 받은 1이 랜덤 포레스트의 최종 예측값이 됩니다.

9.8 하이퍼파라미터 튜닝

랜덤 포레스트는 수많은 하이퍼파라미터를 가지고 있습니다. 여기서는 주로 사용될 주요 매개변수만 설명을 한 뒤 이를 활용하여 다시 모델링하겠습니다.

- **n_estimators** : 랜덤 포레스트를 구성하는 결정 트리의 개수입니다. 기본값은 100으로 설정되어 있습니다. 너무 많거나 적은 수를 입력하면 성능이 떨어지므로 적정 수준의 값을 찾아서 넣어야 합니다.
- **max_depth** : 결정 트리와 동일하게, 각 트리의 최대 깊이를 제한합니다. 숫자가 낮을수록 오버피팅을 피할 수 있으며, 또한 언더피팅의 위험도 올라갑니다.
- **min_samples_split** : 해당 노드를 나눌 것인지 말 것인지를 노드 데이터 수를 기준으로 판단합니다. 이 매개변수에 지정된 숫자보다 적은 수의 데이터가 노드에 있으면 더는 분류하지 않습니다. 숫자가 높을수록 분리되는 노드가 적어질 것이므로, 오버피팅을 피하는 방법이자 언더피팅의 위험도 있습니다. 기본값은 2입니다.
- **min_samples_leaf** : 분리된 노드의 데이터에 최소 몇 개의 데이터가 있어야 할지를 결정하는 매개변수입니다. 여기에 지정된 숫자보다 적은 수의 데이터가 분류된다면, 해당 분리는 이루어지지 않습니다. 마찬가지로 숫자가 클수록 오버피팅을 피할 수 있고, 언더피팅의 위험도는 높아집니다. 기본값은 1입니다.
- **n_jobs** : 병렬 처리에 사용되는 CPU 코어 수입니다. 많은 코어를 사용할수록 속도가 빨라지며, -1을 입력하면 지원하는 모든 코어를 사용합니다. 기본값은 None으로, 실제는 1개 코어를 사용합니다. 랜덤 포레스트의 속도가 다소 느린만큼 충분한 코어를 사용하는 게 좋습니다.

max_depth, min_sample_split, min_sample_leaf는 모두 비슷한 특성을 지닌 매개변수로 상호 연관되어 있습니다. 따라서 숫자를 적절하게 분배하지 않으면 의미없는 매개변수로 남을 수 있습니다. 예를 들어 max_depth를 너무 작게 가져가고 min_sample_split에도 작은 수를 넣었다면, min_sample_split에 해당하는 수의 노드가 등장하기 전에 트리의 분류가 끝나버려서 min_sample_split이 아무런 역할도 하지 못할 수도 있습니다.

아래는 하이퍼파라미터 튜닝의 예시입니다. n_estimators에 300, max_depth에 50, min_sample_split에 5, min_sample_leaf에 1(기본값)을 넣어주었습니다.

```python
train_rmse_total = [] # 훈련셋 rmse를 위한 빈 리스트 생성
test_rmse_total = []  # 시험셋 rmse를 위한 빈 리스트 생성

for train_index , test_index in kf.split(X): # 순회
    # X_train, X_test 정의
    X_train , X_test = X.iloc[train_index,:],X.iloc[test_index,:]
    y_train , y_test = y[train_index] , y[test_index] # y_train, y_test 정의
    # 하이퍼파라미터를 지정하여 모델 객체 생성
    model = RandomForestRegressor(n_estimators = 300, max_depth = 50, min_
    samples_split = 5, min_samples_leaf = 1, n_jobs=-1, random_state=100)
    model.fit(X_train,y_train) # 학습
    train_pred = model.predict(X_train) # 훈련셋 예측
    test_pred = model.predict(X_test)   # 시험셋 예측

    # 훈련셋 rmse 계산
    train_rmse = mean_squared_error(y_train, train_pred) ** 0.5
    test_rmse = mean_squared_error(y_test, test_pred) ** 0.5 # 시험셋 rmse 계산

    train_rmse_total.append(train_rmse) # 훈련셋 rmse를 리스트에 추가
    test_rmse_total.append(test_rmse)   # 시험셋 rmse를 리스트에 추가
```

train rmse와 test rmse를 확인하겠습니다.

```python
print("train_rmse:", sum(train_rmse_total)/5, "test_rmse:",sum(test_rmse_
total)/5) # 리스트에 모인 rmse의 평균값 계산
```

```
train_rmse: 66762.84568886801 test_rmse: 142205.83441414658
```

train rmse는 하이퍼파라미터 튜닝 전보다 다소 높아졌으나, test rmse는 조금 더 낮아졌습니다. 조금이나마 오버피팅이 줄어들으니 새로운 데이터를 예측하기에는 더 좋은 모델이라 할 수 있습니다.

하이퍼파라미터에 가장 적합한 숫자들의 조합을 찾는 것은 쉬운 일이 아닙니다. 여기에서는 임의의 숫자를 넣은 예시로 설명을 마치지만, 다음 장에서는 더 효율적으로 다양한 조합을 테스트해볼 수 있는 그리드 서치를 소개하겠습니다.

학습 마무리

중고차 판매 이력 데이터셋을 이용해 중고차 가격을 예측하는 모델을 만들어보았습니다. 이 과정을 되짚어보겠습니다.

되짚어보기

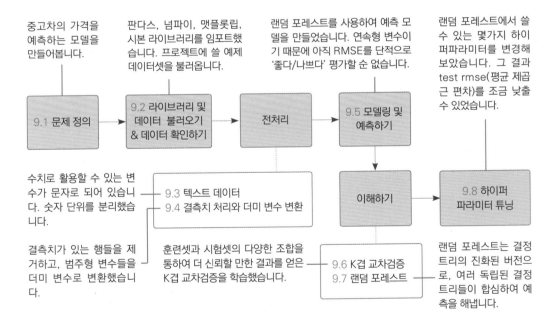

과제

자동차 데이터셋을 랜덤 포레스트로 학습해 자동차 가격을 예측해보았습니다. 하이퍼파라미터를 다양하게 변경하여 더 낮은 rmse를 구할 수 있는지 시도해보세요. 결정 트리를 이용하여 모델링해보고, 랜덤 포레스트의 결과와 비교해봅시다.

1 **교차검증** : 다양한 훈련셋/시험셋을 통하여 모델에 더 신뢰할 수 있는 평가를 하는 방법
2 **앙상블** : 여러 모델을 만들고 각 예측값들을 투표/평균 등으로 통합하여 더 정확한 예측을 도 모하는 방법

• **split( )** : 문자형 데이터를 분리하는 함수입니다. 기본값은 공백 기준으로 분리합니다.
• **Try and Except 구문** : 함수에 에러가 발생했을 경우 대응할 방법을 정의할 수 있습니다.
• **KFold( )** : 교차검증 알고리즘 객체 생성

▼ 연습 문제 정답 및 해설(연습 문제는 다음 페이지에 있어요)

1 **정답** ❷ expand

2 **정답** ❸ K-폴드 교차검증을 사용하면, 사용하지 않을 때보다 항상 더 낮은 RMSE를 얻을 수 있다.
   해설 K-폴드 교차검증을 사용하면 경우에 따라 더 높은 RMSE가 나올 수도 있습니다. K-폴드 교차검증은 더 낮은 RMSE를 얻기 위함이 아니라, 우연의 요소가 배제된 더 신뢰할 만한 결과를 얻기 위함입니다.

3 **정답** ❸ 학습 속도가 결정 트리보다 빠르다.
   해설 랜덤 포레스트는 여러 트리를 생성하기 때문에 결정 트리에 비해 학습 속도가 느립니다.

연습 문제

1 str.split( ) 함수에서, 결과를 각각의 새로운 변수로 나타내는 매개변수는?

❶ columns

❷ expand

❸ index

❹ n_splits

2 다음 K-폴드 교차검증에 대한 설명 중 옳지 않은 것은?

❶ 데이터셋을 여러 개로 분할하여, 다양한 평가셋/시험셋으로 모델을 학습하고 평가한다.

❷ 매개변수 n_splits를 10으로 지정하면 10개의 다른 평가셋/시험셋을 만들 수 있다.

❸ K-폴드 교차검증을 사용하면, 사용하지 않을 때보다 항상 더 낮은 RMSE를 얻을 수 있다.

❹ K-폴드 교차검증을 통해 얻은 결과가 더 신뢰할 만한 결과라고 볼 수 있다.

3 다음 랜덤 포레스트에 대한 설명 중 옳지 않은 것은?

❶ 트리 기반의 알고리즘이다.

❷ 여러 트리를 활용하여 평균/다수결로 최종 예측 결과를 얻는다.

❸ 학습 속도가 결정 트리보다 빠르다.

❹ 결정 트리에 비해 모델의 해석이 어렵다.

* 정답 및 해설은 앞 페이지에 있습니다.

XGBoost
커플 성사 여부 예측하기

☐ **학습 목표**

부스팅 모델 중 가장 유명한 XGBoos를 활용하여 커플 성사를 예측하고, 그리드 서치$^{Grid Search}$로 하이퍼파라미터를 튜닝하여 더 나은 모델을 만드는 방법을 학습합니다.

☐ **학습 시간**

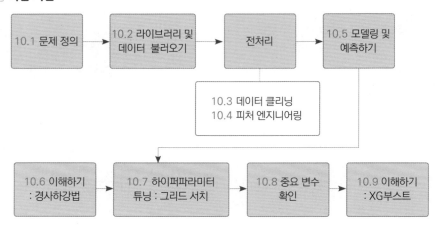

☐ **XGBoost 소개**

랜덤 포레스트는 각 트리를 독립적으로 만드는 알고리즘입니다. 반면 부스팅은 순차적으로 트리를 만들어 이전 트리로부터 더 나은 트리를 만들어내는 알고리즘입니다. 부스팅 알고리즘은 트리 모델을 기반으로 한 최신 알고리즘 중 하나로, 랜덤 포레스트보다 훨씬 빠른 속도와 더 좋은 예측 능력을 보여줍니다. 이에 속하는 대표적인 알고리즘으로 XG부스트^{XGBoost}, 라이트GBM^{LightGBM}, 캣부스트^{CatBoost} 등이 있습니다. 그중 XGBoost(eXtra Gradient Boost)가 가장 먼저 개발되기도 했고, 가장 널리 활용됩니다. XGBoost는 손실 함수뿐만 아니라 모형 복잡도까지 고려합니다.

▼ TOP 10 선정 이유

캐글 컴피티션 우승자가 많이 사용하는 성능이 검증된 부스팅 모델입니다. XGBoost 이후로도 다양한 부스팅 모델이 소개되었지만, 가장 인기 있는 모델이기 때문에 구글 검색에서 수많은 참고 자료(활용 예시, 다양한 하이퍼파라미터 튜닝)를 쉽게 접할 수 있습니다.

부스팅 알고리즘

부스팅은 랜덤 포레스트에서 그 다음 세대로 진화하게 되는 중요한 개념입니다. 랜덤 포레스트에서는 각각의 트리를 독립적으로, 즉 서로 관련 없이 만드는 반면, 부스팅 알고리즘에서는 트리를 순차적으로 만들면서 이전 트리에서 학습한 내용이 다음 트리를 만들 때 반영됩니다.

▼ 예시 그래프

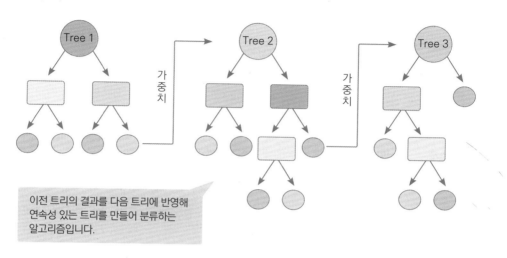

이전 트리의 결과를 다음 트리에 반영해 연속성 있는 트리를 만들어 분류하는 알고리즘입니다.

▼ 장단점

장점	단점
• 예측 속도가 상당히 빠르며, 예측력 또한 좋습니다. • 변수 종류가 많고 데이터가 클수록 상대적으로 뛰어난 성능을 보여줍니다.	• 복잡한 모델인 만큼, 해석에 어려움이 있습니다. • 더 나은 성능을 위한 하이퍼파라미터 튜닝이 까다롭습니다.

▼ 유용한 곳

• 종속변수가 연속형 데이터인 경우든 범주형 데이터인 경우든 모두 사용할 수 있습니다.

• 이미지나 자연어가 아닌 표로 정리된 데이터의 경우, 거의 모든 상황에 활용할 수 있습니다.

10.1 문제 정의 : 한눈에 보는 예측 목표

문제 정의

스피드데이팅 이벤트는 수십 쌍의 선남선녀가 참여하는 커플 도전 프로그램입니다. 스피드데이팅 데이터셋에는 참가자의 정보와 개인 취향이 담겨 있습니다. 이 데이터셋을 분석해 어떤 사람들끼리 커플 성사가 잘 되는지를 예측해봅시다.

▼ 예측 목표

미션	스피드데이팅 데이터셋을 이용해서 커플 성사 여부를 예측하라.		
난이도	★★★		
알고리즘	XG부스트(XGBoost)		
데이터셋 파일명	dating.csv	종속변수	match(커플 성사 여부)
데이터셋 소개	스피드데이팅에 대한 데이터입니다. 스피드 데이팅은 남녀 수십 쌍이 짧은 시간을 보낸 뒤 서로에 대한 호감도를 표현하여 짝을 매칭하는 이벤트입니다. 독립변수로는 상대방과 내 정보, 개인의 취향, 상대방에 대한 평가 등이 있으며, 매칭 성사 여부가 종속변수입니다.		
문제 유형	분류	평가지표	정확도, 혼동 행렬, 분류 리포트
사용한 모델	XGBClassifier		
사용 라이브러리	• numpy (numpy==1.19.5) • pandas (pandas==1.3.5) • seaborn (seaborn==0.11.2) • matplotlib (matplotlib==3.2.2) • sklearn (scikit-learn==1.0.2) • xgboost (xgboost==0.90)		
예제 코드	• 위치 : colab.research.google.com/github/musthave-ML10/notebooks/blob/main/ • 파일명 : 10_XGBoost.ipynb		

10.2 라이브러리 및 데이터 불러오기, 데이터 확인하기

4개의 필수 모듈과 dating.csv 파일을 불러오겠습니다.

```python
import pandas as pd
import numpy as np
import matplotlib.pyplot as plt
import seaborn as sns

file_url = 'https://media.githubusercontent.com/media/musthave-ML10/data_source/main/dating.csv'
data = pd.read_csv(file_url)  # 데이터셋 읽기
```

head()를 사용하여 데이터가 어떻게 생겼는지 간단히 살펴보겠습니다.

```python
data.head()  # 상위 5행 출력
```

	has_null	gender	age	age_o	race	race_o	importance_same_race	importance_same_religion	pref_o_attractive	pref_o_sincere	...	funny_partner	ambition_partner	shared_interests_partner	interests_correlate	expected_happy_with_sd_people	expected_num_interested_in_me	like	guess_prob_liked	met	match
0	0	female	21.0	27.0	Asian/PacificIslander/Asian-American	European/Caucasian-American	2	4	35	20	...	7	6.0	5	0.14	3	2	7	6	0	0
1	0	female	21.0	22.0	Asian/PacificIslander/Asian-American	European/Caucasian-American	2	4	60	0	...	8	5.0	6	0.54	3	2	7	5	1	0
2	1	female	21.0	22.0	Asian/PacificIslander/Asian-American	Asian/Pacific Islander/Asian-American	2	4	19	18	...	8	5.0	7	0.16	3	2	7	NaN	1	1
3	0	female	21.0	23.0	Asian/PacificIslander/Asian-American	European/Caucasian-American	2	4	30	5	...	7	6.0	8	0.61	3	2	7	6	0	1
4	0	female	21.0	24.0	Asian/PacificIslander/Asian-American	Latino/HispanicAmerican	2	4	30	10	...	7	6.0	6	0.21	3	2	6	6	0	1

변수가 39개나 되어서 기본 출력 화면에 다 담지 못해 중간에 …으로 표시된 부분이 있습니다. 이는 판다스는 기본 20개 컬럼까지만 보여주며, 20개를 넘으면 … 표시 후 생략합니다. 다음과 같이 보고 싶은 컬럼 수를 지정할 수 있습니다. 40개까지 볼 수 있도록 변경하겠습니다.

```python
pd.options.display.max_columns = 40 # 총 40개 컬럼까지 출력되도록 설정
```

> **TIP** 컬럼 대신 로우 제한을 변경하려면 max_columns를 max_rows로 바꿔주면 됩니다.

info( ) 함수를 호출해 어떠한 변수가 있는지 구체적으로 살펴봅시다.

```
data.info()   # 변수 특징 출력
```

```
<class 'pandas.core.frame.DataFrame'>
RangeIndex: 8378 entries, 0 to 8377
Data columns (total 39 columns):
 #   Column                     Non-Null Count   Dtype
---  ------                     --------------   -----
 0   has_null                   8378 non-null    int64      ← Null값이 있는지 여부
 1   gender                     8378 non-null    object
 2   age                        8283 non-null    float64    ← 본인 나이
 3   age_o                      8274 non-null    float64    ← 상대방 나이
 4   race                       8315 non-null    object     ← 내 인종
 5   race_o                     8305 non-null    object     ← 상대방 인종
 6   importance_same_race       8299 non-null    float64    ← 인종을 중요하게
 7   importance_same_religion   8299 non-null    float64        여기는지 여부
 8   pref_o_attractive          8289 non-null    float64    ← 종교를 중요하게
 9   pref_o_sincere             8289 non-null    float64        여기는지 여부
 10  pref_o_intelligence        8289 non-null    float64
 11  pref_o_funny               8280 non-null    float64
 12  pref_o_ambitious           8271 non-null    float64
 13  pref_o_shared_interests    8249 non-null    float64
 14  attractive_o               8166 non-null    float64    ← 매력적인
 15  sincere_o                  8091 non-null    float64    ← 성실한
 16  intelligence_o             8072 non-null    float64    ← 지적
 17  funny_o                    8018 non-null    float64    ← 재미난
 18  ambitous_o                 7656 non-null    float64    ← 야심찬
 19  shared_interests_o         7302 non-null    float64    ← 공통 관심사
 20  attractive_important       8299 non-null    float64
 21  sincere_important          8299 non-null    float64
 22  intellicence_important     8299 non-null    float64    ← 관심사(취미 등)
 23  funny_important            8289 non-null    float64        연관도
 24  ambtition_important        8279 non-null    float64
 25  shared_interests_important 8257 non-null    float64
 26  attractive_partner         8176 non-null    float64
 27  sincere_partner            8101 non-null    float64
 28  intelligence_partner       8082 non-null    float64
 29  funny_partner              8028 non-null    float64
 30  ambition_partner           7666 non-null    float64
```

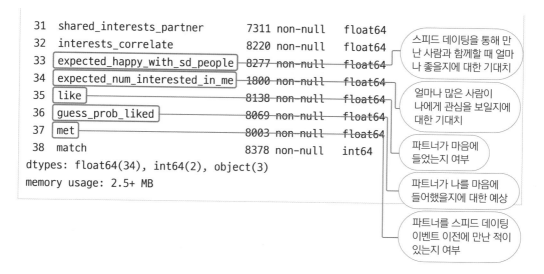

총 8378개 관측치가 있고 39개 변수가 있습니다. 마지막 변수 match가 종속변수이며 나머지는 독립변수입니다. 피처 엔지니어링에 사용할 주요 변수를 알아보고 넘어가겠습니다.

- **has_null** : 변수 중 Null값이 있는지 여부. 단, 이 데이터는 기존 데이터에서 일부 변수들이 생략된 축소판이기 때문에, 여기서 보이는 Null값 여부와 다소 차이가 있을 수 있습니다. 전반적으로 무응답 항목이 있는지에 대한 정보이므로 그대로 사용하겠습니다.
- **age / age_o** : age는 본인 나이이며 age_o는 상대방 나이입니다.
- **race / race_o** : 마찬가지로 본인과 상대의 인종 정보입니다.
- **importance_same_race / importance_same_religion** : 인종과 종교를 중요시 여기는지에 대한 응답입니다.
- **attractive(매력적인), sincere(성실한), intelligence(지적), funny(재미난), ambitious(야심찬), shared_interests(공통관심사)** : 이 항목들은 4가지 관점에서 평가되어 총 변수가 24(6 × 4)개입니다. 4가지 관점에 대한 설명을 드리겠습니다.
  - **pref_o_xxx(예 : pref_o_attractive)** : 상대방이 xxx 항목을 얼마나 중요하게 생각하는가에 대한 응답입니다.
  - **xxx_o(예: attractive_o)** : 상대방이 본인에 대한 xxx 항목을 평가한 항목입니다.
  - **xxx_important(예 : attractive_important)** : xxx 항목에 대해 본인이 얼마나 중요하게 생각하는가에 대한 응답입니다.
- **xxx_partner(예 : attractive_partner)** : 본인이 상대방에 대한 xxx 항목을 평가한 항목입니다.

- **interests_correlate** : 관심사(취미 등) 연관도
- **expected_happy_with_sd_people** : 스피드 데이팅을 통해 만난 사람과 함께할 때 얼마나 좋을지에 대한 기대치
- **expected_num_interested_in_me** : 얼마나 많은 사람이 나에게 관심을 보일지에 대한 기대치
- **like** : 파트너가 마음에 들었는지 여부
- **guess_prob_liked** : 파트너가 나를 마음에 들어했을지에 대한 예상
- **met** : 파트너를 스피드 데이팅 이벤트 이전에 만난 적이 있는지 여부

다음은 describe( ) 함수로 통계적 정보를 확인하겠습니다.

```
round(data.describe(), 2) # describe를 반올림하여 출력
```

	has_null	age	age_o	import ance_same_ race	impor tance_same_ religion	pref_o_attra ctive	pref_o_sinc ere	pref_o_intelli gence	pref_o_funny	pref_o_ambit ious	...	funny_par tner	ambi tion_part ner	shared_inter ests_partner	inter ests_corr elate	expected_happy_with_sd_people	expected_num_interested_in_me	like	guess_prob_liked	met	match
count	8378.00	8283.00	8274.00	8299.00	8299	8289	8289	8289	8280	8271	...	8028	7666.0	7311	8220	8277	1800	8138	8069	8003	8378
mean	0.87	26.36	26.36	3.78	3.65	22.5	17.4	20.27	17.46	10.69	...	6.4	6.8	5.47	0.2	5.53	5.57	6.13	5.21	0.05	0.16
std	0.33	3.57	3.56	2.85	2.81	12.57	7.04	6.78	6.09	6.13	...	1.95	1.8	2.16	0.3	1.73	4.76	1.84	2.13	0.28	0.37
min	0.00	18.00	18.00	0.00	1	0	0	0	0	0	...	0	0.0	0	-0.83	1	0	0	0	0	0
25%	1.00	24.00	24.00	1.00	1	15	15	17.39	15	5	...	5	6.0	4	-0.02	5	2	5	4	0	0
50%	1.00	26.00	26.00	3.00	3	20	18.37	20	18	10	...	7	7	6	0.21	6	4	6	5	0	0
75%	1.00	28.00	28.00	6.00	6	25	20	23.81	20	15	...	8	8	7	0.43	7	8	7	7	0	0
max	1.00	55.00	55.00	10.00	10	100	60	50	50	53	...	10	10	10	0.91	10	20	10	10	8	1

최댓값을 살펴보면 조금 특이한 부분이 있습니다. 본인 및 상대방을 평가하는 변수(xxx_o, xxx_partner)에서는 대체로 최댓값이 10으로 일정하나, 중요도와 관련된 변수(pref_o_xxx, xxx_important)에서는 최댓값이 100부터 60, 50 등 변수별로 다양합니다. 이럴 때는 데이터가 어떠한 형식으로 수집되었는지 알아야 향후 데이터 클리닝 및 피처 엔지니어링을 하는 데 도움이 됩니다.

이 데이터에서는 평가 관련 변수는 0~10점까지 개별 항목에 적용합니다. 중요도 관련 변수(pref_o_funny, pref_o_ambitious, pref_o_shared_interests, attractive_o, sincere_o, intelligence_o)는 총 100점을 각 항목에 분배해 적용합니다. 예를 들어 상대방이 각 항목에 대한 중요도 변수들의 합은 개인별로 총 100이 되어야 합니다.

10.3 전처리 : 결측치 처리

결측치를 처리해야 하니 항목별 결측치 비율을 확인하겠습니다.

```
data.isna().mean()
```

has_null	0.000000
gender	0.000000
age	0.011339
age_o	0.012413
race	0.007520
race_o	0.008713
importance_same_race	0.009429
importance_same_religion	0.009429
pref_o_attractive	0.010623
pref_o_sincere	0.010623
pref_o_intelligence	0.010623
pref_o_funny	0.011697
pref_o_ambitious	0.012772
pref_o_shared_interests	0.015397
attractive_o	0.025304
sincere_o	0.034256
intelligence_o	0.036524
funny_o	0.042970
ambitous_o	0.086178
shared_interests_o	0.128432
attractive_important	0.009429
sincere_important	0.009429
intellicence_important	0.009429
funny_important	0.010623
ambtition_important	0.011817
shared_interests_important	0.014443
attractive_partner	0.024111
sincere_partner	0.033063
intelligence_partner	0.035331
funny_partner	0.041776
ambition_partner	0.084984
shared_interests_partner	0.127357
interests_correlate	0.018859
expected_happy_with_sd_people	0.012055

```
expected_num_interested_in_me      0.785152
like                               0.028646
guess_prob_liked                   0.036882
met                                0.044760
match                              0.000000
dtype: float64
```

대부분의 변수에서 결측치가 보이나 대체로 5% 미만입니다. 우리가 이 장에서 사용할 XGBoost 알고리즘도 기본적으로 트리 베이스 모델이라서 결측치를 채우기는 까다롭지 않습니다.[1] 데이터에 등장하지 않을 법한 임의의 숫자, 예를 들어 -99와 같은 숫자를 채워넣는 것으로 해당 사람은 해당 항목에 응답하지 않음을 나타내보겠습니다. 단, 중요도와 관련된 변수들은 결측치를 제거하는 방향으로 처리하겠습니다. 이유는 곧 진행할 피처 엔지니어링에서 **중요도 × 점수**로 계산을 하기 때문입니다. 평가 점수에 관한 변수는 무응답(결측치)을 하나의 응답 종류로 간주하여 사용하기로 합니다.

그럼 우선 해당 변수들에 대해 dropna( )로 결측치를 제거하겠습니다.

```
data = data.dropna(subset=['pref_o_attractive', 'pref_o_sincere', 'pref_
o_intelligence', 'pref_o_funny', 'pref_o_ambitious', 'pref_o_shared_
interests','attractive_important', 'sincere_important', 'intellicence_
important', 'funny_important', 'ambtition_important', 'shared_interests_
important']) # 일부 변수에서 결측치 제거
```

그리고 나머지 변수들의 결측치는 -99로 채워넣겠습니다.

```
data = data.fillna(-99) # 남은 결측치는 -99로 대체
```

10.4 전처리 : 피처 엔지니어링

이번 장에서는 피처 엔지니어링으로 다룰 내용이 꽤 있습니다. 가장 먼저 살펴볼 부분은 나이와

---

1 가령 -99로 결측치를 대체한다면, 선형모델에서는 해당 숫자가 아웃라이어로써 작용하겠지만 트리 모델에서는 결측치라는 사실 자체가 유의미한 차이를 보인다면 -99를 분류하는 노드가 생겨날 겁니다.

관련된 변수입니다. 데이터에 상대방 나이와 본인 나이가 있기 때문에, 이를 토대로 나이차가 얼마나 나는지를 계산할 수 있습니다. 여기에서 추가적로 고려해야 할 사항은 결측치입니다. 결측치를 -99로 채워넣었으므로 단순히 나이차를 계산해서는 안 됩니다. '알 수 없음'의 의미로 -99를 사용하겠습니다. 또 하나는 성별과 관련된 요인입니다. 단순한 나이 차이보다는 남자가 여자보다 많은지, 반대 경우인지도 고려하는 게 좋습니다.

여러 조건을 반영하여 계산해야 하니 함수로 만들고 각 조건에 알맞게 처리하겠습니다.

```python
def age_gap(x):          # 함수 정의
    if x['age'] == -99:  # age가 -99면
        return -99        # -99 리턴
    elif x['age_o'] == -99:   # age_o가 -99면
        return -99        # -99 리턴
    elif x['gender'] == 'female':      # gender가 female이면
        return x['age_o'] - x['age']  # age_o에서 age를 뺀 값 리턴
    else:                # 나머지 경우는
        return x['age'] - x['age_o']  # age에서 age_o를 뺀 값 리턴
```

❶ 남녀 중 한 명이라도 나이가 -99이면 -99를 반환합니다. ❷ 그렇지 않으면 남자가 연상이면 플러스값이, 여자가 연상이면 마이너스값이 반환됩니다.

정의한 age_gap() 함수를 데이터프레임에 적용시키겠습니다.

```python
data['age_gap'] = data.apply(age_gap, axis=1) # age_gap 변수에 age_gap 함수 적용
```

남녀 중 어느 쪽이 더 나이가 많은지와 상관없이, 나이 차이 자체가 중요한 변수가 될 수도 있으므로, age_gap 변수에 절댓값을 취한 변수도 추가하겠습니다. 절댓값은 다음과 같이 abs()를 사용하면 구할 수 있습니다.

```python
data['age_gap_abs'] = abs(data['age_gap']) # 절댓값 적용
```

다음은 인종 데이터 관련 피처 엔지니어링입니다. 본인과 상대방의 인종이 같으면 1, 다르면 -1으로 처리합니다. 결측치는 -99를 반환하는 함수를 만들겠습니다.

```python
def same_race(x):        # 함수 정의
```

```
    if x['race'] == -99:  # race가 -99면
        return -99      # -99 리턴
    elif x['race_o'] == -99:  # race_o가 -99면
        return -99      # -99 리턴
    elif x['race'] == x['race_o']:    # race와 race_o가 같으면
        return 1        # 1 리턴
    else:               # 나머지 경우는
        return -1       # -1 리턴
```

그리고 위 함수를 적용하여 same_race라는 이름으로 새 변수를 만들겠습니다.

```
data['same_race'] = data.apply(same_race, axis=1)
# data를 same_race 함수에 적용하여 결과를 same_race 변수로 저장
```

인종과 관련된 변수로 importance_same_race도 있습니다. 동일 인종 여부가 얼마나 중요한
지를 의미하기 때문에, 새로 구한 same_race 변수와 이 변수를 곱하여 새 변수를 만들겠습니다.
이 계산 결과는 동일 인종이면 양수, 아니면 음수이며 중요할수록 절댓값이 큽니다. 중요도가 0인
경우에는 결과값도 0이 나옵니다. 단, 여기서도 결측치가 있는 값은 -99를 반환하도록 함수를 만
들겠습니다.

```
def same_race_point(x):        # 함수 정의
    if x['same_race'] == -99:  # same_race가 -99면
        return -99              # -99 리턴
    else:        # 나머지 경우는
        return x['same_race'] * x['importance_same_race']
        # same_race와 importance_same_race의 곱을 리턴
```

same_race_point( ) 함수를 적용하여 same_race_point라는 새 변수를 생성합니다.

```
data['same_race_point'] = data.apply(same_race_point, axis=1)
# data에 same_race_point 함수를 적용한 결과를 same_race_point 변수로 저장
```

그런데 왜 same_race에 1과 0 대신 1(인종이 같음)과 -1(인종이 다름)을 사용했을까요? 1과 0
을 사용하면 importance_same_race와 곱하는 과정에서 인종 여부가 전혀 중요하지 않은 사

람은 무조건 0이 나오게 되는데, 이것이 importance_same_race가 10인 사람이 동일 인종이 아닌 경우 취하게 되는 값(0)과 같아, 적절한 변별력을 갖기 어렵기 때문입니다. 아래 예시 표를 통해 살펴보겠습니다.

▼ same_race가 1과 0인 경우

	importance_same_race (동일 인종 여부의 중요성)	same_race (인종이 같을 때1, 다를 때 0)	same_race_point
a	10	1	10
b	10	0	0
c	5	1	5
d	5	0	0
e	0	1	0
f	0	0	0

❶ b는 인종 여부가 굉장히 중요한데, 동일 인종이 아니어서 0점을 받게 됐습니다. 반면 ❷ e는 동일 인종이지만 전혀 중요하지 않아서 역시 0점을 가지게 됩니다. ❷ e보다 ❶ b가 더 부정적인 상황인데, 이 둘이 같은 0점을 가져 변별력이 떨어집니다.

▼ same_race가 1과 −1인 경우

	importance_same_race (동일 인종 여부의 중요성)	same_race (인종이 같을 때1, 다를 때 0)	same_race_point
a	10	1	10
b	10	−1	−10
c	5	1	5
d	5	−1	−5
e	0	1	0
f	0	−1	0

이번에는 ❶ b에서 −10이 나옵니다. 동일 인종임이 매우 중요한데 동일 인종이 아니므로 음수가 더욱 적절해보입니다. 반면 동일 인종 여부가 중요하지 않은 ❷ f는 0입니다. 딱히 좋을 것도 나쁠 것도 없다는 의미로 적절합니다. 1과 0을 사용했을 때보다 훨씬 변별력이 있고 합리적인 수치입니다.

마지막으로 attractive, sincere 등에 대한 평가/중요도 변수들을 다루겠습니다. 간단하게 **평가 점수 × 중요도**로 계산하여 새로운 변수를 만들 수 있습니다. 같은 계산을 여러 변수에 반복하므로 이번에도 함수로 만들겠습니다. 결측치는 역시나 −99를 반환합니다.

```python
def rating(data, importance, score):    # 함수 정의
    if data[importance] == -99:          # importance가 -99면
        return -99                # -99 리턴
    elif data[score] == -99:             # score가 -99면
        return -99           # -99 리턴
    else:   # 나머지 경우는
        return data[importance] * data[score] # importance와 score의 곱을 리턴
```

매개변수가 3개입니다. 첫 번째 매개변수인 data는 데이터프레임을, importance와 score는 각각 중요도와 평가 변수를 받습니다. 이 함수로 여러 변수들을 계산할 겁니다. 그래서 importance와 score 매개변수를 입력했습니다(그래서 변수 별로 새 함수를 만들 필요 없이 호출할 때 중요도와 평가 항목만 바꿔주면 됩니다). 각각에 들어갈 컬럼명들을 리스트 형태로 취합하여 for문으로 일괄 계산하겠습니다.

for 문에 적용할 변수 이름을 직접 입력하여 리스트를 만들 수도 있지만, 중요도/평가 항목과 본인/상대방 항목 조합이 데이터프레임 안에 순서대로 나열되어 있어 인덱싱해 리스트를 더 쉽게 만들 수 있습니다. 예를 들어 상대방의 중요도에 대한 변수 이름을 다음과 같이 인덱싱할 수 있습니다.

```python
data.columns[8:14] # 컬럼의 8자리부터 14 이전 자리까지 출력
```

```
Index(['pref_o_attractive', 'pref_o_sincere', 'pref_o_intelligence',
       'pref_o_funny', 'pref_o_ambitious', 'pref_o_shared_interests'],
      dtype='object')
```

보시다시피 pref_o_xxx 형태로 된 변수 이름들만 모였습니다. 이 방법을 사용하여 총 4개 범주

의 변수 이름 리스트를 만들겠습니다.

```
partner_imp = data.columns[8:14]         # 상대방의 중요도
partner_rate_me = data.columns[14:20]    # 본인에 대한 상대방의 평가
my_imp = data.columns[20:26]             # 본인의 중요도
my_rate_partner = data.columns[26:32]    # 상대방에 대한 본인의 평가
```

순서대로 상대방의 중요도, 본인에 대한 상대방의 평가, 본인의 중요도, 상대방에 대한 본인의 평가 변수들이 리스트로 만들어졌습니다.

여기서 하나 더 필요한 것은 계산된 값(평가 점수 x 중요도)을 받아줄 새 변수의 이름입니다. 이것도 리스트 형태로 직접 새 컬럼명들을 입력하여 만들겠습니다.

```
# 상대방 관련 새 변수 이름을 저장하는 리스트
new_label_partner = ['attractive_p', 'sincere_partner_p', 'intelligence_p',
'funny_p', 'ambition_p', 'shared_interests_p']

# 본인 관련 새 변수 이름을 저장하는 리스트
new_label_me = ['attractive_m', 'sincere_partner_m', 'intelligence_m', 'funny_
m', 'ambition_m', 'shared_interests_m']
```

이제 '평가점수 × 중요도'를 계산하면 됩니다. 위 6개 리스트를 한 번에 3가지(새 변수 이름, 중요도, 평가) 리스트를 사용해 계산합니다. 즉, **새 변수 이름 = 중요도 변수 이름 × 평가 변수 이름**이 되어야 하고, 이를 '본인 관련 새 변수'에서 한 번, '상대방 관련 새 변수'에서 또 한 번 시행해주면 됩니다.

for문 in 뒤에 리스트를 2개 이상 사용하기

zip() 함수를 사용하면 for문에 리스트 3개를 동시에 사용할 수 있습니다. zip() 함수는 가변 인수를 받으므로 2개 이상의 객체(여기서는 리스트)를 받을 수 있습니다. zip()을 사용해 리스트 3개를 순회하면서 원소를 반환하는 for문 예시 코드를 살펴봅시다.

```
for i,j,k in zip(new_label_partner, partner_imp, partner_rate_me): # 순회
    print(i,' & ',j,' & ',k) # 문자 조합 출력
```

```
attractive_p  &  pref_o_attractive  &  attractive_o
sincere_partner_p  &  pref_o_sincere  &  sincere_o
intelligence_p  &  pref_o_intelligence  &  intelligence_o
funny_p  &  pref_o_funny  &  funny_o
ambition_p  &  pref_o_ambitious  &  ambitous_o
shared_interests_p  &  pref_o_shared_interests  &  shared_interests_o
```

zip( ) 안에 들어 있는 리스트 3개에서 순서대로 값을 하나씩 뽑아 각각 i, j, k로 반환합니다. 결과물을 보면 첫 번째 줄에 attractive_p & pref_o_attractive & attractive_o가 하나의 세트로 들어 있습니다.

상대방에 관련 된 변수를 앞서 만든 rating( ) 함수를 사용하여 **중요도 × 평가**를 계산해봅시다.

```
for i,j,k in zip(new_label_partner, partner_imp, partner_rate_me): # 순회
    data[i] = data.apply(lambda x: rating(x, j, k), axis=1)
# ❶ rating 함수 적용 결과를 i 변수에 저장
```

❶ data 전체에 대해 apply( )를 활용하여 rating( ) 함수를 사용했습니다. rating( ) 함수의 매개변수는 각각 x = 데이터프레임, j = 중요도 변수 이름, k = 평가 변수입니다. 계산 결과는 **중요도 × 평가** 변수인 data[i]에 저장합니다. 여기에서 apply 안에 lambda x를 사용하면 해당 변수 i의 한 줄 한 줄의 데이터가 x로 받아져서 rating( ) 함수에 사용됩니다.

본인 관련된 변수들도 같은 방법으로 계산해줍니다.

```
for i,j,k in zip(new_label_me, my_imp, my_rate_partner): # 순회
    data[i] = data.apply(lambda x: rating(x, j, k), axis=1)
    # rating 함수 적용결과를 i 변수에 저장
```

이제 계산이 필요한 피처 엔지니어링은 모두 끝났습니다. 모델링에 앞서 마지막으로 object 타입 변수들은 문자 형태이기 때문에, 숫자 형태가 되게끔 더미 변수로 바꿔줍니다. 이번에는 gender, race, race_o 단 3개 변수만이 object 타입입니다.

```
data = pd.get_dummies(data, columns=['gender','race','race_o'], drop_first=True)
# 더미 변수로 변환
```

10.5 모델링 및 평가

모델링에 사용할 훈련셋과 시험셋을 분리해주겠습니다.

```
from sklearn.model_selection import train_test_split # 임포트
X_train, X_test, y_train, y_test = train_test_split(data.drop('match',axis=1),
data['match'], test_size=0.2, random_state=100) # 훈련셋/시험셋 분리
```

그리고 XGBoost를 xgb라는 이름으로 임포트합니다.

```
import xgboost as xgb # 임포트
```

XGBoost는 크게 3가지 학습 방법을 제공합니다. 랜덤 포레스트와 마찬가지로 분류와 회귀의
fit( ) 함수를 제공하고, 추가로 train( ) 함수도 제공합니다(train( ) 함수는 11장 'LightGBM :
이상거래 예측하기'에서 다룹니다). 이 장에서는 분류 함수를 사용하여 모델링합니다.

```
model = xgb.XGBClassifier(n_estimators = 500, max_depth = 5, random_state=100)
# 모델 객체 생성
```

총 3가지 하이퍼파라미터(n_estimators, max_depth, random_state)에 임의의 값을 설정했
습니다. XGBoost 모델 객체인 model을 사용하여 기존과 같은 방법으로 훈련과 예측을 차례대
로 수행하면 됩니다.

```
model.fit(X_train, y_train) # 훈련
```

```
XGBClassifier(base_score=0.5, booster='gbtree', colsample_bylevel=1,
              colsample_bynode=1, colsample_bytree=1, enable_categorical=False,
              gamma=0, gpu_id=-1, importance_type=None,
              interaction_constraints='', learning_rate=0.300000012,
              max_delta_step=0, max_depth=5, min_child_weight=1, missing=nan,
              monotone_constraints='()', n_estimators=500, n_jobs=4,
              num_parallel_tree=1, predictor='auto', random_state=100,
              reg_alpha=0, reg_lambda=1, scale_pos_weight=1, subsample=1,
              tree_method='exact', validate_parameters=1, verbosity=None)
```

학습에 사용된 하이퍼파라미터 정보를 보여줍니다. 임의로 설정한 3개 이외에는 모두 기본값으로 반영됩니다. 학습된 모델을 통해 예측을 하고 정확도를 확인해봅시다.

```
pred = model.predict(X_test) # 예측
from sklearn.metrics import accuracy_score, confusion_matrix, classification_report
accuracy_score(y_test, pred) # 정확도
```

```
0.8616236162361623
```

약 86% 정도의 정확도가 나왔습니다. 수치상으로는 좋아보일 수 있으나 데이터 특성을 고려하면 그렇지 못합니다. 7.2절에서 describe( )를 통해 확인한 정보에서 종속변수 match의 평균값은 0.164입니다. 매칭된 경우가 약 16% 정도라는 겁니다. 나머지 84%는 매칭되지 않았습니다. 즉, 모델링 없이 모든 경우를 0(매칭되지 않았다고)으로만 예측해도 84%는 맞출 수 있는 편향된 데이터입니다. 그래서 86%의 결과는 예측 모델이 없는 것보다 아주 조금 나은 수준입니다.

4.7절 '모델링 및 예측하기'에서 배운 confusion_matrix( )를 사용해 정보를 더 구체적으로 살펴봅시다.

```
print(confusion_matrix(y_test, pred)) # 혼동 행렬 출력
```

```
[[1291   68]       ──── 1종 오류 건수
 [ 147  114]]      ──── 2종 오류 건수
```

예상대로 실젯값이 0인데 0으로 예측한 경우가 1291건으로 가장 많습니다. 매칭된 경우를 제대로 예측한 경우도 114건으로 무난한 수준입니다. 혼동 행렬에서 1종 오류, 즉 실젯값은 0인데 1로 예측한 경우가 68건, 반대로 2종 오류는 약 147건으로 상당히 많습니다. 모델 간의 비교/평가를 진행할 때는 오류 유형에 따른 평가해야 합니다. 사이킷런에서 제공하는 classification_report( ) 함수를 이용하면 이와 관련된 평가 수치를 일목요연하게 확인할 수 있습니다.

```
print(classification_report(y_test, pred))
```

	precision	recall	f1-score	support
0	0.90	0.95	0.92	1365

1	0.63	0.44	0.51	261	정밀도, 재현율, F1-점수, 인덱스에 해당하는 개수
accuracy			0.87	1626	
macro avg	0.76	0.69	0.72	1626	
weighted avg	0.85	0.87	0.86	1626	

기본적으로 classification_report( ) 결과물은 종속변수의 값인 0과 1 각각에 대하여 한 줄씩 나타납니다. 대부분은 예측하려는 경우를 1로 두기 때문에 1에 대한 값들을 주로 해석하면 되고, 0에 대한 값들은 필요에 따라 확인하면 됩니다. 이 데이터는 목푯값 중 0의 비율이 87%이기 때문에 정밀도(precision), 재현율(recall), F1-점수(f1-score) 모두 0.9 이상의 높은 값을 보여주므로 중요도가 떨어집니다. 반면 1에 대한 값들은 0.60, 0.42, 0.49 등으로 상대적으로 확연히 낮습니다.

precision, recall, f1-score를 설명하기 위해 혼동 행렬을 다시 한번 살펴보겠습니다.

		예측값	
		0	1
실젯값	0	1291 (TN)	68 (FP)
	1	147 (FN)	114 (TP)

4장에서 혼동 행렬을 설명할 때 TP(양성을 양성으로 판단), FN(양성을 음성으로 판단), FP(음성을 양성으로 판단), TN(음성을 음성으로 판단) 개념도 함께 설명드렸는데, 이 값들로 정밀도와 재현율을 계산합니다.

정밀도(precision)는 1로 예측한 경우 중, 얼마만큼이 실제로 1인지를 나타냅니다. 수식은 다음과 같습니다.

$$\frac{TP}{TP+FP} = \frac{양성을\ 양성으로\ 판단}{양성을\ 양성으로\ 판단 + 1종\ 오류} = \frac{양성을\ 양성으로\ 판단}{양성으로\ 판단한\ 수}$$

FP가 커질수록 분모가 커지기 때문에 정밀도는 낮아집니다. 즉, 1종 오류와 관련됩니다.

재현율(recall)은 실제로 1 중에, 얼마만큼을 1로 예측했는지를 나타냅니다. 수식은 다음과 같습니다.

$$\frac{TP}{TP+FN} = \frac{\text{양성을 양성으로 판단}}{\text{양성을 양성으로 판단 + 2종 오류}} = \frac{\text{양성을 양성으로 판단}}{\text{실제로 양성인 수}}$$

여기서는 FN이 커질수록 recall 값이 작아지므로 Type 2 error와 관련됩니다.

F1-점수(f1-score)는 정밀도와 재현율의 조화평균을 의미합니다. 수식은 다음과 같습니다.

$$2 \times \frac{precision \times recall}{precision + recall} = 2 \times \frac{\text{정밀도} \times \text{재현율}}{\text{정밀도} + \text{재현율}}$$

조화평균값이므로 정밀도와 재현율이 높을 때 당연히 함께 높아지며, 둘의 값이 비슷할수록 더 높은 값을 보여줍니다. 예를 들어 정밀도와 재현율 각각 0.8, 0.6일 때보다 0.7, 0.7일 때 더 높은 값을 나타냅니다.

> **조화평균**
> 주어진 수들의 역수의 산술평균의 역수. 주어진 수가 둘일 때 수식은 다음과 같다.
> $$H = \frac{2a_1a_2}{a_1 + a_2}$$

> **산술평균**
> 주어진 수의 합을 수의 개수로 나눈 값. 주어진 수가 둘일 때 수식은 다음과 같다.
> $$A = \frac{a_1 + a_2}{2}$$

어떤 오룻값을 살펴봐야 하는지는 분석의 목적에 따라 다릅니다. 1종 오류가 중요하면 정밀도에, 2종 오류가 중요하면 재현율에 더욱 신경 써야 합니다. 특별히 더 중요한 오류 유형이 없다면 F1-점수를 보는 게 무난한 방법입니다. 목푯값이 0과 1로 이루어진 이진분류에 유용하게 사용되는 또 하나의 평가 방법으로 AUC가 있는데, 이는 11장에서 다룹니다.

10.6 이해하기 : 경사하강법

하이퍼파라미터 튜닝에 앞서, 경사하강법^{gradient} ^{descent}을 먼저 알아보겠습니다. 경사하강법은 머신 러닝이 학습시킬 때 최소의 오차를 찾는 방법입니다. 오차 함수에 대한 경사도(미분계수)를 기준으로 매개변수를 반복적으로 이동해가며 최소 오차를 찾습니다. 여기서 말하는 매개변수는 선형 회귀로 치면 계수(변수에 대한 기울기 값)에 해당합니다. 예를 들어 매개변수(x)에 대한 오차(y) 수식이 다음과 같다고 가정해보겠습니다.

경사하강법과 보폭
경사 부스팅의 핵심 개념 중 하나로, 모델이 어떻게 최소 오차가 되는 매개변수들을 학습하는지에 대한 방법. 오차식에 대한 미분계수를 통해 매개변수의 이동 방향과 보폭을 결정합니다. 보폭은 매개변수를 얼만큼씩 이동할지를 의미합니다.

미분계수
평균변화율에서 x의 증가량을 0으로 가깝게 할 때의 평균변화율을 의미합니다. 그래프 상에서 접선의 기울기, 계수와 같은 의미입니다.

$$y = x^2 - 4x + 10$$

이를 그래프로 그리면 다음과 같습니다.

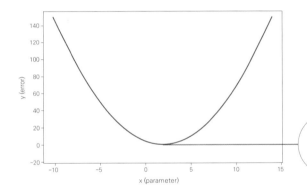

여기가 y가 가장 작은 곳입니다. 이때 접선의 기울기는 0입니다. 경사하강법은 이 지점을 찾는 방법입니다.

여기서 오차 y의 최솟값은 위 수식을 x에 대해 미분하면 됩니다. $f'(x)= 2x - 4$ 이므로 x가 2일 때 최솟값 6이 나온다는 사실을 쉽게 알 수 있습니다. 그래프에서 미분값은 접선의 기울기를 의미하고, y가 최솟값이 되는 지점에서 기울기는 0입니다. 경사하강법은 임의의 매개변수에서 시작하여 미분값, 즉 오찻값 그래프에서 접선의 기울기를 확인하여 그 기울기가 0인 지점으로 매개변수를 이동시킵니다. 예를 들어 x가 10인 지점에서 미분값을 확인하면 16이고, 이를 그래프에서 접선으로 그려보면 다음과 같습니다.

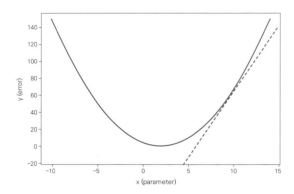

이 접선의 기울기가 0에 가깝게 되려면 매개변수는 10에서 왼쪽으로 움직여야 합니다. 경사하강법은 이를 미분계수(접선의 기울기)의 부호와 크기로 판단합니다. 이 값이 양수이면 매개변수를 왼쪽으로, 음수이면 오른쪽으로 움직이며, 기울기의 절댓값이 작을수록 더 조금씩 움직입니다. 매개변수 10에서의 미분계수가 16이므로 왼쪽으로 움직이고 절댓값 16일 때 움직이는 정도를 5라고 가정하여, 매개변수를 왼쪽으로 5만큼 움직여봅시다. 10에서 왼쪽으로 5만큼 움직였으니 새로 미분계수를 측정할 자리는 매개변수 5가 됩니다. 매개변수가 5인 지점의 미분계수를 확인하면 6이 나옵니다.

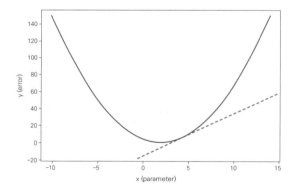

미분계수가 6이므로 기울기가 이전보다 완만해졌으나 아직 0에 가깝지는 않습니다. 미분계수가 16일 때 매개변수를 5만큼 움직였으므로, 미분계수가 6인 지점에서는 더 조금 움직입니다. 이번에는 매개변수를 2만큼 왼쪽으로 움직여서 x값 2에서의 기울기를 확인하면 0, 즉 최솟값의 위치에 다다릅니다.

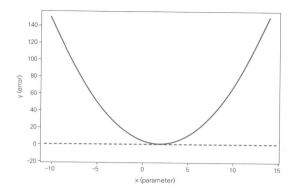

이는 어디까지나 설명을 위한 단순한 예시 경우이고, 실제로 경사하강법은 정확히 최솟값을 찾아내다기보다 미분계수가 최대한 0에 가깝도록 계속 움직여서 최솟값의 근삿값에 다다르는 방법입니다. 수식이 복잡할수록 실제 최솟값의 근처에 다다르기 어렵기도 합니다.

가령 다음과 같이 에러에 대한 그래프가 4차 함수의 형식을 띄고 있다면, 경사하강법이 최솟값이라고 여길 만한 부분, 즉 미분계수가 0인 지점이 두 곳입니다.

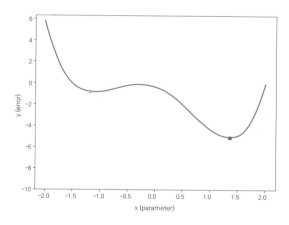

여기서 노란점을 지역 최솟값local minimum이라하고 빨간점을 전역 최솟값global minimum이라고 합니다. 이런 상황에서 학습률learning rate(바로 다음 절에서 설명합니다)이 충분히 크지 않다면 지역 최솟값을 최솟값으로 판단할 수 있으니, 학습률을 충분한 크기로 주어 지역 최솟값을 지나 전역 최솟값으로 향할 수 있게 해야 합니다.

이 예시에서는 매개변수에 대한 오차 수식이 아주 간단하기 때문에 미분을 하면 쉽게 기울기가

0이 되는 지점을 찾을 수 있지만, 수많은 변수를 가지고 있는 실제 데이터에서는 이러한 방법으로 최소 오차를 찾기 매우 어렵습니다. 따라서 경사하강법을 사용하는 것이 훨씬 효율적입니다.

10.7 하이퍼파라미터 튜닝 : 그리드 서치

이번 장에서는 그리드 서치를 활용한 하이퍼파라미터 튜닝을 배워보겠습니다. 지금까지 소개한 하이퍼파라미터 튜닝은 임의의 값들을 넣어 더 나은 결과를 찾는 방식이었습니다. 이런 식으로 하나하나 확인하면 모델링 과정을 기다리고 재시도하는 단순 작업을 반복해야 합니다. 그리드 서치를 이용하면 한 번 시도로 수백 가지 하이퍼파라미터값을 시도해볼 수 있습니다.

그리드 서치의 원리는 간단합니다. 그리드 서치에 입력할 하이퍼파라미터 후보들을 입력하면, 각 조합에 대해 모두 모델링해보고 최적의 결과가 나오는 하이퍼파라미터 조합을 알려줍니다. 예를 들어 하이퍼파라미터로 max_depth와 learning_rate를 사용한다고 가정합시다. 다음과 같이 하이퍼파라미터별로 다양한 값들을 지정해줍니다.

```
max_depth = [3, 5, 10]
learaning_rate = [0.01, 0.05, 0.1]
```

이를 그리드 서치로 적용하면 다음과 같이 9가지 조합이 만들어집니다.

	max_depth	learning_rate
조합 1	3	0.01
조합 2	5	0.01
조합 3	10	0.01
조합 4	3	0.05
조합 5	5	0.05
조합 6	10	0.05
조합 7	3	0.1
조합 8	5	0.1
조합 9	10	0.1

이렇게 9가지 조합을 각각 모델링하게 되는데, 보통 그리드 서치에서는 6장에서 배운 교차검증도 함께 사용하기 때문에 교차검증의 횟수만큼 곱해진 횟수가 모델링됩니다. 예를 들어 위의 9가지 조합에 K-폴드값을 5로 교차검증을 한다면 9 × 5 = 45회의 모델링을 진행합니다. 모델링 결과가 좋은 매개변수 조합을 알려주고, 해당 하이퍼파라미터셋으로 예측까지 지원합니다.

더 많은 하이퍼파라미터 종류와 더 많은 후보를 넣으면 더 좋은 결과를 얻을 수 있는 가능성도 높아지지만, 그만큼 학습 시간이 길어질 수 있습니다. 따라서 소요 시간을 고려하여 적정 수준으로 설정해주는 게 좋습니다.

그리드 서치 모듈은 사이킷런 라이브러리의 model_selection에서 불러올 수 있습니다.

```python
from sklearn.model_selection import GridSearchCV # 임포트
```

그리드 서치에 넣어줄 매개변수 4개를 딕셔너리 형태로 입력하면 됩니다.

```python
parameters = {
            'learning_rate': [0.01, 0.1, 0.3],
            'max_depth': [5, 7, 10],
            'subsample': [0.5, 0.7, 1],
            'n_estimators': [300, 500, 1000]
             } # 하이퍼파라미터 셋 정의
```

각 매개변수의 의미는 다음과 같습니다.

* **learning_rate** : 경사하강법에서 '매개변수'를 얼만큼씩 이동해가면서 최소 오차를 찾을지, 그 보폭의 크기를 결정하는 하이퍼파라미터입니다. 기본적으로 보폭은 미분계수에 의해 결정되지만, learning_rate를 크게 하면 더 큰 보폭을, 작게 하면 그만큼 작은 보폭으로 움직입니다. learning rate를 우리말로 학습률이라고 합니다. 학습률 크기에 따라 최적의 에러를 찾는 과정은 다음과 그림과 같습니다.

> **Note** **학습률과 보폭**
> 학습률은 입력, 보폭은 그 결과입니다. 큰 학습률을 사용하면 결과적으로 보폭도 커집니다.

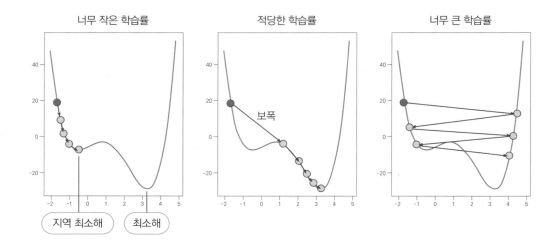

너무 작은 학습률 | 적당한 학습률 | 너무 큰 학습률

지역 최소해   최소해

왼쪽 그래프는 너무 작은 학습률을 쓴 경우입니다. 보폭이 너무 조금씩 움직이다 보니 최소 에러 값을 찾는 데 상당한 시간이 들고 지역 최소해에 빠질 가능성도 상대적으로 커집니다. 반대로 오른쪽 그래프는 너무 큰 학습률을 사용해서 너무 성큼 움직이기 때문에 최소 에러를 정확히 찾지 못하고 좌우로 계속 넘어다닙니다. 가운데의 그래프가 가장 이상적입니다. 이처럼 적절한 크기의 학습률을 사용해야 큰 시간을 들이지 않고 최소 오차 지점을 찾아낼 수 있습니다.

- **max_depth** : 각 트리의 깊이를 제한합니다.
- **subsample** : 모델을 학습시킬 때 일부 데이터만 사용하여 각 트리를 만듭니다. 0.5를 쓰면 데이터의 절반씩만 랜덤 추출하여 트리를 만듭니다. 이 또한 오버피팅을 방지하는 데 도움이 됩니다.
- **n_estimators** : 전체 나무의 개수를 정합니다.

위와 같이 매개변수를 딕셔너리 형태로 설정해준 뒤에는, 알고리즘 속성이 부여된 빈 모델을 만듭니다.

```
model = xgb.XGBClassifier() # 모델 객체 생성
```

이제 그리드 서치를 수행할 준비를 모두 갖춰졌으니, 모델을 생성할 GridSearchCV() 함수를 다음과 같이 설정해줍니다. 모델(model)과 딕셔너리형의 하이퍼파라미터셋(parameters)은 필수, 그외는 선택 사항입니다.

```
gs_model = GridSearchCV(model, parameters, n_jobs=-1, scoring='f1', cv = 5)
# 그리드서치 객체 생성
```

n_jobs는 사용할 코어 수이고, scoring은 모델링할 때 어떤 기준으로 최적의 모델을 평가할지를 정의합니다. 여기서는 F1-점수를 기준으로 판단하도록 설정했습니다. 그리고 cv는 교차검증에 사용할 K-폴드값입니다. 여기서는 5로 설정했습니다. 이제 gs_model을 가지고 학습을 시키겠습니다. 학습시키는 코드는 기존의 모델링과 같습니다.

```
gs_model.fit(X_train, y_train) # 학습
```

이번에는 학습 완료까지 상당한 시간이 소요될 겁니다. 하이퍼파라미터셋이 총 4종류에 3개씩 값이 있으니 3^4으로 총 81번의 모델링을 진행하고 나서 교차검증 5회를 실행하므로 총 405번의 모델링 작업이 이뤄집니다.

그리드 서치는 학습이 완료된 후, 가장 좋은 성능을 보인 하이퍼파라미터 조합 정보를 보관합니다. 아래 코드로 최적의 조합을 확인할 수 있습니다.

```
gs_model.best_params_  # 최적의 하이퍼파라미터 출력
```

```
{'learning_rate': 0.3, 'max_depth': 5, 'n_estimators': 1000, 'subsample': 0.5}
```

또한 이전의 모델링 과정과 동일하게, 그리드 서치를 이용해서 새로운 데이터를 예측할 수도 있습니다. 이때 적용되는 모델은 최적의 하이퍼파라미터 조합이 자동으로 반영됩니다.

```
pred = gs_model.predict(X_test) # 예측
```

그럼 예측된 값에 대한 정확도(accuracy_score)와 분류 리포트(classification_report)를 확인하겠습니다.

```
accuracy_score(y_test, pred) # 정확도 계산
```

```
0.8634686346863468
```

```
print(classification_report(y_test, pred)) # classification report 출력

              precision    recall  f1-score   support

           0       0.90      0.95      0.92      1365
           1       0.60      0.44      0.51       261

    accuracy                           0.86      1626
   macro avg       0.75      0.69      0.71      1626
weighted avg       0.85      0.86      0.85      1626
```

정확도는 아주 미세하게 올라갔고, F1-점수는 0.02 상승했습니다. 일반적으로 하이퍼파라미터 튜닝으로 엄청난 개선을 얻기는 쉽지 않습니다. 예측에는 피처 엔지니어링과 모델 알고리즘 선정이 큰 영향을 미칩니다. 하이퍼파라미터 튜닝은 조금이라도 더 나은 모델을 만드는 역할입니다.

10.8 중요 변수 확인

선형 회귀와 로지스틱 회귀에서는 계수로, 결정 트리에서는 노드의 순서로 변수의 영향력을 확인했습니다. 부스팅 모델은 이전 모델들보다 훨씬 복잡한 알고리즘이기 때문에 단순하게 변수의 영향력을 파악하기는 어렵지만, XGBoost에 내장된 함수는 변수의 중요도까지 계산해줍니다. 단, 그리드 서치로 학습된 모델에서는 이 기능을 사용할 수 없으니 그리드 서치에서 찾은 최적의 하이퍼파라미터 조합으로 다시 한번 학습을 시키겠습니다.

```
model = xgb.XGBClassifier(learning_rate = 0.3, max_depth = 5,
        n_estimators = 1000, subsample = 0.5, random_state=100) # 모델 객체 생성

model.fit(X_train, y_train) # 학습
```

학습이 완료되었으면 feature_importances_에서 변수 중요도(피처 중요도feature importance라고도 합니다)를 확인할 수 있습니다.

```
model.feature_importances_ # 변수 중요도 확인
```

```
array([0.02178125, 0.01137641, 0.00998134, 0.00984809, 0.01060789,
       0.01359383, 0.01065769, 0.01713987, 0.01186322, 0.01206678,
       0.01331671, 0.04854793, 0.01233603, 0.01430371, 0.02732428,
       0.01440853, 0.02333124, 0.01437325, 0.01104851, 0.01472255,
       0.00973702, 0.01481565, 0.01001215, 0.02409385, 0.01538233,
       0.01472   , 0.02749152, 0.01478216, 0.01670052, 0.01100918,
       0.0106856 , 0.02170104, 0.04928579, 0.01951623, 0.03824322,
       0.01167233, 0.01354653, 0.01223037, 0.01456301, 0.0113123 ,
       0.01188447, 0.01298039, 0.01511254, 0.01037562, 0.01001647,
       0.01314105, 0.01188815, 0.01242248, 0.01119815, 0.01119024,
       0.0116582 , 0.00895496, 0.01707342, 0.01282681, 0.03765631,
       0.02832991, 0.03117039, 0.01136704, 0.02328539, 0.0133381 ],
      dtype=float32)
```

결괏값은 넘파이 형태이기 때문에 변수 이름 없이 순서대로 숫자만 나열됩니다. X_train의 변수 이름을 사용하여 feature_imp라는 이름의 데이터프레임으로 만들어 변수 이름과 매칭시키겠습니다.

```
feature_imp = pd.DataFrame({'features': X_train.columns, 'values': model.
feature_importances_}) # 데이터프레임으로 변환
```

feature_imp에 head( )를 호출해 제대로 만들어졌는지 확인해봅시다.

```
feature_imp.head() # 상위 5줄 출력
```

	features	values
0	has_null	0.021781
1	age	0.011376
2	age_o	0.009981
3	importance_same_race	0.009848
4	importance_same_religion	0.010608

변수 중요도

변수 중요도를 내림차순으로 정리하여 확인해봅시다. barplot( )으로 바 그래프를 그려 상위 10 개의 중요 변수를 확인하겠습니다.

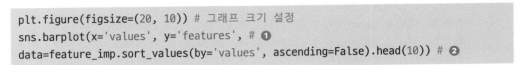

```
plt.figure(figsize=(20, 10)) # 그래프 크기 설정
sns.barplot(x='values', y='features', # ❶
data=feature_imp.sort_values(by='values', ascending=False).head(10)) # ❷
```

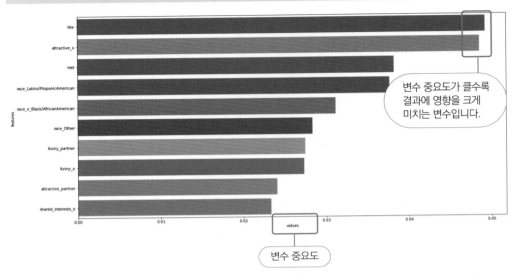

❶ x축에는 values(중요도), y축에는 features 컬럼을 설정했습니다. ❷ sort_values( )를 사용해 컬럼 'values'를 기준으로 내림차순 정렬합니다. 그 뒤에 head( )를 이어 붙여서 상위 10개 항목만 불러 그래프를 출력합니다.

선형 회귀와 로지스틱 회귀에서는 계수 부호와 크기를 보고 직관적으로 이해할 수 있습니다. 결정 트리에서 각 노드는 어떤 변수에서 어떤 값 기준으로 다음 노드를 나누는지 보여주기 때문에 역시 직관적으로 이해할 수 있습니다. 반면 여기서 나타나는 values는 상대적인 중요도를 계산한 값이기 때문에 직관적으로 이해하기가 어렵습니다. 또한 중요하다고 나타난 변수들이 긍정적인 영향인지 부정적인 영향인지까지는 보여주지 않으므로 해석에 유의할 필요가 있습니다.

10.9 이해하기 : XGBoost

XGBoost를 얘기하기에 앞서 트리 모델의 진화 과정을 간략하게 알아보겠습니다.

▼ 트리 모델의 진화 과정

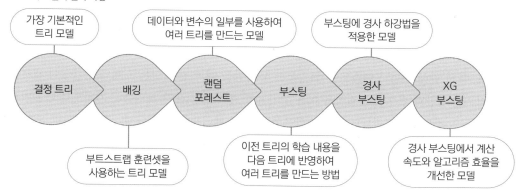

결정 트리와 랜덤 포레스트는 지난 장에서 다뤘습니다. 배깅bagging, 부스팅boosting, 경사 부스팅 gradient boosting은 이 책에서 선정한 톱 10 알고리즘에 포함되지 않았으니 간략하게 소개하겠습니다.

10.9.1 배깅

배깅은 부트스트랩bootstrap 훈련셋을 사용하는 트리 모델입니다. 부트스트랩은 데이터의 일부분을 무작위로 반복 추출하는 방법입니다. 이러한 식으로 추출한 데이터의 여러 부분집합을 사용해 여러 트리를 만들어 오버피팅을 방지합니다. 이 방법은 랜덤 포레스트에도 포함된 내용입니다. 랜덤 포레스트는 배깅에서 한 단계 더 발전된 모델입니다.

▼ 배깅 학습 방법

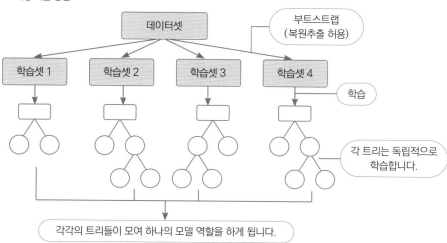

10.9.2 부스팅과 에이다부스트

부스팅Boosting은 랜덤 포레스트에서 한 단계 더 발전한 방법으로 역시 여러 트리를 만드는 모델입니다. 가장 큰 차이점은 랜덤 포레스트에서 각 트리는 독립적이나, 부스팅에서는 그렇지 않다는 겁니다. 다시 말해 랜덤 포레스트에서는 각 트리를 만들 때 이전에 만든 트리와 상관없이 새로운 데이터 부분집합과 변수 부분집합을 이용합니다. 반면 부스팅은 각 트리를 순차적으로 만들면서 이전 트리의 정보를 이용합니다. 부분집합을 이용해 첫 트리를 만들고 난 후, 해당 트리의 예측 결과를 반영하여 두 번째 트리를 만들어서 첫 번째 트리와의 시너지 효과를 키웁니다. 트리를 계속하여 만들 때마다 이런 식으로 이전 트리의 정보를 이용한다는 점이 랜덤 포레스트와 다릅니다.

부스팅의 대표 알고리즘인 에이다부스트AdaBoost(Adaptive Boosting)는 단계적으로 트리를 만들 때 이전 단계에서의 분류 결과에 따라 각 데이터에 가중치를 부여/수정합니다. 예를 들어 이전 트리에서 가중치가 덜 부여되고 잘못 분류된 데이터들에 더 높은 가중치를 부여하고, 후속 트리에서는 가중치가 높은 데이터를 분류하는 데 우선순위를 둡니다. 이러한 방식으로 트리 여러 개를 만들면 분류가 복잡한 데이터셋도 세부적으로 나눌 수 있는 모델이 만들어집니다.

▼ 에이다부스트 학습 방법

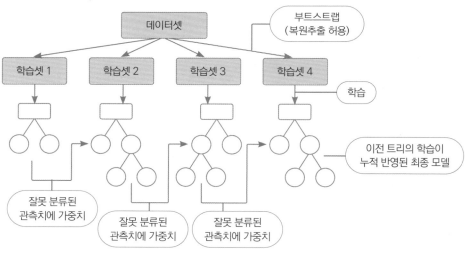

10.9.3 경사 부스팅과 XGBoost

에이다부스트는 각 데이터에 가중치를 부여/수정하는 방식으로 트리를 만듭니다. 반면 경사 부스팅gradient boosting은 경사하강법을 이용하여, 이전 모델의 에러를 기반으로 다음 트리를 만들어갑니다. 경사 부스팅으로 구현한 알고리즘으로 XGBoost, LightGBM, Catboost 등이 있습니다.

▼ 경사 부스팅 학습 방법

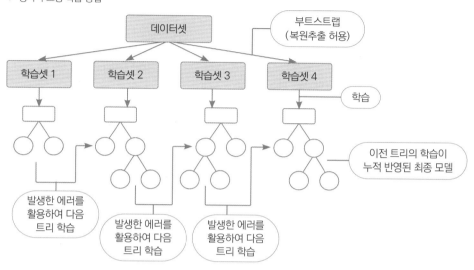

XGBoost는 Extreme Gradient Boosting을 줄인 것으로, XGBoost가 기존의 경사 부스팅보다 특별한 이유는 계산 성능 최적화와 알고리즘 개선을 함께 이루었기 때문입니다. 우선 계산 성능 최적화에 있어서, XGBoost 이전의 부스팅 모델은 트리를 순차적으로 만들어내기 때문에 모델링 속도가 느립니다. XGBoost도 마찬가지로 순차적으로 트리를 만들지만, 병렬화Parallelization, 분산 컴퓨팅Distributed Computing, 캐시 최적화Cache Optimization / Cache-Aware Access 등을 활용해 계산 속도가 훨씬 빠릅니다.

또한 알고리즘도 개선해 경사하강법보다 더 발전된 형태로 최솟값을 찾아냅니다. 기존 경사하강법이 접점의 기울기를 계산하고 매개변수를 이동한 반면, XGBoost에서는 2차 도함수(2번 미분한 함수)를 활용해 더 적절한 이동 방향과 이동 크기를 찾아내어 더 빠른 시간에 전역 최솟값에 도달합니다.

또 한 가지 중요한 개선 사항은 정규화 하이퍼파라미터regularization hyperparameter 지원입니다. 트리 모델이 진화할수록 더 좋은 예측 성능을 보이는 동시에 반대급부로 오버피팅 문제가 더 심각해질 수 있습니다. XGBoost는 이러한 부작용을 줄일 목적으로 LASSO(L1)와 Ridge(L2) 정규화 하이퍼파라미터를 지원합니다(더 구체적인 설명은 11.6절 '하이퍼파라미터 튜닝' 참조). 그 밖에도 애매하게 예측된 관측치에 높은 가중치를 부여하는 가중치 분위수 스케치Weighted Quantile Sketch, 결측치를 유연하게 처리해내는 희소성 인식Sparsity Aware 등을 포함하여 성능을 개선시켰습니다.

> **가중치 분위수 스케치**
> 최적의 분할을 찾기 위해 각 변수에 대한 히스토그램을 만듭니다. 히스토그램의 기둥의 경계는 최상의 분할지점을 찾기 위한 후보로 사용되는데, 가중 분위수 스케치에서는 각 기둥이 동일한 가중치를 갖도록 만들어집니다.

그리드 서치에 다른 하이퍼파라미터값들을 넣어 더 나은 예측을 보이는 조합을 찾을 수 있는지 시도해보세요.

학습 마무리

스피드데이팅 데이터셋을 이용해서 커플 성사 여부를 예측하는 모델을 만들어보았습니다. 이 과정을 되짚어보겠습니다.

되짚어보기

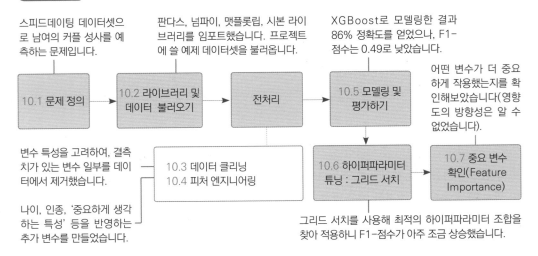

피처 엔지니어링에는 정답이 없습니다. 여기에 제시된 방법 이외에, 여러분만의 아이디어로 변수들을 다양하게 조합해보고 모델링하여 결과를 확인해봅시다.

핵심 용어 정리

1 **XGBoost** : 부스팅 기법의 하나로, 각 트리가 독립적인 랜덤 포레스트와 달리 이전 트리를 기반으로 새로운 트리를 생성하며, 2차 도함수 활용과 정규화 하이퍼파라미터 지원이라는 특징을 지닙니다.

2 **부스팅 알고리즘** : 부스팅은 랜덤 포레스트에서 그다음 세대로 진화하게 되는 중요한 개념입니다. 랜덤 포레스트에서는 각각의 트리를 독립적으로, 즉 서로 관련 없이 만드는 반면, 부스팅 알고리즘에서는 트리를 순차적으로 만들면서 이전 트리에서 학습한 내용이 다음 트리를 만들 때 반영됩니다.

3 **경사하강법** : 경사 부스팅의 핵심 개념 중 하나로, 모델이 어떻게 최소 오차가 되는 매개변수들을 학습하는지에 대한 방법론입니다. 오차식에 대한 미분계수를 통해 매개변수의 이동 방향과 보폭을 결정합니다. 보폭은 러닝 레이트라는 하이퍼파라미터로 조절할 수 있습니다.

새로운 함수와 라이브러리

- **zip( )** : 둘 이상의 데이터(예를 들어 리스트 두 개)의 각 요소들을 순서대로 짝을 지어 한쌍의 튜플로 묶어냅니다.
- **abs( )** : 절댓값을 보여줍니다.
- XGB모델.**feature_importances_** : 학습된 XGBoost 모델에서 변수의 중요도를 보여줍니다.

연습 문제

1 아래의 코드를 실행했을 때 예상되는 출력물은?

```
a = ['a', 'b', 'c']
b = [0, 1, 2]

for i, j in zip(a, b):
  print(i, j)
```

❶ a 0
   b 1
   c 2

❷ 0 a
   1 b
   2 c

❸ 0 1 2
   a b c

❹ a b c
   0 1 2

2 다음 정밀도, 재현율, F1-점수에 대한 설명 중 옳지 않은 것은?

❶ 정밀도는 1종 오류와 관련이 있다.

❷ 2종 오류가 중요할 때는 재현율을 더욱 고려해야 한다.

❸ 1종 오류와 2종 오류를 동등한 수준으로 고려해야 한다면 F1-점수를 확인하는 것이 좋다.

❹ F1-점수는 정밀도와 재현율의 산술평균이다.

3 다음 XGBoost의 하이퍼파라미터 중, 경사하강법의 보폭을 결정하는 것은?

❶ learning_rate

❷ max_depth

❸ subsample

❹ n_estimators

4 다음 XGBoost의 설명 중 옳지 않은 것은?

❶ 부스팅 모델의 일종으로, 트리 모델을 기반으로 한다.

❷ 랜덤 포레스트와 동일하게 여러 개의 트리를 사용하는 알고리즘이다.

❸ 랜덤 포레스트와 동일하게 각각의 트리는 서로 완전히 독립적이다.

❹ 모델링 후 변수의 중요도를 확인할 수 있다.

1 정답 **❶** a 0
b 1
c 2

2 정답 **❹** F1-점수는 정밀도와 재현율의 산술평균이다.

해설 산술평균이 아닌 조화평균으로 계산됩니다.

3 정답 **❶** learning_rate

해설 **❷** max_depth ← 트리의 깊이를 결정합니다.

❸ subsample ← 서브 샘플의 비율을 결정합니다.

❹ n_estimators ← 사용할 트리 개수를 결정합니다.

4 정답 **❸** 랜덤 포레스트와 동일하게, 각각의 트리는 서로 완전히 독립적이다.

해설 XGBoost는 랜덤 포레스트와는 달리 이전의 트리를 기반으로 다음 트리를 만들어냅니다.

LightGBM
이상거래 예측하기

학습 목표

가장 최신 부스팅 기법에 속하는 LightGBM을 활용하여 이상거래를 예측합니다. 하이퍼파라미터 튜닝에 사용하는 랜덤 그리드 서치와 모델 평가에 사용할 AUC$^{area\ under\ the\ curve}$ 개념을 학습합니다.

학습 순서

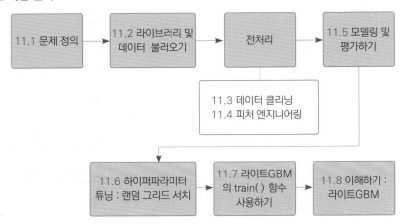

LightGBM소개

XGBoost 이후로 나온 최신 부스팅 모델입니다. LightGBM이 등장하기 전까지는 XGBoost가 가장 인기 있는 부스팅 모델이였지만, 점점 LightGBM이 XGBoost와 비슷한 수준 혹은 그 이상으로 활용되는 추세입니다. 캐글 컴피티션에서도 좋은 퍼포먼스를 많이 보여주어서 그 성능을 인정받았습니다. 리프 중심 트리 분할 방식을 사용합니다.

▼ TOP 10 선정 이유

표로 정리된 데이터$^{tabular\ data}$에서 Catboost, XGBoost와 함께 가장 좋은 성능을 보여주는 알고리즘입니다. 성능을 비교하는 자료를 보면 대체로 LightGBM과 Catboost가 XGBoost보다 나은 성능을 보여주며, LightGBM과 Catboost는 상황에 따라 다른 결과를 보여주어 우열을 가리기 어렵습니다. 다만, 사람들에게 활용/언급되는 빈도는 아직까지는 LightGBM이 우위를 보입니다.

▼ 예시 그래프

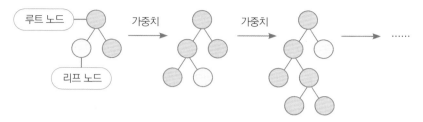

▼ 장단점

장점	단점
• XGBoost보다도 빠르고 높은 정확도를 보여주는 경우가 많습니다. • 예측에 영향을 미친 변수의 중요도를 확인할 수 있습니다. • 변수 종류가 많고 데이터가 클수록 상대적으로 뛰어난 성능을 보여줍니다.	• 복잡한 모델인 만큼, 해석에 어려움이 있습니다. • 하이퍼파라미터 튜닝이 까다롭습니다.

▼ 유용한 곳

• 종속변수가 연속형 데이터인 경우든 범주형 데이터인 경우든 모두 사용할 수 있습니다.
• 이미지나 자연어가 아닌 표로 정리된 데이터라면 거의 모든 상황에서 활용할 수 있습니다.

11.1 문제 정의 : 한눈에 보는 예측 목표

문제 정의

신용카드가 일반적인 결제 수단으로 자리 잡으면서, 부작용도 무시할 수 없습니다. 예를 들어 타인의 카드를 이용해 비정상적인 결제를 일으키는 경우가 있겠죠. 카드사는 이러한 경우를 이상 거래로 판단하고 결제가 바로 승인되지 않도록 모니터링하는데요, 어떻게 특정 거래가 비정상 거래임을 알 수 있을까요? 이번에 사용할 데이터셋에는 수많은 신용카드 거래 내역이 담겨있습니다. 이 데이터를 활용하여, 이상거래를 탐지해보겠습니다.

미션	카드 거래 내역 데이터셋을 이용해 이상거래를 예측하라.		
난이도	★★★		
알고리즘	라이트GBM(LightGBM)		
데이터셋 파일명	fraud.csv	종속변수	is_fraud(이상거래)
데이터셋 소개	이상거래에 관련된 데이터입니다. 이상거래라 함은 카드값을 지불하지 않을 의도를 가지고서 결제를 하거나, 도난된 카드를 가지고 결제를 하는 등의 거래를 의미합니다. 종속변수는 이상거래 여부이고, 독립변수는 거래 시간, 거래 금액, 고객 성별, 상점 범주 등입니다.		
문제 유형	분류	평가지표	정확도, 혼동 행렬, 분류 리포트, ROC AUC 점수
사용한 모델	LGBMClassifier, train		
사용 라이브러리	• numpy (numpy==1.19.5) • pandas (pandas==1.3.5) • seaborn (seaborn==0.11.2) • matplotlib (matplotlib==3.2.2) • sklearn (scikit-learn==1.0.2) • lightgbm (lightgbm==2.2.3)		
예제 코드	• 위치 : colab.research.google.com/github/musthave-ML10/notebooks/blob/main/ • 파일 : 11_LightGBM.ipynb		

11.2 라이브러리 및 데이터 불러오기, 데이터 확인하기

이번에 사용할 데이터는 fraud.csv로 저장되어 있습니다. 해당 파일과 함께 기본 라이브러리를 불러오겠습니다.

```
import pandas as pd
import numpy as np
import matplotlib.pyplot as plt
import seaborn as sns


file_url = 'https://media.githubusercontent.com/media/musthave-ML10/data_source/
main/fraud.csv'
data = pd.read_csv(file_url)  # 데이터셋 읽기
```

head( ) 함수를 사용하여 데이터가 어떻게 생겼는지 간단히 살펴보겠습니다.

```
data.head()  # 상위 5행 출력
```

	trans_date_trans_time	cc_num	merchant	category	amt	first	last	gender	street	city	state	zip	lat	long	city_pop	job	dob	trans_num	unix_time	merch_lat	merch_long	is_fraud
0	2019-01-01 00:00:18	270318618 9652095	fraud_Rippin, Kub and Mann	misc_net	4.97	Jennifer	Banks	F	561 Perry Cove	Moravian Falls	NC	28654	36.0788	-81.1781	3495	Psychologist, counselling	1988-03-09	0b242ab b623afc 5785756 80df306 55b9	1325376018	36.011293	-82.048315	0
1	2019-01-01 00:00:44	63042333 7322	fraud_Heller, Gutmann and Zieme	grocery_pos	107.23	Stephanie	Gill	F	43039 Riley Greens Suite 393	Orient	WA	99160	48.8878	-118.2105	149	Special educational needs teacher	1978-06-21	1f76529 f857473 4946361 c461b02 4d99	1325376044	49.159047	-118.186462	0
2	2019-01-01 00:00:51	38859492 057661	fraud_Lind-Buckridge	entertainment	220.11	Edward	Sanchez	M	594 White Dale Suite 530	Malad City	ID	83252	42.1808	-112.262	4154	Nature conservation officer	1962-01-19	a1a22d7 0485983 eac12b5 b88dad1 cf95	1325376051	43.150704	-112.154481	0
3	2019-01-01 00:01:16	35340937 64340240	fraud_Kutch, Hermiston and Farrell	gas_transport	45.0	Jeremy	White	M	9443 Cynthia Court Apt. 038	Boulder	MT	59632	46.2306	-112.1138	1939	Patent attorney	1967-01-12	6b849c1 68bdad6 f867558 c379315 9a81	1325376076	47.034331	-112.561071	0
4	2019-01-01 00:03:06	37553420 8663984	fraud_Keeling-Crist	misc_pos	41.96	Tyler	Garcia	M	408 Bradley Rest	Doe Hill	VA	24433	38.4207	-79.4629	99	Dance movement psychotherapist	1986-03-28	a41d754 9acf907 89359a9 aa5346d cb46	1325376186	38.674999	-78.632459	0

변수는 총 22개로, 20개가 넘어서 state와 zip이 생략된 상태로 표시되었습니다. 변수에 대한 설명은 다음과 같습니다.

- **trans_date_trans_time** : 거래 시간
- **cc_num** : 카드 번호. 고윳값이기 때문에 여기서는 id처럼 활용할 수 있습니다.
- **merchant** : 거래 상정
- **category** : 거래 상점의 범주(애완용품, 여행, 엔터테인먼트 등)
- **amt** : 거래 금액
- **first / last** : 이름
- **gender** : 성별
- **street / state / zip** : 고객 거주지 정보
- **lat / long** : 고객 주소에 대한 위도 및 경도
- **city_pop** : 고객의 zipcode에 속하는 인구 수
- **job** : 직업
- **dob** : 생년월일
- **trans_num** : 거래번호
- **unix_time** : 거래 시간(유닉스 타임스탬프 형식)
- **merch_lat / merch_long** : 상점 위치에 대한 위도 및 경도
- **is_fraud** : 사기거래 여부 (종속변수)

다음은 info() 함수를 사용해 살펴보겠습니다.

```
data.info()  # 변수 특징 출력
```

```
<class 'pandas.core.frame.DataFrame'>
RangeIndex: 1852394 entries, 0 to 1852393
Data columns (total 22 columns):
 #   Column                 Dtype
---  ------                 -----
 0   trans_date_trans_time  object  ──── 거래 시간
 1   cc_num                 int64   ──── 카드 번호
 2   merchant               object  ──── 거래 상점
 3   category               object  ──── 거래 상점의 범주
 4   amt                    float64 ──── 거래 금액
 5   first                  object
 6   last                   object  ──── 이름
 7   gender                 object  ──── 성별
 8   street                 object
 9   city                   object
 10  state                  object  ──── 고객 거주지 정보
 11  zip                    int64
 12  lat                    float64
 13  long                   float64 ──── 고객 주소에 대한 위도 및 경도
 14  city_pop               int64   ──── 고객의 zipcode에 속하는 인구 수
 15  job                    object  ──── 직업
 16  dob                    object  ──── 생년월일
 17  trans_num              object  ──── 거래 번호
 18  unix_time              int64   ──── 거래 시간
 19  merch_lat              float64
 20  merch_long             float64 ──── 상점 위치에 대한 위도 및 경도
 21  is_fraud               int64   ──── 사기거래 여부(목표 변수)
dtypes: float64(5), int64(5), object(12)
memory usage: 310.9+ MB
```

이번에는 평소와는 다르게 Non-null count가 나오지 않았습니다. 판다스에서는 데이터가 너무 클 때는 Non-null count를 생략하고 보여줍니다. 이를 강제로 보이게 하는 데 show_counts 매개변수를 사용합니다.

```
data.info(show_counts=True)  # Non-Null Count 보이도록 출력
```

```
<class 'pandas.core.frame.DataFrame'>
RangeIndex: 1852394 entries, 0 to 1852393
Data columns (total 22 columns):
 #   Column                 Non-Null Count    Dtype
---  ------                 --------------    -----
 0   trans_date_trans_time  1852394 non-null  object
 1   cc_num                 1852394 non-null  int64
 2   merchant               1852394 non-null  object
 3   category               1852394 non-null  object
 4   amt                    1852394 non-null  float64
 5   first                  1852394 non-null  object
 6   last                   1852394 non-null  object
 7   gender                 1852394 non-null  object
 8   street                 1852394 non-null  object
 9   city                   1852394 non-null  object
 10  state                  1852394 non-null  object
 11  zip                    1852394 non-null  int64
 12  lat                    1852394 non-null  float64
 13  long                   1852394 non-null  float64
 14  city_pop               1852394 non-null  int64
 15  job                    1852394 non-null  object
 16  dob                    1852394 non-null  object
 17  trans_num              1852394 non-null  object
 18  unix_time              1852394 non-null  int64
 19  merch_lat              1852394 non-null  float64
 20  merch_long             1852394 non-null  float64
 21  is_fraud               1852394 non-null  int64
dtypes: float64(5), int64(5), object(12)
memory usage: 310.9+ MB
```

결측치가 있는 변수는 없습니다. 자료형에 특이사항이 보입니다. trans_date_trans_time은 날짜/시간 형태의 데이터인데, 자료형이 object형입니다. 날짜/시간 데이터는 datetime형이어야 날짜/시간 관련 함수에 적용할 수 있으므로, 잠시 후에 이 부분을 수정해주겠습니다.

다음은 describe()로 호출한 정보입니다.

```
round(data.describe(), 2) # 통계 정보 확인
```

	cc_num	amt	zip	lat	long	city_pop	unix_time	merch_lat	merch_long	is_fraud
count	1852394.0	1852394.0	1852394.0	1852394.0	1852394.0	1852394.0	1852394.0	1852394.0	1852394.0	1852394.0
mean	4.1738603839400646e+17	70.06	48813.26	38.54	-90.23	88643.67	1358674218.83	38.54	-90.23	0.01
std	1.3091152653180204e+18	159.25	26881.85	5.07	13.75	301487.62	18195081.39	5.11	13.76	0.07
min	60416207185.0	1.0	1257.0	20.03	-165.67	23.0	1325376018.0	19.03	-166.67	0.0
25%	180042946491150.0	9.64	26237.0	34.67	-96.8	741.0	1343016823.75	34.74	-96.9	0.0
50%	3521417320836166.0	47.45	48174.0	39.35	-87.48	2443	1357089331	39.37	-87.44	0
75%	4642255475285942.0	83.1	72042.0	41.94	-80.16	20328	1374581485	41.96	-80.25	0
max	4.992346398065154e+18	28948.9	99921.0	66.69	-67.95	2906700	1388534374	67.51	-66.95	1

❶ 급격하게 높아져서 아웃라이어가 의심됩니다.

❷ 역시나 급격하게 높아져서 아웃라이어가 의심됩니다.

❸ 확률(1%)이 너무 낮습니다. 이럴 때는 정확도가 높아도 좋은 모델이라고 보장할 수 없어요!

❶ amt와 ❷ city_pop에서 max값이 급격하게 높아져서 아웃라이어를 의심해볼 수 있는데, 변수 특성상 충분히 일어날 수 있으므로 별도로 처리하지는 않겠습니다. ❸ is_fraud의 mean값을 보면 0.01로 매우 낮습니다. 즉, fraud인 경우가 1%로 매우 낮기 때문에 이점을 유의해서 분석 및 해석해야 합니다. 이런 때는 정확도가 99%이더라도 좋은 모델이라고 보장할 수 없습니다. 이렇게 한쪽으로 치우친 데이터를 비대칭 데이터imbalanced data라고 부르는데, 때에 따라서 오버샘플링을 해주어 예측 정확도를 높일 수도 있습니다.

11.3 전처리 : 데이터 클리닝

가장 먼저 불필요한 변수들을 제외시켜야 합니다. 종속변수의 특성을 고려했을 때, 이 변수는 없어도 될 것 같다는 확신이 들거나 굳이 이용하지 않겠다고 생각한 변수들을 추려봅시다.

우선 이름을 통해서 이상거래fraud를 예측한다는 것은 합리적이기 않기 때문에, 이름 관련 변수를 제외할 수 있습니다. street, city, state, zip의 경우 위도와 경도 정보가 있어 사용하지 않겠습니다. 만약 특정 도시/장소에서 이상거래가 더 빈번하다면 가치가 있겠으나 여기에서는 제외하겠습니다. trans_num은 거래번호이고 중복되는 값이 없는 거래에 대한 id이기 때문에 필요하지 않습니다. unix_time은 거래 시간에 대한 정보로서, trans_date_trans_time을 쓰면 되므로 제외하겠습니다. job은 종류가 많지 않으면 더미 변수로 활용해보겠으나, 종류가 많기 때문에 굳이 여기서는 활용하지 않겠습니다. 마지막으로 merchant 또한 제외 대상에 포함하겠습니다. 특정 상점에서의 이상거래가 더 높을 수도 있겠으나, category 변수로 어느 정도 대체가 되는 부분입니다. 또한 카드 정보를 획득한 사람이 특정 물건을 사기 위해 해당 범주 내에서 어떤 상점이든 이용할 수 있으니, 미래의 정보를 고려할 때 merchant 변수는 자칫 오버피팅을 야기할 수도 있습니다.

```
data.drop(['first','last','street','city','state','zip','trans_num','unix_
time','job','merchant'], axis=1, inplace= True) # 변수 제거
```

다음은 trans_date_trans_time 변수를 datetime형으로 수정해주겠습니다.

```
data['trans_date_trans_time'] = pd.to_datetime(data['trans_date_trans_time'])
# 날짜 형식으로 변환
```

이제 info() 함수를 호출해 자료형을 다시 확인하면 object가 아닌 datetime64[ns]로 변경되어 있습니다.

```
data.info() # 변수 특징 출력

<class 'pandas.core.frame.DataFrame'>
RangeIndex: 1852394 entries, 0 to 1852393
Data columns (total 13 columns):
 #   Column                 Dtype
---  ------                 -----
 0   trans_date_trans_time  datetime64[ns]
 1   cc_num                 int64
 2   category               object
 3   amt                    float64
 4   gender                 object
 5   lat                    float64
 6   long                   float64
 7   city_pop               int64
 8   job                    object
 9   dob                    object
 10  merch_lat              float64
 11  merch_long             float64
 12  is_fraud               int64
dtypes: datetime64[ns](1), float64(5), int64(3), object(4)
memory usage: 183.7+ MB
```

11.4 전처리 : 피처 엔지니어링

이상거래 감지의 기본적인 아이디어는 해당 고객의 기존 거래 패턴에서 벗어나는 경우를 감지하는 겁니다. 예를 들어 서울에서만 카드를 사용하던 사람이 갑자기 런던에서 고액의 물건을 구매했다든가, 한 번도 주류매장을 이용한 적이 없었는데 주류매장에서 고액의 결제가 일어났다든가 하는 경우입니다. 실제로 많은 카드사들이 이런 식으로 이상거래를 감지하고, 이상거래가 감지되면 해당 결제를 잠시 보류하고 고객에게 문자/메일로 확인받는 시스템을 갖추고 있습니다.

11.4.1 결제 금액

첫 번째로 다룰 피처 엔지니어링은 결제 금액에 대한 부분입니다. A라는 고객이 평소에 \$100, \$120, \$80, \$30 정도의 금액을 사용하다가 갑자기 \$2,000의 금액을 사용하면 평소와 다르다고 볼 수 있습니다. 반면 B라는 고객의 평소 소비 패턴이 \$10, \$3,000, \$300, \$1,300과 같은 식으로 들쭉날쭉하다면 어느날 \$5,000의 거래가 발생해도 크게 이상해보이지는 않을 겁니다. 이러한 패턴을 파악하기 위해 Z 점수(Z-Score, z값, 표준값, 표준 점수라고도 씁니다)를 사용할 겁니다. 표준 점수는 평균과 표준편차를 이용하여 특정값이 정규분포 범위에서 어느 수준에 위치하는지를 나타냅니다. 수식은 다음과 같습니다.

> **Z 점수**
> 여기서 평균과 표준편차는 각 개인의 거래 내역에 대한 값이므로, cc_num 기준으로 groupby()를 사용하여 구할 수 있습니다.

$$Z \text{ 점수} = \frac{x(\text{특정값}) - \mu(\text{평균})}{\sigma(\text{표준편차})}$$

여기서 평균과 표준편차는 각 개인의 거래 내역에 대한 값이므로, cc_num 기준으로 groupby()를 사용하여 구할 수 있습니다.

```
amt_info = data.groupby('cc_num').agg(['mean','std'])['amt'].reset_index()
# cc_num별 amt 평균과 표준편차 계산
```

head() 함수를 사용하여 amt_info 확인하겠습니다.

```
amt_info.head() # 상위 5행 확인
```

	cc_num	mean	std
0	60416207185	59.257796	142.869746
1	60422928733	65.483159	92.042844
2	60423098130	96.376084	1,000.693872
3	60427851591	107.487550	131.014534
4	60487002085	64.096925	153.207660

카드번호별로 거래금액의 평균과 표준편차가 계산되어 있습니다. cc_num을 키값으로 하여 기존 데이터에 이 데이터를 left join으로 붙이면 원하는 형태의 데이터를 얻을 수 있습니다.

```
data = data.merge(amt_info, on ='cc_num', how='left') # 데이터 합치기
```

이제 기존 데이터에 특정값(amt), 평균(mean), 표준편차(std)가 모두 모였으니 Z 점수를 계산하겠습니다.

```
data['amt_z_score'] = (data['amt'] - data['mean']) / data['std'] # z-score 계산
```

Z 점수에 대한 해석에 사용할 amt, mean, std, amt_z_score 변수만 head( )로 불러보겠습니다.

```
data[['amt','mean','std','amt_z_score']].head() # 상위 5행 확인
```

	amt	mean	std	amt_z_score
0	4.97	89.408743	127.530101	-0.662108
1	107.23	56.078113	159.201852	0.321302
2	220.11	69.924272	116.688602	1.287064
3	45.0	80.090040	280.077880	-0.125287
4	41.96	95.341146	94.322842	-0.565941

인덱스 2행을 확인하면 평균 거래 금액이 약 $69.9 수준인데 해당 지출금액은 $220으로 상당한 차이를 보입니다. 표준편차는 116으로, 이에 대한 Z 점수는 1.28이 나왔습니다. 위에 나타난 다른 거래 건들과 비교하면 상대적으로 특이합니다.

mean과 std는 Z 점수를 구하는 데 필요한 값일뿐 예측에는 필요하지 않으니 제거합니다.

```
data.drop(['mean','std'], axis=1, inplace=True) # 변수 제거
```

11.4.2 범주

다음으로 처리할 피처 엔지니어링도 Z 점수인데, 이번에는 범주 관점까지 파고들어서 더욱 디테일하게 만들겠습니다. 개인의 소비 패턴도 다르지만, 각 개인마다 어떤 범주에 얼마만큼의 금액을 쓰는지 또한 다를 겁니다. 이에 대한 Z 점수도 구하려면 위와 같은 작업을 하되, 평균과 표준편차를 구하는 groupby() 과정에서 cc_num과 category를 함께 적용합니다.

```
category_info = data.groupby(['cc_num','category']).agg(['mean','std'])['amt'].
reset_index() # cc_num과 category 기준으로 amt의 평균, 표준편차 계산
```

merge()를 사용해서 데이터를 합칠 때도 키값에 cc_num과 category를 함께 넣어줘야 합니다.

```
data = data.merge(category_info, on =['cc_num','category'], how='left')
# 데이터 합치기
```

Z 점수를 구하고 불필요해진 mean과 std 변수를 제거합니다.

```
data['cat_z_score'] = (data['amt'] - data['mean']) / data['std'] # z-score 계산
data.drop(['mean','std'], axis=1, inplace=True) # 변수 제거
```

11.4.3 거리

다음 피처 엔지니어링은 거리입니다. 이 데이터에는 고객의 위치와 상점의 위치가 있기 때문에 이둘 사이의 거리를 계산할 수 있습니다. 거리에 대한 Z 점수를 활용하면 기존 패턴에서 벗어난 거래를 감지할 수 있습니다. 예를 들어 고객이 주로 주소지 부근 100km 반경에서만 거래를 하다가 3,000km 떨어진 지역에서 거래가 발생했다면, 카드 정보가 해킹되어 타인이 사용한 것은 아닌지 의심해볼 여지가 있습니다.

두 지점의 거리 계산에 geopy 라이브러리를 사용할 수 있습니다. 해당 라이브러리의 distance

모듈을 불러오겠습니다.

```
import geopy.distance # 임포트
```

distance 모듈은 두 지점에 대한 위도와 경도를 튜플 형태로 받아서 계산됩니다.

```
geopy.distance.distance((위도1, 경도1), (위도2, 경도2))
```

지금 우리가 가진 데이터는 각 위도와 경도가 각각 별도의 변수로 존재하기 때문에, zip을 활용하여 하나로 묶어주고, 이를 판다스 시리즈 형태로 정의하여 변수로 활용할 수 있습니다.

```
data['merch_coord'] = pd.Series(zip(data['merch_lat'], data['merch_long']))
# 위도, 경도 한 변수로 합치기
data['cust_coord'] = pd.Series(zip(data['lat'], data['long']))
# 위도, 경도 한 변수로 합치기
```

이제 merch_coord에는 상점에 대한 위치, cust_coord에는 고객 주소에 대한 위치가 저장되었습니다. 이제 distance()를 사용하여 거리를 계산할 수 있는데, 이 함수는 시리즈 형태가 아니라 한 건씩 데이터를 처리하기 때문에 apply()를 활용하여 적용시켜야 합니다.

```
data['distance'] = data.apply(lambda x: geopy.distance.distance(x['merch_coord'],
                x['cust_coord']).km, axis=1) # 거리 계산
```

이 코드를 실행시키면 상당히 오랜 시간이 걸립니다.

코드가 실행된 시간을 측정하기

이렇게 시간이 오래 걸릴 때는 시간을 측정해두어 추후 코드를 수정할 때 참고하는 것이 좋습니다. 진행 시간을 확인하는 다양한 방법이 있는데, 여기서는 time 라이브러리를 소개하겠습니다. 우선 time 라이브러리를 불러옵니다.

```
import time
```

그리고 time.time()을 실행시켜보면 현재 시간이 표시됩니다.

```
time.time()
```

이 기능을 활용하여 distance 코드 실행 전과 실행 후의 현재 시간을 빼는 방식으로 총 얼마나 걸렸는지 확인할 수 있습니다.

```
start_time = time.time()
data['distance'] = data.apply(lambda x: geopy.distance.distance(x['merch_
coord'], x['cust_coord']).km, axis=1)
end_time = time.time()
print(end_time-start_time)
```

```
564.754515171051
```

해당 정보는 초 단위로 표시됩니다. 저는 약 564초가 걸렸습니다.

distance를 구했으면 이전과 같은 방법으로 Z 점수를 구해줍니다.

```
distance_info = data.groupby('cc_num').agg(['mean','std'])['distance'].reset_
index() # cc_num 별, 거리 정보 계산
data = data.merge(distance_info, on ='cc_num', how='left') # 데이터 합치기
data['distance_z_score'] = (data['distance'] - data['mean']) / data['std'] # z-score 계산
data.drop(['mean','std'], axis=1, inplace=True) # 변수 제거
data.head() # 상위 5행 출력
```

	trans_date_trans_time	cc_num	category	amt	gender	lat	long	city_pop	dob	merch_lat	merch_long	is_fraud	amt_z_score	cat_z_score	merch_coord	cust_coord	distance	distance_z_score
0	2019-01-01 0:00:18	2703186 189652095	misc_net	5	F	36.07880	-81.18	3,495.00	32211	36.01	-82.05	0.00	-0.66	-0.688297	(36.011293, -82.048315)	(36.0788, -81.1781)	78.773821	0.030974
1	2019-01-01 0:00:44	630,423, 337,322	grocery_pos	107	F	48.88780	-118.2	149.0	28662	49.16	-118.19	0.00	0.32	0.317631	(49.159047, -118.186462)	(48.8878, -118.2105)	30.216618	-1.475224
2	2019-01-01 0:00:51	38,859,492, 057,661	entertainment	220	M	42.18080	-112.26	4,154.00	22665	43.15	-112.15	0.00	1.29	2.872509	(43.150704, -112.154481)	(42.1808, -112.262)	108.102912	1.160572
3	2019-01-01 0:01:16	3,534,093, 764,340,240	gas_transport	45	M	46.23060	-112.11	1,939.00	24484	47.03	-112.56	0.00	-0.13	-1.050197	(47.034331, -112.561071)	(46.2306, -112.1138)	95.685115	0.818063
4	2019-01-01 0:03:06	375,534,208, 663,984	misc_pos	42	M	38.42070	-79.46	99.00	31499	38.67	-78.63	0.00	-0.57	1.312866	(38.674999, -78.632459)	(38.4207, -79.4629)	77.702395	0.064037

11.4.4 나이 구하기

생년월일을 정보를 활용해 나이를 구해봅시다. 판다스 시리즈에서 dt 함수를 사용하면 해당 값에 대한 년, 월, 일 등을 따로 분리해낼 수 있습니다. 다음과 같이 dt.year를 활용하여 출생년도를 계산하고 2021년 기준으로 나이를 구하겠습니다.

```
data['age'] = 2021 - pd.to_datetime(data['dob']).dt.year # 나이 계산
```

그리고 불필요한 변수들을 모두 제거해줍니다. 카드번호나 위도, 경도 정보는 피처 엔지니어링에만 필요하고 예측하는 데는 사용할 필요가 없습니다.

```
data.drop(['cc_num','lat','long','merch_lat','merch_long','dob','merch_
coord','cust_coord'], axis = 1, inplace=True) # 변수 제거
data.head() # 상위 5행 출력
```

	trans_date_ trans_time	category	amt	gender	city_pop	is_fraud	amt_z_ score	cat_z_ score	distance	distance_z_ score	age
0	2019-01-01 0:00:18	misc_net	4.970	F	3,495	0.00000	-0.66	-0.69	78.77	0.03	33.00
1	2019-01-01 0:00:44	grocery_pos	107.230	F	149	0.00000	0.3	0.3	30.22	-1.48	43.00
2	2019-01-01 0:00:51	entertainment	220.110	M	4,154	0.00000	1.29	2.87	108.10	1.16	59.00
3	2019-01-01 0:01:16	gas_transport	45.000	M	1,939	0.00000	-0.13	-1.05	95.69	0.82	54.00
4	2019-01-01 0:03:06	misc_pos	41.960	M	99	0.00000	-0.57	1.31	77.70	0.06	35.00

11.4.5 새 변수 만들기

이제 기존 변수에서 새로운 변수를 만들어내는 작업은 모두 끝났습니다. 남아 있는 object 변수인 category와 gender는 더미 변수로 변환하여 활용하겠습니다.

```
data = pd.get_dummies(data, columns = ['category','gender'], drop_first = True)
# 더미 변수 변환
```

trans_date_trans_time은 예측에 필요하지는 않으나, 훈련셋을 분리시키는 데 활용하려고 아직 제외시키지 않았습니다. 그래도 모델링하는 데는 활용하지 않을 것이기 때문에 index에 들어가도록 처리해줍니다.

```
data.set_index('trans_date_trans_time', inplace=True) # 인덱스 설정
data.head() # 상위 5행 출력
```

trans_date_trans_time	amt	city_pop	is_fraud	amt_z_score	cat_z_score	distance	distance_z_score	age	category_food_dining	category_gas_transport	...	category_health_fitness	category_home	category_kids_pets	category_misc_net	category_misc_pos	category_personal_care	category_shopping_net	category_shopping_pos	category_travel	gender_M
2019-01-01 00:00:18	5	3,495	0.000	-1	-1	78.77382	0.0	33.0	0.00	0.00	...	0.00	0	0	1	0	0	0	0	0	0
2019-01-01 00:00:44	107	149	0.000	0	0	30.21662	-1.48	43.00	0.00	0.00	...	0.00	0	0	0	0	0	0	0	0	0
2019-01-01 00:00:51	220	4,154	0.000	1	3	108.10291	1.16	59.00	0.00	0.00	...	0.00	0	0	0	0	0	0	0	0	1
2019-01-01 00:01:16	45	1,939	0.000	0	-1	95.68512	0.82	54.00	0.00	1.00	...	0.00	0	0	0	0	0	0	0	0	1
2019-01-01 00:03:06	42	99	0.000	-1	1	77.70240	0.064037	35	0	0	...	0	0	0	0	1	0	0	0	0	1

11.5 모델링 및 평가하기

신용카드의 이상거래를 감지하는 상황을 상상하면 지금까지 발생한 거래 데이터를 기반으로 모델을 학습시키고, 그 모델을 이용하여 앞으로 일어나는 거래에 대한 이상 여부를 예측해야 합니다. 이러한 이유로 이번에는 train_test_split()을 사용하지 않고, 특정 날짜를 기준으로 하여 훈련셋과 시험셋을 나누겠습니다. 이 데이터는 2019년 1월부터 2020년 12월까지의 데이터를 담고 있는데, 이중 2020년 7월~12월 데이터를 시험셋으로 활용하겠습니다.

```
train = data[data.index < '2020-07-01'] # 훈련셋 설정
test = data[data.index >= '2020-07-01'] # 시험셋 설정
```

이렇게 시험셋을 정의하면 시험셋의 비율은 다음과 같이 약 28%입니다.

```
len(test) / len(data) # 시험셋 비율 확인
```
```
0.2837738623640543
```

이제 각 셋에서 종속변수를 분리하여 X와 y가 붙은 훈련셋과 시험셋을 만듭니다.

```
X_train = train.drop('is_fraud', axis = 1)    # X_train 설정
X_test = test.drop('is_fraud', axis = 1)      # X_test 설정
y_train = train['is_fraud']    # y_train 설정
```

```
y_test = test['is_fraud']     # y_test 설정
```

이제 모델링에 사용할 LightGBM 라이브러리를 lgb라는 별칭으로 불러옵니다.

```
import lightgbm as lgb # 임포트
```

XGBoost와 마찬가지로 LightGBM 학습을 시키는 함수로는 회귀, 분류, train( ) 함수(11.7절 참고)가 있습니다. 가장 먼저 하이퍼파라미터 튜닝 없이 기본값으로 분류 함수를 이용하여 모델링 하겠습니다. 방법은 기존과 동일하니 예측하는 코드까지 한 번에 처리하겠습니다.

```
model_1 = lgb.LGBMClassifier(random_state = 100) # 모델 객체 생성
model_1.fit(X_train, y_train)      # 학습
pred_1 = model_1.predict(X_test)  # 예측
```

그리고 이번에는 이전에 사용했던 평가 방법인 정확도(accuracy_score), 혼동 행렬 (confusion_matrix), 분류 리포트(classification_report)에 추가로, ROC AUC 점수(roc_ auc_score)까지 활용하겠습니다.

```
from sklearn.metrics import accuracy_score, confusion_matrix, classification_
report, roc_auc_score # 임포트
```

가장 먼저 accuracy_score( ) 함수로 정확도를 확인해봅시다.

```
accuracy_score(y_test, pred_1) # 정확도 확인
```

```
0.9964749144410561
```

약 99.6%로 매우 정확한 예측률을 보여줍니다. 하지만 기존 종속변수의 구성이 한쪽으로 지나치게 치우친 비대칭 데이터에서는 이런 높은 예측률이 큰 의미는 없습니다. 이미 is_fraud가 0인 경우가 약 99%이기 때문에, 이보다 작은 정확도가 나온다면 무언가 크게 잘못된 겁니다.

그럼 다음으로 confusion_matrix( ) 함수를 이용해서 혼동 행렬을 출력해 어떤 오류가 많이 발생했는지, 참 양성은 얼마나 많은지 확인하겠습니다.

```
print(confusion_matrix(y_test, pred_1)) # 혼동 행렬 확인

[[522626  1023]]───❸ 거짓 양성
[    830   1182]]

❷ 거짓 음성  ❶ 참 양성
```

❶ 참 양성은 1182건입니다. 1종 오류와 2종 오류가 비슷한 수준으로 발생했습니다. ❷ 거짓 음성(2종 오류)이 830건으로, 절반이 좀 안 되는 이상거래를 잡아내지 못했습니다. 반대로 정상거래 건이 이상거래로 잘못 감지된 ❸ 거짓 양성(1종 오류)은 1023건입니다.

다음은 classification_report( ) 함수로 분류 리포트를 확인해봅시다.

```
print(classification_report(y_test, pred_1)) # 분류 리포트 확인

               precision    recall  f1-score   support

           0       1.00      1.00      1.00    523649
           1       0.54      0.59      0.56      2012

    accuracy                           1.00    525661
   macro avg       0.77      0.79      0.78    525661
weighted avg       1.00      1.00      1.00    525661
```

정밀도(precision)는 0.54, 재현율(recall)은 0.59, F-1 점수(f1-score)는 0.56입니다. 이상거래 감지에서는 셋 중 어떤 값이 가장 중요할까요? 지나치게 예민하게 반응하여 많은 이상거래를 감지해낸다면 실제로 이상거래를 감지하는 경우도 많아지겠지만, 동시에 정상거래를 이상거래로 인식하고 거래를 지연시키고 고객에게 확인하는 일 역시 많아질 겁니다. 반대로 덜 예민하게 반응하는 모델이라면 정상 거래 건을 안정적으로 처리하는 경우가 많아지겠지만, 그중 이상거래가 포함되는 경우 또한 늘게 됩니다. 둘 중 한쪽을 선택해야 한다면, 정상 거래를 한 고객이 확인 절차를 거치는 불편함이 조금 더 발생하더라도 이상거래를 조금 더 포착하는 게 중요할 겁니다. 즉, 실제 이상거래를 얼마나 많이 예측해냈는지를 의미하는 재현율이 더 중요합니다.

여기서 잠깐 모델이 예민하게 반응한다는 것의 의미를 조금 구체적으로 살펴보겠습니다. 로지스틱 회귀에서부터 부스팅 모델에 이르기까지, 모든 이진분류^{Binary Classification}에서 예측값은 0부터 1

까지에 해당하는 숫자였습니다. 지금까지 보아온 예측값들은 0과 1이었지만, 실제로는 0.2322, 0.678221 같은 소수점 형태입니다. 다만 0.5를 기준으로 반올림하여 0과 1로 보여준 겁니다. 0 과 1로 나누는 기준을 0.5가 아닌 다른 값으로 적용하면 예측 결과 또한 달라지며, 이 기준점이 민 감도를 결정합니다. 예를 들어 0.2를 기준으로 하면 0.2보다 큰 값은 모두 1로 분류되어 매우 민 감하게 반응합니다. 반면 기준점을 0.8로 하면 0.8 이하는 모두 0으로 분류되어 상대적으로 둔감 한 예측 결과를 보일 겁니다. 예측하는 코드에서 predict() 대신 predict_proba()를 사용하면 0과 1이 아닌 소수점 형태의 결과를 얻을 수 있습니다(이는 다른 알고리즘에서도 동일하게 적용 됩니다).

```
proba_1 = model_1.predict_proba(X_test) # 예측
```

proba_1을 출력하면 다음과 같이 **2열 × 데이터수**만큼의 소수점값이 나옵니다.

```
proba_1 # 예측 결과 출력

array([[9.99944636e-01, 5.53639581e-05],
       [9.99912715e-01, 8.72847343e-05],
       [1.00000000e+00, 0.00000000e+00],
       ...,
       [9.99890545e-01, 1.09455330e-04],
       [9.99624117e-01, 3.75882664e-04],
       [9.99868882e-01, 1.31118203e-04]])
```

각 행은 각 데이터에 대한 예측값이며, 그중 첫 번째 값은 0에 대한 예측값, 두 번째 값은 1에 대한 예측값입니다. 즉 둘의 합은 1입니다. 우리가 알고 싶은 것은 1일 가능성을 예측하는 것이기 때문 에 두 번째 값들만 나타나도록 다음과 같이 인덱싱할 수 있습니다.

```
proba_1[:, 1] # 1에 대한 예측 결과만 출력

array([5.53639581e-05, 8.72847343e-05, 0.00000000e+00, ...,
       1.09455330e-04, 3.75882664e-04, 1.31118203e-04])
```

이 부분(1일 가능성 예측값)만 사용할 것이기 때문에 proba_1에 덮어쓰겠습니다.

```
proba_1 = proba_1[:, 1] # 예측 결과 재설정
```

이제 이 값을 0.2과 0.8을 기준으로 하여 0과 1로 나누어보고 혼동 행렬과 분류 리포트를 비교하겠습니다.

```
proba_int1 = (proba_1 > 0.2).astype('int') # 0.2 기준으로 분류
proba_int2 = (proba_1 > 0.8).astype('int') # 0.8 기준으로 분류
```

>를 사용하여 특정 기준보다 더 큰지를 확인하면 True/False로 결과가 나오므로, astype('int')를 붙여서 0과 1로 변환했습니다.

이제 각각을 confusion_matrix( )와 classification_report( ) 함수에 적용해보겠습니다.

```
print(confusion_matrix(y_test, proba_int1)) # 혼동 행렬 확인

[[522007    1642]
 [   657    1355]]
```

```
print(classification_report(y_test, proba_int1)) # 분류 리포트 확인

              precision    recall  f1-score   support

           0       1.00      1.00      1.00    523649
           1       0.45      0.67      0.54      2012

    accuracy                           1.00    525661
   macro avg       0.73      0.84      0.77    525661
weighted avg       1.00      1.00      1.00    525661
```

0.2를 기준점으로 한 결과입니다. 기존 결과(0.5 기준)보다 훨씬 많은 1355건의 참 양성이 보이면서, 동시에 거짓 양성 또한 1642건으로 늘었습니다. 그렇다 보니 정밀도는 기존보다 떨어지고 재현율은 많이 개선된 모습입니다.

다음은 0.8을 기준으로 한 결과입니다.

```
print(classification_report(y_test, proba_int2)) # 분류 리포트 확인

              precision    recall  f1-score   support

           0       1.00      1.00      1.00    523649
           1       0.58      0.50      0.54      2012

    accuracy                           1.00    525661
   macro avg       0.79      0.75      0.77    525661
weighted avg       1.00      1.00      1.00    525661
```

0.8을 기준으로 하면 ❶ 참 양성이 1005건으로 조금 줄었지만 ❷ 거짓 양성은 739건으로 줄어 크게 개선되었고, 반대로 ❸ 거짓 음성이 1007로 많아졌습니다. 즉, 정상거래 건을 이상거래로 잘 못 의심하는 경우는 줄었으나, 반대로 이상거래를 놓치는 경우가 너무 많아졌습니다. 때문에 정밀 도가 높아진 반면 재현율은 다소 떨어집니다. 이 분석의 목적에 따라 재현율을 가장 중요하게 보 아야겠지만 그렇다고 정밀도가 지나치게 낮아지는 것도 조심해야 하기 때문에 적절한 기준점을 잡아야 합니다.

만약 여러 모델을 만들고 그 성능을 비교한다면 주로 어떤 값을 살펴보는 게 좋을까요? 여기서는 재현율을 가장 우선시해서 봐야겠지만, 기준점에 따라 재현율이 달라질 수 있고 최적의 기준점은 모델에 따라 달라진다는 문제가 있습니다. 예를 들어 모델 A에서는 0.4에서 높은 재현율과 적절 한 정밀도를 얻을 수 있는 반면, 모델 B에서는 0.3이 최적의 기준점이 될 수 있습니다. 그래서 재 현율을 기준으로 모델 간의 성능 비교는 아주 명쾌하지는 않습니다. AUC라는 또 다른 지표 를 활용하면 이러한 문제를 쉽게 해결할 수 있 습니다. 우선 AUC를 이해하려면 ROC 곡선 ROC Curve을 알아야 합니다. ROC 곡선은 민감도 와 특이도 개념을 활용합니다.

> **ROC 곡선과 AUC**
> 이진분류 모델을 평가하는 방법으로, 기준점에 영향을 받지 않기 때문에 여러 모델을 비교할 때 요긴하게 사용됩니다. AUC는 ROC 곡선의 아래 면적을 의미하고, 0.5~1 사이의 값을 지니며 높을수록 좋은 모델입니다.

- $TPR = \dfrac{TP(\text{참 양성})}{TP(\text{참 양성}) + FN(\text{거짓 음성})}$: **민감도**라고 부릅니다(재현율과 수식이 같습니다). 다시 한번 개념을 설명하자면, 실제 1인 것 중 얼마만큼 제대로(1로) 예측되었는지를 뜻합니다. 1에 가 까울수록 좋은 수치입니다.

- $FPR = \dfrac{FP(\text{거짓 양성})}{FP(\text{거짓 양성}) + TN(\text{참 음성})}$: **특이도**라고 부릅니다. 분모는 실젯값이 0인 경우이고, 분자는 잘못 예측된 1입니다. 즉, 실제 0인 것 중 얼마만큼이 1로 잘못 예측되었는지를 말합니다. 0에 가까울수록 좋은 수치입니다.

만약 모델이 100% 정확하게 예측했다면, 즉 실제 1인 것을 모두 1이라고 예측하고, 실제 0인 것 중 1이라고 잘못 예측한 것이 없다면, TPR(민감도)은 1, FPR(특이도)은 0이 됩니다. 아래 그림에서 왼쪽 상단의 점이 이에 해당합니다.

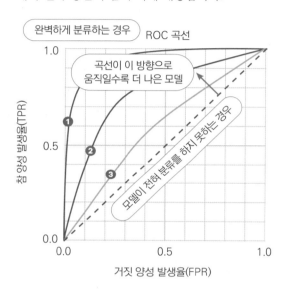

하지만 현실적으로 이런 상황은 보기 어려우며, 주로 ❶ ❷ ❸ 곡선 같은 모습을 보입니다. ❷번 초록 곡선을 예로 들어 그래프를 해석해보자면, FPR이 0.1인 지점에서는 TPR이 0.4 정도입니다. 즉 잘못 1로 분류한 경우가 별로 없지만, 제대로 1로 예측하는 경우도 40% 정도입니다. 조금 더 오른쪽으로 움직여서 FPR이 0.6인 지점은 TPR이 0.9입니다. 실젯값 1에 대해 90%를 정확히 예측해냈지만, 잘못 예측된 실젯값 0들이 60%나 나왔습니다. FPR을 희생하면 더 나은 TPR을 얻을 수 있고, 반대로 TPR을 포기하면 안정적인(0에 가까운) FPR을 얻을 수 있습니다. 그리고 한 모델에 대해서 이렇게 다양한 값이 나올 수 있는 것은 위에서 설명한 기준점을 달리할 수 있기 때문입니다. 즉, 이 그래프는 모든 가능한 기준점들에 대한 TPR과 FPR에 대한 결과를 보여줍니다. 좋은 모델의 ROC 곡선은 ❶번 파란 곡선처럼 FPR을 아주 조금 희생해도 쉽게 높은 TPR을 얻을 수 있어야 합니다. 반대로 ❸번 노란 곡선은 모델의 FPR을 아무리 높여봐야 TPR이 별로 높아지지 않아 안 좋은 모델이라 볼 수 있습니다. ROC 곡선에서 가장 안 좋은 경우는 빨간 점선의 형태로, 전혀 예측을 하지 못하는 경우입니다. ROC 곡선은 빨간 점선보다 더 아래쪽으로는 만들어지지 않습니다.

AUC는 Area Under the ROC Curve의 약자로, ROC 곡선의 아래쪽에 해당하는 면적을 의미합니다. 아래의 예시 그림에서 파란색 선이 ROC 곡선이라면, 그 아래 색이 칠해진 부분이 AUC입니다.

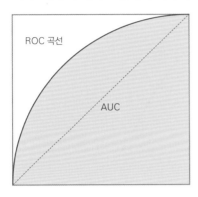

사각형 전체의 면적을 1로 두었을 때, AUC의 최댓값은 1이며, 최솟값은 빨간 점선 아랫부분인 0.5가 됩니다.

이번에는 AUC를 조금 다른 각도에서 설명하겠습니다. 만약 다음과 같은 모델이 있다고 합시다. X 축은 기준점Threshold이고 y축은 해당 기준점에 대한 데이터 개수입니다. ❷번 선은 1에 해당하는 데이터를 나타내고 ❶번 선은 0에 해당하는 데이터를 의미합니다.

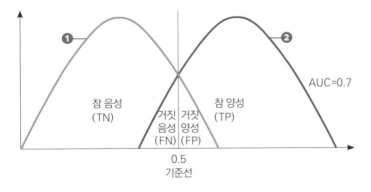

이 그림에서는 예측값을 0.5를 기준으로 0과 1을 나누면 참 양성(TP), 참 음성(TN), 거짓 음성(FN), 거짓 양성(FP)이 어떻게 나누어지는지를 보여줍니다. 0.5를 기준으로 오른쪽은 1로 예측되기 때문에, 0.5 우측에 해당하는 연두색 선의 데이터는 잘못 분류된, 즉 거짓 양성에 해당하며, 반대로 0.5의 왼쪽에 존재하는 빨간색 선의 데이터는 거짓 음성이 되는 겁니다. 대략 이 정도로 구분할 수 있는 모델의 AUC를 0.7이라고 하겠습니다. 그렇다면 아주 완벽하게 예측하는 모델의 그림도 살펴봅시다.

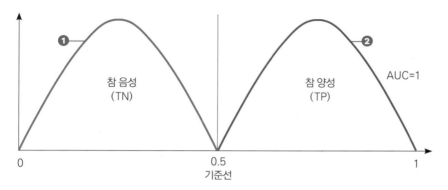

여기에서는 ❷번 선과 ❶번 선이 겹치는 지점이 없기 때문에, 적절한 기준점을 잡는다면(여기에서는 0.5) 아주 완벽하게 예측할 수 있습니다. 이 경우는 AUC가 1이 됩니다. 마지막으로 가장 나쁜 모델의 예도 살펴보겠습니다.

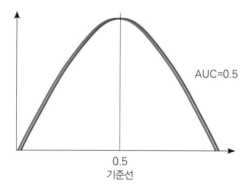

두 선이 겹쳐서, 사실상 아무런 예측력도 가지지 못하는 모델입니다. 기준점을 어느 쪽으로 움직이든 도무지 유의미한 예측이 불가능합니다. 이때 AUC는 최솟값인 0.5가 나오게 됩니다.

즉, AUC는 모델이 얼마나 0과 1을 잘 분리하는지 기준점에 상관없이 보여주고 있기 때문에, 여러 모델을 비교하기에 아주 객관적인 지표로 사용될 수 있습니다. 그럼 위에서 구한 예측값들을 사용하여 AUC를 구하겠습니다. AUC는 다른 평가지표와는 다르게 0과 1로 나누어진 값이 아닌 소수점 값, 즉 predict_proba( )로 예측된 값을 그대로 사용해야 합니다.

```
roc_auc_score(y_test, proba_1) # 정확도 확인
```

```
0.9031275287192038
```

약 0.9031 정도로 상당히 높은 AUC가 나왔습니다. 보통 0.8 이상이면 상당히 높은 편입니다만, AUC 또한 정확도와 마찬가지로 종속변수가 한쪽으로 편향된 때 자연스럽게 높게 나오는 경향이 있으므로 0.9031이라고 해서 반드시 매우 좋다고 해석할 수는 없습니다.

5장에서부터 지금까지 다양한 이진분류에 대한 평가지표를 알아보았습니다. 전체적으로 복습하는 차원에서 다시 한번 간단하게 살펴봅시다.

▼ 이진분류 평가 지표

지표	설명	다루는 장
정확도	전체 예측값 중 몇 %나 정확하게 맞추었는지에 대한 지표	5장
오차행렬	실제 참/거짓, 예측 참/거짓을 2X2 테이블로 표현한 것	7장
정밀도	양성으로 예측된 것 중 참 양성의 비율	10장
재현율	실제 양성 중 참 양성으로 예측 한 비율	10장
F1-점수	정밀도와 재현율의 조화평균	10장
민감도	참 양성과 거짓 음성으로 예측된 것 중 참 양성의 비율	11장
특이도	거짓 양성과 참 음 음성으로 예측된 것 중 참 음성의 비율	11장
AUC	민감도와 특이도를 사용하여 그린 ROC 커브의 아래면적으로, 모델이 데이터를 얼마나 명료하게 분류하는지를 나타내는 지표	11장

11.6 하이퍼파라미터 튜닝 : 랜덤 그리드 서치

랜덤 그리드 서치를 활용하여 하이퍼파라미터 튜닝을 하겠습니다. 랜덤 그리드 서치는 기존 그리드 서치와 유사하나, 주어진 하이퍼파라미터값들의 모든 조합을 시도하지 않고 랜덤으로 일부만

선택하여 모델링합니다. 모든 조합에 대해 모델링하면 너무 많은 시간이 소요될 수 있기 때문에, 랜덤 그리드 서치를 통해 더 넓은 영역의 하이퍼파라미터 값을 더 짧은 시간에 다양하게 활용할 수 있는 장점이 있습니다. 물론 하이퍼파라미터 값들의 조합 전부를 확인하는 것보다는 덜 좋은 모델이 나올 수 있으니 시간적인 부분을 고려한다면 장점이 더 크다고 볼 수 있습니다. 랜덤 그리드 서치도 사이킷런의 model_selection에서 불러올 수 있습니다.

```
from sklearn.model_selection import RandomizedSearchCV
```

이번에는 더 많은 하이퍼파라미터를 활용하겠습니다.

```
params = {
        'n_estimators': [100, 500, 1000],          # 반복 횟수
        'learning_rate': [0.01, 0.05, 0.1, 0.3],   # 러닝 레이트
        'lambda_l1': [0, 10, 20, 30, 50],          # L1 정규화
        'lambda_l2': [0, 10, 20, 30, 50],          # L2 정규화
        'max_depth': [5, 10, 15, 20],              # 최대 깊이
        'subsample': [0.6, 0.8, 1]}                # 서브샘플 비율
```

새로 등장한 하이퍼파라미터는 lambda_l1과 lambda_l2입니다. 이들은 각각 L1 정규화와 L2 정규화를 의미합니다. 이는 LightGBM뿐만 아니라 XGBoost에서도 사용할 수 있으며, 이 개념을 선형 회귀에 접목한 라쏘 회귀lasso regression(L1 정규화 적용), 릿지 회귀ridge regression(L2 정규화 적용)도 있습니다. 선형 회귀의 경우를 들어 L1 정규화와 L2 정규화의 개념을 간단히 알아보겠습니다.

피처 셀렉션

피처 셀렉션은 머신러닝 학습에 사용할 피처를 선택하는 것을 의미합니다. 기본적으로 많은 피처(독립변수)가 있는 것이 풍부한 데이터이기 때문에 머신러닝 학습에 있어서 좋다고 볼 수 있지만, 언제나 많은 피처가 좋은 것은 아닙니다. 적절하지 못한 피처가 섞인 경우는 오히려 예측 결과가 안 좋아질 수 있기 때문에, 특정 피처만을 선택하여 모델링했을 때 더 좋은 결과가 나오기도 합니다. 여기서 다루는 L1 정규화는 피처 셀렉션의 역할을 해주기 때문에 불필요한 변수들을 자동으로 학습에서 배제합니다. 반면, 회귀 분석은 모든 피처를 다 사용하기 때문에 피처 셀렉션을 지원하는 라쏘 회귀를 사용하거나, 포워드 셀렉션(forward selection), 백워드 제거(backward elimination), 재귀적 피처 제거(recursive reature elimination)와 같은 방법을 사용할 수도 있습니다.

예를 들어 선형 회귀 모델을 만들면 각 변수에 대한 기울기, 즉 계수가 구해집니다. L1 정규화와 L2 정규화는 이 계수에 패널티를 부가하여 너무 큰 계수가 나오지 않도록 강제하는 방법입니다.

이는 각 변수에 대한 계수를 조금 더 작게 반영함으로써 오버피팅을 방지하는 데 유용합니다. 우선 선형 회귀의 오찻값에 대한 수식을 살펴보겠습니다.

$$\sum_{i=1}^{M}(y_i - \hat{y}_i)^2 = \sum_{i=1}^{M}(y_i - \sum_{j=0}^{P} w_j \times x_{ij})^2$$

좌항의 y는 실젯값, $\hat{y}$는 예측값으로, 이들의 차를 제곱한 값을 오차로 정의합니다. 이를 풀어보면 우항과 같은데, y는 좌항과 동일하고 – 이후의 값은 예측값을 풀어낸 모습입니다. x는 각 변수에 들어가는 값이고, w는 해당 변수에 대한 기울기인 계수입니다. 즉 변수에 들어가는 값과 기울깃값을 곱한 것이 $\hat{y}$임을 의미합니다. 아래의 단순한 1차 방정식과 비교하면 더 쉽게 이해할 수 있습니다. Y = AX일 때, Y는 예측값인 $\hat{y}$이고 기울기인 A는 위 수식에서의 w, X는 위 수식에서의 x와 같습니다.

L1 정규화와 L2 정규화는 이 수식에 패널티를 주는 항목을 추가합니다.

$$L1\ 정규화 = \sum_{i=1}^{M}(y_i - \hat{y}_i)^2 = \sum_{i=1}^{M}(y_i - \sum_{j=0}^{P} w_j \times x_{ij})^2 + \lambda \sum_{j=0}^{P} |w_j|$$

맨 우측에 추가된 항을 보면 기울기인 w에 절댓값이 붙어진 채로 더해집니다. 이 수식이 오차에 대한 수식임을 생각하면, 기울기의 절댓값만큼 오차에 더해진다는 의미입니다. 즉, 큰 기울깃값들이 많으면 오차가 더 큰 것으로 간주하여 최적의 모델을 찾을 때 자연스럽게 배제됩니다. 그리고 시그마 앞에 붙은 λ(람다라고 읽음)는 이 패널티에 대한 가중치를 의미합니다. 이는 우리가 직접 정의할 수 있는 하이퍼파라미터로, 높은 값을 넣으면 그 패널티를 더 크게 만들고, 작은 값을 넣으면 패널티의 역할 또한 작아집니다. L2 정규화는 L1 정규화와 매우 유사한데 추가된 항의 w에 절댓값 대신 제곱을 사용하여 기울기의 마이너스 부호를 해결합니다.

$$L2\ 정규화 = \sum_{i=1}^{M}(y_i - \hat{y}_i)^2 = \sum_{i=1}^{M}(y_i - \sum_{j=0}^{P} w_j \times x_{ij})^2 + \lambda \sum_{j=0}^{P} w_j^2$$

L1 정규화와 L2 정규화는 모두 λ값이 커질수록 강한 패널티를 부과하기 때문에, 그 크기가 커질수록 변수들에 대한 계수의 절댓값이 작은 모델이 나오게 됩니다. 그러나 이 둘 사이에 결정적인

차이가 있는데, λ가 커짐에 따라 계수의 절댓값이 감소하는 방식이 다르게 적용됩니다. 아래의 예시는 λ가 변함에 따라서 계수(w)가 어떻게 달라지는가를 보여줍니다. x축이 $1/\lambda$로 되어 있기 때문에 왼쪽으로 갈 수록 큰 λ를 의미합니다. 각 선들은 각기 다른 변수들에 대한 계수를 나타냅니다.

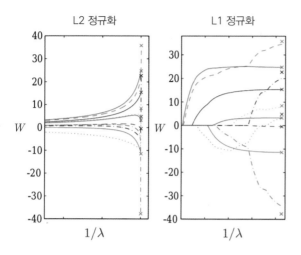

λ가 커질수록, 즉 x축의 왼쪽으로 이동할수록 모든 계수가 0에 가까워지는 것을 볼 수 있는데, L2 정규화에서는 계수의 절댓값들이 0에 가깝게 수렴하지만 0이 되지는 않습니다. 반면 L1 정규화에서는 특정 λ값에서 특정 변수들의 계수는 0이 되어버립니다. 계수가 0이 된다는 것은 해당 변수의 영향력이 사라짐을 의미합니다. 때문에 L1 정규화는 λ를 조절함으로써 몇몇 불필요한 변수를 제거해버리는 피처 셀렉션의 효과를 가져올 수 있습니다. L2 정규화의 경우, 계수가 0에 가깝게 수렴하지만 미미하게나마 그 변수의 영향력이 존재하기 때문에 모든 변수들이 모델에 반영됩니다.

이제 다시 랜덤 그리드 서치로 돌아와서 모델링을 하겠습니다.

```
model_2 = lgb.LGBMClassifier(random_state = 100) # 모델 객체 생성
rs = RandomizedSearchCV(model_2, param_distributions=params, n_iter= 30, scoring
 = 'roc_auc', random_state=100, n_jobs=-1) # 랜덤 그리드 서치 객체 생성
```

대부분 그리드 서치와 동일하나 scoring에 roc_auc를 지정해주었으며, n_iter라는 하이퍼파라미터를 추가했습니다. n_iter는 몇 번을 반복할 것인가를 정의하는데 이 숫자는 곧 전체 하이퍼파라미터의 조합 중 몇 개를 사용할 것인지를 정합니다. 여기서는 단 30개의 하이퍼파라미터 조합

만을 사용하여 모델링해보았습니다. rs를 가지고 모델을 훈련시키며, 동시에 소요 시간을 확인하는 코드도 함께 넣었습니다.

```
start = time.time() # 시작시간 설정
rs.fit(X_train, y_train)   # 학습
print(time.time() - start) # 총 소요 시간 확인
```

```
6099.671524763107
```

약 100분만에 모든 모델링이 끝났습니다. 우선 어떤 하이퍼파라미터 조합이 가장 좋았는지부터 확인하겠습니다.

```
rs.best_params_ # 최적 하이퍼파라미터 확인
```

```
{'lambda_l1': 0,
 'lambda_l2': 20,
 'learning_rate': 0.05,
 'max_depth': 15,
 'n_estimators': 1000,
 'subsample': 1}
```

우선 subsample은 1로, 일부가 아닌 전체를 다 사용했으며, lambda_l1 또한 0으로 L1 정규화가 적용되지 않았습니다. 해당 모델을 가지고 predict_proba( )로 예측 후 AUC를 확인하겠습니다.

```
rs_proba = rs.predict_proba(X_test) # 예측
roc_auc_score(y_test, rs_proba[:, 1]) # 정확도 확인
```

```
0.9952625671240247
```

약 0.995로 하이퍼파라미터 튜닝 이전인 0.9366보다 훨씬 높아진 모습을 보여줍니다. 이제 0.2를 기준으로 하여 0과 1로 분류한 뒤 confusion_matrix( )와 classification_report( )를 확인하겠습니다.

```
rs_proba_int = (rs_proba[:, 1] > 0.2).astype('int') # 0.2 기준으로 분류
print(confusion_matrix(y_test, rs_proba_int)) # 혼동 행렬 확인
```

```
[[522514    1135]
 [   508    1504]]
```

참 양성과 거짓 음성은 이전보다 조금 나아진 수준이고, 거짓 양성은 훨씬 많이 좋아졌습니다. 즉, 더 많은 이상거래 건을 감지해 내면서, 정상거래를 이상거래로 잘못 판단하는 경우 또한 많이 줄었다는 것을 의미합니다. classification_report( ) 함수로 확인하면 이를 더 명료하게 볼 수 있습니다.

```
print(classification_report(y_test, rs_proba_int)) # 분류 리포트 확인

              precision    recall  f1-score   support

           0       1.00      1.00      1.00    523649
           1       0.57      0.75      0.65      2012

    accuracy                           1.00    525661
   macro avg       0.78      0.87      0.82    525661
weighted avg       1.00      1.00      1.00    525661
```

재현율이 0.75까지 높아졌으면서도 F1-점수는 0.65입니다. 하이퍼파라미터 튜닝 이전의 모델에서 구할 수 있는 그 어떤 F1-점수보다도 높은 값이 나왔습니다.

11.7 LightGBM의 train( ) 함수 사용하기

XGBoost와 LightGBM에서는 기본적으로 회귀와 분류의 fit( ) 함수를 활용하여 분석 목적에 맞게 모델링할 수 있습니다. train( ) 함수를 활용해서도 모델링할 수 있습니다. train( )이 기본이 되는 알고리즘이고, 회귀와 분류의 fit( ) 함수는 train( ) 함수를 활용하는 형태라고 이해하면 됩니다. 이 둘의 주요 차이점은 다음과 같습니다.

▼ train()과 LGBMRegressor.fit()/LGBMClassifier.fit() 차이점

	lgb.train()	lgb.LGBMRegressor.fit() lgb.LGBMClassifier.fit()
검증셋	모델링 과정에 검증셋 지원	모델링에 검증셋 포함하지 않음
데이터셋	데이터프레임을 별도의 포맷으로 변환 필요	별도의 포맷 필요 없이 자동적으로 처리됨
하이퍼파라미터	무조건 지정해야 함	기본값으로도 모델링 가능
사이킷런과 연동 (그리드 서치, CV 등)	불가	가능

위 내용은 이제 코드를 통해 하나씩 더 구체적으로 확인하게 될 것이니 지금 당장 100% 이해하지 못하셔도 괜찮습니다.

우선 train() 함수에서는 검증셋을 함께 사용할 수 있습니다. 부스팅 모델을 학습할 때 수많은 트리를 계속해서 만들어나가는데, 일반적으로 훈련셋에 대한 특정 metrics(예를 들어 auc나 rmse)를 기준으로 평가하며 다음 트리를 개선해나갑니다. 검증셋을 사용한다는 것은, 트리를 계속해서 만들어나갈 때 훈련셋이 아닌 훈련에 사용되지 않은 검증셋으로 평가를 해가며 모델을 개선해나가는 겁니다. 그리고 이렇게 모델링이 완료되면, 아직 전혀 사용하지 않은 시험셋으로 최종 예측 및 평가를 합니다. 분할 과정을 그림으로 나타내면 다음과 같습니다.

▼ 훈련셋, 검증셋, 시험셋 분할 과정

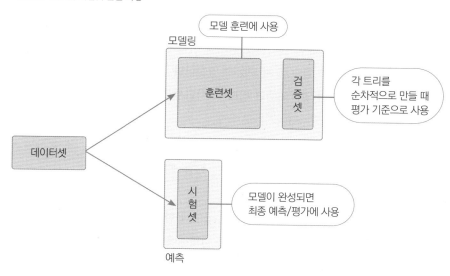

기존에 훈련셋과 시험셋을 약 8:2~6:4 수준으로 나누었는데, 검증셋은 일반적으로 훈련셋의 일부를 취하여 만들어냅니다. train_test_split() 함수를 두 번 사용하여 위의 세 가지 셋을 분리해낼 수 있는데, 여기서는 날짜 기준으로 훈련셋과 시험셋을 나누었으니 검증셋도 다음과 같은 날짜 기준으로 분리하겠습니다.

- **훈련셋** : 2019년 1월 ~ 2019년 12월
- **검증셋** : 2020년 1월 ~ 2020년 6월
- **시험셋** : 2020년 7월 ~ 2020년 12월

```
train = data[data.index < '2020-01-01'] # 훈련셋 설정
val = data[(data.index >= '2020-01-01') & (data.index < '2020-07-01')] # 검증셋 설정
test = data[data.index >= '2020-07-01'] # 시험셋 설정
```

그리고 각 셋에서 독립변수와 종속변수를 분리하겠습니다.

```
X_train = train.drop('is_fraud', axis = 1)    # X_train 설정
X_val = val.drop('is_fraud', axis = 1)        # X_val 설정
X_test = test.drop('is_fraud', axis = 1)      # X_test 설정
y_train = train['is_fraud']    # y_train 설정
y_val = val['is_fraud']        # y_val 설정
y_test = test['is_fraud']      # y_test 설정
```

이제 위의 비교표에서 두 번째 차이점인 데이터셋 부분을 다룰 차례입니다. train() 함수로 학습하려면 LightGBM에서 제시하는 고유한 데이터셋 형태를 취해야 합니다. 데이터셋 형태를 변환하는 것은 LightGBM의 Dataset() 함수로 처리할 수 있습니다. 여기에는 독립변수 데이터프레임과 종속변수 데이터를 다음과 같이 입력해주면 됩니다. 시험셋은 모델링할 때 사용하지 않으니 훈련셋과 검증셋에 대해서만 처리해줍니다.

```
d_train = lgb.Dataset(X_train, label=y_train) # 데이터 타입 변환
d_val = lgb.Dataset(X_val, label=y_val) # 데이터 타입 변환
```

다음은 세 번째 차이점인 하이퍼파라미터 지정입니다. train() 함수는 하이퍼파라미터가 입력되지 않으면 에러가 나기 때문에 반드시 하이퍼파라미터를 입력해야 합니다. 우선 우리가 위의 그리드 서치에서 확보한 가장 좋은 하이퍼파라미터셋을 그대로 이용하고, 여기에 'metric'을 auc로

지정하여 다음과 같이 추가해줍니다.

```
params_set = rs.best_params_   # 최적 파라미터 설정
params_set['metrics'] = 'auc' # 평가 기준 추가
```

어떤 하이퍼파라미터들이 들어 있는지 다시 한번 확인하고 가겠습니다.

```
params_set # 하이퍼파라미터 확인
```
```
{'lambda_l1': 0, ─────────── L1 정규화
 'lambda_l2': 20,─────────── L2 정규화
 'learning_rate': 0.05, ─── 러닝 레이터
 'max_depth': 15,─────────── 최대 깊이
 'metrics': 'auc', ──────── 평가 기준
 'n_estimators': 1000, ──── 반복 횟수
 'subsample': 1} ─────────── 서브샘플 비율
```

이제 train( ) 함수로 훈련해주고, 그 결과를 model_3에 저장하겠습니다. 모델 객체를 생성한 뒤에 fit( ) 함수로 훈련시키는 LGBMClassifier/LGBMRegressor와는 달리 train( ) 함수는 객체 생성 시점에 한 번에 학습까지 완료됩니다.

```
model_3 = lgb.train(params_set, d_train, valid_sets=[d_val],
early_stopping_rounds=100, verbose_eval=100)
```
> 학습 시간을 제한합니다.   출력물을 특정 간격으로 보여줍니다.

```
Training until validation scores don't improve for 100 rounds
[100]	valid_0's auc: 0.97237
[200]	valid_0's auc: 0.988574
[300]	valid_0's auc: 0.993031
[400]	valid_0's auc: 0.992582
Early stopping, best iteration is:
[327]	valid_0's auc: 0.993459
```

이 함수에서는 각 트리가 생성될 때마다 검증셋에 대한 결과물을 출력해줍니다. 여기에서는 n_estimators가 1000으로 들어갔기 때문에 총 1000개의 결과물이 출력되어야 합니다. 1000줄은

불필요하게 길기 때문에 verbose_eval을 사용해 줄였습니다. verbose_eval은 출력물을 특정 간격으로 보여줍니다. 100으로 설정하여 100번째, 200번째, 300번째 등의 결과만 보여줍니다.

불필요한 학습 시간을 제한하는 하이퍼파라미터로 early_stopping_rounds가 있습니다. early_stopping_rounds에 해당하는 숫자만큼 진행했음에도 더는 개선이 보이지 않으면 군이 그 이상의 학습을 진행하지 않는 겁니다. 개선 여부에 대한 평가는 검증셋에 대한 AUC로 결정됩니다. 여기서는 100을 설정해주었기 때문에 100개의 트리가 더 만들어졌음에도 개선이 되지 않으면 중지합니다. 출력 결과에서 제일 마지막 두 줄을 살펴볼까요?

```
Early stopping, best iteration is:
[327] valid_0's auc: 0.993459
```

327번째 트리에서 가장 좋은 auc를 보여주었고, 이 뒤로 100개의 트리를 더 시도했으나 개선되지 않아서 여기서 멈췄다는 의미입니다. 이제 model_3를 활용하여 X_test에 대한 예측을 하겠습니다.

```
pred_3 = model_3.predict(X_test) # 예측
```

train() 함수로 훈련된 모델은 predict_proba() 역할을 predict()가 대신합니다. 즉, predict()를 사용하여 예측하여도, 0과 1이 아닌 소수점값들을 얻을 수 있습니다. 그럼 이 예측값에 대한 AUC를 확인하겠습니다.

```
roc_auc_score(y_test, pred_3) # 정확도 확인
```
```
0.991352108964131
```

약 0.9913으로, LGBMClassifier를 사용했을 때보다는 조금 낮은 값이 나왔습니다. 훈련에 사용된 데이터셋의 범위가 달라졌기 때문에 차이가 발생한 부분도 있고, LGBMClassifier에 기본적으로 설정된 하이퍼파라미터의 값과 train() 함수에 반영된 기본 하이퍼파라미터 값들의 차이에 의한 것이기도 합니다.

장단점을 비교해보자면 LGBMClassifier/LGBMRegressor를 사용하면 사이킷런의 그리드 서치와 연동되고 데이터 포맷을 변경할 필요가 없기 때문에 훨씬 편리합니다. train() 함수를 사용

하면 검증셋을 활용할 수 있어서 조금 더 신뢰할 만한 결과를 보여주기도 합니다.

또 하나의 사소한 차이점으로는 feature importance를 확인할 때 코드가 약간 다릅니다. LGBMClassifier/LGBMRegressor로 훈련된 모델에서는 feature_importances_()를 사용해야 하며, train( ) 함수로 훈련된 모델에서는 feature_importance( )를 사용해야 합니다.

LGBMClassifier/LGBMRegressor의 feature_importances_( )를 model_1에 사용해보겠습니다.

```
feature_imp = pd.DataFrame({'feature_name': X_train.columns, 'importance':
  model_1.feature_importances_}).sort_values('importance', ascending = False) # 중요 변수 정리
plt.figure(figsize=(20, 10)) # 그래프 크기 정의
sns.barplot(x="importance", y="feature_name", data=feature_imp.head(10))
plt.show() # 바그래프 출력
```

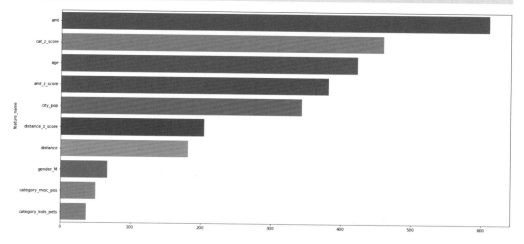

이번에는 train의 feature_importance( )를 model_3에 사용해보겠습니다.

```
feature_imp_3 = pd.DataFrame(sorted(zip(model_3.feature_importance(),
  X_train.columns)), columns=['Value','Feature']) # 중요 변수 정리
plt.figure(figsize=(20, 10)) # 그래프 크기 정의
sns.barplot(x="importance", y="feature_name", data=feature_imp.head(10))
plt.show() # 바그래프 출력
```

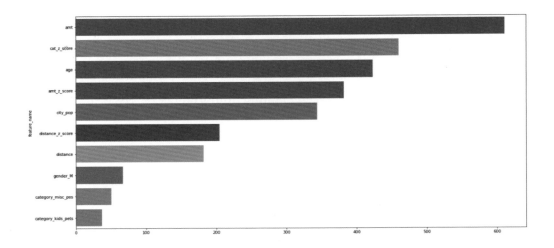

두 함수는 본질적으로 같은 알고리즘이기 때문에 이 둘을 별도로 사용할 필요는 없습니다. 여기서 소개하는 이유는 어디까지나 학습 목적입니다. 실제로 사용할 때는 둘 중 하나만 사용하면 됩니다. 사이킷런과의 호환성을 고려하면 LGBMClassifier/LGBMRegressor가 더 편리합니다.

11.8 이해하기 : LightGBM

LightGBM은 XGBoost와 마찬가지로 트리 기반 모델의 최신 알고리즘 중 하나이므로, 지난 장에서 설명한 내용을 거의 포함합니다. 그래서 여기에서는 XGBoost와 비교하는 것으로 간단하게 LightGBM을 설명할 수 있습니다.

둘의 가장 큰 차이점은 '트리의 가지를 어떤 식으로 뻗어나가는가'입니다. XGBoost는 균형 분할 Level-wise tree growth 방식으로, 각 노드에서 같은 깊이를 형성하도록 한층 한층 밑으로 내려옵니다.

▼ XGBoost(균형 분할 방식)

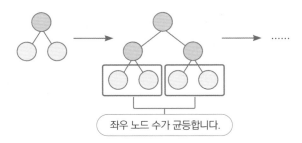

좌우 노드 수가 균등합니다.

반면 LightGBM은 이러한 전제를 거부하고, 특정 노드에서 뻗어나가는 가지가 모델의 개선에 더 도움이 된다면 계속하여 다음과 같은 그림처럼 진행될 수 있습니다.

▼ LightGBM(리프 중심 트리 분할 방식)

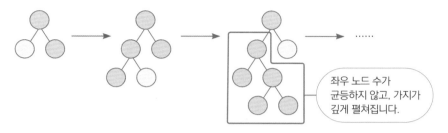

좌우 노드 수가 균등하지 않고, 가지가 깊게 펼쳐집니다.

그래서 LightGBM은 속도가 훨씬 빠르게 진행될 수 있으며, 복잡성은 더 증가하고, 오버피팅 문제를 야기할 가능성 또한 더 높습니다. 물론 이러한 문제점은 하이퍼파라미터 튜닝으로 어느 정도 극복할 수 있습니다.

또 다른 차이는 속도면에서 LightGBM이 XGBoost에 비해 월등히 앞선다는 겁니다. 그러나 이것은 어디까지나 모델링에 CPU를 활용하는 것을 전제로 합니다. 만약 GPU를 사용한다면 XGBoost가 더 빠른 속도를 보이고, 사실 LightGBM의 기본 패키지에서는 GPU를 지원하지 않아 별도의 추가 패키지를 설치해야 하는 번거로움 마저 있습니다. 그러나 딥러닝 알고리즘이 아닌 때는 CPU를 사용하여 모델링하는 경우가 많기 때문에, 전반적으로 LightGBM이 XGBoost보다 나은 성능을 보여준다고 볼 수 있습니다.

XGBoost 대비 LightGBM의 장점은 다음과 같습니다.

- 빠른 학습 및 예측
- 더 적은 메모리 사용
- 데이터셋 자동 변환 및 최적 분할

학습 마무리

카드 거래 내역 데이터셋을 이용해 이상거래를 예측하는 모델을 만들어보았습니다. 이 과정을 되짚어보겠습니다.

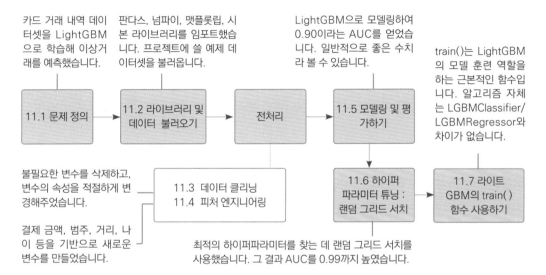

카드 거래 내역 데이터셋을 LightGBM으로 학습해 이상거래를 예측했습니다.

판다스, 넘파이, 맷플롯립, 시본 라이브러리를 임포트했습니다. 프로젝트에 쓸 예제 데이터셋을 불러옵니다.

LightGBM으로 모델링하여 0.90이라는 AUC를 얻었습니다. 일반적으로 좋은 수치라 볼 수 있습니다.

train()는 LightGBM의 모델 훈련 역할을 하는 근본적인 함수입니다. 알고리즘 자체는 LGBMClassifier/LGBMRegressor와 차이가 없습니다.

11.1 문제 정의 → 11.2 라이브러리 및 데이터 불러오기 → 전처리 → 11.5 모델링 및 평가하기

불필요한 변수를 삭제하고, 변수의 속성을 적절하게 변경해주었습니다.

결제 금액, 범주, 거리, 나이 등을 기반으로 새로운 변수를 만들었습니다.

11.3 데이터 클리닝
11.4 피처 엔지니어링

11.6 하이퍼파라미터 튜닝 : 랜덤 그리드 서치

11.7 라이트 GBM의 train( ) 함수 사용하기

최적의 하이퍼파라미터를 찾는 데 랜덤 그리드 서치를 사용했습니다. 그 결과 AUC를 0.99까지 높였습니다.

과제

L1, L2 정규화는 선형 회귀와도 결합되어 사용됩니다. sklearn.linear_model에서 임포트할 수 있으니, 4장에서 사용한 보험 데이터셋을 대상으로 해당 모델도 사용해보세요. train( ) 함수는 XGBoost에서도 지원합니다. 10장을 train( ) 함수로도 연습해봅시다. 10장에서 다룬 내용을 XGBoost를 사용해 모델링하고, LightGBM과 학습 속도, 예측률을 비교해봅시다.

유의할 점

연습 목적이므로 데이터를 훈련셋, 검증셋, 시험셋으로 나누기 전에 피처 엔지니어링을 수행했습니다. 그렇지만 실제 비즈니스에 적용하려면 훈련셋에 대해서 모든 피처 엔지니어링을 마친 뒤에

동일한 기준으로 검증셋과 시험셋에도 피처 엔지니어링을 적용해야 합니다. 예를 들어 금액에 대한 Z점수를 구하는 것은 훈련셋에 한해서 계산되어야 하며, 이때 각 고객의 사용금액에 대한 정보(평균, 표준편차 등)를 별도의 테이블로 데이터 서버에 저장한 후, 새로운 데이터는 기존의 고객별 평균, 표준편차 등을 사용하여 Z점수를 계산해야 합니다.

관련 모델

1 CatBoost

패키지:
```
from catboost import CatBoostRegressor, CatBoostClassifier)
```
XGBoost, LightGBM과 같은 경사 부스팅 기법을 사용한 모델로, 범주형 데이터에 대한 우수한 처리 기술을 가지고 있습니다. 구글 코랩에서 기본적으로 지원하는 알고리즘은 아니기 때문에, 아래의 코드를 사용해 설치해야 합니다.

```
!pip install catboost
```

핵심 용어 정리

1 **LightGBM** : XGBoost보다 한단계 더 진화한 형태로, 리프 중심 트리 분할을 사용하여 더 빠르고 정확한 예측을 보여줍니다.

2 **리프 중심 트리 분할** leaf-wise tree growth : XGBoost와 LightGBM의 중요한 차이점으로, 동일한 레벨로 노드를 확장하지 않고 불규칙적으로 노드를 뻗어나가기 때문에 더욱 빠르고 높은 예측율을 보이나 오버피팅을 유의해야 합니다.

3 **L1, L2 정규화** : 둘 다 매개변수에 패널티를 가해서 그 영향력을 감소시키는 방법으로, 오버피팅을 방지하는 목적으로 쓰입니다. L1 정규화는 일부 매개변수가 0이 되도록 패널티를 가할 수 있기 때문에 피처 셀렉션 효과도 있습니다.

4 **ROC 곡선과 AUC** : 이진분류 모델을 평가하는 방법으로, 기준점에 영향을 받지 않기 때문에 여러 모델을 비교할 때 요긴하게 사용됩니다. AUC는 ROC 곡선의 아래 면적을 의미하고, 0.5~1 사이의 값을 지니며 높을수록 좋은 모델입니다.

- time.**time**( ) : 현재 시간을 호출합니다.
- lightgbm.**DatasetDataset**( ) : LightGBM에서 학습 가능한 형태의 데이터로 변환해주는 함수로, train( )을 통해 학습할 때 필요합니다.
- LightGBM모델.**feature_importances_**( ) : 학습된 LightGBM에서 변수의 중요도를 보여줍니다.

▼ 연습 문제 정답 및 해설

1 **정답** ❸ 최댓값은 1, 최솟값은 0까지 나올 수 있다.

   해설 최솟값은 0.5입니다.

2 **정답** ❹ RMSE

   해설 연속형 변수의 예측 결과를 위한 평가지표입니다.

3 **정답** ❹ L2 정규화는 피처 셀렉션의 효과도 있다.

   해설 피처 셀렉션의 효과가 있는 것은 L1입니다.

연습 문제

1 다음 AUC의 설명 중 옳지 않은 것은?

❶ 이진분류의 예측 결과에 사용된다.

❷ AUC가 높을수록 더 잘 분류된 것이다.

❸ 최댓값은 1, 최솟값은 0까지 나올 수 있다.

❹ Area Under the Curve의 약자로, ROC 커브 아래의 면적이다.

2 다음 중 이진분류의 예측 결과를 위한 평가 지표가 아닌 것은?

❶ AUC

❷ Recall

❸ F1 Score

❹ RMSE

3 다음 L1, L2 정규화에 대한 설명 중 옳지 않은 것은?

❶ L1, L2 정규화는 모두 패널티를 가해서 변수의 영향력을 감소시킨다.

❷ 오버피팅을 방지하기 위한 목적으로 사용한다.

❸ 선형 회귀에도 적용할 수 있으며, L1 정규화가 적용된 것은 라쏘 회귀이다.

❹ L2 정규화는 피처 셀렉션의 효과도 있다.

* 정답 및 해설은 앞 페이지에 있습니다.

3부에서는 비지도 학습 알고리즘 두 개를 다룹니다. 비지도 학습은 답이 주어져 있지 않다 보니, 학습 결과가 좋은지 나쁜지 평가할 만한 답안 또한 가지고 있지 않아서 목적이 모호할 수 있습니다. 그래서 다양한 시도를 할 때 활용될 수 있습니다. 지도 학습과 달리 비지도 학습에서 압도적으로 많이 사용되는 알고리즘이 한정적입니다. 그래서 가장 유명한 두 알고리즘만 다룹니다.

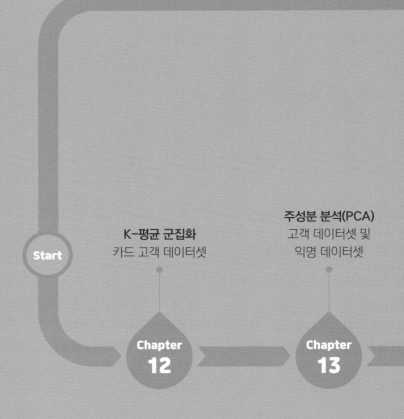

Start

K-평균 군집화
카드 고객 데이터셋

Chapter
12

주성분 분석(PCA)
고객 데이터셋 및
익명 데이터셋

Chapter
13

답을 스스로 찾는
비지도 학습 알고리즘

Finish

K-평균 군집화
비슷한 속성끼리 분류하기

학습 목표

지금까지는 지도 학습에 속하는 알고리즘을 배웠습니다. 이번 장에서는 비지도 학습의 대표적인 알고리즘인 K-평균 군집화K-means Clustering를 학습합니다.

학습 순서

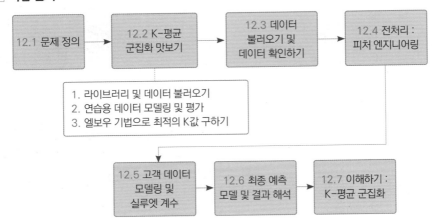

K-평균 군집화 소개

K-평균 군집화는 비지도 학습의 대표적인 알고리즘 중으로 목표 변수가 없는 상태에서 데이터를 비슷한 유형끼리 묶어내는 머신러닝 기법입니다. K-최근접 이웃 알고리즘과 비슷하게 거리 기반으로 작동하며 적절한 K값을 사용자가 지정해야 합니다. 거리 기반으로 작동하기 때문에 데이터 위치가 가까운 데이터끼리 한 그룹으로 묶습니다. 이때 전체 그룹의 수는 사용자가 지정한 K개입니다.

▼ TOP 10 선정 이유

수많은 데이터를 가지고 있을 때, 데이터를 하나하나 직접 살펴보기에는 시간적인 한계가 따릅니다. 그렇다고 단순하게 통계적 정보만 살펴보는 것은 데이터를 너무 단순화하는 경향이 있습니다. 클러스터링은 이러한 상황에서 데이터를 적절한 수의 그룹으로 나누고 그 특징을 살펴볼 수 있는 장점을 제공합니다. 여러 클러스터링 기법 중에서도 K-평균 군집화는 가장 보편적이고 무난하게 사용됩니다.

▼ 예시 그래프

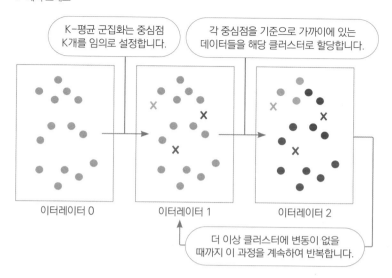

K-평균 군집화는 중심점 K개를 임의로 설정합니다.

각 중심점을 기준으로 가까이에 있는 데이터들을 해당 클러스터로 할당합니다.

이터레이터 0

이터레이터 1

이터레이터 2

더 이상 클러스터에 변동이 없을 때까지 이 과정을 계속하여 반복합니다.

▼ 장단점

장점	단점
• 구현이 비교적 간단합니다. • 클러스터링 결과를 쉽게 해석할 수 있습니다.	• 최적의 K값을 자동으로 찾지 못하고, 사용자가 직접 선택해야 합니다. 거리 기반 알고리즘이기 때문에, 변수의 스케일에 따라 다른 결과를 나타낼 수 있습니다.

▼ 유용한 곳

• 종속변수가 없는 데이터셋에서 데이터 특성을 비교적 간단하게 살펴보는 용도로 활용할 수 있습니다.

• 마케팅이나 제품 기획 등을 목적으로 한 고객 분류에 사용할 수 있습니다.

• 지도 학습에서 종속변수를 제외하고 사용하면, 탐색적 자료 분석 혹은 피처 엔지니어링 용도로 사용할 수 있습니다.

12.1 문제 정의 : 한눈에 보는 예측 목표

문제 정의

온라인 쇼핑몰은 고객이 구매한 물품, 검색한 물품, 살펴본 물품 정보를 이용해 고객에게 추천 서비스를 제공합니다. 단순하게는 성별에 따라, 혹은 연령대에 따라 다른 추천을 할 수도 있지만, 더 다양한 데이터(변수)를 활용하여 다양한 방식으로 고객 그룹을 나눌 수도 있습니다. 100명의 고객 데이터셋을 분석하여 적당한 수의 그룹으로 묶어보고, 각 그룹별로 어떤 특성이 있는지 알아보겠습니다.

▼ 예측 목표

미션	데이터들을 비슷한 속성끼리 분류하라.		
난이도	★☆☆		
알고리즘	K-평균 군집화(K-Means Clustering)		
데이터셋 파일명	example_clustering.csv customer.csv		
데이터셋 소개	여기에서는 2개의 데이터를 사용합니다. 첫 번째 데이터는 K-평균 군집화를 학습할 목적으로 인위적으로 만든 데이터로, 변수들에는 아무런 의미가 없습니다. 두번째 데이터는 11장에서 사용한 데이터 중 일부 변수와 일부 고객 정보만을 포함합니다.		
문제 유형	비지도 학습	**평가지표**	엘보우 기법, 실루엣 점수
사용한 모델	KMeans		
사용 라이브러리	• numpy (numpy==1.19.5) • pandas (pandas==1.3.2) • seaborn (seaborn==0.11.2) • matplotlib (matplotlib==3.4.3) • sklearn (scikit-learn==0.23.2) • datetime, calendar		
예제 코드	• 위치 : colab.research.google.com/github/musthave-ML10/notebooks/blob/main/ • 파일 : 12_KMeans.ipynb		

12.2 K-평균 군집화 맛보기 : 인위적으로 만든 데이터셋

이번에 사용할 데이터는 K-평균 군집화를 학습할 목적으로 인위적으로 만든 데이터로, 변수들에는 아무런 의미가 없습니다.

12.2.1 라이브러리 및 연습용 데이터 불러오기, 데이터 확인하기

연습용 데이터인 example_cluster.csv 파일과 함께 기본적인 라이브러리들을 불러옵니다.

```python
import pandas as pd
import numpy as np
import matplotlib.pyplot as plt
import seaborn as sns

file_url = 'https://raw.githubusercontent.com/musthave-ML10/data_source/main/example_cluster.csv'
data = pd.read_csv(file_url)  # 데이터셋 읽기
```

우선 data를 출력해 데이터의 전체적인 모습을 확인해봅시다.

```python
data  # 데이터 확인
```

	var_1	var_2
0	3.264413	6.929164
1	0.220814	2.251631
2	-8.786197	-8.333582
3	-0.008547	2.630791
4	4.912903	6.888520
...	...	...
995	4.678232	8
996	5.250715	7
997	-11.818752	-6
998	0.613725	4
999	3.516961	8

1000 rows × 2 columns

총 데이터 1000개와 변수 2개가 있습니다. 데이터가 어떻게 분포하는지 scatterplot( ) 함수를 호출해 산점도 그래프를 그려 눈으로 확인하겠습니다.

```python
sns.scatterplot(x='var_1', y = 'var_2', data= data)  # 산점도 그리기
```

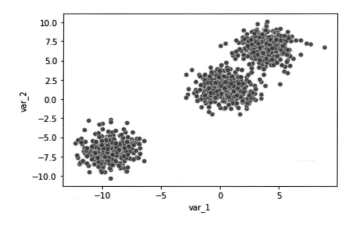

한눈에 보기에도 데이터가 크게 3가지 그룹으로 나뉘어 있습니다. 첫 번째 모델링에서는 이 데이터를 사람의 눈으로 인지하는 것처럼 K-평균 군집화를 이용해 3개 그룹으로 나누는 겁니다.

12.2.2 연습용 데이터 모델링 및 평가

K-평균 군집화는 사이킷런의 cluster에서 불러올 수 있습니다.

```
from sklearn.cluster import KMeans # 임포트
```

소개에서 언급한 바와 같이 K-평균 군집화는 만들고자 하는 그룹 수를 지정해야 합니다. n_clusters로 지정할 수 있으며, 여기에서는 3으로 지정하여 kmeans_model이라는 이름에 속성을 부여하겠습니다.

```
kmeans_model = KMeans(n_clusters=3, random_state = 100) # 모델 객체 생성
```

이제 kmeans_model로 학습을 시킵니다.

```
kmeans_model.fit(data) # 학습
```
```
KMeans(n_clusters=3, random_state=100)
```

학습된 모델로 predict( ) 함수를 사용하면 데이터들을 각 클러스터로 분류합니다.

```
kmeans_model.predict(data) # 예측
```

```
array([1, 2, 0, 2, 1, 2, 1, 0, 1, 1, 1, 1, 2, 1, 0, 2, 0, 1, 1, 0, 2, 0,
       0, 0, 2, 1, 2, 0, 2, 2, 2, 0, 2, 1, 1, 0, 0, 1, 1, 1, 2, 2, 1, 2,
       0, 1, 1, 2, 0, 2, 1, 0, 1, 2, 1, 0, 0, 0, 2, 2, 2, 1, 2, 1, 0, 1,
       2, 0, 1, 0, 2, 1, 2, 2, 2, 2, 1, 2, 2, 2, 1, 2, 0, 2, 1, 1, 2, 1,
       0, 2, 1, 2, 0, 2, 0, 0, 0, 1, 2, 2, 2, 0, 0, 2, 0, 1, 0, 0, 0, 1, ... 생략 ...
```

특정한 레이블로 구분되어 있습니다. 여기에서 0, 1, 2는 의미하는 바는 전혀 없고, 이름(레이블) 역할입니다. 즉 a, b, c 같은 역할로 이해하면 됩니다. 총 1000개의 데이터에 대한 레이블이 출력되는데, 이를 기존 데이터인 data에 label이라는 컬럼으로 붙이겠습니다.

```
data['label'] = kmeans_model.predict(data) # 예측값을 label로 저장
```

그리고 데이터가 어떻게 나누어졌는지를 scatterplot( ) 함수로 확인해봅시다.

```
sns.scatterplot(x='var_1', y = 'var_2', data= data, hue='label',
palette='rainbow') # 산점도 그리기
```

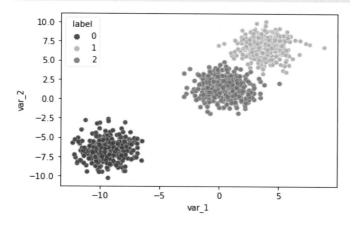

하이퍼파라미터에 hue를 사용해 레이블별로 다른 색상을 부여했습니다. palette에 rainbow를 지정해 명확히 색상으로 구분되도록 출력했습니다.

눈으로 인지했던 것과 같이 세 그룹으로 잘 나뉘어져 있습니다.

12.2.3 엘보우 기법으로 최적의 K값 구하기

이 데이터는 한눈에 보기에도 데이터가 3개 무리로 구성되어 있어서 K를 손쉽게 3으로 지정할 수 있지만, 실제 상황에서는 변수가 너무 많아서 그래프로 확인하기도 어려울 뿐더러, 사람의 눈으로 보기에 정확하게 몇 개의 그룹인지 구분이 애매합니다. 즉, 사람의 눈에 의존해 적절한 K값을 찾는 데 한계가 있습니다. 이러한 문제를 해결하는 방법으로 엘보우 기법을 활용할 수 있습니다.

> **엘보우 기법(elbow method)**
> 최적의 클러스터 개수를 확인하는 방법으로, 클러스터의 중점과 각 데이터 간의 거리를 기반으로 계산합니다.

각 그룹에서의 중심과 각 그룹에 해당하는 데이터 간의 거리에 대한 합을 계산합니다. 이 값을 이너셔 혹은 관성이라고 합니다. 모델이 학습을 할 때 자동적으로 이너셔값을 계산해내며, inertia_로 확인할 수 있습니다.

> **이너셔(inertia)**
> 각 그룹에서의 중심과 각 그룹에 해당하는 데이터 간의 거리에 대한 합

```
kmeans_model.inertia_  # 이너셔 확인
```
```
3090.03323707666
```

이너셔값은 클러스터의 중점과 데이터 간의 거리이기 때문에, 작을수록 그룹별로 더 오밀조밀 잘 모이게 분류됐다고 할 수 있습니다. 즉, 작을수록 좋다고 할 수 있으나 문제는 K값이 커지면 거리의 합인 이너셔는 필연적으로 작아지게 됩니다. 예를 들어 앞에서 다룬 데이터(총 1000개)를 500개의 그룹으로 나눈다면 500개 클러스터가 각 중심을 가지고 그에 속하는 몇 개 안 되는 데이터 간의 거리를 더하기 때문에, K가 3일 때보다 더 작을 수밖에 없습니다. 직접 코드를 통해 얼마나 작아지는지 확인하겠습니다.

```
temp_model = KMeans(n_clusters=500, random_state = 100) # 모델 객체 생성
temp_model.fit(data) # 학습
temp_model.inertia_  # 이너셔 확인
```
```
6.22354210658421
```

K가 3일 때는 3090이던 값이, K가 500이 되니 6으로 작아졌습니다. 하지만 거리의 합이 작아졌으니 더욱 좋다고 볼수만은 없습니다. 우리가 클러스터링을 하는 이유는 각 데이터를 하나하나 살펴보기 어렵기 때문에, 거기에서 유의미한 클러스터를 만들어서 어떠한 집단적 특징을 보기 위함

입니다. 그런데 만약 클러스터가 500개가 생겨버린다면 클러스터링 없이 데이터를 하나하나 확인하는 것과 별반 다르지 않은 상황이 되어버립니다. 따라서 클러스터링에서는 클러스터 수를 가급적 적게 유지하면서, 동시에 거리의 합이 어느 정도 작은, 즉 적절한 K값이 필요합니다. 이러한 이유로 K-평균 군집화에서 K값 지정이 까다로운 겁니다.

엘보우 기법은 이에 대한 솔루션 중 하나로, 다양한 K를 넣어 모델링해보고 각각에 대한 이너셔를 구한 뒤, 이를 그림으로 풀어 적절한 K값을 찾아냅니다. K의 범위를 2부터 10까지로 지정해 모델링을 반복해봅시다.

```
distance = []    # ❶ 빈 리스트 생성
for k in range(2, 10): # 순회
    k_model = KMeans(n_clusters=k) # 모델 객체 생성
    k_model.fit(data) # 학습
    distance.append(k_model.inertia_) # ❷ 이너셔를 리스트에 저장
```

❶ 각 이너셔값을 저장할 빈 리스트(distance)를 for문 앞에 만들었습니다. ❷ append( ) 함수로 각 이너셔값을 리스트(distance)에 저장합니다.

distance를 확인하면 K가 2일 때부터 10일 때까지의 각 이너셔값이 들어 있습니다.

```
distance # 저장된 이너셔 확인

[9908.551424778394,
 3090.03323707666,
 2717.3943078439797,
 2379.6404996021865,
 2049.429711146375,
 1827.5805703209694,
 1596.0800725762183,
 1370.1413654610615]
```

이제 이 값을 선형그래프로 그려보겠습니다.

```
sns.lineplot(x=range(2, 10), y=distance) # 엘보우 플랏 그리기
```

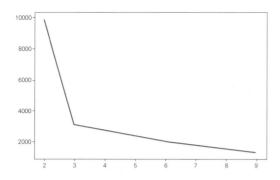

x축에는 K값에 해당하는 2~10까지를, y축에는 distance를 지정했습니다.

설명했던 것처럼 K값인 x가 커짐에 따라 distance인 y는 점점 작아지는 모양입니다. 그런데 유독 급격히 각도가 변화하는 지점이 있습니다. K가 3인 지점에서 y가 크게 감소하고, 그 이후로는 조금씩 감소하여, 위의 그림이 마치 사람의 팔을 100도 정도로 접은 모습입니다. K가 3인 지점은 팔꿈치를 연상하게 하기 때문에 이를 엘보우 기법이라고 부릅니다. 엘보우 기법에서는 이와 같이 distance가 급격히 줄어드는 K값을 포착하여 최적의 K값을 찾도록 도와주는 방법론입니다.

12.3 데이터 불러오기 및 데이터 확인하기 : 고객 데이터셋

이번에는 고객 데이터를 불러보겠습니다. 이 데이터는 11장에서 사용한 데이터 중 일부 변수와 일부 고객 정보만을 포함합니다. 파일명은 customer.csv입니다.

```
file_url = 'https://raw.githubusercontent.com/musthave-ML10/data_source/main/
customer.csv'
customer= pd.read_csv(file_url)
```

head( )를 통해 데이터가 어떻게 생겼는지 확인해봅시다.

```
customer.head()   # 상위 5행 출력
```

	cc_num	category	amt
0	2703186189652095	misc	4.97
1	630423337322	grocery	107.23
2	38859492057661	entertainment	220.11
3	3534093764340240	gas_transport	45.00
4	375534208663984	misc	41.96

이 데이터에는 cc_num(카드번호)과 category(범주), amt(거래 금액) 변수만 있습니다. 카드번호인 cc_num은 고객에 대한 id처럼 사용할 수 있으므로 고객이 총 몇 명이나 있는지 nunique( )로 확인해봅시다.

```
customer['cc_num'].nunique() # 고윳값 확인
```

```
100
```

고객 100명에 대한 정보가 있습니다.

이번에는 범주가 몇 개나 있나 살펴보겠습니다.

```
customer['category'].nunique() # 고윳값 확인
```

```
11
```

이제 각 고객이 어떤 범주에 얼마만큼 지불했는지를 계산한 후, K-평균 군집화로 비슷한 특성을 가진 고객끼리 묶어보겠습니다.

12.4 전처리 : 피처 엔지니어링

범주별 금액을 계산하려면 category 변수를 더미 변수로 변환시켜주어야 합니다(모든 범주를 분석 결과에서도 확인할 수 있도록 더미 변수 하나를 줄이는 drop_first 매개변수는 사용하지 않겠습니다). 범주가 11개이므로 더미 변수 11개가 추가될 겁니다.

```
customer_dummy = pd.get_dummies(customer, columns =['category'])
# 더미 변수로 변환
```

head( ) 함수를 호출해 확인해봅시다.

```
customer_dummy.head( ) # 상위 5행 확인
```

	cc_num	amt	category_entertainment	category_food_dining	category_gas_transport	category_grocery	category_health_fitness	category_home	category_kids_pets	category_misc	category_personal_care	category_shopping	category_travel
0	2703186189652095	4.97	0	0	0	0	0	0	0	1	0	0	0
1	630423337322	107.23	0	0	0	1	0	0	0	0	0	0	0
2	38859492057661	220.11	1	0	0	0	0	0	0	0	0	0	0
3	3534093764340240	45	0	0	1	0	0	0	0	0	0	0	0
4	375534208663984	41.96	0	0	0	0	0	0	0	1	0	0	0

범주별로 얼마만큼의 금액을 썼는지를 계산하기 위해, 더미 변수로 변환된 영역에 amt(거래 금액) 변수의 값을 곱하여 계산합니다. 더미 변수들은 특정 범주에 해당하면 1, 해당 사항이 없으면 0이 되므로 거래 금액인 amt 변수를 곱하면 자연스럽게 사용된 변수에 금액이 들어갑니다.

우선 더미로 변환된 변수들의 이름을 하나의 리스트로 모아야 합니다. 컬럼 이름을 불러오는 columns를 이용하여 cc_num과 amt를 제외하도록 다음과 같이 인덱싱합니다. 이를 cat_list 라는 이름으로 저장하겠습니다.

```
cat_list = customer_dummy.columns[2:] # 변수 이름 리스트 생성
```

이 리스트에 있는 변수 이름들을 for문으로 하나씩 불러와서 sum 변수와 곱한 후, 그 결과를 기존 이름에 그대로 덮어쓰겠습니다.

```
for i in cat_list:
    customer_dummy[i] = customer_dummy[i] * customer_dummy['amt']
    # 금액으로 변수 업데이트
```

이제 customer_dummy를 확인하면 각 더미 변수 자리에 1이 아닌 금액이 들어 있습니다.

```
customer_dummy
```

	cc_num	amt	category_entertainment	category_food_dining	category_gas_transport	category_grocery	category_health_fitness	category_home	category_kids_pets	category_misc	category_personal_care	category_shopping	category_travel
0	2703186189652095	4.97	0.00	0.00	0.0	0.0	0.0	0.0	0.0	4.97	0.0	0.0	0.0
1	630423337322	107.23	0.00	0.00	0.0	107.23	0.0	0.0	0.0	0.0	0.0	0.0	0.0
2	38859492057661	220.11	220.11	0.00	0.0	0.0	0.0	0.0	0.0	0.0	0.0	0.0	0.0
3	3534093764340240	45.00	0.00	0.00	45.0	0.0	0.0	0.0	0.0	0.0	0.0	0.0	0.0
4	375534208663984	41.96	0.00	0.00	0.0	0.0	0.0	0.0	0.0	41.96	0.0	0.0	0.0

이제 각 거래 건으로 정리된 데이터를 고객 레벨로 취합하는 데 groupby( ) 함수를 사용하겠습니다. groupby( )에 cc_num을 넣어주고 sum( )으로 계산하면 고객별 총 사용 금액 및 범주별 사용 금액을 구할 수 있습니다.

```
customer_agg = customer_dummy.groupby('cc_num').sum() # cc_num별 총 금액
```

계산된 테이블을 head( )로 확인해봅시다.

```
customer_agg.head() # 상위 5행 확인
```

cc_num	amt	category_entertainment	category_food_dining	category_gas_transport	category_grocery	category_health_fitness	category_home	category_kids_pets	category_misc	category_personal_care	category_shopping	category_travel
60495593109	48,149.62	3,169.74	4,043.46	5,076.36	7,576.58	1,631.22	5,458.58	4,924.97	4,889.57	3,135.25	8,106.36	137.53
571365235126	259,784.87	13,864.51	9,055.51	36,525.79	48,812.73	13,685.60	19,342.79	17,726.82	32,542.61	16,672.08	45,994.60	5,561.83
571465035400	270,081.63	16,162.98	15,448.75	9,081.62	41,643.82	15,244.03	28,282.98	13,737.95	15,880.82	8,771.27	59,454.96	46,372.45
630412733309	41,959.52	3,212.46	1,543.16	5,786.98	8,416.70	3,201.04	2,474.68	3,648.97	3,109.83	2,592.17	7,586.79	386.74
630423337322	244,612.73	12,786.75	6,905.07	36,460.40	43,854.26	12,136.74	21,106.87	16,807.24	32,400.76	15,885.32	44,287.02	1,982.30

원하는 형태로 데이터가 잘 정리되었습니다. 이 다음으로는 스케일링을 해줘야 합니다. K-평균 군집화는 거리 기반 알고리즘이기 때문에 데이터의 스케일에 영향을 받습니다. 여기서는 StandardScaler를 사용하겠습니다.

```
from sklearn.preprocessing import StandardScaler # 임포트
scaler = StandardScaler() # ❶ 스케일러 객체 생성
scaled_df = pd.DataFrame(scaler.fit_transform(customer_agg), # ❷
        columns = customer_agg.columns, # ❸
        index=customer_agg.index) # ❹ 스케일링 후 데이터프레임으로 변환
```

❶ 스케일러의 속성을 scaler라는 이름에 부여합니다. ❷ scaler의 fit_transform()으로 customer_agg를 변환시키며, 이를 데이터 프레임 형태로 만듭니다. ❸ 데이터 프레임의 컬럼 이름을 정의합니다. ❹ 데이터 프레임의 인덱스 이름을 정의합니다.

마지막으로 scaled_df를 head()를 호출해 확인하겠습니다.

```
scaled_df.head()  # 상위 5행 출력
```

cc_num	amt	category_entertainment	category_food_dining	category_gas_transport	category_grocery	category_health_fitness	category_home	category_kids_pets	category_misc	category_personal_care	category_shopping	category_travel
60495593109	-1.40	-1.14	-0.97	-1.00	-1.12	-1.56	-1.15	-1.28	-1.12	-1.07	-1.14	-0.62
571365235126	1.08	0.41	0.17	2.09	0.77	1.04	0.84	1.13	1.21	1.81	0.66	-0.22
571465035400	1.20	0.75	1.62	-0.61	0.44	1.38	2.13	0.38	-0.20	0.13	1.30	2.77
630412733309	-1.47	-1.13	-1.54	-0.93	-1.08	-1.22	-1.57	-1.52	-1.27	-1.19	-1.17	-0.60
630423337322	0.90	0.26	-0.32	2.08	0.54	0.71	1.10	0.96	1.20	1.64	0.58	-0.48

다른 고객들과 비슷한 수준이면, 즉 평균에 가까울 경우는 0에 근접한 값을 보여주게 되고, 더 많이 사용했으면 더 큰 양수를, 더 적게 사용했으면 더 작은 음수를 갖습니다. 이제 이 데이터에 K-평균 군집화 알고리즘을 적용하겠습니다.

12.5 고객 데이터 모델링 및 실루엣 계수

이번에는 적절한 K값을 전혀 예상할 수 없기 때문에 바로 엘보우 기법을 사용하겠습니다. K의 범위는 마찬가지로 2~10으로 설정하겠습니다.

```
distance = [] # 빈 리스트 생성
for k in range(2,10): # 순회
    k_model = KMeans(n_clusters=k)          # 모델 객체 생성
    k_model.fit(scaled_df)                  # 학습
    labels = k_model.predict(scaled_df)     # 예측
    distance.append(k_model.inertia_)       # 이너셔값 리스트에 추가

sns.lineplot(x=range(2,10), y=distance)  # 엘보우 플랏 그리기
```

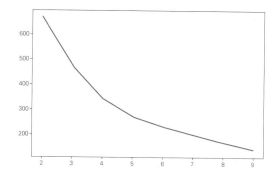

어느 한 지점에서 크게 떨어지지 않고 비교적 완만하게 그래프가 내려가고 있습니다. K값을 결정하기가 상당히 어려운 모양새입니다. 이는 실제 프로젝트에서 꿩장히 빈번하게 나타나는 현상입니다. 이에 대한 대안으로 실루엣 계수를 사용할 수 있습니다. 엘보우 기법에서 사용되는 이너셔는 각 클러스터의 중심과 그 클러스터에 속한 데이터 간의 거리로만 계산되는 반면, 실루엣 계수는 클러스터 내부에서의 평균 거리와, 최근접한 다른 클러스터 데이터와의 평균 거리도 점수에 반영합니다. 그림으로 설명하면 다음과 같습니다.

실루엣 계수(silhouette coefficient)
엘보우 기법과 같이 최적의 클러스터 수를 찾는 방법으로, 엘보우 기법에서 적절한 클러스터 수를 찾지 못했을 때 대안으로 사용할 수 있습니다. 엘보우 기법보다 계산 시간이 오래 걸리는 단점이 있습니다.

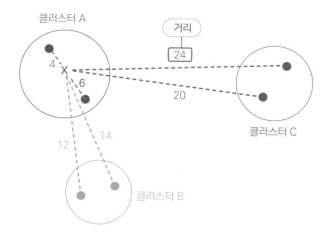

클러스터 A를 중심으로 계산하겠습니다. 일단 내부 데이터와 중심과의 평균을 다음과 같이 a로 정의합니다.

$$a = \frac{4 + 6}{2} = 5$$

그리고 클러스터 A의 중심과 클러스터 B, 클러스터 C에 속한 데이터의 거리에 대한 평균을 구합니다. 이중 값이 더 작은 것, 즉 가까운 클러스터와의 거리를 b로 정의합니다. 클러스터 B와의 거리가 더 가까우므로 b는 13이 됩니다.

$$b = min(\frac{12 + 14}{2}, \frac{20 + 24}{2}) = 13$$

a, b를 구했으면 실루엣 계수는 아래 수식으로 계산합니다.

$$\text{실루엣 계수} = \frac{b - a}{max(a, b)} = \frac{13 - 5}{13} = \frac{8}{13}$$

이와 같은 방식으로 각 클러스터에 대해 계산하여 총 합산한 값이 최종 실루엣 계수가 됩니다. 이를 코딩으로 구현하기 위해 사이킷런의 metrics에서 silhouette_score를 불러옵니다.

```python
from sklearn.metrics import silhouette_score # 임포트
```

silhouette_score( ) 함수에 K-평균 군집화 학습에 사용한 원본 데이터와 그 예측값(label)을 차례로 넣어주면 됩니다. 즉, 다음과 같은 코드로 표현할 수 있습니다.

```python
silhouette = []          # 빈 리스트 생성
for k in range(2, 10):          # 순회
    k_model = KMeans(n_clusters=k) # 모델 객체 생성
    k_model.fit(scaled_df)          # 학습
    labels = k_model.predict(scaled_df) # 예측
    silhouette.append(silhouette_score(scaled_df, labels))
    실루엣 계수 리스트에 추가
```

엘보우 기법과 마찬가지로 for문을 활용하여 다양한 K값을 넣어보고 이에 따른 각 실루엣 계수를 리스트(silhouette)에 저장했습니다.

이제 silhouette값과 K값의 범위 2~10을 이용하여 선형 그래프를 그려보겠습니다.

```
sns.lineplot(x=range(2, 10), y=silhouette) # 선형 그래프 그리기
```

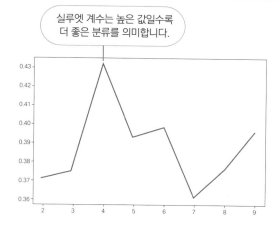

실루엣 계수에서는 높은 값일수록 더 좋은 분류를 의미한다고 했습니다. 따라서 여기에서는 명확하게 K가 4일 때 가장 좋은 분류 성능을 냅니다.

실루엣 계수의 단점은 계산 비용이 상대적으로 크다는 겁니다. 여기서는 엘보우 기법이 이어서 기법보다 다소 더 시간이 걸렸습니다. 데이터가 상당히 크다면 생각보다 오랜 시간을 기다려야 했을 겁니다. 기본적으로는 엘보우 기법을 우선 활용하고, 적절한 K값을 찾기 어려울 때 실루엣 계수를 쓰기 바랍니다.

12.6 최종 예측 모델 및 결과 해석

K값을 찾았으면 해당 값을 넣어 다시 한번 모델링한 뒤, 해당 모델을 사용하여 레이블을 구합시다.

```
k_model = KMeans(n_clusters=4) # 모델 객체 생성
k_model.fit(scaled_df) # 학습
labels = k_model.predict(scaled_df) # 예측
```

이제 labels를 기존의 데이터프레임 scaled_df에 새로운 컬럼으로 붙여줍니다.

```
scaled_df['label'] = labels # label 변수 정의
```

클러스터링 결과를 해석하기 위해 label별로 데이터를 요약할 겁니다. 전체 금액 및 범주 금액에 대해서 label별 평균값을 구하고, 각 label에 몇 명의 고객이 있는지도 확인해봅시다.

```python
scaled_df_mean = scaled_df.groupby('label').mean() # ❶ label별 평균값
scaled_df_count = scaled_df.groupby('label').count()['category_travel']
# ❷ label별 등장 횟수
```

❶ 전체 금액 및 범주 금액에 대한 label별 평균값을 scaled_df_mean에 저장합니다. ❷ groupby()를 사용해 label별 고객 수를 scaled_df_count에 저장합니다. groupby()와 count()의 조합은 해당 데이터프레임의 모든 변수에 대한 count() 값을 보여줍니다. 모든 변수가 동일한 행을 가지고 있으므로 같은 값을 보이고, 우리는 이중 임의의 한 변수에 대한 count() 값만 있으면 됩니다. 따라서 ['category_travel']로 임의의 한 변수만 불러옵니다. 아무 변수 이름이나 써주셔도 됩니다.

scaled_df_mean과 scaled_df_count 모두에 category_travel이라는 컬럼이 존재하기 때문에, 바로 join() 함수를 사용하여 결합하면 에러가 발생합니다. 이런 이유로 scaled_df_count의 컬럼명을 미리 수정하겠습니다.

```python
scaled_df_count = scaled_df_count.rename('count') # 이름 변경
```

판다스 시리즈에는 컬럼이 하나뿐이므로 rename 안에 딕셔너리 타입을 쓸 필요 없이 바로 원하는 이름만 써주면 됩니다. 여기서는 'count'라는 이름으로 변경하겠습니다.

이제 두 데이터를 join() 함수로 결합하여 최종 데이터프레임을 완성시킵니다.

```python
scaled_df_all = scaled_df_mean.join(scaled_df_count) # 데이터 합치기
```

완성된 데이터를 출력하면 다음과 같습니다.

```python
scaled_df_all
```

지출이 낮은 일반 고객군으로 볼 수 있습니다.

label	amt	category_entertainment	category_food_dining	category_gas_transport	category_grocery	category_health_fitness	category_home	category_kids_pets	category_misc	category_personal_care	category_shopping	category_travel	count
0	-0.858082	-0.739555	-0.758078	-0.601061	-0.653905	-0.837854	-0.832432	-0.8661	-0.701383	-0.760106	-0.689347	-0.266604	45
1	0.311574	0.149105	0.212407	1.025558	0.10907	0.452339	0.369237	0.716395	0.378376	0.47004	0.010316	-0.26441	37
2	1.90812	2.155375	1.796299	-0.490418	2.290553	1.155923	0.94395	1.255997	2.005393	1.75621	2.272314	-0.26274	10
3	1.000533	0.776166	1.036432	-0.749213	0.310577	1.175961	1.794775	-0.01151	-0.311453	-0.093603	0.989477	3.05097	8

고르게 지출이 높아 상위 10%의 VIP 고객으로 볼 수 있습니다.   여행에 관심이 많은 고객군입니다.

클러스터 0(label이 0인 그룹)은 전체 지출액부터 각 범주의 금액까지 모두 타 클러스터에 비해서 낮습니다. 여기에 속하는 고객 수는 약 45명으로 가장 많습니다. 클러스터 1은 gas_transfport에서 상대적으로 조금 높은 지출을 보이지만, 전체 지출 및 각 범주에서 대부분 0에 가까운 숫자를 보였습니다. 총 37명으로 딱히 특징이 없는 일반 고객군으로 분류할 수 있습니다. 클러스터 2는 전체 지출금액부터 대다수의 범주에서 높은 지출을 보여줍니다. 총 10명의 고객으로 상위 10%의 VIP 고객이라 볼 수 있습니다. 마지막으로 클러스터 3은 health, home, travel에서 다른 클러스터보다 지출이 높습니다. 그중에서도 travel이 유일하게 굉장히 높게 나온 클러스터로, 여행에 관심이 많은 고객군으로 정의할 수 있습니다. 클러스터 1에 해당하는 고객은 총 8명입니다.

12.7 이해하기 : K-평균 군집화

K-평균 군집화는 각 클러스터의 중점과 각 데이터와의 거리를 기반으로 클러스터를 정의합니다. 임의의 데이터를 그려서 그림과 함께 설명드리겠습니다.

아래 예시에는 총 14개의 데이터가 있습니다(이터레이터 0). K=3으로 가정하여 총 3개의 클러스터를 만들겠습니다. K-평균 군집화는 중심점 K개를 임의로 설정합니다(이터레이터 1). 그리고 각 중심점을 기준으로 가까이에 있는 데이터들을 해당 클러스터로 할당합니다(이터레이터 2).

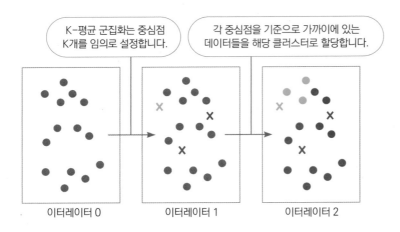

이렇게 랜덤하게 3개의 초기 클러스터가 나뉘어졌습니다. 이제 각 클러스터에 속한 데이터의 중점을 재계산하여 X의 위치를 움직입니다(이터레이터 3). 이동한 중점을 기준으로 하여 중점과 데이터 간의 거리를 재계산하고, 중점과 가까운 쪽으로 클러스터를 재정의합니다(이터레이터 4). 또다시 이동한 중점을 기반으로 클러스터링을 재계산하고, 더 이상 클러스터에 변동이 없을 때까지 이 과정을 계속하여 반복합니다.

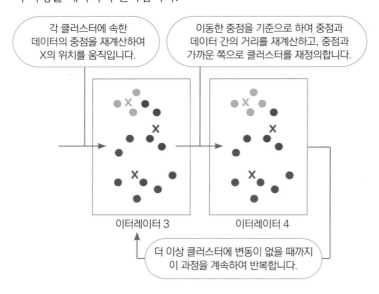

처음에는 임의로 배치된 클러스터로 시작됐지만, 위와 같은 과정을 반복하여 마지막에는 그럴듯하게 3개의 클러스터로 분리되었습니다.

학습 마무리

데이터들을 비슷한 속성끼리 분류하는 모델을 만들어보았습니다. 이 과정을 되짚어보겠습니다.

되짚어보기

머신러닝 문제 2개를 풀어봅니다. 첫 번째는 임의로 만든 데이터셋을 활용해 K-평균 군집화의 개념을 살펴봅니다. 두 번째는 K-평균 군집화 알고리즘을 사용해 카드 사용 고객의 소비 형태에 따라 그룹을 나눕니다.

연습용 데이터를 이용해 K-평균 군집화 알고리즘을 맛보겠습니다. 임의의 데이터셋을 사용합니다. K-평균 군집화 알고리즘으로 데이터를 3개 그룹으로 분류합니다. 산점도로 결과를 확인해보니 기대한 대로 잘 분류되었습니다. 엘보우 기법을 사용하여 최적의 그룹 수를 알아봅니다.

고객 카드 사용 이력 데이터셋을 불러옵니다.

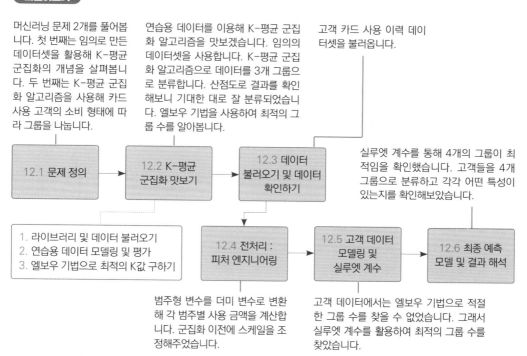

실루엣 계수를 통해 4개의 그룹이 최적임을 확인했습니다. 고객들을 4개 그룹으로 분류하고 각각 어떤 특성이 있는지를 확인해보았습니다.

12.1 문제 정의 → 12.2 K-평균 군집화 맛보기 → 12.3 데이터 불러오기 및 데이터 확인하기

1. 라이브러리 및 데이터 불러오기
2. 연습용 데이터 모델링 및 평가
3. 엘보우 기법으로 최적의 K값 구하기

12.4 전처리 : 피처 엔지니어링 → 12.5 고객 데이터 모델링 및 실루엣 계수 → 12.6 최종 예측 모델 및 결과 해석

범주형 변수를 더미 변수로 변환해 각 범주별 사용 금액을 계산합니다. 군집화 이전에 스케일을 조정해주었습니다.

고객 데이터에서는 엘보우 기법으로 적절한 그룹 수를 찾을 수 없었습니다. 그래서 실루엣 계수를 활용하여 최적의 그룹 수를 찾았습니다.

과제

4장의 타이타닉 데이터셋을 가지고 클러스터링을 연습해봅시다. 어떤 특성을 가진 승객들로 묶이는지 확인할 수 있습니다. KMeans 클러스터링은 학습 지도에서 피처 엔지니어링으로 사용할 수도 있습니다. 이 장에서 구한 고객별 클러스터를 11장의 피처엔지니어링에서 하나의 변수로 추가하여 활용해봅시다.

1 DBScan

패키지:
```
from sklearn.cluster import DBSCAN
```

클러스터링을 위한 밀도 기반의 알고리즘입니다.

핵심 용어 정리

1 **K-평균 군집화** : 데이터를 거리 기반으로 측정하여 가까이 있는 데이터들을 하나로 묶어주는 방법입니다. 예측하려는 종속변수가 존재하지 않을 때 사용하는 비지도 학습의 대표적인 알고리즘입니다.

2 **엘보우 기법** : 최적의 클러스터 개수를 확인하는 방법으로, 클러스터의 중점과 각 데이터 간의 거리를 기반으로 계산합니다.

3 **이너셔** : 각 클러스터의 중점과 그에 속한 데이터 간의 거리. 값이 작을수록 잘 뭉쳐진 클러스터를 의미합니다.

4 **실루엣 계수** : 엘보우 기법과 같이 최적의 클러스터 수를 찾는 방법으로, 엘보우 기법에서 적절한 클러스터 수를 찾지 못했을 때 대안으로 사용할 수 있습니다. 엘보우 기법보다 계산 시간이 오래 걸리는 단점이 있습니다.

새로운 함수와 라이브러리

• **sklearn.metrics.silhouette_score( )** : 클러스터링의 평가지표인 실루엣 계수를 계산합니다.
• **KMeans모델.inertia_( )** : 학습된 Kmeans 모델에서 이너셔 값을 호출합니다.

연습 문제

1 다음 K-평균 군집화 설명 중 옳지 않은 것은?

❶ 비지도 학습으로 정해진 답이 없이 수행된다.
❷ 최적의 K값은 알고리즘에서 스스로 찾아낼 수 있다.
❸ 최초에는 임의로 배치된 클러스터로 시작됩니다.
❹ 거리 기반으로 작동하는 알고리즘이다.

2 엘보우 기법과 실루엣 계수에 대한 설명으로 옳지 않은 것은?

❶ 최적의 K값을 찾아내는 방법들이다.
❷ 엘보우 기법이 잘 작동하지 않으면 실루엣 계수를 사용해볼 수 있다.
❸ 엘보우 기법에서는 가장 낮은 값을 찾아내어 최적의 K값을 찾는다.
❹ 실루엣 계수에서는 가장 높은 값을 찾아내어 최적의 K값을 찾는다.

3 시본 산점도에서 특정 변수에 따라 색상을 달리 정의하는 매개변수는?

❶ size
❷ marker
❸ palette
❹ hue

1 **정답** ❷ 최적의 K값은 알고리즘에서 스스로 찾아낼 수 있다.

　　해설 최적의 K값은 알고리즘이 정하지 못하므로 엘보우 기법이나 실루엣 계수로 찾아내야 합니다.

2 **정답** ❸ 엘보우 기법에서는 가장 낮은 값을 찾아내어 최적의 K값을 찾는다.

　　해설 가장 낮은 값이 아니라 급격하게 꺾이는 부분을 포착해야 합니다.

3 **정답** ❹

　　해설 ❶ size　← 각 점의 크기를 결정합니다.

　　　　❷ marker　← 각 점의 모양을 결정합니다.

　　　　❸ palette　← 색상의 구성을 결정합니다.

주성분 분석(PCA)

차원 축소 응용하기

학습 목표

비지도 학습에 속하는 PCA^{Principal Component Analysis}(주성분 분석)의 개념과 원리를 이해합니다. 두 가지 데이터셋을 사용하여 차원 축소하여 이해하기 쉽게 시각화하고, 학습 시간을 줄이고, 성능을 향상시켜보겠습니다.

학습 순서

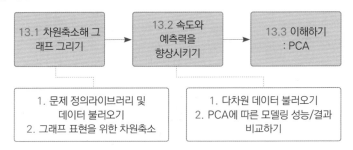

PCA 소개

PCA는 Principal Component Analysis의 약자로, 주성분 분석이라고도 부릅니다. PCA는 지금까지 배운 알고리즘과는 전혀 다른 방식의 알고리즘입니다. 비지도 학습에 속하기 때문에 당연히 종속변수는 존재하지 않고, 어떤 것을 예측하지도 분류하지도 않습니다. PCA의 목적은 데이터의 차원을 축소하는 데 있습니다. 차원 축소를 간단히 말하면 변수의 개수를 줄이되, 가능한 그 특성을 보존해내는 기법입니다. PCA는 기존의 변수 중 일부를 그대로 선택하는 방식이 아니라, 기존 변수들의 정보를 모두 반영하는 새로운 변수들을 만드는 방식으로 차원 축소를 합니다.

> **차원 축소**
> 변수 두 개면 2차원 그래프로, 세 개면 3차원 그래프로 나타낼 수 있습니다. 즉, 데이터의 차원은 변수의 개수와 직결되는 겁니다. 차원 축소는 변수의 수를 줄여 데이터의 차원을 축소합니다.

PCA는 차원 축소 방법 중 가장 인기 있으며 구현하기 또한 쉬운 편입니다. 프로젝트 특성에 따라서 차원 축소가 필요하지 않은 경우도 많지만, 차원 축소를 시도해봄으로써 시각화 내지 모델링 효율성을 개선할 여지는 항상 있습니다. 따라서 알아두면 언젠가 유용하게 쓰게 될 알고리즘입니다

▼ 예시 그래프

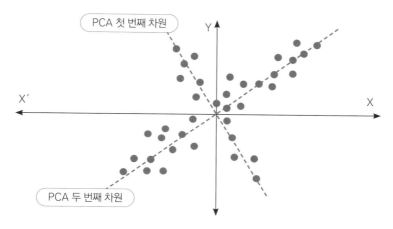

▼ 장단점

장점	단점
• 다차원을 2차원에 적합하도록 차원 축소하여 시각화에 유용합니다. • 변수 간의 높은 상관관계 문제를 해결해줍니다.	• 기존 변수가 아닌 새로운 변수를 사용하여 해석하는 데 어려움이 있습니다. • 차원이 축소됨에 따라 정보 손실이 불가피합니다.

▼ 유용한 곳

• 다차원 변수들을 2차원 그래프로 표현하는 데 사용할 수 있습니다.

• 변수가 너무 많아 모델 학습에 시간이 너무 오래 걸릴 때 (차원 축소를 진행하면 학습에 드는 시간을 줄일 수 있어) 유용합니다.

• 오버피팅을 방지하는 용도로 사용할 수도 있습니다.

13.1 차원을 축소해서 그래프 그리기 : 고객 데이터셋

그래프를 그려서 고객 데이터셋을 분석합니다. 이 과정에서 차원을 축소하는 방법을 알아보겠습니다.

13.1.1 문제 정의 : 한눈에 보는 예측 목표

문제 정의

클러스터링 모델의 예측 결과에 사용한 독립변수가 너무 많으면 그래프 한 장으로 깔끔하게 표현하기 어렵습니다. 그렇다고 일부 독립변수만 표현하면 정보를 왜곡할 수 있습니다. PCA를 사용하면 이 문제를 해결할 수 있습니다. PCA는 여러 변수를 압축하는 차원 축소 방법입니다. 12장에서 사용한 데이터셋을 사용해 시각화가 용이하도록 PCA를 적용해보겠습니다.

▼ 예측 목표

미션	데이터의 차원을 축소하여 이해하기 쉽게 시각화하라.		
난이도	★★☆		
알고리즘	주성분 분석(Principal Component Analysis, PCA)		
데이터셋 파일명	customer_pca.csv		
데이터셋 소개	12장 K-평균 군집화에서 사용한 예측 결과가 포함된 최종 고객 분석 데이터셋을 사용합니다. PCA를 사용해 시각화를 용이하게 하는 방법을 학습합니다.		
문제 유형	비지도 학습	평가지표	기존 분산 반영 비율
사용한 모델	KMeans		
사용 라이브러리	• numpy (numpy==1.19.5) • pandas (pandas==1.3.5) • seaborn (seaborn==0.11.2) • matplotlib (matplotlib==3.2.2) • sklearn (scikit-learn==1.0.2)		
예제 코드	• 위치 : colab.research.google.com/github/musthave-ML10/notebooks/blob/main/ • 파일 : 13_PCA.ipynb		

13.1.2 라이브러리 및 데이터 불러오기

필수 라이브러리와 예측 결과가 포함된 고객 분석 데이터인 customer_pca.csv를 불러옵니다.

```
import pandas as pd
import numpy as np
import matplotlib.pyplot as plt
import seaborn as sns

file_url = 'https://raw.githubusercontent.com/musthave-ML10/data_source/main/
customer_pca.csv'
customer = pd.read_csv(file_url)  # 데이터셋 읽기
```

지난 장에서 이미 살펴본 데이터이지만 head( ) 함수를 호출해 다시 한번 데이터를 간단히 살펴보겠습니다.

```
customer.head()  # 상위 5행 출력
```

	amt	category_ entertai nment	category_ food_ dining	category_ gas_ transport	category_ grocery	category_ health_ fitness	category_ home	category_ kids_pets	category_ misc	category_ personal_ care	category_ shopping	category_ travel	label
0	-1.40	-1.14	-0.97	-1.00	-1.12	-1.56	-1.15	-1.28	-1.12	-1.07	-1.14	-0.62	0
1	1.08	0.41	0.17	2.09	0.77	1.04	0.84	1.13	1.21	1.81	0.66	-0.22	3
2	1.20	0.75	1.62	-0.61	0.44	1.38	2.13	0.38	-0.20	0.13	1.30	2.77	1
3	-1.47	-1.13	-1.54	-0.93	-1.08	-1.22	-1.57	-1.52	-1.27	-1.19	-1.17	-0.60	0
4	0.90	0.26	-0.32	2.08	0.54	0.71	1.10	0.96	1.20	1.64	0.58	-0.48	3

고객별 총 지출금액 및 범주별 지출금액이 스케일링된 상태로 정리되어 있고, 마지막 컬럼에는 각 고객이 속한 클러스터 라벨(label)이 들어 있습니다.

9장에서 첫 번째 연습용 데이터로 클러스터링했을 때 클러스터가 잘 나뉘었는지 확인하는 데 산점도 그래프를 이용했습니다. 당시 사용한 데이터는 변수가 오직 2개 뿐이었기에 x축과 y축에 각각 지정하여 쉽게 그래프를 그릴 수 있지만, 지금은 변수가 너무 많아서 2차원의 그림으로 표현하기 어렵습니다. PCA를 사용하여 이 변수들을 변수 2개로 축소한 뒤 산점도 그래프로 출력해 클러스터가 어떻게 나뉘었는지를 확인하겠습니다.

우선 독립변수와 종속변수를 분리합니다. 종속변수(label)는 그대로 유지되어야 하기 때문에 PCA를 적용할 대상에서 제외해야 합니다.

```
customer_X = customer.drop('label', axis = 1) # 독립변수 지정
customer_y = customer['label'] # 종속변수 지정
```

13.1.3 그래프 표현을 위한 차원 축소

PCA 알고리즘은 사이킷런의 decomposition에서 불러올 수 있습니다.

```
from sklearn.decomposition import PCA # 임포트
```

다음은 모델링이나 스케일링처럼 특정 이름으로 속성을 부여해야 하는데, 여기에서 몇 개의 주성분으로 분석할지를 하이퍼파라미터로 정해야 합니다. 이전 장에서 배운 K-평균처럼 이를 사용자가 직접 설정해야 합니다. 2차원의 평면에 그래프를 그리는 것이 목적이기 때문에 2개 주성분만을 가지도록 설정합니다.

```
pca = PCA(n_components=2) # 주성분 개수 지정
```

pca에 속성이 할당되었으니, fit( )과 transform( )을 사용하여 차원을 축소하겠습니다. 코드 형태는 스케일링 코드와 유사합니다.

```
pca.fit(customer_X) #  학습
customer_pca = pca.transform(customer_X) # 변환
```

customer_pca를 출력하면 다음과 같은 넘파이 형태로 출력됩니다.

```
customer_pca # 결과 확인
```

```
array([[-3.92906072e+00,  1.02604491e-01],
       [ 3.10758276e+00, -1.74887930e+00],
       [ 3.02379272e+00,  3.21221215e+00],
       [-4.28241767e+00,  1.13781030e-02],
       [ 2.59065802e+00, -1.90612064e+00],
       [ 8.70343520e-01, -1.79154348e-02],
       [-1.16508938e+00,  2.00387900e+00],
       [ 1.41163657e+00, -1.21220170e+00],
        ... 생략 ...
```

PCA도 스케일링과 마찬가지로 넘파이 형태의 결과물을 만들어내기 때문에, 이를 판다스 데이터 프레임 형태로 변환해주겠습니다. 각 변수 이름은 PC1, PC2로 지정하겠습니다.

```
customer_pca = pd.DataFrame(customer_pca, columns = ['PC1','PC2'])
# 데이터프레임으로 변환
```

변환된 데이터프레임에 기존 데이터의 목푯값인 label을 붙이겠습니다.

```
customer_pca = customer_pca.join(customer_y) # 데이터 합치기
```

이제 최종 데이터를 head로 확인해봅시다.

```
customer_pca.head()   # 상위 5행 출력
```

	PC1	PC2	label
0	-3.929061	0.102604	0
1	3.107583	-1.748879	3
2	3.023793	3.212212	1
3	-4.282418	0.011378	0
4	2.590658	-1.906121	3

이제 명확하게 단 2개 변수와 label이 있으니, 9장의 초반에 만든 산점도 그래프를 그릴 수 있습니다.

```
sns.scatterplot(x='PC1',y='PC2', data = customer_pca, hue = 'label',
palette='rainbow') # 산점도 그리기
```

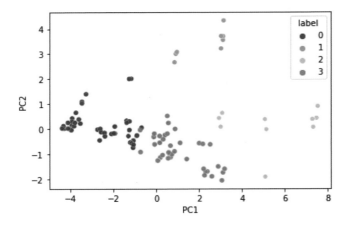

보라색과 빨간색 클러스터는 가깝게 붙어 있어서 경계가 모호하기는 하지만 언뜻 보기에 그럴싸하게 잘 나뉜 것 같습니다. 안타깝게도 이 그림에서 알 수 있는 것은 클러스터들이 얼마나 잘 나뉘었는지를 대략 확인하는 것뿐입니다. PCA를 통해 얻어낸 변수 PC1과 PC2는 기존의 모든 변수를 복합적으로 반영하여 만들어졌기 때문에 명료하게 이 새로운 변수들을 해석하기가 쉽지 않습니다.

그나마 추가적으로 각 주성분과 기존 변수와의 상관관계를 알 수 있습니다. PCA 학습에 사용한 pca 뒤에 components_를 붙여 이를 확인할 수 있습니다.

```
pca.components_  # 주성분과 변수의 관계 확인
```

```
array([[ 0.3484681 ,  0.32447242,  0.30303652,  0.14186907,  0.30618347,
         0.31297263,  0.29718852,  0.3045823 ,  0.29341337,  0.30287672,
         0.32053447,  0.08927503],
       [ 0.05827591,  0.06034266,  0.15264674, -0.54435586,  0.03109502,
         0.03790586,  0.23809571, -0.2315275 , -0.2471928 , -0.20898284,
         0.14479001,  0.65946781]])
```

넘파이 형태로 출력되기 때문에 읽기 쉽도록 데이터프레임으로 변환하겠습니다. 각 columns에 기존 데이터의 독립변수 이름들을 입력합니다.

```
df_comp = pd.DataFrame(pca.components_,columns=customer_X.columns)
# 데이터프레임으로 변환
```

이제 df_comp를 확인하면 다음과 같은 데이터를 확인할 수 있습니다.

	amt	category_entertainment	category_food_dining	category_gas_transport	category_grocery	category_health_fitness	category_home	category_kids_pets	category_misc	category_personal_care	category_shopping	category_travel
0	0.35	0.32	0.30	0.14	0.31	0.31	0.30	0.30	0.29	0.30	0.32	0.09
1	0.06	0.06	0.15	-0.54	0.03	0.04	0.24	-0.23	-0.25	-0.21	0.14	0.66

왼쪽의 인덱스 0과 1은 각각 주성분 PC1과 PC2를 의미합니다. 그리고 위쪽 컬럼명에는 기존 데이터의 독립변수들이 나열되어 있습니다. 이 숫자들이 의미하는 것은 특정 주성분과 특정 변수와의 상관관계입니다. 예를 들어 인덱스 0(PC1)과 amt와의 상관관계는 0.35이므로, PC1이 높다는 것은 그만큼의 크기만큼 amt가 높다는 의미입니다. 다른 예로 인덱스1(PC2)와 category_gas_transport를 보면 -0.54입니다. 이는 PC2가 클수록 category_gas_transport에 해당하는 값은 낮다는 의미입니다. 각 주성분은 이렇게 수많은 기존 변수와의 관계성을 내포하여 이루어졌기 때문에 명료하게 해석하는 데 어려움이 있습니다. 마지막으로 앞의 테이블을 heatmap()으로 만들어 시각적으로 표현해보겠습니다.

```
sns.heatmap(df_comp,cmap='coolwarm') # 히트맵 그리기
```

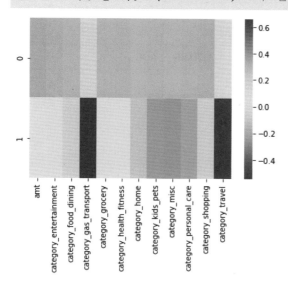

양수이면 빨간색, 음수이면 파란색 계열로 표현되어 있어, 각 주성분이 변수들과 어떠한 상관관계를 보이는지 쉽게 읽어낼 수 있습니다.

13.2 속도와 예측력을 향상시키기 : 익명 데이터셋

차원 축소를 진행해 학습 시간을 줄이고 성능을 향상시키는 방법을 알아보겠습니다.

13.2.1 문제 정의 : 한눈에 보는 예측 목표

문제 정의

차원 축소를 하면 모델 학습 속도를 높일 수 있습니다. 반대급부로 과도하게 차원을 축소하면 예측 결과가 나빠집니다. 독립변수가 1천 개가 넘지만 변수명이 없는 데이터셋을 이용해서 차원 축소가 속도와 성능에 미치는 영향을 알아봅시다.

▼ 예측 목표

미션	데이터의 차원을 축소해 학습 시간을 줄이고 성능을 향상시켜라.		
난이도	★★☆		
알고리즘	주성분 분석(Principal Component Analysis, PCA)		
데이터셋 파일명	anonymous.csv		
데이터셋 소개	변수 개수가 천 개가 넘는 데이터셋입니다. 변수 이름이 익명 처리되어 있습니다. 차원 축소 전후의 모델 학습 속도 및 예측 결과를 비교해보겠습니다.		
문제 유형	비지도 학습	**평가지표**	AUC
사용한 모델	PCA		
사용 라이브러리	• numpy (numpy==1.19.5) • pandas (pandas==1.3.5) • seaborn (seaborn==0.11.2) • matplotlib (matplotlib==3.2.2) • sklearn (scikit-learn==1.0.2)		
예제 코드	• 위치 : colab.research.google.com/github/musthave-ML10/notebooks/blob/main/ • 파일 :13_PCA.ipynb		

13.2.2 다차원 데이터 불러오기

이번에는 anonymous.csv 데이터셋을 사용합니다. 데이터가 크기 때문에 불러오는 데 시간이 좀 걸립니다.

```
file_url = 'https://media.githubusercontent.com/media/musthave-ML10/data_source/
main/anonymous.csv'
anonymous = pd.read_csv(file_url)
```

데이터 크기가 매우 크고, 어차피 변수 이름에 아무 정보가 없기 때문에 간단하게만 데이터를 살펴보고 넘어가겠습니다.

```
anonymous.head()  # 상위 5행 출력
```

우선 head( ) 함수를 호출해 어떻게 생겼는지 보겠습니다.

	class	V1	V2	V3	V4	V5	V6	V7	V8	V9	...	V4287	V4288	V4289	V4290	V4291	V4292	V4293	V4294	V4295	V4296
0	1.00	0.00	0.00	0.57	0.00	0.00	0.00	0.00	0.83	0.84	...	-0.26	0.12220	0.348620	0.12957	0.43846	-0.108020	0.128330	0.318820	-0.041559	0.22589
1	1.00	0.00	0.00	0.57	0.00	0.00	0.00	0.00	0.83	0.84	...	-0.15	0.14062	-0.030201	0.10134	-0.14546	-0.166650	0.401300	0.035392	0.019906	0.31952
2	1.00	0.00	0.00	0.57	0.00	0.00	0.00	0.00	0.83	0.84	...	-0.40	0.13790	0.138350	0.15746	0.51216	-0.330690	0.070346	0.179250	-0.188740	0.16386
3	1.00	0.00	0.00	0.57	0.00	0.00	0.00	0.00	0.83	0.84	...	-0.16	-0.26686	0.158930	-0.13204	0.32221	-0.042006	0.588970	0.526990	-0.574320	0.20891
4	1.00	0.00	0.00	0.57	0.00	0.00	0.00	0.00	0.83	0.84	...	0.24	0.44605	-0.163560	0.45311	0.59073	0.356800	0.395780	0.035871	-0.293430	0.38124

대부분 변수 이름이 V1, V2, V3처럼 되어 있어서 의미를 알 수가 없습니다. 독립변수는 총 4296개입니다. 종속변수(class)는 0과 1로 구성되어 있습니다.

그럼 이제 종속변수인 class에서 1의 비율을 확인해봅시다. 평소 같으면 describe( ) 함수를 사용하여 전반적인 통계 정보를 출력해 눈으로 확인하겠지만, 지금은 변수가 너무 많아 mean( ) 함수를 사용해서 비율만 확인하겠습니다.

```
anonymous['class'].mean()  # 종속변수의 평균 확인
```

```
0.25
```

다음은 결측치가 없는지 확인하겠습니다. 변수 종류가 많지 않을 때는 mean( )이나 sum( ) 함수를 한 번 사용해서 눈으로 확인했지만, 지금은 변수 개수가 4천 개가 넘어 일일이 확인할 수가

없습니다. 따라서 변수별 결측치 합을 구하고, 거기에 또 한 번 더 합을 구해서, 데이터프레임 전체에 결측치가 얼마인지만 확인하겠습니다.

```
anonymous.isna().sum().sum() # 결측치 확인
```

```
0
```

결측치가 하나도 없기 때문에 결측치 처리 이슈는 없습니다. PCA에 따른 모델 성능차를 비교해야 하므로 피처 엔지니어링 없이 곧바로 모델링으로 넘어가겠습니다.

13.2.3 PCA에 따른 모델링 성능/결과 비교하기

모델링에 사용할 데이터를 훈련셋, 시험셋으로 분할하겠습니다. 데이터가 충분히 크니 test_size를 0.2로 설정합니다.

```
from sklearn.model_selection import train_test_split
X_train, X_test, y_train, y_test = train_test_split(anonymous.drop('class',
axis=1), anonymous['class'], test_size=0.2, random_state=100)
# 학습셋, 시험셋 분리
```

PCA에서도 변수 간의 스케일을 일정하게 맞춰주는 것이 중요합니다. 따라서 모델링 전에 StandardScaler()를 적용하겠습니다.

```
from sklearn.preprocessing import StandardScaler # 임포트

scaler = StandardScaler()  # 스케일러 객체 생성
scaler.fit(X_train)        # 학습

X_train_scaled = scaler.transform(X_train)    # 변환
X_test_scaled = scaler.transform(X_test)      # 변환
```

모델 학습에 사용할 데이터 준비를 마쳤습니다. 모델링에 사용할 알고리즘을 정할 차례입니다. PCA를 사용하면 학습 시간이 얼마나 단축되는지를 확인하려는 목적도 있으므로 시간이 다소 걸리는 랜덤 포레스트를 사용하겠습니다.

```
from sklearn.ensemble import RandomForestClassifier # 임포트
model_1 = RandomForestClassifier(random_state=100) # 모델 객체 생성
```

하이퍼파라미터로 random_state를 설정했습니다. model_1으로 학습시키며 소요 시간을 계산하는 코드를 작성합니다.

```
import time # 임포트
start_time = time.time()          # 시작시간 설정
model_1.fit(X_train_scaled, y_train)     # 학습
print(time.time() - start_time)  # 소요 시간 출력
```

```
97.73398685455322
```

제 PC에서는 97초가 걸렸습니다. 이제 학습된 모델을 가지고 정확도를 확인하겠습니다.

```
from sklearn.metrics import accuracy_score, roc_auc_score # 임포트

pred_1 = model_1.predict(X_test_scaled) # 예측
accuracy_score(y_test, pred_1) # 정확도 확인
```

```
0.958
```

약 96%의 정확도이므로 상당히 좋은 예측 결과입니다.

다음은 AUC입니다. AUC는 소수점 형태로 된 예측값을 사용하기 때문에 predict( )가 아닌 predict_proba( )를 사용해야 한다는 점 다시 한번 강조하겠습니다.

```
proba_1 = model_1.predict_proba(X_test_scaled) # 예측
roc_auc_score(y_test, proba_1[:, 1]) # AUC 확인
```

```
0.9982541957107813
```

0.99 이상으로 AUC 또한 굉장히 높은 값이 나왔습니다.

우선 몇 개의 주성분으로 만들 것인지를 정해야 합니다. 앞서 2차원 그래프를 그릴 때는 주성분을 2개로 설정했습니다. 4천 개가 넘는 변수들을 종전과 같이 단 2개로 차원 축소하면 데이터 손실

이 너무 클 것으로 염려됩니다. 일단 시험 삼아 주성분을 2개로 지정해 학습해보겠습니다. 그 후 얼마만큼의 데이터 손실이 있는지 확인하겠습니다.

```
pca = PCA(n_components=2) # 주성분 개수 지정
pca.fit(X_train_scaled) # 학습
```

pca에 explained_variance_ratio_를 붙여 각 주성분이 기존 변수의 분산을 얼마만큼 대변해 주고 있는지를 확인해보겠습니다.

> **Note** explained_variance_ratio_
> 기존 변수들의 분산을 주성분이 어느 비율로 설명하는지 보여주는 지표. 우리말로 '설명된 분산' 정도로 직역할 수 있습니다. 1은 기존 변수들의 분산을 100% 대변한다는 의미입니다. 여기서 '변수들의 분산'은 각 변수들이 가지는 데이터 분포입니다. 쉽게 말하면 기존 변수들의 특성을 얼마만큼 내포하고 있는가를 보여줍니다.

```
pca.explained_variance_ratio_ # 데이터 반영 비율 확인
```

```
array([0.04992445, 0.03331409])
```

각각 0.0499, 0.0333 정도로, 이 둘을 합쳐봐야 기존 데이터의 0.08 정도의 정보만 반영한다는 의미입니다. 즉 그만큼 정보의 손실이 크다는 의미입니다. 최적의 주성분 개수는 주관적인 판단에 의한 겁니다만, 우리가 K-평균에서 사용했던 엘보우 기법을 이용하면 조금 도움을 받을 수도 있습니다. 엘보우 기법에서처럼 다양한 숫자의 주성분을 만들어보고, 각 반복문에서 explained_variance_ratio_에 대한 합이 어떤지를 확인해봅시다.

우선 explained_variance_ratio_의 결과를 받아줄 빈 리스트를 만듭니다.

```
var_ratio = [] # 빈 리스트 생성
```

이제 반복문을 만들 차례입니다. 변수가 총 4천 개 이상이기 때문에 확인할 영역이 넓습니다. 모든 경우를 확인하려면 엄청난 시간이 들 겁니다. 임의로 주성분 개수를 50개 단위로 100부터 500까지 확인하겠습니다.

```
for i in range(100, 550, 50): # 순회
    pca = PCA(n_components=i) # 주성분 개수 지정
    pca.fit_transform(X_train_scaled) # 학습 및 변환
```

```
    ratio = pca.explained_variance_ratio_.sum() # ❶ 데이터 반영 비율 합
    var_ratio.append(ratio) # 반영 비율 합을 리스트에 추가
```

❶ explained_variance_ratio_ 뒤에 sum( )을 붙여서 주성분 전체의 데이터 반영 비율을 얻습니다. 그리고 이 정보를 var_ratio 리스트에 추가시킵니다. 이를 엘보우 기법처럼 선형 그래프로 그려보겠습니다.

```
sns.lineplot(x=range(100, 550, 50), y=var_ratio) # 선형 그래프 그리기
```

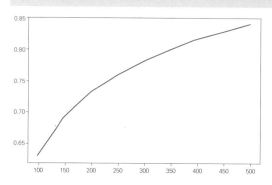

주성분 수를 100에서 500까지 확인한 결과 이 범위에서 얻을 수 있는 데이터의 반영 비율은 약 62%~82% 정도입니다. K-평균의 엘보우 기법에서처럼 드라마틱하게 꺾이는 부분이 없기 때문에 한눈에 적절한 값을 찾을 수는 없지만, 본인의 기준에 맞는 적정값을 찾는 가이드 라인으로 삼을 수 있습니다. 데이터 손실을 어디까지 감수할 것인지를 정하고 해당 수준에 적합한 주성분 수를 결정하면 되겠습니다. 주성분 개수를 정하는 데 정답은 없습니다. 본인이 허용할 수 있는 데이터 손실율을 고려하여 시도를 해보고, 모델링 이후에 점차 다른 수의 주성분을 시도해보는 식으로 발전시켜 나가야 합니다.

여기서는 약 80%를 기준으로 잡고, 이에 가장 근사치인 400을 채택하여, 주성분이 400개인 데이터를 만들겠습니다.

```
pca = PCA(n_components = 400, random_state = 100) # 주성분 개수 지정
pca.fit(X_train_scaled) # ❶ 학습
X_train_scaled_pca = pca.transform(X_train_scaled) # ❷ 변환
X_test_scaled_pca = pca.transform(X_test_scaled)   # ❸ 변환
```

스케일링 때와 마찬가지로 ❶ 주성분 분석을 할 때 훈련셋에만 fit( )을 적용하고, 학습된 모델로 ❷ 훈련셋과 ❸ 시험셋에 transform( )을 적용했습니다.

이제 PCA를 수행해 만든 데이터를 가지고 랜덤 포레스트로 예측 모델을 만들겠습니다.

```
model_2 = RandomForestClassifier(random_state = 100) # 모델 객체 생성
start_time = time.time() # 시작 시간 지정
model_2.fit(X_train_scaled_pca, y_train) # 학습
print(time.time() - start_time) # 소요 시간 출력
```

```
62.393210649490356
```

소요 시간은 약 62초로 기존 97초 대비 대략 60% 정도 수준으로 속도가 향상되었습니다. 그럼 이번에는 정확도와 AUC를 살펴보겠습니다.

```
pred_2 = model_2.predict(X_test_scaled_pca) # 예측
accuracy_score(y_test, pred_2) # 정확도 확인
```

```
0.98925
```

기존 0.958보다 약간 높은 정확도를 보여줍니다.

```
proba_2 = model_2.predict_proba(X_test_scaled_pca) # 예측
roc_auc_score(y_test, proba_2[:, 1]) # AUC 확인
```

```
0.9982517669346417
```

AUC는 이번에도 정확도가 0.99 이상으로, PCA 이전과 거의 유사한 수준의 예측력을 보여주었습니다.

이러한 평가 지표와 소요 시간 등을 표로 정리하여 비교하겠습니다.

	소요 시간	정확도	AUC
PCA 이전	약 97초	0.958	0.998
PCA 이후	약 62초	0.989	0.998

PCA를 사용해서 학습 시간을 대폭 줄이고, 거의 동일한 수준의 예측력을 보여주었습니다. 하지만 PCA가 언제나 이런 성과를 내는 것은 아닙니다. 사용하는 알고리즘에 따라, 다루는 데이터에 따라, 때로는 PCA가 그다지 적절한 역할을 해내지 못할 수도 있습니다. 따라서 PCA를 사용했는데도 속도와 예측 성능이 개선되지 않는다고 해서 무언가가 잘못된 것은 아닙니다. 그저 PCA를 사용하기에 적합하지 않은 상황일 뿐이니, 이러한 특징을 알고 사용해야 합니다.

13.3 이해하기 : 주성분 분석

PCA는 특성을 최대한 유지하는 방향으로 차원 축소를 한다고 설명한 바 있습니다. 이를 더 구체적으로 살펴보겠습니다.

13.3.1 3차원을 2차원으로 차원 축소하는 예

3차원 공간인 작은 방 안에 눈높이쯤에 오는 모빌 2개가 천장에 매달려 있다고 상상해봅시다. 방을 위쪽에서 내려다본 모습은 아래 그림과 같습니다.

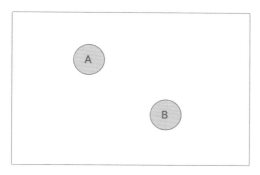

이 방 안에서 여러분이 사진을 찍어서 이 2개의 모빌 위치를 최대한 잘 담아내려면 어떻게 해야 할까요?

왼쪽 그림처럼 화살표의 위치에서 사진을 찍으면 모빌 A와 모빌 B가 완전히 겹쳐 보여서, 우측 그림처럼 A와 B 위치를 전혀 분간할 수 없게 됩니다.

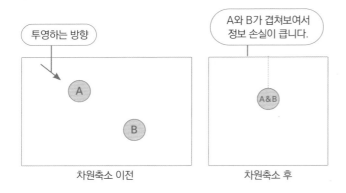

그럼 다음 위치는 어떤가요? 모빌 A와 B가 겹치지는 않지만 다소 가까운 위치에 놓인 사진을 얻게 될 겁니다.

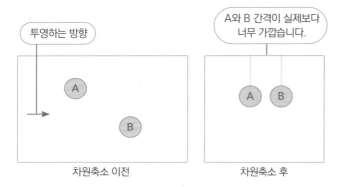

그렇다면 다음 위치는 어떤가요? 모빌 A와 B가 가장 동떨어진 위치로 포착되었습니다.

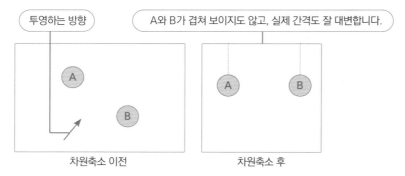

이 모빌들을 데이터라고 생각해보면 3차원 공간인 방에 위치한 데이터를, 2차원 평면인 사진으로 옮기는 작업을 수행한 겁니다. 사진 속 모빌 간의 거리가 곧 데이터의 기존 분산을 얼마나 유지하는지를 의미합니다. 첫 번째 사진에서는 A와 B가 전혀 구분되지 않기 때문에 데이터 분산이 0이 되도록 차원이 축소된 것이고, 마지막 사진은 A와 B가 가장 먼 거리(분산)를 보이며 구분되었기 때문에 기존 데이터의 분산을 거의 그대로 담아내면서 차원 축소된 것이라 볼 수 있습니다. PCA는 이처럼 데이터들의 분산을 최대한 담아내면서 차원 축소를 합니다.

13.3.2 2차원을 1차원으로 차원 축소하는 예

이번에는 그래프에 그려진 예시를 들어보겠습니다. 앞의 예가 3차원에서 2차원으로 차원 축소를 하는 예시라면, 이번에는 2차원 평면 그래프를 1차원인 선으로 차원 축소하는 예를 다룰 겁니다. 예시 데이터 분포는 다음과 같습니다.

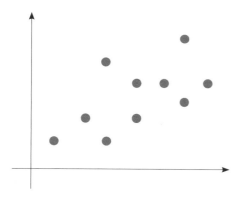

2차원 평면 위의 데이터이기 때문에 차원 축소를 하면 1차원인 선이 됩니다. X 축과 Y축에 해당하는 선으로 차원 축소를 하면 어떤 모양이 되는지 확인해봅시다.

우선 X 축에 해당하는 선 위에 투영시키면 다음과 같은 모양이 될 겁니다.

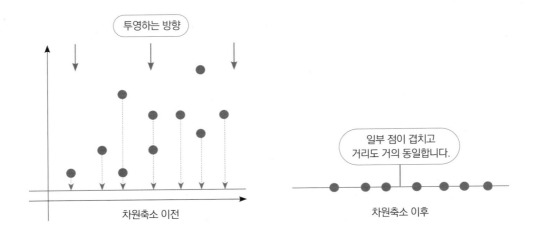

이번에는 Y축에 해당하는 선으로 투영시켜보겠습니다.

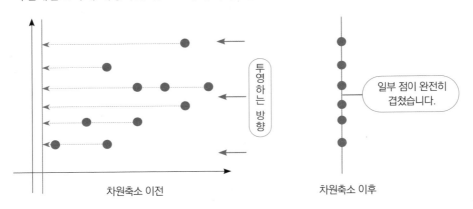

마지막으로 X 축도 Y축도 아닌, 선형 회귀에 가까운 대각선을 기준으로 하여 투영시켜보겠습니다.

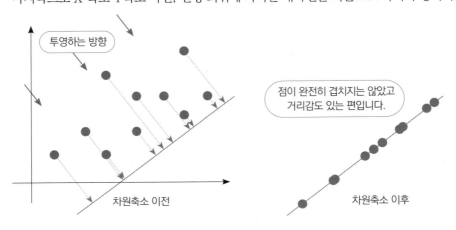

이제 각기 다른 방식으로 차원 축소가 된 결과물을 나란히 놓고 비교하겠습니다. 모든 결과물은 수평으로 재정렬하여 비교할 겁니다.

❶ x축 기준

❷ y축 기준

❸ 대각선 기준

각각 선 위에 투영된 데이터 분포가 어떻게 다른지 보이나요? ❶ x축에 투영된 결과물은 일부 데이터가 겹쳐 7개 데이터만 구분이 가능합니다. ❷ y축에 투영한 결과물은 10개 데이터 중 절반 가까이가 겹쳐 5개밖에 보이지 않네요. 반면 ❸ 대각선 기준으로 투영한 데이터는 일부 데이터가 굉장히 근접하기는 하지만 10개 데이터 모두가 중복 없이 보입니다. 기존의 2차원 데이터에서는 x에 대한 분포와 y에 대한 분포가 있는데, 이 두 가지 차원의 분포를 최대한 손실 없게끔 1차원 선 위에 녹여내는 겁니다. 바로 이런 대각선에 투영된 결과 같은 차원 축소를 PCA가 수행합니다.

그럼 위와 같이 다양한 각도에서 투영해 최적의 대각선을 찾아냈다고 가정합시다. PCA는 그다음으로 해당 대각선에 대하여 직교하는 또 다른 선을 긋고 다시 한번 데이터를 투영시킵니다.

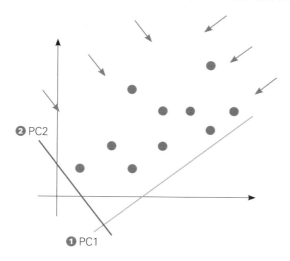

위 그림에서 ❶번 노란선이 데이터의 분산을 가장 잘 보여주는 선입니다. 첫 번째 주성분인 PC1이 됩니다. ❷번 초록선은 노란선에 직교하는 선입니다. 이렇게 직교하는 선을 그은 후 ❷번 초록

선에 대해서도 데이터를 투영시킵니다. 이 선이 두 번째 주성분, 즉 PC2가 됩니다. 이렇게 직교시킨 선을 이용하는 이유는, 첫 번째 주성분이 담아내지 못한 특성을 최대한 담아낼 수 있는 방향이기 때문입니다(❶번 선에서 10도만 각도를 비틀어 ❷번 선을 만든 뒤 데이터를 투영한다면 ❶번 노란선에 투영된 데이터의 분산과 크게 다르지 않은 결과가 될 겁니다). 여기서 ❶번 노란선과 ❷번 초록선은 벡터의 개념이며, 이 벡터의 방향과 크기를 통하여 데이터의 분포가 어떤 형태인지 효과적으로 파악할 수 있는 겁니다.

여기에 아주 중요한 포인트가 있습니다. 위 예시에서는 변수가 애초에 2가지(x와 y)밖에 없는 데이터였습니다. 그런데 방금 주성분 두 가지를 언급했습니다. 차원을 축소한다고 했는데 2개 변수에서 2개 주성분을 뽑아낸다고 하니 아이러니할 겁니다. 사실 PCA는 변수 개수만큼 새로운 주성분을 만들어냅니다. PCA는 변수 개수만큼 새로운 주성분을 만들되, 첫 번째 주성분에서 데이터 분산을 가급적 크게 만들고, 두 번째 주성분에서는 그다음으로 큰 분산을, 결국 마지막 주성분에서는 분산의 크기가 가장 미미한 식으로 만듭니다. 우리는 이렇게 만든 주성분 중 일부를 취해서 기존의 분산을 어느 정도 유지하면서 변수 개수는 줄이는 효과를 누릴 수 있습니다.

모델링 결과를 비교하면서 4천 개가 넘는 변수가 있는 데이터에서, PCA를 통해 400개의 주성분을 취했습니다. 이 과정에서 PCA는 기존 변수 개수(4천 개 이상)만큼을 새 변수를 만들고, 그중에서 400개를 취해서 기존 데이터 정보의 80% 정도를 유지하게 되었습니다.

학습 마무리

데이터를 차원 축소하여 이해하기 쉽게 시각화하고, 학습 시간을 줄이고 성능을 향상시켜보았습니다. 이 과정을 되짚어보겠습니다.

되짚어보기

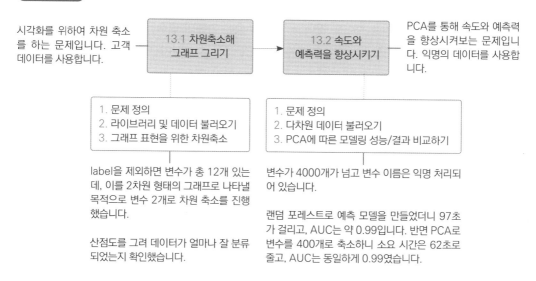

시각화를 위하여 차원 축소를 하는 문제입니다. 고객 데이터를 사용합니다.

13.1 차원축소해 그래프 그리기

13.2 속도와 예측력을 향상시키기

PCA를 통해 속도와 예측력을 향상시켜보는 문제입니다. 익명의 데이터를 사용합니다.

1. 문제 정의
2. 라이브러리 및 데이터 불러오기
3. 그래프 표현을 위한 차원축소

1. 문제 정의
2. 다차원 데이터 불러오기
3. PCA에 따른 모델링 성능/결과 비교하기

label을 제외하면 변수가 총 12개 있는데, 이를 2차원 형태의 그래프로 나타낼 목적으로 변수 2개로 차원 축소를 진행했습니다.

산점도를 그려 데이터가 얼마나 잘 분류되었는지 확인했습니다.

변수가 4000개가 넘고 변수 이름은 익명 처리되어 있습니다.

랜덤 포레스트로 예측 모델을 만들었더니 97초가 걸리고, AUC는 약 0.99입니다. 반면 PCA로 변수를 400개로 축소하니 소요 시간은 62초로 줄고, AUC는 동일하게 0.99였습니다.

과제

5장에서 다중공선성을 제거하는 데 SibSp와 Parch 변수에 대한 피처 엔지니어링을 진행했습니다. PCA를 사용해서도 다중공선성을 제거할 수 있으니 5장 타이타닉 데이터셋에 PCA를 적용하여 예측 모델을 만들어봅시다.

관련 모델

1 **재귀적 특성 제거** Recursive Feature Elimination, RFE

패키지: `ffrom sklearn.feature_selection import RFE`

PCA가 새로운 피쳐들을 생성^{feature extraction}하면서 차원을 축소한 반면, 이 알고리즘은 중요한 피쳐들을 남기는 피쳐 셀렉션^{feature selection} 방식으로 차원을 축소합니다.

핵심 용어 정리

1. **PCA** : 변수의 특성을 최대한 유지하면서 그 수를 줄이는 차원 축소 방법입니다. 시각화를 위한 용도로 사용하기도 하고, 모델링 시간 단축이나 오버피팅 방지의 목적으로 사용할 수 있습니다. 차원 축소에는 변수 선택과 변수 추출이 있습니다. 변수 선택은 특정 변수만을 선택함으로써 데이터의 차원을 줄이는 것이고, 변수 추출은 기존의 변수들을 이용하여 새로운 변수를 생성하는 겁니다. PCA는 새로운 변수를 만드는 것이므로 변수 추출에 해당합니다.

2. **차원 축소** : 변수 2개면 2차원 그래프로, 세 개면 3차원 그래프로 나타낼 수 있습니다. 즉, 데이터의 차원은 변수의 개수와 직결되는 겁니다. 차원 축소는 변수의 수를 줄여 데이터의 차원을 축소합니다.

새로운 함수와 라이브러리

- **pca모델.explained_variance_ratio_()** : 학습된 pca 모델에서, 각 주성분이 기존 변수의 분산을 얼마나 대변하는지 확인합니다.

▼ 연습 문제 정답 및 해설

1. **정답** ❹ 일부의 주성분만 선택해도 정보 손실은 전혀 없다.
   해설 일부 주성분을 선택하면 그만큼 정보손실이 따릅니다.

2. **정답** ❹ 변수가 너무 많아서 해석에 어려움이 있는 경우
   해설 PCA는 오히려 해석을 어렵게 하지, 해석을 도울 수는 없습니다.

3. **정답** ❹ 30개
   해설 실질적으로는 소수 일부의 주성분만을 사용하지만, 뽑아낼 수 있는 최대 주성분 수는 기존 변수의 수와 같습니다.

연습 문제

1 다음 PCA의 장단점 중 옳지 않은 것은?

❶ 시각화에 유리하다.

❷ 변수 간의 상관관계가 있는 경우, 이를 해결할 수 있다.

❸ 해석에 어려움이 있다.

❹ 일부의 주성분만 선택해도 정보 손실은 전혀 없다.

2 다음 중 PCA가 필요한 경우가 아닌 것은?

❶ 변수가 너무 많아서 시각화에 어려움이 있는 경우

❷ 변수가 너무 많아서 오버피팅이 우려되는 경우

❸ 변수가 너무 많아서 모델링 시간이 오래 걸리는 경우

❹ 변수가 너무 많아서 해석에 어려움이 있는 경우

3 변수가 30개 있는 데이터셋이 있다. 여기에 PCA를 사용하여 얻을 수 있는 최대 주성분 수는?

❶ 3개

❷ 10개

❸ 15개

❹ 30개

* 정답 및 해설은 앞 페이지에 있습니다.

용어 찾기

용어 찾기

코드 찾기

코드 찾기

Must Have 데싸노트의 실전에서 통하는 머신러닝

피처 엔지니어링 + TOP 10 알고리즘 + 실무 노하우로 익히는 실무형 문제풀이 해법서

초판 1쇄 발행 2022년 07월 08일

지은이 권시현(데싸노트)

펴낸이 최현우 · **기획** 최현우 · **편집** 최현우

디자인 Nu:n · **조판** 오성민

마케팅 조수현

펴낸곳 골든래빗(주)

등록 2020년 7월 7일 제 2020-000183호

주소 서울 마포구 신촌로2길 19, 302호

전화 0505-398-0505 · **팩스** 0505-537-0505

이메일 ask@goldenrabbit.co.kr

SNS facebook.com/goldenrabbit2020

홈페이지 goldenrabbit.co.kr

ISBN 979-11-91905-13-7 93000